社会科学研究方法系列丛书

数字时代的问卷调查
LimeSurvey的综合应用

王卫东 / 著

中国人民大学出版社
·北京·

前　言

本书的目的不是想写成一本"从入门到精通"这类介绍计算机语言编程或软件使用的书，而是要探讨在问卷调查系统软件这个小众领域里的创造性思维。不同细分领域里的系统软件发展水平存在很大的差别。诚实地说，问卷调查这个领域里支持性系统软件的发展水平并不令人满意。造成这种现象的原因有很多，其中有一点是这个领域的市场规模太小，不足以支撑对应的软件厂商进行大规模的投入以开发高质量的产品。所以利用开源系统开发和构造各种相关的应用也是一种可选择的路径，本书的内容就是关于如何将开源系统 LimeSurvey 创造性地应用到问卷调查的各种场景之中的。

开放源代码系统在近些年来日益受到重视，操作系统 Linux、机器学习框架库 TensorFlow、统计应用软件 R 等都是开源系统中非常成功的案例。在很多领域里，开源系统都能够和商业软件相抗衡甚至超越商业软件。但是，我们也应该意识到大多数开源系统都是不成功的。一个开源系统的成功是外部环境和内部素质综合作用的结果。一个开源系统要想成功，需要有良好的可延展性，吸引众多的用户和爱好者使用和开发它，扩展出尽可能多的应用场景，不断吸纳新的用户加入，进一步发展出良好生态。所以，很多开源系统在后继的发展中，往往超出了它最初的目标，不断地扩展并包容新的内容。相对而言，商业软件往往是瞄准一个极小的细分领域持续深入，这样就使得用户需要学习大量互不兼容的软件和系统的使用方法，这在这个知识爆炸的时代里意味着巨大的学习负担和焦虑。以统计分析为例，除了 SPSS、SAS、STATA 等大型通用型统计软件以外，一些新的特殊的统计模型和技术往往由一些小的专门型统计软件来实现，如 LISREL、AMOS、MPLUS、UCINET、HLM 等。学习这些软件需要花费大量的时间，而且语言或操作体系往往互相干扰。所以，当 R 这个开源统计软件平台以扩展包的形式提供各种统计模块时，立即受到了广大用户的欢迎，用户终于第一次能够基于一个统一的平台，几乎解决所有的统计分析问题了。本书所讨论的问卷调查领域也存在类似的情况，面访调查、电话调查、网络调查这三种主要的调查形式都有对应的商业调查软件，这些软件的功能并不能完全令人满意且通用性不足，所以才会有用户和爱好者将 LimeSurvey 这个开发者只是想用来做网络调查的开源系统自发性向其他调查形式扩展，自然衍生出不同的应用场景。本书想要讨论的是，如果我们想要基于 LimeSurvey 这个开源系统来建构一套适用于所有调查形式的体系，应该如何进行创造性的思考。

要在一个领域里创新，前提条件是首先成为这个领域里的高手。所以本书对 LimeSurvey 的各项具体功能进行了详细的介绍，这对部分读者来说可能有点枯燥。但笔者认为，熟悉 LimeSurvey 的每一个细小构件，对于将其进行创造性应用是十分必要的。这就像搭七巧板，只有对每一种木块的形状和连接形式了然于胸，才能搭建成各种充满奇思妙想的造型。并且，这个熟悉 LimeSurvey 功能和细节的过程也是对问卷调查方法学的一个全面梳理。在本书的写作过程中，笔者无时不感觉到先后由贾森·克利兰夫（Jason Cleveland）和卡斯滕·施米茨（Carsten Schmitz）领导的 LimeSurvey 开发团队对问卷调查技术的深入理解以及为如何有效地将这种理解贯彻到软件产品之中所做出的努力。笔者做过类似的工作，知道要实现这一点有多么的困难。

熟悉性和发散性是创新性活动的两大要素。这两者的关系非常复杂，一方面，只有对一个领域的细节非常熟悉之后才有可能产生发散性的奇思妙想；另一方面，过于熟悉又有可能导致想当然而制约了发散性思维，从而落入思维固化的陷阱。LimeSurvey 是被开发者当作一款在线问卷调查系统来开发的，而正是广大的爱好者们看到了它所有的潜力，跳出思维固化的束缚，创造性地将其扩展到了电话调查、面访调查等其他形式的调查之中，从而展示出将 LimeSurvey 发展成一个通用型调查平台的前景。

笔者自从 2009 年参与中国人民大学中国调查与数据中心的建设工作以来，一直坚持将 LimeSurvey 应用到所参与的各种类型的调查项目之中。除了网络调查以外，这些年来，笔者还想方设法地将 LimeSurvey 应用到了面访调查和电话调查中。2015 年，基于 LimeSurvey 开发的面访调查系统第一次被应用于中国综合社会调查（CGSS）；2020 年，面对新冠病毒感染疫情给调查数据采集带来的危机，笔者又基于 LimeSurvey 开发了分布式云电话调查系统 OmniCATI，开创了疫情之下调查数据采集的新模式。这些都标志着 LimeSurvey 在调查数据采集的各个领域里都完全具有企业级的功效。本书记录了笔者在 LimeSurvey 这些具体的应用场景中的思考。因此，这本书的最终目的是希望广大读者在阅读完本书后，能对 LimeSurvey 的扩展性应用产生兴趣，充分发挥自身的创造力和奇思妙想，加入 LimeSurvey 爱好者的社区中来，一起将 LimeSurvey 打造成一个开放的、强大的综合性调查工具。

目　录

第1章　绪　论 · 1
- 1.1　LimeSurvey 的发展历史 · 3
- 1.2　LimeSurvey 的特性与功能 · 4
- 1.3　LimeSurvey 的应用方向 · 6

第2章　LimeSurvey 快速上手 · 10
- 2.1　创建调查 · 13
- 2.2　测试调查 · 40
- 2.3　实施调查 · 43
- 2.4　反馈结果查看及数据导出 · 47

第3章　LimeSurvey 的安装和配置 · 50
- 3.1　在本地主机上安装 LimeSurvey · 50
- 3.2　在服务器端安装 LimeSurvey · 61
- 3.3　使用第三方提供的 LimeSurvey 服务 · 65

第 4 章 利用 LimeSurvey 创建调查问卷 ·············· 67
- 4.1 创建调查 ·············· 76
- 4.2 添加问题 ·············· 80
- 4.3 LimeSurvey 中的问题类型 ·············· 90

第 5 章 设置问卷的属性与功能 ·············· 154
- 5.1 问题设置 ·············· 154
- 5.2 问题之间逻辑的设置 ·············· 181
- 5.3 调查设置 ·············· 192

第 6 章 问卷设计高级技巧 ·············· 211
- 6.1 答案引用 ·············· 211
- 6.2 高级阵列筛选 ·············· 225
- 6.3 复杂跳问逻辑 ·············· 228
- 6.4 随机呈现答案项 ·············· 233
- 6.5 地图服务 ·············· 237
- 6.6 评价 ·············· 239

第 7 章 调查项目的样本管理 ·············· 247
- 7.1 开放式调查与封闭式调查 ·············· 248
- 7.2 样本配额管理 ·············· 267
- 7.3 参与者中央数据库 ·············· 276

第 8 章 调查项目管理与数据管理 ·············· 289
- 8.1 调查项目管理 ·············· 289
- 8.2 数据管理 ·············· 302

第 9 章 LimeSurvey 的系统配置 ·············· 324
- 9.1 基本设置 ·············· 325

9.2　高级设置 …………………………………………………… 341

9.3　用户管理 …………………………………………………… 351

第 10 章　LimeSurvey 在问卷调查中的扩展应用 …………………… 361

10.1　LimeSurvey 在面访调查中的应用 ………………………… 362

10.2　LimeSurvey 在电话调查中的应用 ………………………… 379

10.3　LimeSurvey 在混合模式调查中的应用 …………………… 384

后记 ……………………………………………………………………… 388

第 1 章

绪 论

  本书的目标并不只是想对开源问卷调查系统 LimeSurvey 做一个全面而深入的介绍，而是想要在对这个号称全球用户数第一的开源问卷工具的各个组件和功能进行梳理的基础上，进一步启发如何将它应用到问卷调查的各种不同的场景中。问卷调查长期以来一直是社会研究中搜集结构性数据最主要的方法。大多数人所熟悉的是印在纸上的问卷，受访者或是由问卷访问员拿着纸质问卷一问一答，或是阅读问卷上的问题自行填写答案。为了确保纸质问卷采集数据的可靠性，调查方法中有着一整套问卷编码、录入、数据清理的技术和规范，在把纸质问卷上的内容转换到最终可供分析的数据之间还存在大量的工作。随着计算机的普及、互联网和移动通信的发展，问卷调查形态也发生了巨大的变化，纸笔问卷发展成了电子问卷。我们会遇到问卷访问员拿着笔记本电脑一边询问一边把答案记录在计算机辅助面访调查（computer aided personal interview，CAPI）系统上，而最近几年更进步成访问员拿着平板电脑甚至手机进行问卷调查了。有时候我们也会在固定电话或手机上接到电话访问，在电话的另一端是一套计算机辅助电话调查（computer aided telephone interview，CATI）系统。我们更加熟悉的是通过网页或者是电子邮件发送的各种在线问卷。除了充当网络在线调查问卷的受访者以外，也有很多人通过问卷星、腾讯问卷、WebMonkey 等工具生成在线问卷，再通过微信、微博及其他方式发放问卷搜集数据，这种问卷调查方式被称作计算机辅助网络调查（computer aided web interview，CAWI）。无论是以上哪一种需要以计算机为介质的问卷调查，其背后都会有一套电子问卷系统。而 LimeSurvey 本质上就是一套电子问卷系统，并在此基础上扩展出了问卷调查的相关功能。

与 LimeSurvey 类似的电子问卷系统有很多，例如由荷兰统计局开发的长期占据计算机辅助调查软件重要地位的 Blaise、锐齿（Sawtooth）公司开发的 Lighthouse Studio、美国兰德公司开发的 MIMIC 等。与这些调查软件相比，LimeSurvey 在各方面的性能都不是最突出的，但笔者却认为它在众多类似系统中是发展与应用前景最好的。从某种程度上来说，甚至连 LimeSurvey 的开发者都没有意识到它的价值，其尽管在官网上将 LimeSurvey 定义为世界第一的问卷调查工具，但是又只强调它是用于在线调查的，反而是广大的用户和开发者认识到了 LimeSurvey 的价值，将其应用到了其他不同类型的调查和场景中。

笔者认为 LimeSurvey 最具良好的发展前景主要出于三个方面的原因。第一，LimeSurvey 是一个 B/S 架构的系统。这一点似乎并不稀奇，目前大多数应用系统都采用的是 B/S 架构，C/S 架构已经日渐式微了。但问题出在计算机辅助网络调查系统这个细分领域里，能够与 LimeSurvey 竞争的如 Blaise、Lighthouse Studio 等都是 C/S 架构，而且它们都是从 PC 时代就出现的，其基因与互联网总是有某种程度的不契合。尽管 MIMIC 采用的是 B/S 架构，但它一开始就把自己定位为计算机辅助面访调查系统，为了实现一些功能需求，它添加了很多非原生的功能，从而让用户很难适应。LimeSurvey 有着纯正的互联网血统，从一开始就将自己定位为在线调查系统，而随着互联网的普及与发展，一切都是浏览器，窗口和浏览器页面的区别逐渐消失，并且由于网络与硬件的发展，B/S 架构的一些性能上的弱点也被弥补，因此对于用户来说，他们更容易接受一个 B/S 架构的系统。第二，LimeSurvey 是一个开源系统。计算机辅助网络调查系统作为一个相对狭小的应用软件领域，如 Blaise 这样的封闭式商业软件最直接的问题是进入门槛过高，难以快速扩大用户范围与数量，从而在某种程度上成为行业技术进步的障碍。而 LimeSurvey 作为开源软件，本身也是基于完全开源的 LAMP 架构的，即操作系统用 Linux，Web 服务器用 Apache，数据库用 MySQL，网页脚本语言用 PHP，其系统搭建成本低，甚至还可以基于云主机以 SaaS（Software as a Service，软件即服务）的模式部署。正是开源所带来的开放与易用性，使得 LimeSurvey 逐渐形成了一个庞大的用户群体和极为活跃的用户社区，促进了 LimeSurvey 的快速迭代和改进。而由美国兰德公司开发的 MIMIC 系统，最初坚持开源的路线，在很短的时间内成长为位居前列的调查软件，但在几年前放弃开源的路线后，马上就灾难性地导致了用户的大量流失，现在基本上销声匿迹了。第三，LimeSurvey 具有良好的可扩展性。正是良好的可扩展性使得 LimeSurvey 可作为一个电子问卷引擎被应用于各种不同类型的调查中，这一点甚至连 LimeSurvey 的开发者也没有意识到。LimeSurvey 可以通过插件的形式扩展各种功能模块，预留了对外交换数据的接口，提供了可进行样本管理的数据库结构，初步实现了固定样本组的管理功能，等等。这些在可扩展性上的优势为 LimeSurvey 提供了在各方面拓展应用的前景，除了在线调查以外，LimeSurvey 还可被用于电话调查、计算机辅助面访调查、混合模式调查、调查项目管理、固定样本组管理与运行等，这些内容都会在本书中得到介绍。

1.1 LimeSurvey 的发展历史

维基百科上有一个条目给出了世界上影响较大的计算机辅助问卷调查信息采集（computer-assistant survey information collection，CASIC）软件的列表，LimeSurvey 是其中唯一一个以开源形式在 GNU GPL 协议之下发布的软件，而且是这张列表中的调查软件里历史较久远的一组。LimeSurvey 最初于 2003 年发布在自由与开源软件平台 SourceForge 上，发布

时用的软件名是 PHPSurveyor，以表示它是基于 PHP 语言开发的，最初的版本号是 0.93。2003 年时笔者正好要开发一款在线问卷调查软件，所以在 SourceForge 上初见了 LimeSurvey。那时候的 PHPSurveyor 还是一只丑小鸭，从发布时的版本号就可以看出开发者自己也认识到它还有很多不完善的地方。正因为如此，加上那个年代对于 B/S 架构的软件还有诸多疑虑，所以笔者最后并没有采用 PHPSurveyor 的架构和技术路线，而是利用 JavaScript 的一个框架，开发了一款叫 OmniSurvey 的问卷调查软件。OmniSurvey 看上去是一个 C/S 架构的软件，实际上却完全是一个 B/S 架构的系统，符合那个时代的人们对于软件的审美。为了实现这一点，笔者当时是很费了一番心思的。

让 PHPSurveyor 声名鹊起的是 2004 年的美国总统大选，那时它被用来搜集投票中的违规行为。在投票开始后的 10 个小时内，通过 PHPSurveyor，全美国各地有超过 13 500 起投票事故被报告上来，使得司法部门可及时干预，同时让媒体和公众及时了解了当时的状况。PHPSurveyor 在这场选举中发挥的作用为人们留下了强烈的印象，随后便进入了快速发展的轨道。具有丰富经验的开发者进入了开发团队并掌握了领导权，他们持续性地完善和扩展了该软件的功能。2007 年，PHPSurveyor 正式更名为 LimeSurvey，以回避在用户授权时由于名称中含 PHP 字样而产生的问题。2008 年，LimeSurvey 在 SourceForge 网站上发布的超过 100 000 个软件项目中排名第 99 位。2012 年，LimeSurvey 升级为 2.0 版，2017 年推出 3.0 版，2020 年升级到了 4.0 版。在 2021 年年初本书完稿时的最新版本号为 5.2.7，而长期支持（long-term support，LTS）的稳定版本为 3.27.30。

1.2　LimeSurvey 的特性与功能

LimeSurvey 将自身定义为一个创建在线问卷调查的解决方案，在它的官网 www.limesurvey.org 上，开发者重点强调的有三点：支持 80 多种语言，支持 28 种问题类型，无用户数量限制。笔者认为，这三点并没有完全抓住 LimeSurvey 特性与功能的重点。作为一个非商业性的开源软件项目，LimeSurvey 开发团队在营销和推广上一直做得不好，甚至可以说很差。之所以还能取得当前的地位，完全是凭借其产品定位、技术特性与功能硬核性实现的。

LimeSurvey 基于 PHP 语言开发，后台数据库首选 MySQL，尽管也同时支持 PostgreSQL、微软的 SQL Server 以及 SQLite 等数据库，但使用的比例不高。所以，LimeSurvey 一般都部署在 Linux 主机上，基于 AMP（Apache、MySQL、PHP）架构，具有纯正的开源血统。

LimeSurvey 目前提供两个版本类别，分别为云端版（LimeSurvey Cloud）和社区版（LimeSurvey Community）。这两个版本类别从软件本身的功能上来说并没有差别，只不过服务的形式不同而已。云端版实际上是 LimeSurvey 的商业版本，由一家叫 LimeSurvey GmbH 的负责 LimeSurvey 商业运作的公司提供主机服务，从中收取费用，实际上是将 LimeSurvey 的服务模式 SaaS 化了。笔者认为，LimeSurvey 的商业化运作到目前为止并不成功，该公司提供的围绕着 LimeSurvey 的各种服务并没有抓住 LimeSurvey 的目标客户。低端的客户更需要类似于 WebMonkey、Quatric 这类更加简单易用的产品，而 LimeSurvey 作为一个开源系统在易用性上比不上商业软件；中高端用户则重视系统的可控制性和自主扩展性，其中大多数倾向于自行解决主机服务的问题，而不愿意使用 LimeSurvey 提供的云服务。

对于主流的 LimeSurvey 用户来说，使用这套系统的第一步就是在自己的服务器主机上（物理的或云端虚拟的都可以）完成安装。安装过程相对于一个对系统有着较高要求的用户来说是相对简单的。安装所基于的系统环境要求是 MySQL5.5.3 以上，PHP7.4 以上，同时要求 PHP 编译时包含了必要模块和库（大多数 Linux 系统的缺省的 AMP 配置基本能满足）。在用户具有相应的 MySQL 数据库权限和系统目录权限后，将 LimeSurvey 的代码上传到服务器的对应 Web 目录下，在网页浏览器上打开安装的网页，按照网页上的提示输入相关信息，点击相应按钮，就能很容易地完成 LimeSurvey 的安装。

在安装完成的 LimeSurvey 上，使用者通过网页浏览器，以一份问卷为核心，可以非常简单地创建、发布、管理、开发一个问卷调查项目。LimeSurvey 将一份问卷视作一个对象，清晰地定义了问卷对象的属性和方法。在问卷的创建上，LimeSurvey 完全符合人们的习惯，整个过程完全是自解释的。问题是构成 LimeSurvey 问卷的最基本组件，目前 LimeSurvey 共支持 29 种问题类型。使用者可以通过网页直观和快捷地生成一个个不同的调查问题，将其组合成一份完整的问卷。

当设计完成一份问卷，并将这份问卷正式发布后，受访者就可以通过一个固定的网址链接在线填写问卷。LimeSurvey 将问卷的发布形式分为开放式和封闭式两种。开放式问卷是任何人都可以通过相关链接进行填写的问卷，而封闭式问卷则需要受访者持有一个特别的操作代码才能访问问卷并完成填写，是一种具有抽样功能的受邀式调查，从而可以实现各种项目进程管理功能。

在项目进行中以及完成之后，LimeSurvey 都可以对问卷数据进行在线实时统计，能逐题或自行定义特定题目对频数、百分比、均值等进行描述统计，同时可以绘制条形图、饼图、雷达图、折线图、极坐标图等。

在调查完成后，LimeSurvey 可以将数据导出为 CSV、Excel、STATA、SPSS、R 等统计软件数据格式，并给数据自动加上变量标签和值标签，让研究者可以马上开始数据分析。

1.3 LimeSurvey 的应用方向

LimeSurvey 可以用来做什么呢？首先，LimeSurvey 是一套专业级的在线问卷调查系统，这也是 LimeSurvey 的开发者给它的定位。LimeSurvey 的专业性表现在以下四个方面。

第 1 章 绪 论

第一，LimeSurvey 需要使用者自己解决系统所在的服务器或云主机，负责系统的安装和维护。这一点往往是专业级用户的必然要求。出于数据安全的要求或相关制度的规定，专业级用户不能使用在线问卷服务商提供的在线调查服务或者是 SaaS 服务提供的在线调查服务。如果某家专业的科研机构或政府部门使用市场上常见的在线问卷搜集数据，不仅显得不够严肃，更重要的是数据存储在第三方的服务器上，安全性无法得到保证，泄密的风险极高。

第二，LimeSurvey 赋予了使用者高度的灵活性。除了系统缺省提供的 28 种问题类型以外，LimeSurvey 还支持使用者通过 JavaScript 脚本语言自行开发增加新的问题类型；与传递参数的功能相结合，使用者还能够设计出各题目间动态的结构和呈现形式。LimeSurvey 可以对调查的多种属性进行配置，也可以通过自行设定主题来修改调查问卷的外观、配色、风格，并且对于不同的桌面具有自适应性。

第三，LimeSurvey 拥有强大的管理功能。LimeSurvey 的管理功能首先体现在对项目的管理上。问卷一旦被发布，LimeSurvey 即可通过邮件系统（借助扩展插件还可使用手机短消息）邀请和通知被抽取的受访者，对于未回答的以及未完成的可自动催促，完成后可自动回复感谢。除了过程控制外，LimeSurvey 还提供 IP 来源、各题组答题用时等并行数据，用于质量控制。

LimeSurvey 的管理功能还体现在对数据的管理上。LimeSurvey 可将数据导出为 SPSS、R 等统计软件数据格式，也可导出为 CSV、Excel 等常见的文本或电子表格数据格式，并可为数据增加标签。

第四，LimeSurvey 具有良好的可扩展性。作为一个开源软件，LimeSurvey 始终把开放性放在重要位置。LimeSurvey 提供了向外部系统交换数据的 JSON 和 XML 等格式的 RPC 接口，以及解码 IP 地址、地图、流量分析等功能的 API 接口。LimeSurvey 还可以通过开发插件（plugin）的形式修改和扩展系统的各项功能。在 LimeSurvey 的网站上专门设有一个栏目提供第三方扩展插件，这些第三方插件，有免费的也有收费的，体现了系统良好的生长与扩展生态。

正是 LimeSurvey 的专业性与开放性，使得它在应用上超越了只作为一款在线问卷调查系统的初始设定，加上整个社会的互联网覆盖率日益提高，移动互联快速反应，因此 LimeSurvey 衍生出很多新领域里的应用，具有代表性的有以下几种。

1. queXS 电话调查系统

澳大利亚社会和政治研究联合会（Australian Consortium for Social and Political Research Incorporated，ACSPRI）在 LimeSurvey 的基础上开发了一套名为 queXS 的电话调查系统。queXS 创造性地将不同功能的开源系统组合在一起，以 Asterisk VoIP 系统作为网络语音电话平台，将 LimeSurvey 作为建立和运行问卷的工具，在两者的基础上组合成了一套完全基于互联网的电话调查系统。通过 queXS，电话访问员不再需要到物理意义上的电话呼叫中心工作，只需要一台能上网的电脑，就可以通过网页浏览器连上装有 queXS 的网站进行电话调查。

2. Offline Survey 面访系统

Offline Survey 是一套基于 LimeSurvey 的离线面访系统，它以 LimeSurvey 作为问卷设计的工具以及远程的服务器端，开发了一套基于 Android 平台的 App，以之作为客户端，从远端的 LimeSurvey 服务器上下载问卷任务，之后完全离线进行问卷访问，在需要的时候再连接互联网将完成的问卷数据回传到 LimeSurvey 服务器端。

3. OmniDataware 混合模式数据采集套件

OmniDataware 数据采集套件是笔者在综合应用 LimeSurvey 的基础上开发的一套集网络调查、电话调查、计算机辅助面访调查于一体的混合模式问卷数据采集套件。OmniDataware 的三个功能组件都共同以 LimeSurvey 作为底层的问卷系统，共用 LimeSurvey 管理平台作为服务器端，将网络调查、电话调查、计算机辅助面访调查这三种最主要的问卷调查模式统一起来，可以用来执行各种形式的复杂的多数据源模式大型调查项目。在后面的章节中，笔者将对基于 LimeSurvey 开发的 OmniDataware 进行详细介绍。

LimeSurvey 之所以能超越最初的目标延展出多种新的应用方向，主要有三个方面的原因。第一，LimeSurvey 经过多年的迭代，发展出了一套功能强大、性能稳定、易于使用的电子问卷引擎。第二，LimeSurvey 预留了丰富的对外交换数据的接口，具有强大的可扩展性。第三，生活和工作互联网化给 LimeSurvey 这个原生的网络调查工具带来了新的发展机遇。而且，除了上面提及的多种应用方向以外，相信 LimeSurvey 还会不断地产生新的应用场景和方向，而这些，都必须建立在对 LimeSurvey 深入而全面的了解上。本书最主要的目的就是希望广大读者在详细掌握 LimeSurvey 的功能和特性的基础上，创新性地扩展出其在调查数据采集领域里的多种应用，以体现其作为开放性系统的强大活力和增长点。

第 2 章

LimeSurvey 快速上手

在一项典型的问卷调查中，调查者需要先选择好调查对象作为样本，然后利用标准化的结构化问卷从受访者那里采集结构相同的数据，最后通过数据分析进行探索性、描述性、解释性的研究。作为一个在线问卷调查系统，LimeSurvey 在问卷调查中主要扮演电子问卷引擎的角色，同时承担回收和保存反馈数据的工作。不过，问卷调查本身就是一种围绕"问卷"开展的研究方法，因此 LimeSurvey 的功能线也会在整个调查过程中贯穿始终。与传统的纸笔问卷调查相比，通过 LimeSurvey 开展的调查除了在问卷的呈现形式以及数据的回收方式上有明显的差异，其他阶段的调查工作大致相同。问卷呈现形式上的差别在于电子问卷以电子设备为媒介呈现给受访者，数据回收方式上的差别则是 LimeSurvey 通过互联网即时回收填写结果并保存为电子数据，从而省略了纸笔问卷调查中问卷印刷、发放和数据录入的工作。

在完成了确定研究议题、建构好调查问卷以及设计并执行好抽样等调查前的准备工作后，借助 LimeSurvey 执行问卷调查总体上可以分为四个步骤：创建调查，测试调查，实施调查，反馈结果查看及数据导出。本章将通过一份简短的示例问卷演示上述步骤，帮助大家对 LimeSurvey 的使用有一个快速初步的了解。

示例问卷

您好,我们正在做一项问卷调查,想要询问几个关于您个人情况的问题,您根据平时的实际情况回答即可。问卷共有10道问题,不会占用您太多时间。请您协助我们完成这次调查,谢谢!

A1. 请问您的性别是:

男 ··· 1
女 ··· 2

A2. 您的出生日期是什么?

记录:[__|__|__|__] 年 [___|___] 月 [___|___] 日

【注意】出生年份必须在1900—2000年范围内。

A3. 您的民族是:

汉族 ·· 1
蒙古族 ·· 2
满族 ·· 3
回族 ·· 4
藏族 ·· 5
壮族 ·· 6
维吾尔族 ·· 7
其他(请注明:_____) ············ 8

A4. 您是否有宗教信仰:

是 ··· 1
否 ··· 2→跳问 A6

A5. 您的宗教信仰是(多选):

佛教 ·· 1
道教 ·· 2
民间信仰(拜妈祖、关公等) ············ 3
伊斯兰教 ·· 4
天主教 ·· 5

　　　　基督教 ………………………………………………… 6

　　　　东正教 ………………………………………………… 7

　　　　其他基督教 …………………………………………… 8

　　　　犹太教 ………………………………………………… 9

　　　　印度教 ………………………………………………… 10

　　　　其他（请注明：_____）…………… 11

　　A6. 您目前的具体工作内容是：

　　　　[_____]
　　　　[_____]

　　A7. 您目前的身高是：[____|____|____] 厘米

　　【注意】填写范围为 80～250 厘米。

　　A8. 您目前的体重是：[____|____|____] 斤

　　【注意】填写范围为 40～400 斤。

　　A9. 您的 BMI 值是 {（A8/2）/（(A7/100)＊(A7/100)）}：

　　【注意】计算 BMI 值，正常范围为 10～50。

　　A9a. 身高和体重数据异常，请确认身高体重输入是否正确

　　【注意】如果 A9 的值超出正常范围 10～50，则显示 A9a。

　　A10. 过去一年，您对以下媒体的使用情况是：

	从不	很少	有时	经常	非常频繁	不知道	拒绝回答
1. 报纸	1	2	3	4	5	98	99
2. 杂志	1	2	3	4	5	98	99
3. 广播	1	2	3	4	5	98	99
4. 电视	1	2	3	4	5	98	99
5. 互联网（包括手机上网）	1	2	3	4	5	98	99
6. 手机定制消息	1	2	3	4	5	98	99

　　本次调查结束，感谢您的支持与配合！

第 2 章　LimeSurvey 快速上手

2.1 创建调查

实施一项新调查，首先需要在 LimeSurvey 中创建一个调查（survey）项目，然后完善调查的问卷部分和设置部分。从抽象的形式上而言，一个调查项目主要由一份调查问卷和与项目相关的各属性设置构成。问卷部分包含问题、选项、提示语、输入框等，属性设置部分则用于控制问卷的外观、调查的发布、访问等。其中，问卷部分除了添加问题，还要设定问题内部和问题之间的逻辑。

2.1.1 创建问卷调查

使用管理员账号登录 LimeSurvey 后，点击管理员界面上的"创建问卷调查"按钮，开始新建调查（见图 2-1）。

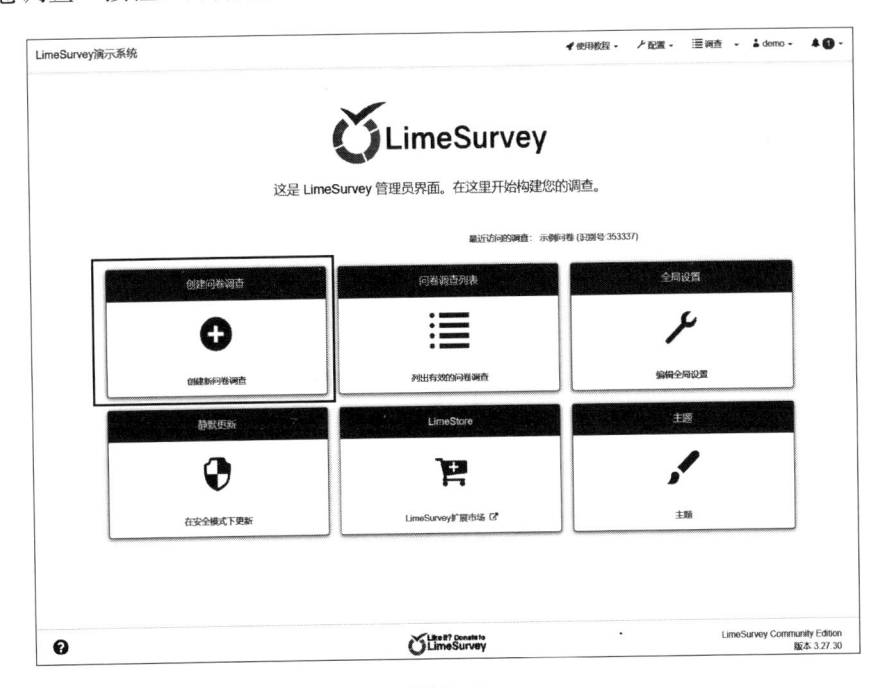

图 2-1

数字时代的问卷调查：LimeSurvey 的综合应用

在相应的输入框中填入调查标题"示例问卷"，同时在文字元素（text element）中编辑调查标题、描述、欢迎信息（卷首语）、结束信息等相关内容（见图 2-2）。除了调查标题是必须填写的内容，创建调查时的其他文字元素均可留空，并且在调查创建完成后也可以随时更改这些信息。

图 2-2

点击右上角的"保存"，就在系统中新建了一个标题为"示例问卷"的调查。从菜单栏进入调查列表也可以看到这个调查（见图 2-3）。

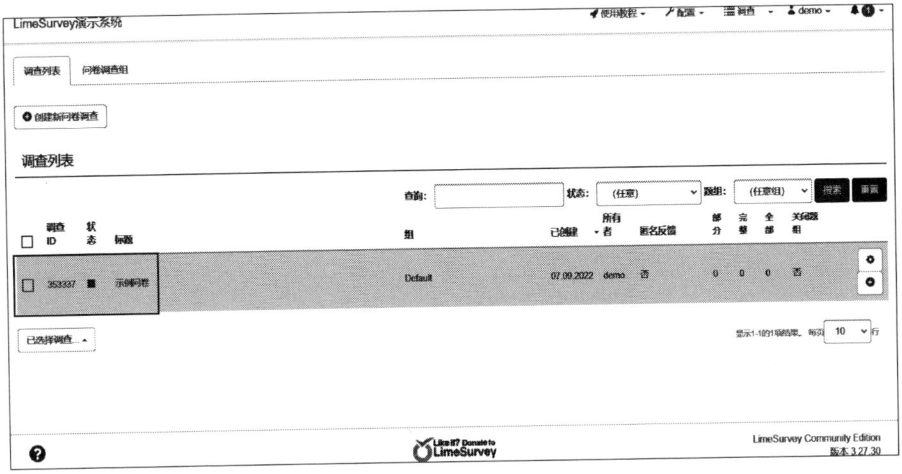

第 2 章　LimeSurvey 快速上手

图 2-3

2.1.2　录入问卷

创建了问卷调查，接下来就是在调查中填充具体的问卷内容。在 LimeSurvey 中，问卷的结构分为题组（group）和问题（question）两个层级。所谓题组，就是在内容和形式上有关联的一组问题。先创建题组，再在题组中添加问题。从调查列表中点击"示例问卷"所在的行进入调查，通过界面左侧的工具栏"结构—添加题组"，进入题组编辑页面（见图 2-4）。

输入题组的标题，点击"保存"，即完成题组的添加。调查中的题组按照添加顺序排列在左侧工具栏的"结构"中，点击即可进入对应的题组。有了题组，接下来就是在题组中添加问题。点击"新增题组问题"，在当前题组中添加问题（见图 2-5）。结构列表所见题组和问题就是问卷的实际构成，它直观地反映出问卷中有多少题组、题组中有哪些问题以及各个题组和问题的先后顺序。同时，结构列表是可交互的，通过拖拽的方式就能够随时调整各个题组和问题的顺序。

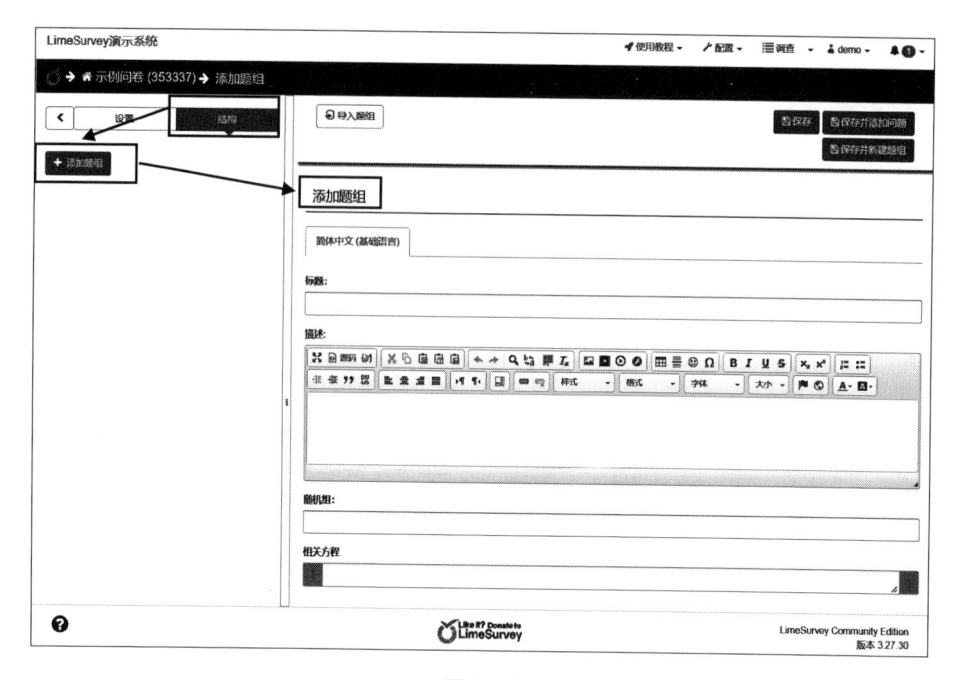

图 2-4

图 2-5

第 2 章　LimeSurvey 快速上手

参照本章前面的"示例问卷",依次录入问卷中的问题。LimeSurvey 中每一道问题的通用选项中都有一个默认关闭的"必答"选项,即当前问题可以不用回答。但是,示例问卷中的问题均为必答题,阵列题也将"拒绝回答"单独列为一个选项,而非直接使用系统给定的"拒答"。因此在录入问题时,每一道问题的"必答"选项都被开启。对于这一点,接下来在逐一介绍添加具体问题的方法时不再进行特别说明。

示例问题

A1. 请问您的性别是:

男 ………………………………………………………………… 1

女 ………………………………………………………………… 2

性别题是问卷调查中最常见的基本问题,为了方便使用,LimeSurvey 在掩码问题中单独创建了这一题型,只需编辑问题题干,答案项会自动匹配为"男""女"。具体操作方法是点击"新增题组问题"按钮后,选择"掩码问题—性别"(见图 2-6)。

图 2-6

问题有多选题、单选题等多种类型，在选定问题类型后，分别在问题编辑界面的"编号"和"问题"栏中输入题号和题干内容，其中编号是必填的。编号的命名必须以字母开头，后面可跟数字以及下划线，并且在调查中是唯一的。在"通用选项"中可以查看或更改问题类型（见图2-7）。

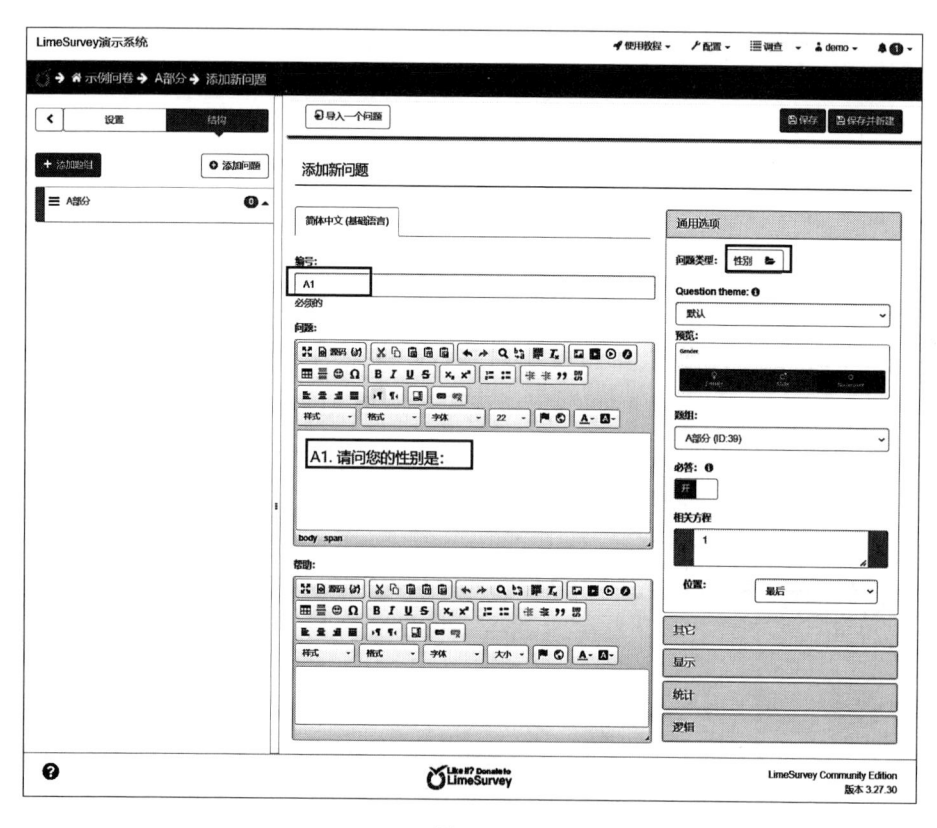

图2-7

示例问题

A2. 您的出生日期是什么？

记录：[_|_|_|_]年[__|__]月[__|__]日

【注意】出生年份必须在1900—2000年范围内。

第 2 章　LimeSurvey 快速上手

　　除了性别题，LimeSurvey 的掩码问题中还有日期/时间题型，受访者可采用点选或输入的方式填答时间格式的答案。根据 A2 题所需要的答案，我们要在选项里进行两项设置。一是在高级选项"显示"中设置答案上下限，即最大日期"2000-12-31"和最小日期"1900-01-01"；二是在高级选项"输入"中设置对应的日期/时间格式"yyyy-mm-dd"，即"年-月-日"。A2 题的创建内容如图 2-8、图 2-9 所示。

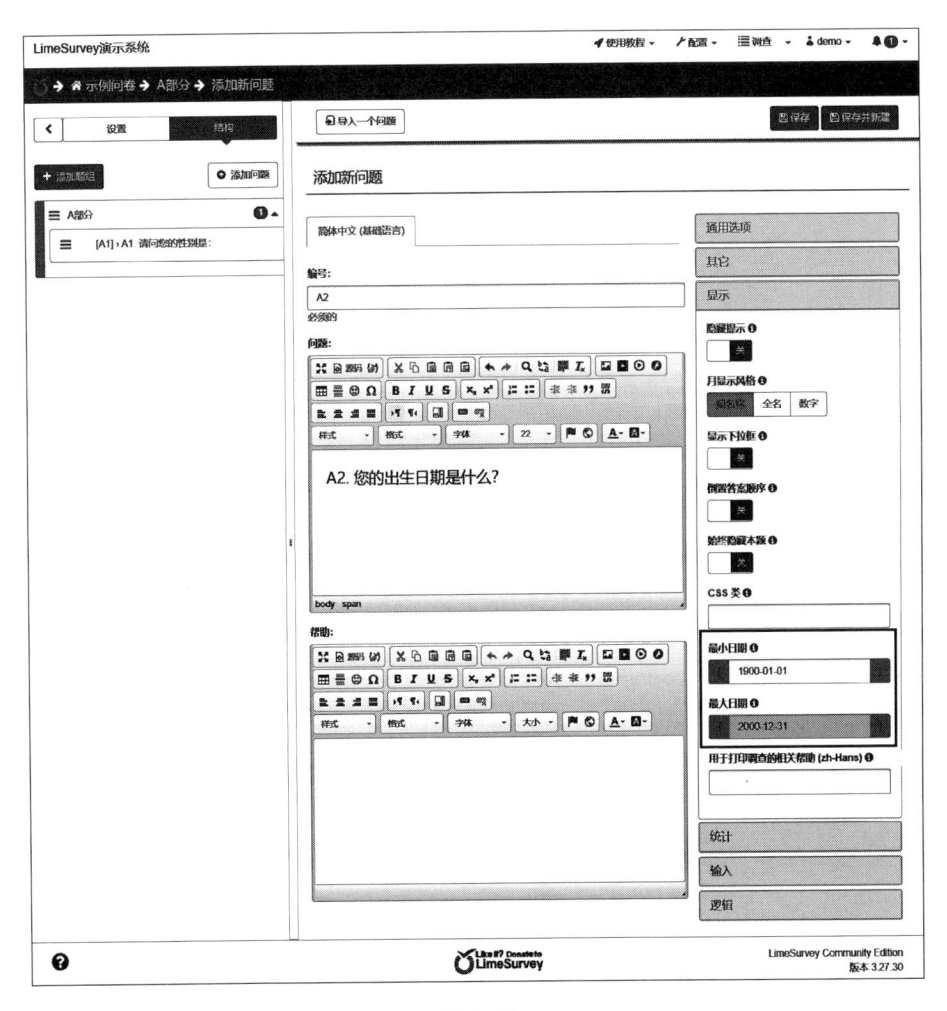

图 2-8

数字时代的问卷调查：LimeSurvey 的综合应用

图 2-9

示例问题

A3. 您的民族是：

汉族 ……………………………………………………………… 1

蒙古族 …………………………………………………………… 2

满族 ……………………………………………………………… 3

回族 ……………………………………………………………… 4

藏族 ……………………………………………………………… 5

壮族 ……………………………………………………………… 6

维吾尔族 ………………………………………………………… 7

其他（请注明：_____） ………………………………… 8

A3是一道单选题，以列表形式显示。这道题的"其他（请注明：_____）"答案项比较特殊，除了显示文本，还需要一个输入框用于

第 2 章　LimeSurvey 快速上手

填入具体答案。LimeSurvey 中的"选项'其它'"[①] 功能可以满足这一要求。在"通用选项"中开启"选项'其它'"功能，系统会自动生成一个带有输入框的答案项，默认标签为"其他"，也可以自定义标签内容。当受访者选中该选项时，要求必须在输入框中填入具体的答案，所以还需要将该输入框设置为必答（见图 2-10）。

图 2-10

[①] 为更好地介绍 LimeSurvey 的功能，准确展示操作方法，本书文字叙述部分的用词将与 Lime-Survey 的页面保持一致。

因此，A3应选择单选题中的列表（单选）题型，开启"选项'其它'"，在高级选项"显示"中将"'其它：'选项的标签"修改为"其他，请注明："（见图2-11），同时开启"逻辑"中的"'其他：'必填的评论"功能（见图2-12）；点击问题界面上方工具栏的"编辑答案项"按钮，编辑"汉族""蒙古族"等剩余选项（见图2-13）。

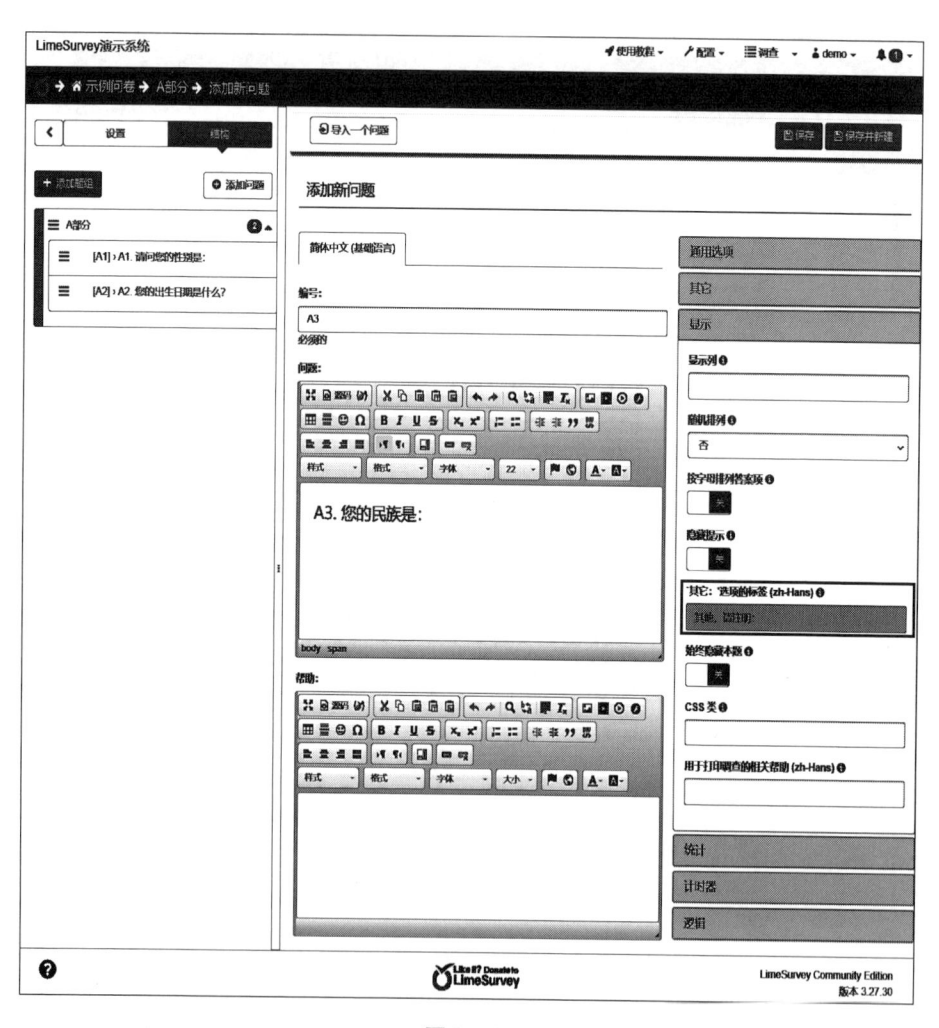

图 2-11

第 2 章　LimeSurvey 快速上手

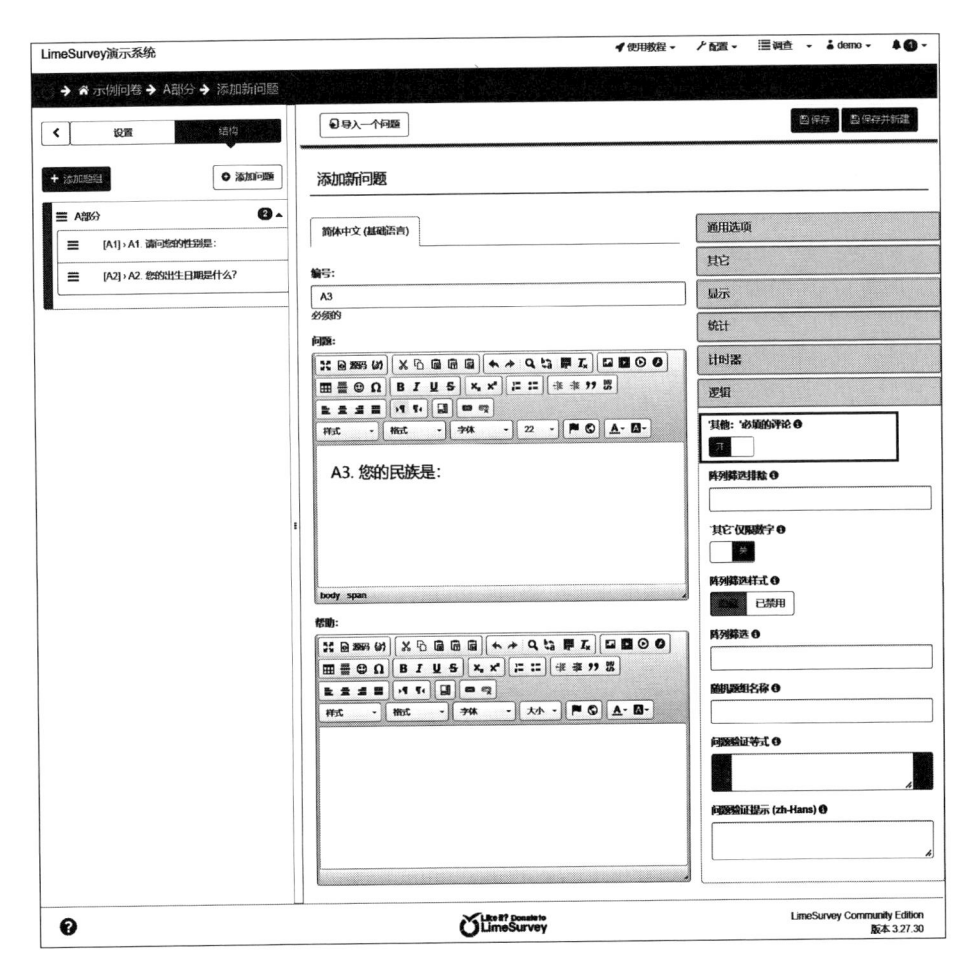

图 2-12

示例问题
A4. 您是否有宗教信仰：
是 ··· 1
否 ··· 2→跳问 A6

　　是/否题也是问卷调查中常见的一种题型，因此 LimeSurvey 也将其设置为一种掩码问题。创建一道是/否题，编辑问题编号及题干内容即可（见图 2-14）。

数字时代的问卷调查：LimeSurvey 的综合应用

图 2-13

图 2-14

> **示例问题**
>
> A5. 您的宗教信仰是（多选）：
>
> 佛教 ·· 1
>
> 道教 ·· 2
>
> 民间信仰（拜妈祖、关公等）····························· 3
>
> 伊斯兰教 ··· 4
>
> 天主教 ··· 5
>
> 基督教 ··· 6
>
> 东正教 ··· 7
>
> 其他基督教 ·· 8
>
> 犹太教 ··· 9
>
> 印度教 ·· 10
>
> 其他（请注明：_____）····················· 11

多选题中的"其他"选项与单选题相同，A5 与 A3 的设置方式基本一致。选择创建一道多选题，开启"选项'其它'"（见图 2-15），并在高级选项"显示"中将标签修改为"其他，请注明："（见图 2-16）；将"佛教""道教"等剩余选项编辑在答案项中。多选题没有"'其他：'必填的评论"功能，因此不做设置。

A5 与 A4 两道问题之间存在跳问逻辑关系。在纸笔问卷中，A4 题设置了跳问逻辑，当受访者选择"否"时，访问员或受访者会根据跳问提示跳过 A5 直接回答 A6。而在 LimeSurvey 的电子问卷中，这一逻辑被转换为只有当受访者选择 A4 中的"是"时，才显示 A5，否则隐藏。我们通过条件设定来控制问题的显示或隐藏，从而实现问题之间的"跳问"。

点击问题 A5 界面上工具栏中的"条件设定"按钮，进入条件设计器给 A5 添加条件。从"先前问题"中选中"A4：A4. 您是否有宗教信仰："，A4 预定义的两个答案项"Y（是）"和"N（否）"会自动显示在右侧的答案列表中，选中"Y（是）"；使用默认的比较操作符"等于"。选好之后，点击下方的"添加条件"按钮（见图 2-17）。

数字时代的问卷调查：LimeSurvey 的综合应用

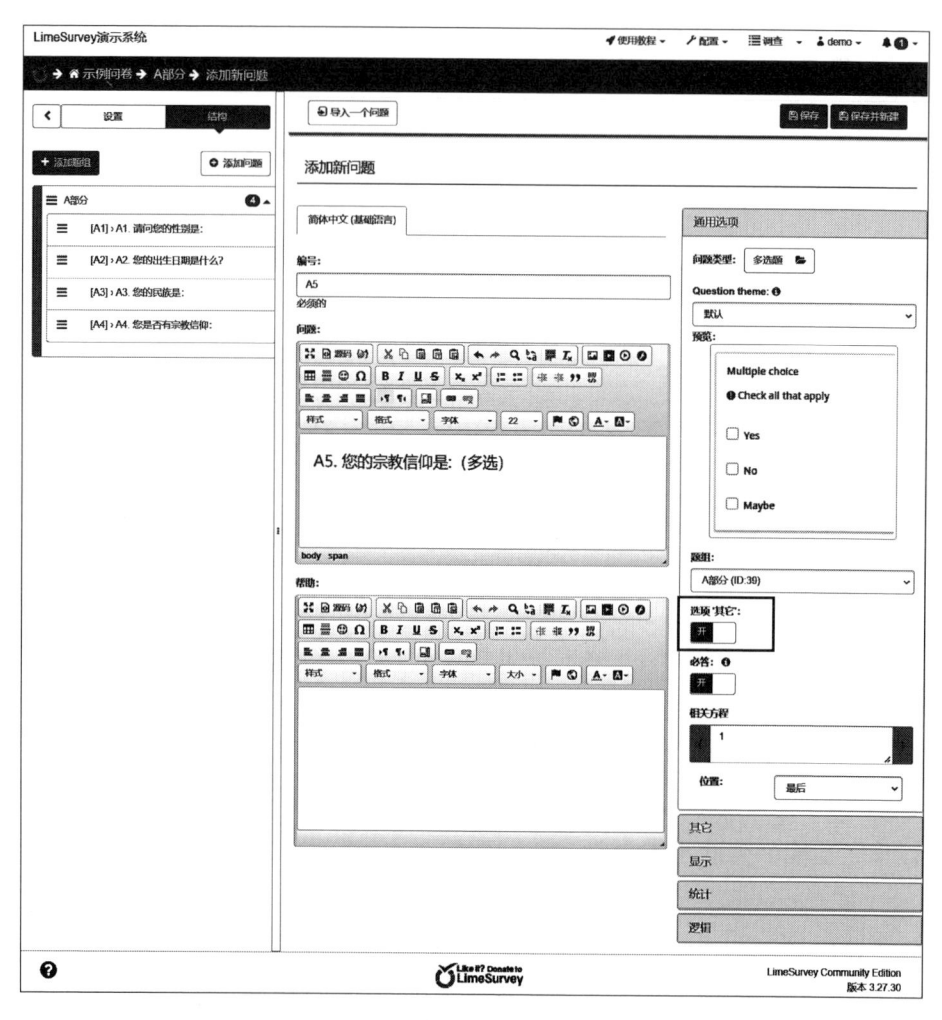

图 2-15

第 2 章　LimeSurvey 快速上手

图 2-16

图 2-17

可以看到（见图 2-18），系统已经添加了一个显示问题 A5 的条件：A4 等于"是（Y）"。也就是说，只有在 A4 的答案为"是"的情况下，才会显示 A5。

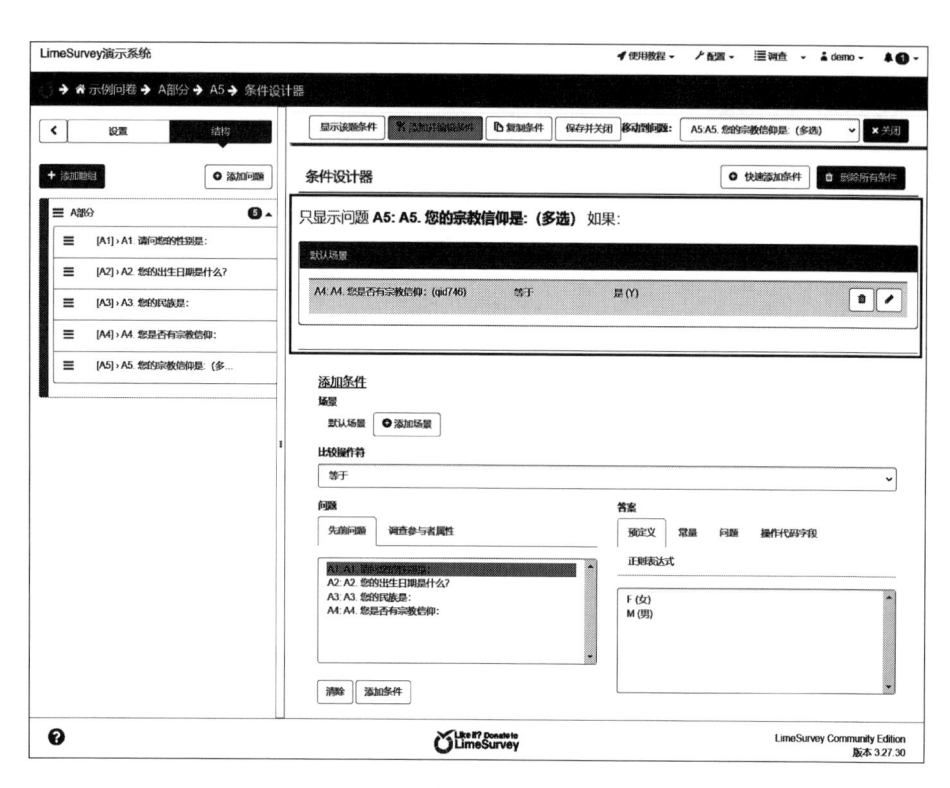

图 2-18

示例问题

A6. 您目前的具体工作内容是：

A6 是一道文本问题，根据题干内容预估答案的字符数，有可能会超过短自由文本题型的最大字符数 255，所以比较适合使用长自由文本题型。接下来创建一道长自由文本题，编辑问题编号和题干（见图 2-19）。

第 2 章　LimeSurvey 快速上手

图 2-19

示例问题

A7. 您目前的身高是：[＿＿＿｜＿＿＿｜＿＿＿] 厘米

【注意】填写范围为 80～250 厘米。

A8. 您目前的体重是：[＿＿＿｜＿＿＿｜＿＿＿] 斤

【注意】填写范围为 40～400 斤。

A9. 您的 BMI 值是 {（A8/2）/（(A7/100) * (A7/100))}：

> 【注意】计算 BMI 值，正常范围为 10～50。
>
> A9a. 身高和体重数据异常，请确认身高体重输入是否正确
>
> 【注意】如果 A9 的值超出正常范围 10～50，则显示 A9a。

A7～A9a 是一组相互关联的问题，A9 基于 A7 和 A8 填入的答案使用公式进行计算，A9a 的显示与否则取决于 A9 中公式计算出的数值大小。针对填入数字作为答案的一类问题，LimeSurvey 提供了掩码问题"数值输入"供用户使用。A7 和 A8 均创建为数值输入题型。

A7 在高级选项"显示"中设置答案项后缀为"厘米"（见图 2-20）；同时，根据问题的填写范围要求，在选项"输入"中设置答案的最小值 80 和最大值 250（见图 2-21）。

图 2-20

第 2 章　LimeSurvey 快速上手

图 2-21

　　A8 与 A7 类似，只需要将高级选项"显示"中的答案项后缀设置为"斤"，并且将选项"输入"中的最小值和最大值分别设置为 40 和 400 即可，如图 2-22、图 2-23 所示。

　　A9 需要用 A7 和 A8 中的答案进行计算，可使用掩码问题中的方程式题型。将计算公式用大括号"{}"括起来，这样问卷中会直接显示计算的结果（见图 2-24）。

　　A9a 中的内容是在 A9 计算出的 BMI 值超出正常范围后，作为提示文本向受访者显示的，并不需要受访者做出回答。因此使用掩码问题中的文本显示题型。

数字时代的问卷调查：LimeSurvey 的综合应用

图 2-22

图 2-23

图 2-24

A9a 的显示与 A9 中的计算公式 {(A8/2)/((A7/100)*(A7/100))} 的值相关，因此不能直接通过条件设定来实现 A9a 的显示与否。LimeSurvey 为用户提供了更灵活的控制问题显示的工具——相关方程。相关方程的默认值为 1，表示当前问题始终显示；当相关方程的值为 0 时，问题则会被隐藏。以此为基础，我们能够通过编写相关方程来实现更复杂的问题显示逻辑。A9a 显示的条件是 BMI 值超出正常范围 10～50，即 BMI 小于 10 或者大于 50。据此，A9a 的相关方程可以写作 {((A8/2)/((A7/100)*(A7/100)) lt 10) or ((A8/2)/((A7/100)*(A7/100)) gt 50)}。其中 lt 表示小于，gt 表示大于。综上，创建 A9a 的过程如图 2-25 所示。

数字时代的问卷调查：LimeSurvey 的综合应用

图 2-25

示例问题

A10. 过去一年，您对以下媒体的使用情况是：

	从不	很少	有时	经常	非常频繁	不知道	拒绝回答
1. 报纸	1	2	3	4	5	98	99
2. 杂志	1	2	3	4	5	98	99
3. 广播	1	2	3	4	5	98	99
4. 电视	1	2	3	4	5	98	99
5. 互联网（包括手机上网）	1	2	3	4	5	98	99
6. 手机定制消息	1	2	3	4	5	98	99

第 2 章　LimeSurvey 快速上手

　　A10 是一道阵列问题，使用 LimeSurvey 中的阵列题型展示，纵轴放置阵列题中的子问题，横轴放置答案项。创建一道阵列题之后，在子问题中编辑列表第一列的内容，在答案项中编辑列表第一行的内容（见图 2-26、图 2-27）。

图 2-26

图 2-27

数字时代的问卷调查：LimeSurvey 的综合应用

当所有问题都已经录入系统中后，可以通过 LimeSurvey 的预览功能进行查看。LimeSurvey 有三种预览方式，即预览调查、预览题组和预览问题。想要检查某一问题时，比如核对问题的内容是否正确、显示是否无误、各种答案限定是否准确等，可以直接预览这一问题。想要检查题组内问题之间的逻辑设置时，就需要预览题组了。想要对整个调查进行检查的话，则应预览调查。

对刚刚录入的问卷进行总体检查，可在上方的工具栏点击"预览调查"按钮，查看整个问卷。

首先是欢迎界面，下图 2 - 28 所示。

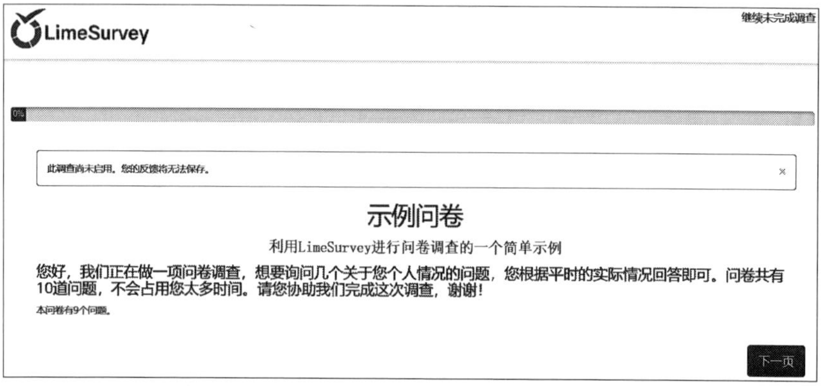

图 2 - 28

页面顶端是调查所用模板的边框样式，调查的每一页都会固定出现；固定头部的下方是调查的进度条，显示当前页面进行到调查的百分之几；进度条下方方框中的文字提示了预览的这项调查还未启用，提交的答案不会被保存；接下来依次是调查标题、调查描述、欢迎语，以及调查中需要填答的问题数量。是否对受访者展示问题总数、是否显示整个欢迎界面，都可以在调查的"外观"中进行设定。

点击欢迎界面中的"下一页"按钮，进入调查界面。预览调查时，可以在各个问题中填入答案以检验问题以及各问题之间的逻辑。当答案不符合设置的要求时，系统会给出错误提示。比如 A7 题填写的答案超出了设定的数值范围，系统会将对应的提示语标红进行报错，并用红色框突出答案有误的问题（见图 2 - 29）。

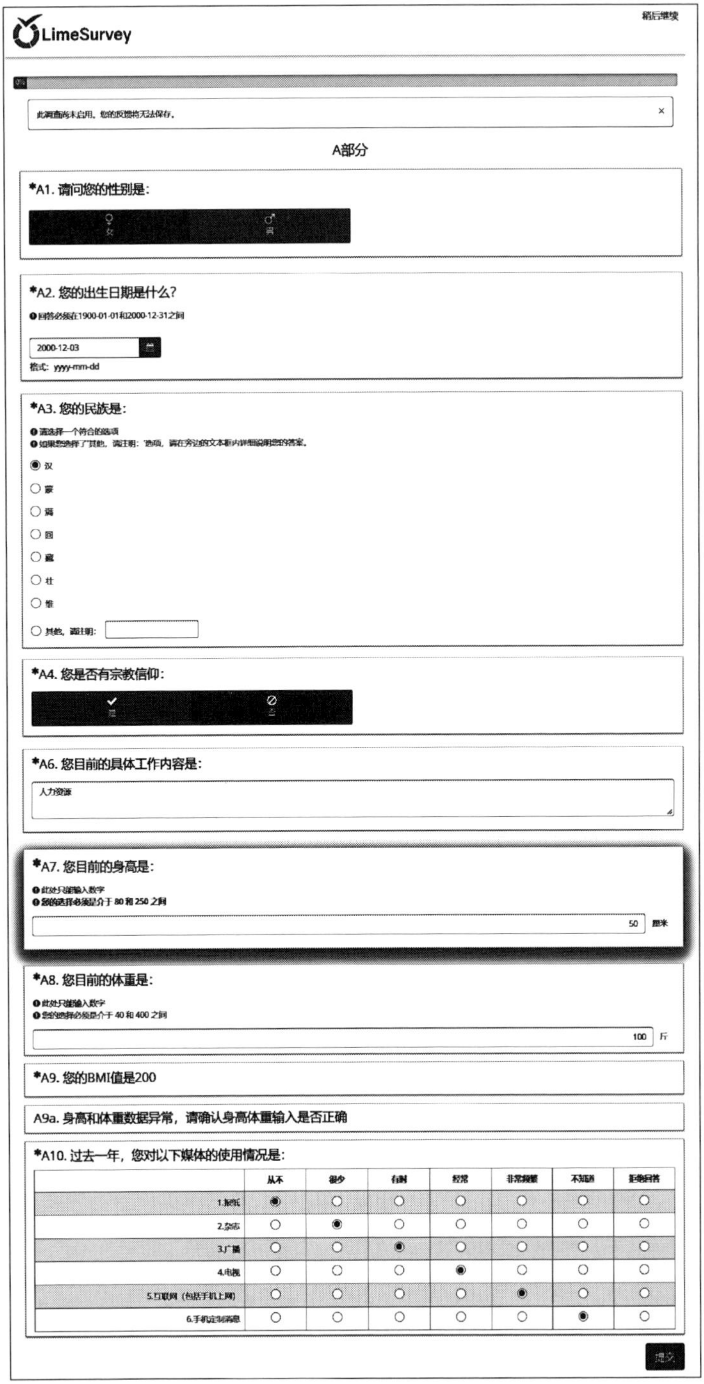
LimeSurvey
稍后继续
0%
此调查尚未启用。您的反馈将无法保存。
A部分
*A1. 请问您的性别是：
女
男
*A2. 您的出生日期是什么？
回答必须在1900-01-01和2000-12-31之间
2000-12-03
格式：yyyy-mm-dd
*A3. 您的民族是：
请选择一个符合的选项
如果您选择了'其他，请注明：'选项，请在旁边的文本框内详细说明您的答案。
汉
蒙
满
回
藏
壮
维
其他，请注明：
*A4. 您是否有宗教信仰：
是
否
*A6. 您目前的具体工作内容是：
人力资源
*A7. 您目前的身高是：
此处只能输入数字
您的选择必须是介于 80 和 250 之间
50
厘米
*A8. 您目前的体重是：
此处只能输入数字
您的选择必须是介于 40 和 400 之间
100
斤
*A9. 您的BMI值是200
A9a. 身高和体重数据异常，请确认身高体重输入是否正确
*A10. 过去一年，您对以下媒体的使用情况是：
从不
很少
有时
经常
非常频繁
不知道
拒绝回答
1.报纸
2.杂志
3.广播
4.电视
5.互联网（包括手机上网）
6.手机定制消息
提交

图 2－29

2.1.3　调查设置

LimeSurvey 为用户提供了一个丰富的"工具箱",用户可以根据实际需求自定义一个"个性化"的问卷调查。这个工具箱在调查界面的左侧,表现为"调查设置"菜单栏(见图 2-30)。

图 2-30

这些设置的内容涵盖了问卷调查的各个方面,以"常规设定"为例,在这一栏目下,可以对调查的语言、所有者、管理员及其信息、所在题

第 2 章 LimeSurvey 快速上手

组、显示格式、使用模板等进行设置（见图 2-31）。在"外观"栏中，可以通过开启或关闭显示问卷中各项内容（比如题组名称、题组描述、问题编号、欢迎界面、进度条等）的功能，以控制向受访者呈现的调查问卷内容（见图 2-32）。其他的文字元素、数据政策设置、主题选项、参与者设置、通知及数据、发布及访问等也都是用于控制调查的各个方面的，具体的内容将在本书后面的章节中详细介绍。如果没有特殊要求，用户一般可以直接采用默认设置进行调查。

图 2-31

数字时代的问卷调查：LimeSurvey 的综合应用

图 2-32

2.2 测试调查

  在正式调查之前，一般需要先对调查实施的全过程进行小范围的测试，以检查可能存在的缺漏或者问题。经过测试查漏补缺之后，再正式实施调查。测试与正式调查的区别主要在于调查样本和发布的方式，但在 LimeSurvey 中，启用调查和回收数据的过程是一样的。

  首先是激活调查。点击调查界面上方的"启用调查"按钮进行激活，系统会再次提示一些启用之后不能更改的设置，例如不能添加或删除题组/问题/子问题，并且子问题的代码也不能更改。同时，还可以对是否允许匿名反馈、是否保存反馈的 IP 地址/答题计时/日期戳/来源网址进行自定义设置（见图 2-33）。被激活的调查一旦停用，LimeSurvey 系统会将所有搜集到的反馈数据存储在一个存档表中，再次启用调查时收到的反馈则会被保存在另外的存档表中。

图 2-33

点击"保存并激活调查"，这时系统会显示调查已启用，并让你选择调查的访问模式（见图 2-34）。

数字时代的问卷调查：LimeSurvey 的综合应用

图 2-34

LimeSurvey 提供了两种调查模式：开放式和封闭式。开放式调查是指所有人都可以通过点击调查网址链接填答问卷，而不需要邀请码（LimeSurvey 中的 token 码），这是系统对于一项调查的默认调查模式。而封闭式调查是指，受访者点击链接后，需要先输入一个由调查者提供的邀请码，验证成功后才能进入调查。

下面以开放式调查为例演示调查的执行过程，较复杂的封闭式调查会在后面的章节中详细介绍。

点击"不，谢谢。"按钮，调查启用，并采用开放式访问模式。从调查界面上方工具栏中的"执行调查"或提供的调查网址链接进入调查，逐项填答问卷（见图 2-35）。

第 2 章 LimeSurvey 快速上手

图 2-35

填答完问卷，提交的数据会被上传至服务器保存，调查者可以从 LimeSurvey 系统中查看每一条反馈数据，从中检查是否有不合理的数据，进而检验问卷的疏漏或不合理之处。

2.3 实施调查

经过测试将调查完善之后，就可以将调查网址发布出去，正式实施调查了。发布的途径可由调查者根据实际情况选择，比如可以给受访者发送包含调查网址的电子邮件、在论坛或者社交平台张贴调查网址、通过社交软件发送调查网址等。受访者点击链接填答问卷，提交后 LimeSurvey 即可接收到反馈数据。

在实施调查的过程中，调查者可以通过 LimeSurvey 的管理员平台实时查看反馈数据。点击调查界面上方工具栏中的"反馈—反馈和统计"进入反馈界面，点击"摘要"，系统会显示全部反馈者、未完成反馈者及所有反馈者的数量（见图 2-36）；点击"显示反馈"，则可以查看每一条反馈数据的详细内容，即每一个受访者填答的具体答案（见图 2-37）。

图 2-36

第 2 章　LimeSurvey 快速上手

图 2-37

调查结束后，点击调查界面上方工具栏中的"停止本调查"，选择一种方式将调查停止。LimeSurvey 提供了两种停止调查的方式：过期和失活（见图 2-38）。

（1）采用使调查过期的方式，需要注意以下几点：

● 不会丢失任何反馈数据。

● 不会丢失受访者的信息。

● 可以有限制地修改问题、题组和各类参数。

● 受访者无法访问过期的调查，如果访问调查网址，他们会看到一条显示调查过期的信息。

● 仍然可以使用 LimeSurvey 进行反馈统计。

数字时代的问卷调查：LimeSurvey 的综合应用

图 2 - 38

（2）采用失活的方式停用调查，则需要注意下列内容：

● 所有的反馈数据都会丢失，无法通过 LimeSurvey 的管理员界面获取，因此建议在停用调查之前将反馈数据导出保存。

● 这些数据的存档表将被重新命名，再次启用该调查之后可以进行调用。

● 所有受访者的信息都会丢失。

● 受访者无法访问该调查，如果访问调查网址，他们会看到不允许查看调查的信息。

● 可以不受限制地编辑所有的问题、题组和各类参数。

通过对比过期和失活造成的不同结果，建议采用调查过期的方式停止调查。当然具体采用何种方式需要根据实际情况决定。

第 2 章　LimeSurvey 快速上手

2.4　反馈结果查看及数据导出

在上一节中已经提到，调查者可以通过 LimeSurvey 的管理员平台查看受访者的反馈数据（反馈的数量和反馈的详情，见图 2-36、图 2-37）。实际调查中，为了保证数据的质量，通常还会对回收的数据进行核查，比如通过关键逻辑检查答案的合理性、通过电话回访核查数据的真实性等。

完成了数据的采集过程，获取的反馈数据需要进行后续的整理、存储和开发。LimeSurvey 作为调查工具，与数据处理相关的功能有限。因此，比较常见的做法是将反馈数据导出，再使用专门的统计软件对数据做进一步的处理，比如 SPSS、STATA、R 等。具体做法是从调查界面工具栏中的"反馈"进入"反馈和统计"，点击"导出—导出回答"（见图 2-39）。

图 2-39

数字时代的问卷调查：LimeSurvey 的综合应用

导出数据时，可以根据需求选择导出文件的格式，以及数据的完成状态、语言、范围；可以设置数据的答案形式（编号或完整答案）和标题形式；还可以选择导出的内容（比如反馈 ID、问题/子问题等）。设置完成后，点击右上角的"导出"按钮，即可得到一份反馈数据文件。LimeSurvey 支持导出 Word/Excel/CSV/HTML/PDF 格式的文件（见图 2-40）。除此之外，还可以将数据导出为 SPSS/R/STATA 等统计软件格式，或是导出为 VV（vertical verification）调查文件，具体操作方式将在之后的章节中详细介绍。

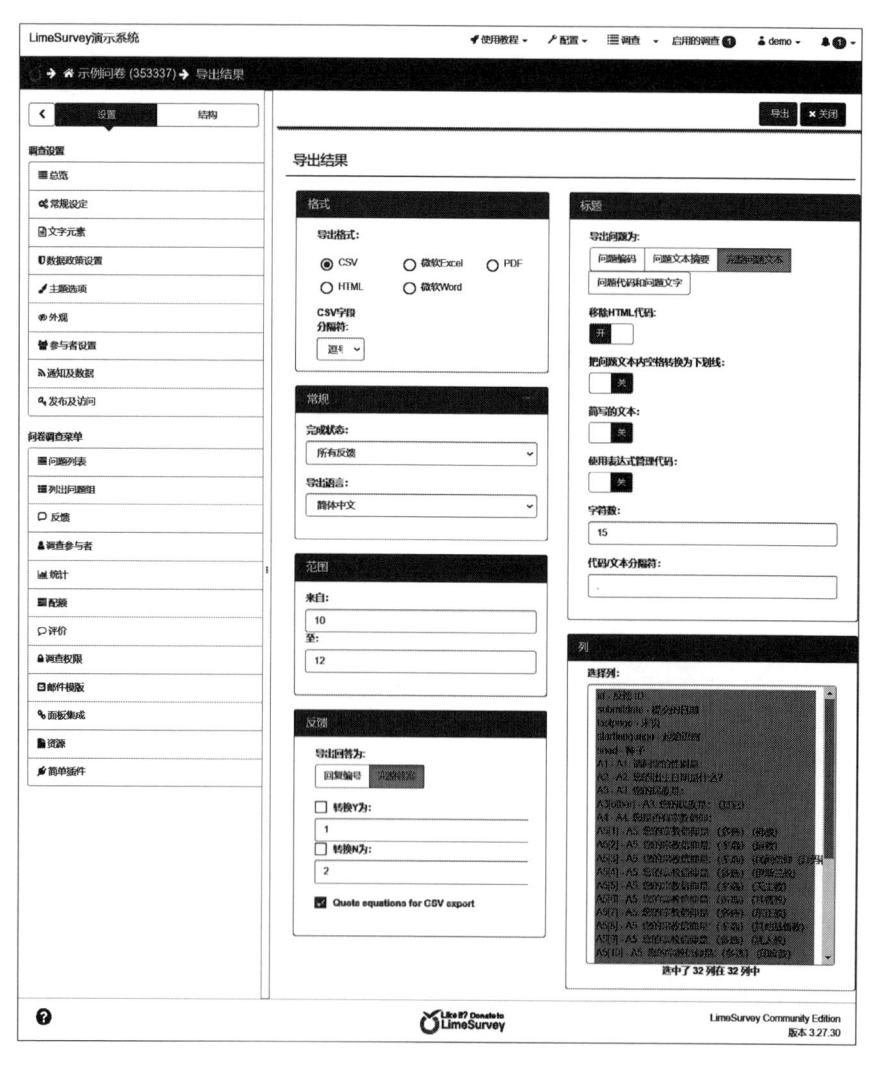

图 2-40

第 2 章　LimeSurvey 快速上手

　　本章借由一份示例问卷简单介绍了如何使用 LimeSurvey 平台完成一项问卷调查，以及在创建调查—测试调查—实施调查—反馈结果查看及数据导出这四个环节中的具体操作。这些操作是实施问卷调查过程中最为基础的内容。当然，在整个问卷调查研究的工作周期内还有很多工作是在 LimeSurvey 系统之外完成的，譬如问卷设计、抽样设计、数据分析等。LimeSurvey 中的每一部分内容都有非常多的细节值得关注，这些细节都会在之后的章节中进行详细介绍。

第3章

LimeSurvey 的安装和配置

调查者若想借助 LimeSurvey 开展调查项目并搜集数据，需要先将 LimeSurvey 系统安装在 Web 服务器上，以获取调查工具。或者直接使用第三方提供的专业服务，这时只需专注于在 LimeSurvey 上执行调查项目，而将服务器的安装配置和日常维护工作交由专业的第三方处理。另外，如果是出于学习和进行测试的目的，也可以将 LimeSurvey 安装在个人电脑上，即采用本地主机安装的模式。

3.1 在本地主机上安装 LimeSurvey

在本地主机上安装的 LimeSurvey 是一个"单机版"的调查工具，外部人员无法通过互联网进行访问，只能在本地使用。一般用于电子问卷的编辑、测试、预览，或者用于开发、测试系统。为此，需要借助一个特殊的 Web 服务器软件，LimeSurvey 推荐的是 XAMPP 软件包，里面包含了 Web 服务器（Apache）、数据库（MySQL）和 LimeSurvey 所基于的 PHP

第 3 章　LimeSurvey 的安装和配置

脚本语言。安装 XAMPP 软件包要求本地主机有超过 64MB 的运行内存和 350MB 的可用硬盘。

XAMPP 软件包只是用一种简单的方式在本地主机上安装了 LimeSurvey，因此互联网上的任何人都不可能访问里面的调查。这也是将其称为"单机版"LimeSurvey 的原因。实际上，在 XAMPP 软件包以外，还有很多其他的 Web 服务器软件包，如 USBWebserver、PHPnow、WampServer 等，都能实现本地安装 LimeSurvey 的功能。本地安装除了用于学习和测试以外，还可以有别的用途。本书的后面章节就介绍了笔者是如何利用 LimeSurvey 的本地安装功能，扩展出利用笔记本电脑进行计算机辅助面访功能的。

3.1.1　安装

接下来将详细介绍如何在本地主机上安装 LimeSurvey 系统。

首先下载最新的 XAMPP 软件包，下载地址为 https：//www.apachefriends.org/download.html。根据所用电脑的系统下载适用于 Windows 系统、Linux 系统或苹果公司 OS X 系统的软件包（见图 3-1）。下载完成后，运行 XAMPP 软件包，遵循提示的安装步骤安装程序，通常不需要改变参数，按照默认模式进行到底即可。

成功安装后，运行 XAMPP 的控制面板，启动 Apache 和 MySQL（见图 3-2）。

打开网页浏览器窗口，输入网址 http：//localhost/跳转，可以看到 XAMPP 运行的根目录为/dashboard/（见图 3-3）。

在 LimeSurvey 官方网站下载并保存最新版本的安装包。下载完成后，使用解压软件将 zip 文件解压。然后将解压后的 LimeSurvey 文件夹复制到 XAMPP 的根目录/dashboard/下（见图 3-4）。

完成上述准备工作后，开始正式安装 LimeSurvey。打开浏览器窗口，输入网址 http：//localhost/dashboard/LimeSurvey/admin。进入安装界面后，选择系统使用的语言，点击右下角的安装按钮开始安装（见图 3-5）。

图 3-1

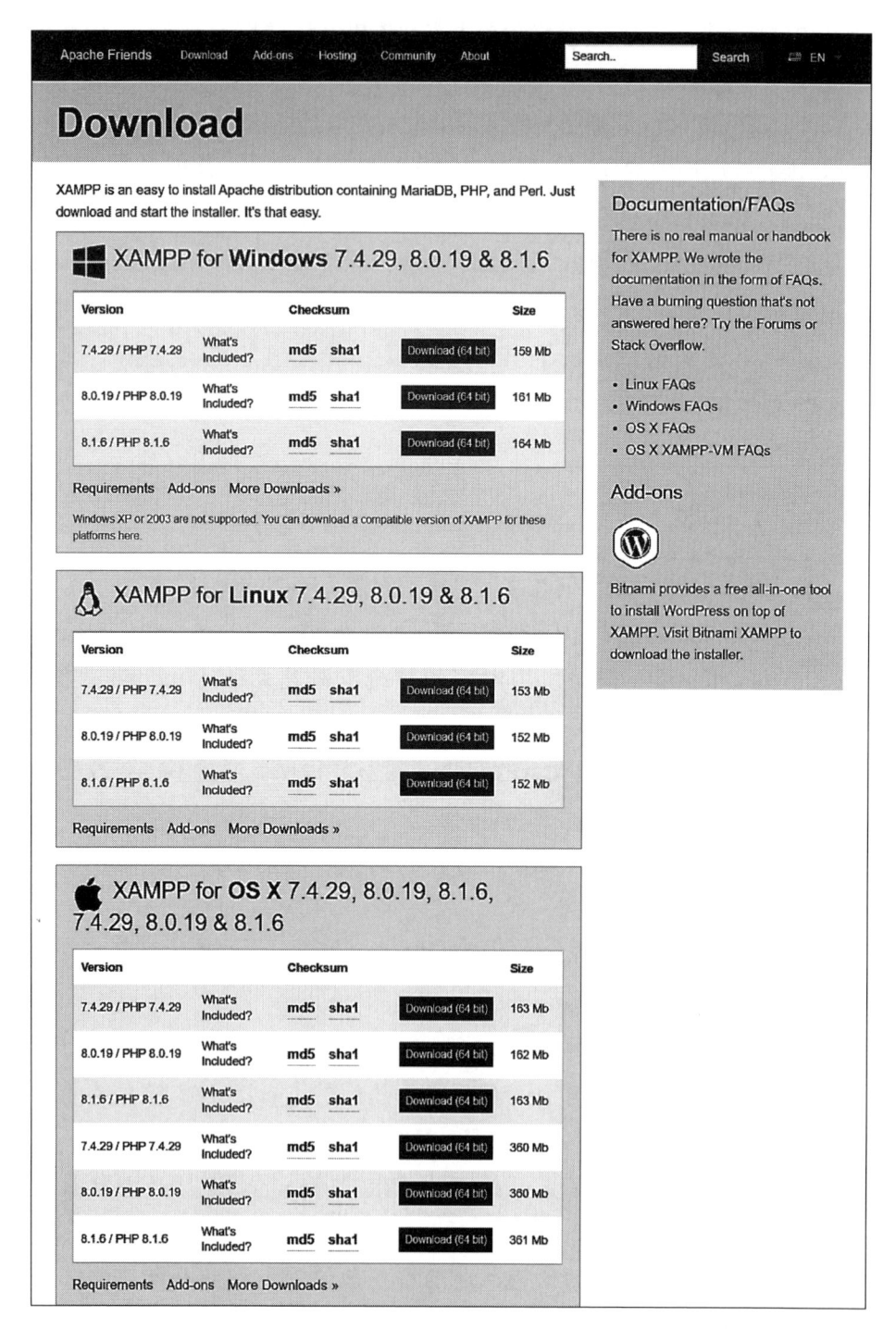

第 3 章　LimeSurvey 的安装和配置

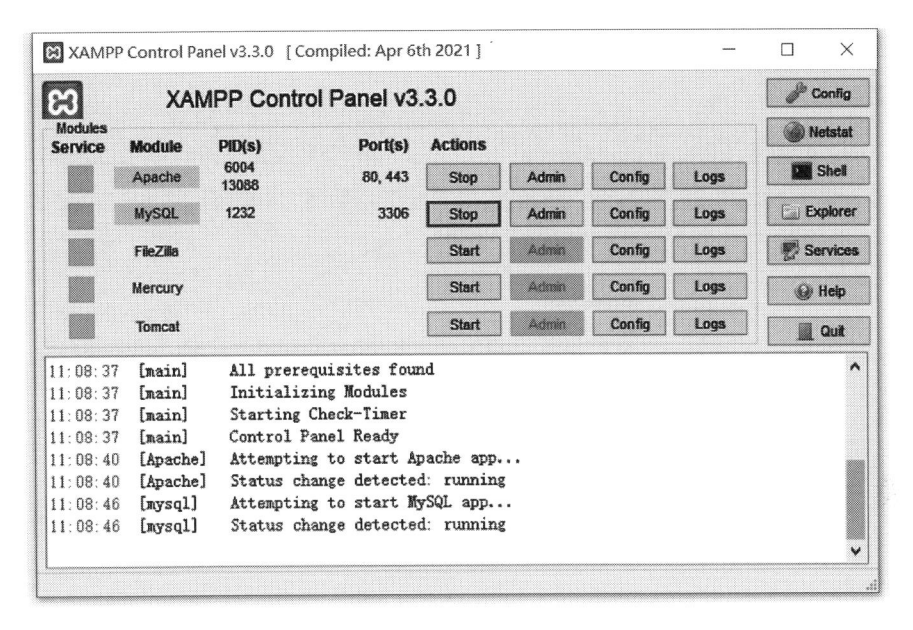

图 3-2

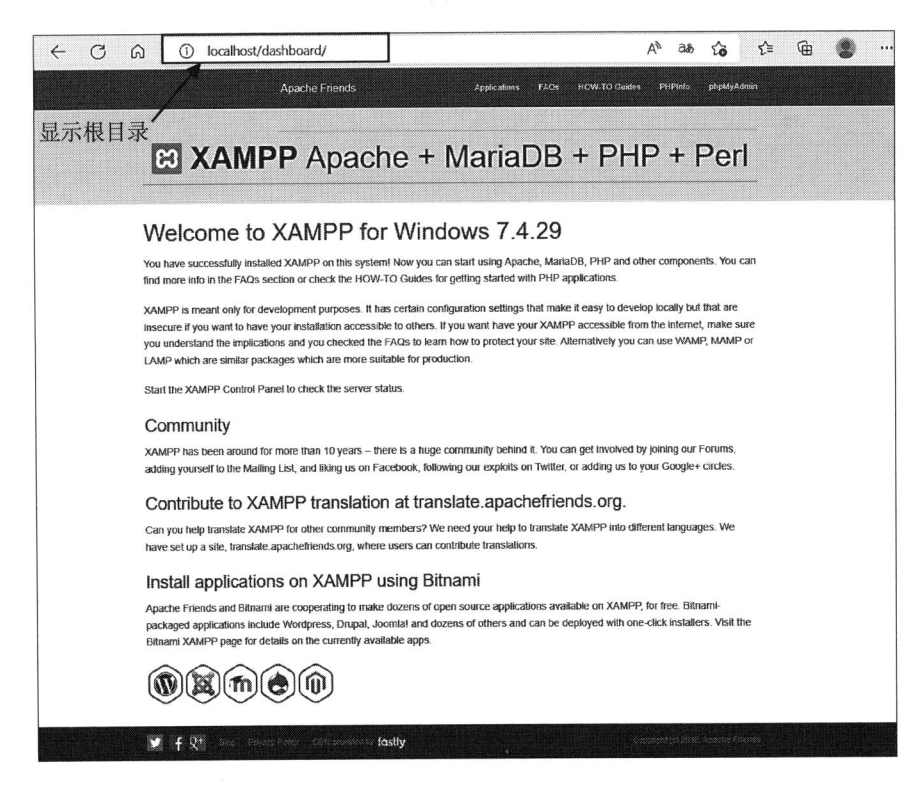

显示根目录

图 3-3

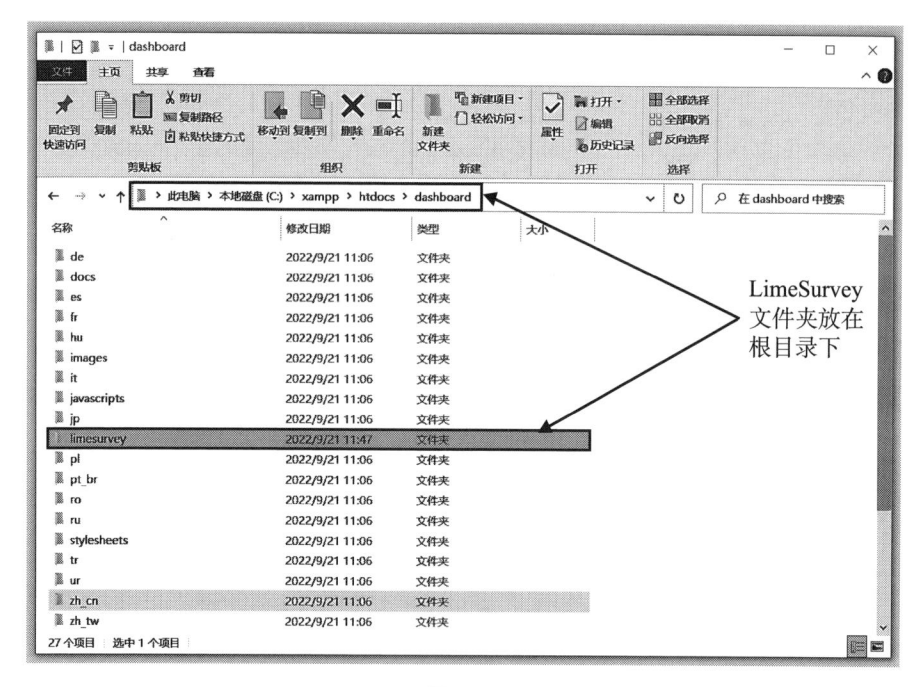

图 3-4

图 3-5

下一个页面会进行安装前的环境检验，根据系统的各个属性，分别给出了能正常安装 LimeSurvey 最低要求的配置以及系统当前的配置。如果当前配置没有达到最低要求，会在对应项给出一个惊叹号，需要在系统上对这些项进行调整后才能继续安装（见图 3-6）。

第 3 章　LimeSurvey 的安装和配置

LimeSurvey安装

进度
20 % 已完成

1. 欢迎
2. 许可
3. 安装前的检查
4. 配置
5. 数据库设置
6. 管理员设置

安装前的检查
安装前的检查LimeSurvey3.28.29

最低要求

	必须的	当前
PHP版本:	5.5.9 - 7.4.x	7.4.29
最小可用内存	128	512 MB
PHP PDO 驱动库	至少安装了一个	MySQL
PHP mbstring 库	✔	✔
PHP zlib 库	✔	✔
PHP/PECL JSON 库	✔	✔
/application/config 目录	发现 & 可写入	找到 & 可写
/upload 目录	发现 & 可写入	找到 & 可写
/tmp 目录	发现 & 可写入	找到 & 可写
session可写	✔	✔

可选模块

	建议的	当前
PHP GD 库	✔	✔
PHP LDAP 库	✔	⚠
PHP zip 库	✔	✔
PHP imap 库	✔	⚠

[上一页]　　[重新检查]　　[下一页]

proudly powered by LimeSurvey

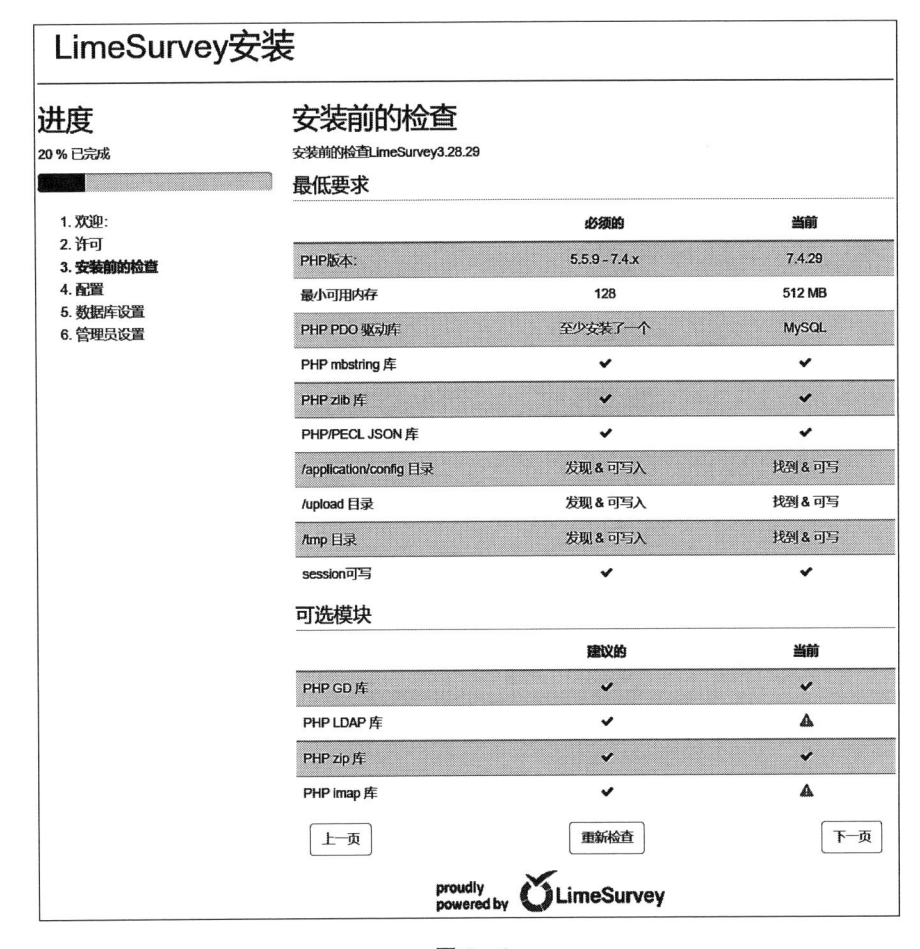

图 3-6

接下来是安装数据库，按照系统默认的设置即可，其中数据库密码由于是本地安装，所以默认为无密码（见图 3-7）。

点击"下一页"后，正常情况下，会提示"数据库不存在!"，此时需点击"创建数据库"按钮（见图 3-8）。

如果一切正常，则会提示"数据库已创建"，然后点击"填充数据库"按钮，往数据库中写入必备的数据（见图 3-9）。

接下来是设置系统管理员的登录名和登录密码，这是必须要牢记的，不然无法进入 LimeSurvey 的后台管理页面。完成后点击"下一页"（见图 3-10）。

数字时代的问卷调查：LimeSurvey 的综合应用

图 3－7

图 3－8

第 3 章　LimeSurvey 的安装和配置

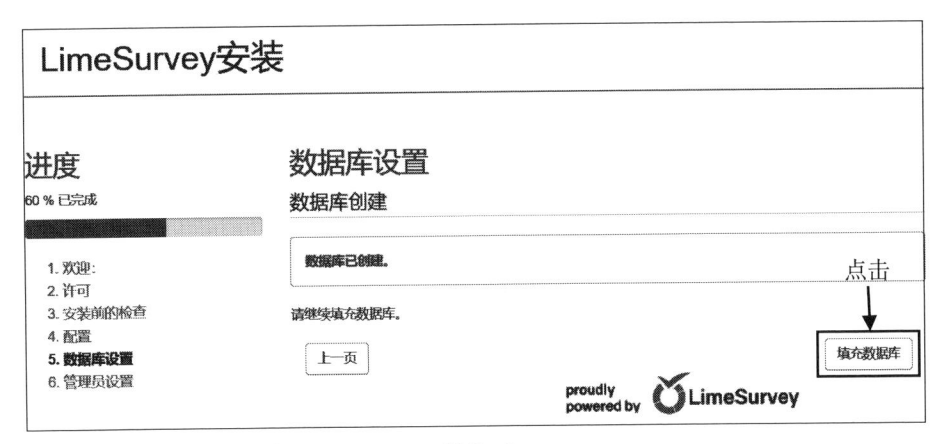

图 3-9

图 3-10

数字时代的问卷调查：LimeSurvey 的综合应用

此时系统会提示"成功！"，并给出管理员的用户名和密码（见图 3-11）。

图 3-11

安装完成之后，点击"管理"按钮，或者在浏览器窗口中跳转至 http：//localhost/dashboard/LimeSurvey/admin，就可以进入管理员登录界面。输入设置的管理员用户名和密码，进入 LimeSurvey 系统，就可以开始构建问卷调查项目了，如图 3-12、图 3-13 所示。

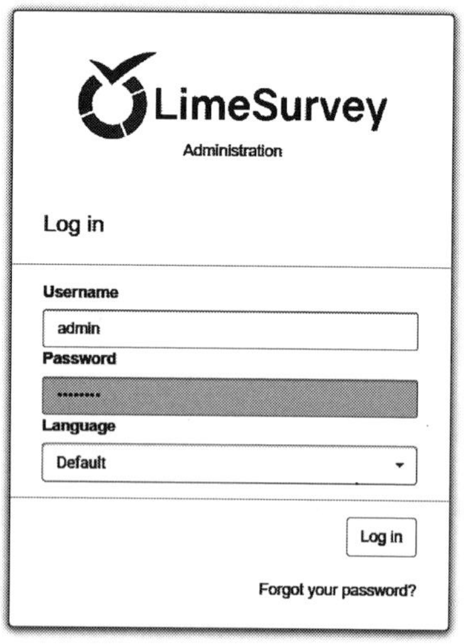

图 3-12

"单机版" LimeSurvey 的正常使用需要运行从 XAMPP 软件包中安装的 Apache 和 MySQL。如果电脑重新启动，则需要使用 XAMPP 控制面

第 3 章　**LimeSurvey 的安装和配置**

图 3-13

板再次启动它们。当然，如果觉得麻烦，也可以在 XAMPP 控制面板中将其设置为开机时自动启动。

3.1.2　常见问题

在 XAMPP 中启动 Apache 有时会遇到端口被占用的情况，一般错误提示如下：

错误提示

Error：Apache shutdown unexpectedly.

［Apache］This may be due to a blocked port，missing dependencies，

［Apache］improper privileges，a crash，or a shutdown by another method.

［Apache］Press the Logs button to view error logs and check

> [Apache] the Windows Event Viewer for more clues
> [Apache] If you need more help, copy and post this
> [Apache] entire log window on the forums

如果遇到这种问题，就需要修改端口。一般来说，默认的端口是 80；如果端口 80 被占用，则需要改成其他端口。点击"config—Apache (httpd.conf)"进入文件（见图 3-14），直接通过"80"查找到文件中设置端口的位置，修改这个端口数字，保存即可（见图 3-15）。

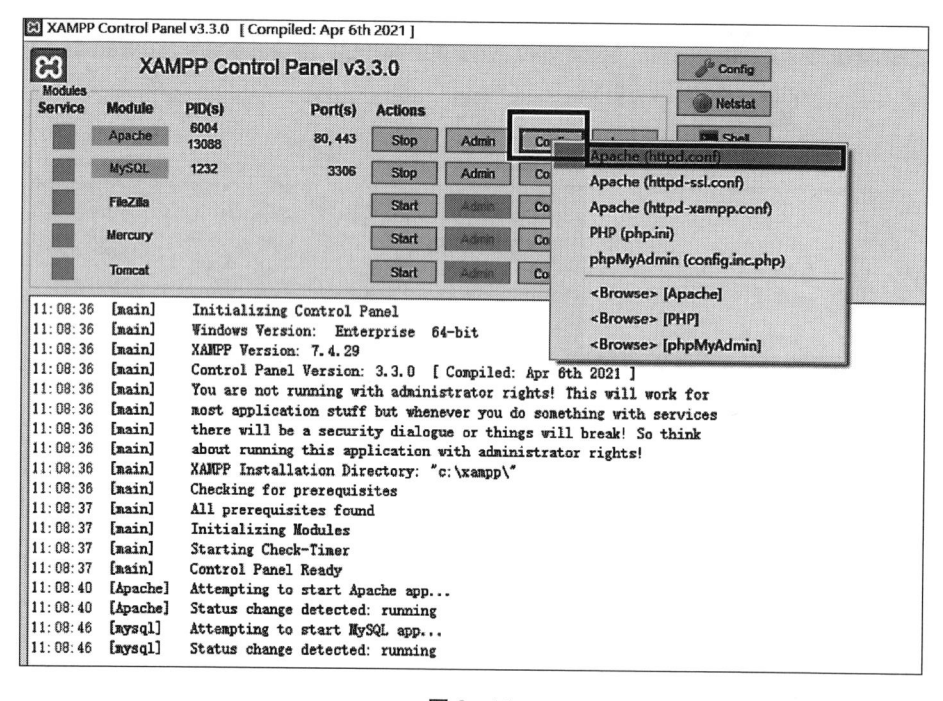

图 3-14

需要强调的是，XAMPP 软件包主要被定位为一个单一用户解决方案，不推荐将它安装在提供互联网服务的 Web 服务器上。如果想在正式联入互联网的 Web 服务器上安装 LimeSurvey，让受访者通过互联网访问调查，让管理员通过互联网远程管理调查系统和项目，就需要使用另一种安装方式——在服务器端安装 LimeSurvey。

第 3 章　LimeSurvey 的安装和配置

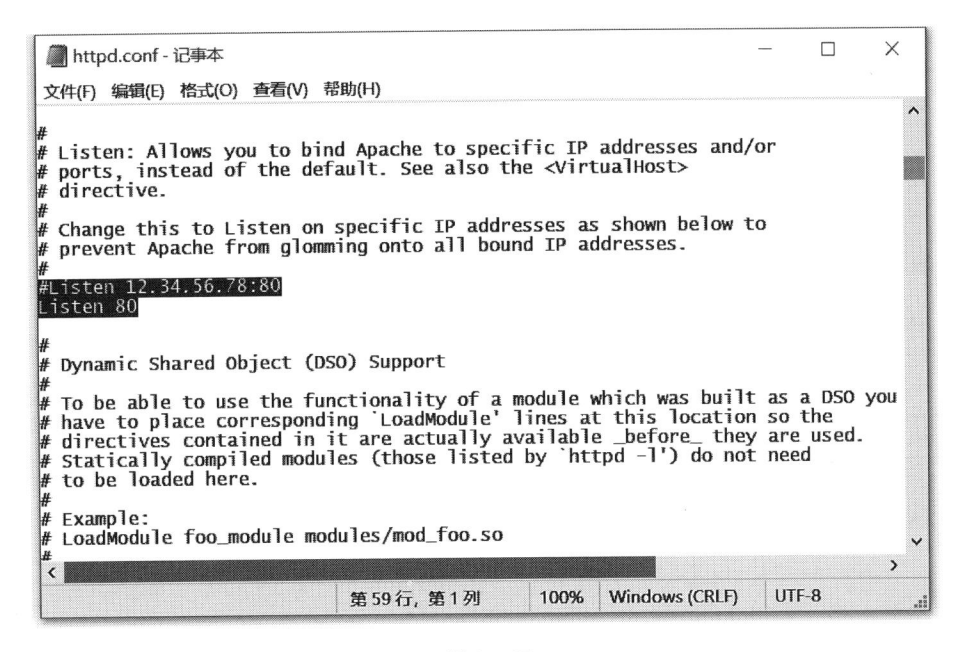

图 3-15

3.2　在服务器端安装 LimeSurvey

在 Web 服务器上安装的 LimeSurvey 是能够真正实施问卷调查的系统，受访者通过互联网访问 Web 服务器进而获取其中的调查，反馈数据也将通过服务器回收并存储。

在 Web 服务器上安装 LimeSurvey，除了下载安装包进行安装，还需要完成一些配置和部署工作。

3.2.1　准备工作

在安装 LimeSurvey 之前，首先要确保网站满足下列要求：
（1）安装的磁盘空间大于 250MB。

（2）数据库使用 MySQL 5.5.3 及以上版本，或微软的 SQL Server 2005 及以上版本，或 PostgreSQL 9 及以上版本。

（3）使用 PHP 5.5.9 及以上版本，强烈建议使用 PHP 7.0.0+ 的版本，因为后一类版本除了具备所有 PHP 默认的库，还具有下列模块/库的功能：多字节字符串功能扩展库、用于 MySQL 或 PostgreSQL（pdo_pgsql）或微软 SQL Server 的 PDO 数据库驱动程序（pdo_mysql 或 pdo_mysqli、pdo_pgsql、pdo_sqlsrv for Windows 以及 pdo_dblib for Linux）。

在此额外补充一些在调查中可能有用的 PHP 扩展项：

（1）FreeType 支持的 GD 库可用于 captchas、统计数据中的良好图表或通过 HTML 编辑器上传图像，详细内容请参阅 PHP GD 库扩展文档，网址为 https://www.php.net/manual/en/image.setup.php。

（2）IMAP 可用于电子邮件退回跟踪系统，详细内容可参阅 PHP IMAP 扩展文档，网址为 https://www.php.net/manual/en/imap.setup.php。

（3）安装 LDAP 后可以使用 LDAP 导入调查参与者。PHP LDAP 扩展文档网址为 https://www.php.net/manual/en/book.ldap.php。

（4）Zip 可用于模板上传、导入.zip 归档资源和 Excel 导出，PHP Zip 扩展文档网址为 https://www.php.net/manual/en/zip.setup.php。

（5）Zlib 可用于静默更新，PHP Zlib 扩展文档网址为 https://www.php.net/manual/en/zlib.setup.php。

在多数情况下，Web 服务器的提供程序或系统管理员能够帮助我们使用这些可选组件。LimeSurvey 最常见的安装运行环境是在 Linux 主机下，Web 服务器使用 Apache，数据库使用 MySQL，脚本语言使用 PHP，即 AMP 环境。这个安装运行环境所需的软件都是开源软件，与 LimeSurvey 作为开源家庭中的一员是一致的。LimeSurvey 也可运行在微软的 Windows 环境下，如果想运行在 Microsoft 的 IIS 服务器上，可以查看系统上的"安装 IIS"以寻求帮助。

本章节安装示例中使用的分别是 Apache 2.4.33、PHP 7.2.4、MySQL 5.7.21。

第 3 章　LimeSurvey 的安装和配置

除了上述三项基本需求，还要考虑浏览器的兼容性和设备的屏幕尺寸。

目前 LimeSurvey 支持 IE 11（不包括内网模式）和 Edge、Firefox、Chrome、Opera 等浏览器。系统的管理部分则只支持后一类浏览器。不过，不推荐使用 IE 浏览器，因为有些版本的 IE 浏览器不能很好地显示 LimeSurvey 的管理员界面。

LimeSurvey 系统支持使用具有任意合理的屏幕尺寸（360px * 640px 及以上）的设备进行调查。但是系统的管理员界面可以使用的最小屏幕分辨率为 1280px * 1024px，所以，管理员在手机上是不方便管理调查过程的，尽管笔者也常在手机上进行 LimeSurvey 的后台管理。希望 LimeSurvey 能在后继的版本升级中将后台管理的页面改为自适应的风格。

3.2.2　下载安装

在 LimeSurvey 官方网站下载最新版本的安装包，并保存在本地磁盘。下载完成后，使用解压软件将 zip 文件解压，安装目录的路径名称中不能包含特殊字符"（"或"）"。在本地解压或上传至服务器之后再解压均可。

在部署服务器环境之前，需要明确下列信息：

（1）脚本将要上传的服务器网址（比如 http：//my.domain.com/LimeSurvey）。

（2）脚本将要存放的服务器磁盘位置，即 Apache 的 root 目录下（比如 /usr/local/apache/htdocs/LimeSurvey）。

（3）数据库服务器的 IP/net 地址（比如 localhost）。

（4）如果数据库服务器使用的不是标准端口，则需要找出使用的是哪个端口。

（5）数据库服务器的用户名和密码，可以直接使用 MySQL 的 root 用户，也可以新建用户（安全起见，最好别用 root 用户）。

（6）通常来说不能使用 LimeSurvey 的脚本创建数据库，而是必须自己创建数据库。

接下来，是上传文件至 Web 服务器。使用 FTP 软件（如 FileZilla）连接 Web 服务器，将解压后的 LimeSurvey 安装包文件上传，上传位置即上述脚本将要存放的服务器磁盘位置，要确保以二进制模式上传文件（检查 FTP 程序的设置）。需要注意的是，在 ASCII 模式下上传文件，可能会导致一些不常见的错误（例如在安装过程中出现"class not found"的错误），也可能无法正确上传图像。

紧接着是设置目录权限。想让脚本正常工作，就需要具有一定的访问某些目录的权限，这一点尤其适用于 Linux/Unix 系统。有关目录的权限一般设置为：

（1）目录"/LimeSurvey/tmp/"及其所有子目录和文件用于导入和上传，其权限应该被设置为可读、可编辑。

（2）目录"/LimeSurvey/upload/"及其所有子目录和文件的权限也必须是可读、可编辑的，以便上传图像和多媒体文件。

（3）目录"/LimeSurvey/application/config/"也需要具有可读与可编辑权限。

（4）其他目录可以设置为只读，Linux/Unix 用户可能会希望将"/ LimeSurvey /admin/"目录中每个文件的权限设置为只读。

设置好目录权限后，便可运行安装脚本。打开浏览器窗口，输入"http：//IP 地址或者域名/LimeSurvey"进行安装。安装步骤与在本地主机上安装 LimeSurvey 的方式相同，按照提示逐步安装即可。需要注意的一点是，在数据库配置的页面，需要联系系统管理员，获取远程服务器的 IP 地址和端口、MySQL 的用户名和密码，并将其填入对应的输入框中（见图 3-16）。

安装结束后，点击"管理"按钮，或者打开浏览器并输入 LimeSurvey 管理系统的网址（http：// IP 地址或者域名/LimeSurvey/admin），在登录界面填入用户名和密码，即可进入 LimeSurvey 管理员界面。

第 3 章　LimeSurvey 的安装和配置

图 3-16

3.3　使用第三方提供的 LimeSurvey 服务

通常来说，如果要借助 LimeSurvey 执行一项正式的问卷调查，LimeSurvey 系统需要安装在 Web 服务器上，并接入互联网。只有这样，调查才能被受访者访问，调查数据才能被回收。但是 Web 服务器的购买、安装、配置和日常维护花费不小，对于非专业的调查机构或企业来说，需要关注的是调查本身，而没有必要在服务器上投入大量的人力和资金。

针对这种调查需求，可以从专业的机构购买服务，由专业机构负责配置和维护服务器，用户只需通过管理员账户和密码进入属于自己的 LimeSurvey 系统即可完成调查。整个调查过程以及采集到的调查数据都由用户掌握，不用担心数据的质量和保密问题。目前，LimeSurvey 的官网上就提供这样的服务，只不过需要支付一定的费用。另外，也有一些虚拟主机服务商将 LimeSurvey 打包成一个服务，在购买初始化虚拟主机时，可以将 LimeSurvey 作为一个可选项自动安装。但是这些服务都是由国外的企业提供的，国内很少有企业提供。

基本上所有关于软件的书，第一章都是关于如何安装配置软件的，往往比较复杂而冗长，一下子把很大一部分人拦在了外面。实际上，对于一般的软件而言，绝大多数用户都是普通使用者，主要使用各项具体的功能，且需要精通这些常用功能；而如何安装配置，如果不是一键到底、简单明了的话，实在没有必要花太多的时间在上面。信息技术发展的趋势就是通过工作细分，让多数人的工作变得越来越简单。除了特殊的需要以外，目前已很少有单位和个人单独购买和维护服务器了，更多的是使用各种云服务器，目前主流的云服务器有亚马逊云、微软云、阿里云、腾讯云等。为了实现安装 LimeSurvey 的一键化，笔者基于国内市场占有率最高的阿里云开发了一处脚本。任何拥有阿里云服务的用户，只要进入 http：//www.omnidataware.com/ez_install_limesurvey.html，填上自己的阿里云 ID，笔者就会把已安装配置好的服务器镜像授权给他。用户在初始化安装自己的云主机时，只要选择这个镜像，云主机生成后，系统会自带安装配置好的 LimeSurvey，这样就能即时开启 LimeSurvey 之旅了。

第 4 章

利用 LimeSurvey 创建调查问卷

对于一个调查项目来说，无论是入户面访调查，还是网络调查、电话调查，都要围绕着一份调查问卷来展开。尽管 LimeSurvey 的开发者将它定位为一个在线问卷调查系统，但从实质上说，LimeSurvey 提供了一个可用于以上三种主要的问卷调查形式的电子问卷引擎。随着个人计算机与互联网的普及，问卷调查也从传统的纸笔问卷向电子问卷转换。在这一点上一直存在一个误区，即绝大多数专注于调查研究方法的学者还是习惯于从旧的纸笔问卷的角度来谈电子问卷。纸笔问卷与电子问卷有着很多的共性，但是更重要的是了解电子问卷有哪些不同于传统纸笔问卷的特性，以便在调查中充分发挥电子问卷的优势。本章将详细介绍如何利用 LimeSurvey 来建构电子问卷。

传统的纸笔问卷具有特定的格式，通常主要由标题、封面信、指导语、问题和答案以及附加资料等构成。

一份问卷，受访者或访问员第一眼看到的就是标题，因此标题应该简明扼要地概括调查主题和问卷内容。问卷标题要简洁、通俗，既方便访问员用口语流畅地表达，也能让受访者一听就能明白调查的主要目的。

封面信或者称卷首语则用于向受访者说明调查的一些情况，通常包含调查主题、调查内容、调查单位、如何抽中样本、受访者的权利以及保密原则等。封面信最根本的目的就是说服受访者参与调查。

指导语是用于帮助访问员和受访者填答问卷的，有的是对填答形式的要求，也有的是用于进一步对问题和答案进行解释。在自填式问卷中，受访者直接从问卷上读到指导语；而在面访式问卷中，指导语既可以放在问卷上，另外也可以编写一本"调查指导手册"，对访问员的操作规范、需要对受访者强调和解释的内容进行说明。

问题和答案是问卷的核心，也是问卷构成的最基本元件。问题加上答案构成一个题项。由于问题的呈现形式和需要搜集的信息的性质差异，题项会有不同的类型。通过题项得出的信息以变量的形式存在，组合起来便形成了调查数据。

有些调查还会将一些相关资料附在问卷上，比如入户情况表、入户抽样表、访问意见表等。

电子问卷从形式上主要也是由这几部分构成的，但是由于其载体具有可编程性，所以更加动态和灵活多样。

为了展示如何利用 LimeSurvey 创建调查问卷，我们设计了一份模拟问卷——"婚姻家庭状况调查"，用来演示 LimeSurvey 在问卷设计上的功能。

模拟问卷

婚姻家庭状况调查

您好！我们正在北京、台北、首尔、东京四个城市开展关于婚姻家庭状况的调查。本调查旨在对四个城市中的已婚人群的婚姻家庭生活的情况进行调查研究，答题时间约为 5 分钟，请您真实和客观回答。我们将对问卷信息严格保密，不会造成您个人、家庭信息的泄露，请您放心。真诚感谢您的参与，谢谢。

婚姻家庭研究组

20××年××月

联系电话：×××-××××××××

A1. 请选择调查使用的语言/請選擇調查使用的語言/調査に使用した言語を選択してください/설문조사에사용된언어를선택하십시오：

简体中文 ·· 1

繁體中文 ·· 2

日本語（日语）·· 3

한국어（韩语）·· 4

对问卷中问题的回答，没有对错之分，您只要根据平时的想法和实际情况回答就行。

A2. 您的出生日期是什么？

记录：[__|__|__|__]年[___|___]月[___|___]日

A3. 您的性别是：

男 ··· 1

女 ··· 2

A4. 您目前已完成的最高教育程度是（"已完成"指获得毕业证）：

没有受过任何教育 ······································ 1

私塾、扫盲班 ·· 2

小学 ··· 3

初中 ··· 4

职业高中 ··· 5

普通高中 ··· 6

中专 ··· 7

技校 ··· 8

大学专科（成人高等教育）··························· 9

大学专科（正规高等教育）··························· 10

大学本科（成人高等教育）··························· 11

大学本科（正规高等教育）··························· 12

研究生及以上 ·· 13

其他（请注明：_____）····················· 14

A5. 在我们的社会里，有些人处在社会的上层，有些人处在社会的下层。图片中的梯子要从上往下看。最高"10 分"代表最顶层，最低"1 分"代表最底层。

	1分	2分	3分	4分	5分	6分	7分	8分	9分	10分
1. 综合看来，在目前这个社会上，您本人处于社会的哪一层？	1	2	3	4	5	6	7	8	9	10
2. 您认为您的配偶在哪个等级上？	1	2	3	4	5	6	7	8	9	10

A6. 您目前的居住地是（××市××区）：

_____

答案示例：北京市海淀区

A7. 您现在住的这座房子的产权（部分或全部产权）属于谁？（多选）

自己所有·· 1
配偶所有·· 2
子女所有·· 3
父母所有·· 4
配偶父母所有··· 5

子女配偶所有 …………………………………………………… 6

其他家人/亲戚所有 …………………………………………… 7

家人/亲戚以外的个人或单位所有，这房是租（借）来的 ……… 8

其他情况（请注明：_____） …………………………… 9

A8. 您家去年（2018年）<u>全年家庭总收入</u>是多少？

百万位　十万位　万位　千位　百位　十位　个位
[＿＿｜＿＿｜＿＿｜＿＿｜＿＿｜＿＿｜＿＿] 元

【注意】9999996 表示全年全家总收入高于百万位数、9999997 表示不适用、9999998 表示不知道、9999999 表示拒绝回答。

A9. 您家的家庭经济状况在所在地属于哪一档？您认为全年家庭总收入多少元能够达到该地区的平均水平？请在评论框中填写具体金额。

远低于平均水平 …………………………………………………… 1

低于平均水平 ……………………………………………………… 2

平均水平 …………………………………………………………… 3

高于平均水平 ……………………………………………………… 4

远高于平均水平 …………………………………………………… 5

达到平均水平的全年家庭总收入是：_____ 元

A10. 您家目前是否从事下列投资活动？

	是	不确定	否
1. 没有任何投资活动	1	2	3
2. 股票	1	2	3
3. 基金	1	2	3
4. 债券	1	2	3
5. 期货	1	2	3
6. 权证	1	2	3
7. 炒房	1	2	3
8. 外汇投资	1	2	3

A11. 仅凭第一感觉，请问您最喜欢哪一类小孩：

1. 文静的女孩   2. 活泼的女孩   3. 斯文的男孩   4. 调皮的男孩

【逻辑】1. 选项随机；

2. 限制在 10 秒之内答题。

A12. 您是否有子女（包括继子继女、养子养女在内）？

是 ·· 1

否 ·· 2 → 跳问 A16

A13. 请问您有几个子女（包括继子继女、养子养女在内）？

记录：儿子 [__|__] 个

　　　女儿 [__|__] 个

【注意】0. 没有、99. 拒绝回答。

【逻辑检验】如果超过 20，则提示"请确认是否输入有误"。

A14. 在有了孩子以后，您和您配偶的工作状况如何？

	您的工作状况				您配偶的工作状况			
	出去做全职工作	出去做兼职工作	待在家里，不工作	不适用	出去做全职工作	出去做兼职工作	待在家里，不工作	不适用
1. 小孩还没上学的时候	1	2	3	8	1	2	3	8
2. 小孩都上学了以后	1	2	3	8	1	2	3	8

A15. 在有了孩子以后，您在空闲时间进行下列活动频繁程度的变化是：

	增加	不变	减少
1. 社交/串门	1	2	3
2. 休息放松	1	2	3
3. 学习充电	1	2	3

A16. 在您家，您最经常、第二经常和第三经常做下列哪些家务？

请在括号中输入相对应的序号	1. 洗衣服 2. 屋里屋外的修理维护 3. 照顾生病的家人 4. 购买日常用品 5. 打扫卫生 6. 做饭
1. 最经常	[____]
2. 第二经常	[____]
3. 第三经常	[____]

A17. 过去一年，您多久做一次下列家务？

	每天	一周数次	一月数次	一年数次或更少	从不
1. 洗衣服	1	2	3	4	5
2. 屋里屋外的修理维护	1	2	3	4	5
3. 照顾生病的家人	1	2	3	4	5
4. 购买日常用品	1	2	3	4	5
5. 打扫卫生	1	2	3	4	5
6. 做饭	1	2	3	4	5

【逻辑】筛选出 A16 题的答案作为 A17 题的子问题。

A18. 在您家，主要由谁承担下列家务？

1. 洗衣服：_____
2. 屋里屋外的修理维护：_____
3. 照顾生病的家人：_____

4. 购买日常用品：_____

5. 打扫卫生：_____

6. 做饭：_____

【逻辑】A18 题中的子问题排除 A16 题的答案。

A19. 一般来说，您与您配偶一周花多少小时做家务和照看家庭成员？

	做家务（不包括看孩子和休闲娱乐）	照看家庭成员（如小孩、老人、生病或残疾的家人）
1. 您花的时间（小时）	[___] [___]	[___] [___]
2. 您配偶花的时间（小时）	[___] [___]	[___] [___]

A20. 过去三个月，您家是否在空闲时间集体（指您和您的配偶、子女一起）进行下列活动？分别有几次？（多选）

出去看电影（_____）……………………………………… 1

逛街购物（_____）…………………………………………… 2

参加文化活动（比如听音乐会，看演出和展览）（_____）…… 3

参加体育活动（_____）……………………………………… 4

现场观看体育比赛（_____）………………………………… 5

做手工（比如陶艺、木工）（_____）……………………… 6

在当地游玩（比如逛公园、游乐场）（_____）…………… 7

去外地旅游（_____）………………………………………… 8

以上都没有………………………………………………………… 9

【逻辑】1. "以上都没有"与其他选项不可同时选择；

2. 根据 A12 题，仅有子女的受访者回答 A20。

A21. 我们想了解一下，在婚姻家庭生活的各个方面，您对自己和配偶的满意度如何？如果 1 分代表非常不满意，10 分代表非常满意，您分别给打多少分？

	您给自己的打分	您给配偶的打分
1. 夫妻关系	[____]	[____]
2. 与孩子的关系	[____]	[____]
3. 与您父母的关系	[____]	[____]
4. 与配偶父母的关系	[____]	[____]
5. 家务处理	[____]	[____]
6. 财务处理	[____]	[____]
7. 子女教育	[____]	[____]

【逻辑】A12 题选择"否"时，不显示子问题 2、7。

【逻辑】A22 与 A22a 题随机显示其中一题。

A22. 总的来说，您觉得您的家庭生活幸不幸福？最高"5分"代表非常幸福，最低"1分"代表非常不幸福。

　　○1　　　　○2　　　　○3　　　　○4　　　　○5

A22a. 总的来说，您觉得您的家庭生活幸不幸福？

非常不幸福·· 1

比较不幸福·· 2

说不上幸福不幸福·· 3

比较幸福·· 4

非常幸福·· 5

A23. 请上传您的全家福照片：

本次调查到此结束，感谢您的参与！谢谢支持！

这份名叫"婚姻家庭状况调查"的模拟问卷开头的一段话介绍了调查的基本情况（封面信/卷首语），紧接着呈现了问卷的主体部分：不同类型的问题、答案以及它们对应的编码；根据不同问题的情况，还有一些提示语及对问题之间逻辑关系的定义说明。这些内容在具体的访问中会影响问题前进的流向。问题之后，问卷由最后的结束语收尾，对受访者的支持表示感谢。

从结构上看，这份问卷与传统的纸笔问卷是相同的，但是，从具体的内容和形式来看，电子问卷却有不同的地方。例如问题 A1 显示不同的语言让受访者选择，受访者选定了以后，接下来的问题就会按照受访者的选择以简体中文、繁体中文、日语或者韩语来显示；又如问题 A11，为了避免答案选择的位置效应，四个图片选项的出现顺序是随机的，为了尽可能地确保受访者是出于直觉来选择，设定了最大答题时间 10 秒钟，超时会自动冻结答题，并转到下一题；再如，问卷中的 A13、A17、A18、A20、A21 等都有着自身逻辑或相倚逻辑的设定，这在纸笔问卷中是不可能实现的。所以，在利用 LimeSurvey 这样的电子问卷系统设计问卷时，一定要转换思路，从电子问卷的角度来考虑问题。

4.1　创建调查

LimeSurvey 是问卷调查项目管理平台，在系统中可以有多个调查项目同时存在，包括正在执行的、已经完成的，或还未开始的。生成一项新的问卷调查项目的方式有三种：创建调查、复制调查和导入调查。创建调查，是在系统中从零开始新建一项调查；复制调查，是复制系统中已经存在的调查；导入调查，则是在系统中导入外部的调查结构文件，据之生成问卷。用以上三种方式创建的调查在功能上没有区别，都可以进行 LimeSurvey 支持的各种操作，如编辑、删除、复制、启用、停用、导出等。

4.1.1　创建问卷调查

从一个问卷调查项目的工作流程上说，问卷的设计工作是在 LimeSurvey 之外完成的。在问卷定稿之后，需要将其转化为 LimeSurvey 中的电子问卷。

使用具有管理员功能的账号登录 LimeSurvey 平台，进入系统后，默认的首页界面如图 4-1 所示。点击首页上的"创建问卷调查"按钮开始新建调查。点击首页右上角工具栏中"调查"右侧的下拉箭头，再点击"创建新问卷调查"也可以进入创建界面。

第 4 章　利用 LimeSurvey 创建调查问卷

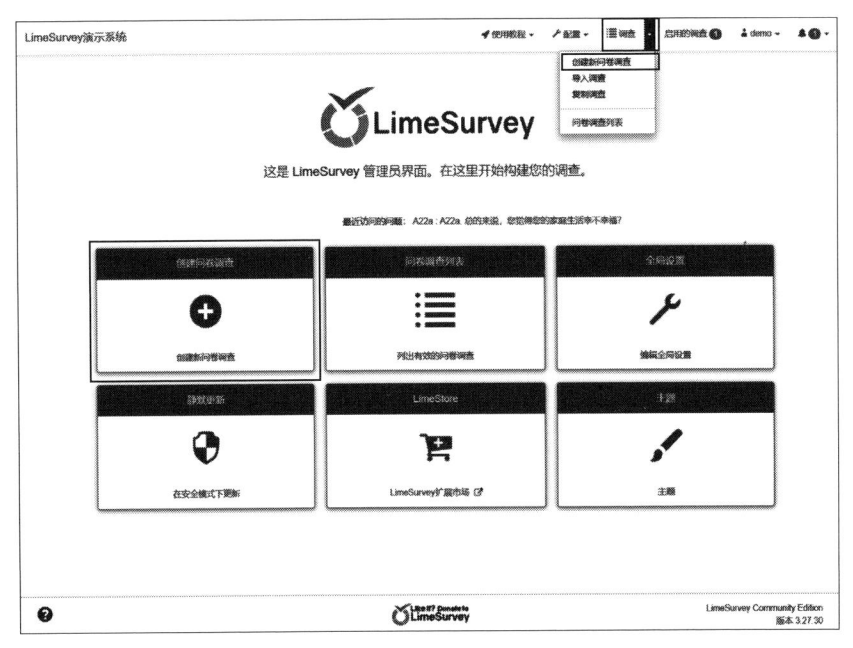

图 4-1

在创建界面对应的输入框中完善与调查相关的文字元素，如调查标题、描述、欢迎信息、结束信息等（见图 4-2）。

上述文字元素中，只有调查标题是必填的，其他内容都可以留空。通常情况下，调查的基础语言会采用系统的默认语言，除了图中显示的简体中文之外，LimeSurvey 还支持使用诸如英文、俄文、拉丁文、日文等多种世界上的主要语言。

点击右上角的"保存"按钮，就在系统中新生成了一项名为"婚姻家庭状况调查"的新调查。

4.1.2　复制问卷调查

当系统中已经存在可以作为基础模板使用的调查时，采用复制的方式能够快速创建一个与之相同的调查。在此基础上进行修改，可以节省逐一添加题组、问题以及进行某些设置的时间。譬如，中国综合社会调查（Chinese General Social Survey，CGSS）每年的居民问卷中的核心模块几乎完全相同，只有个别问题略做调整。此时，直接复制以往的问卷是不错

数字时代的问卷调查：LimeSurvey 的综合应用

图 4-2

的选择。

以已创建的"示例问卷"为模板，复制生成一项新调查"复制的示例问卷"。如图 4-3 所示，进入创建问卷调查界面后，选择"复制"，从首行的下拉框中选择要复制的调查"示例问卷"，输入新的调查标题"复制的示例问卷"。新调查 ID 可以自定义，也可以留空，复制完成时由系统自动生成。新调查会保留原调查中的结构（题组、问题），而是否同步复制调查中的配额、权限、条件/关联等设置，则可通过开启或关闭对应的功能按钮，根据需要自行选择。点击"复制调查"按钮生成新的调查，完成复制后系统会显示成功界面，列出调查复制摘要，包括题组数、问题数、子问题数，以及是否有配额、评价，等等（见图 4-4）。

第 4 章 利用 LimeSurvey 创建调查问卷

图 4-3

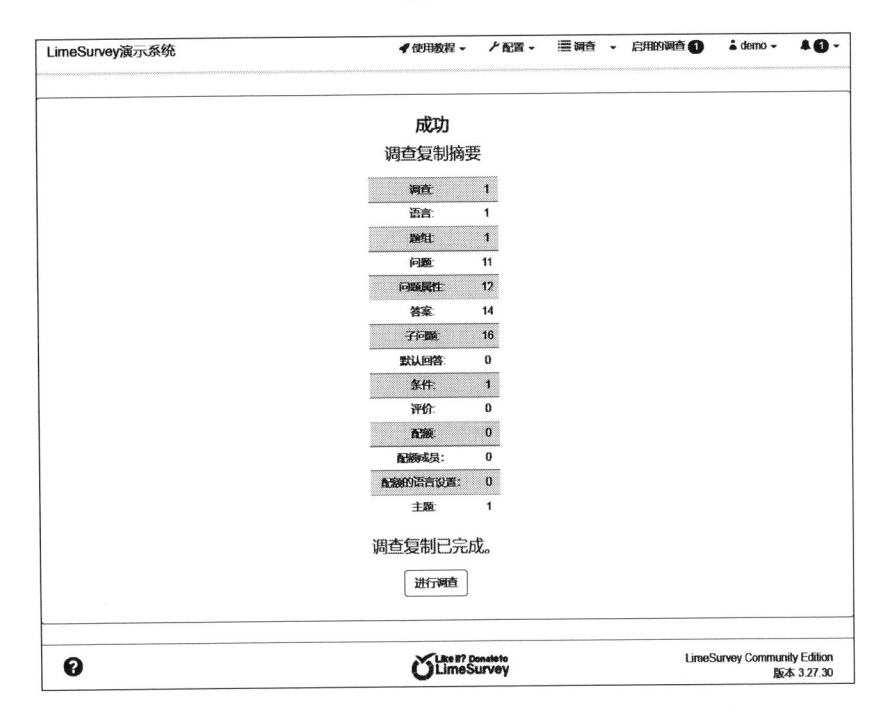

图 4-4

4.1.3　导入问卷调查

将符合格式要求的调查文件导入 LimeSurvey 中，也可以在系统中新建一项问卷调查。LimeSurvey 系统能够识别的调查文件有调查结构文件（.lss 或 .txt 格式）和调查归档文件（.lsa 格式）。如图 4-5 所示，进入创建问卷调查的界面，选择"导入—选择文件"，上传符合规定格式的文件，导入完成后系统会显示成功的界面。

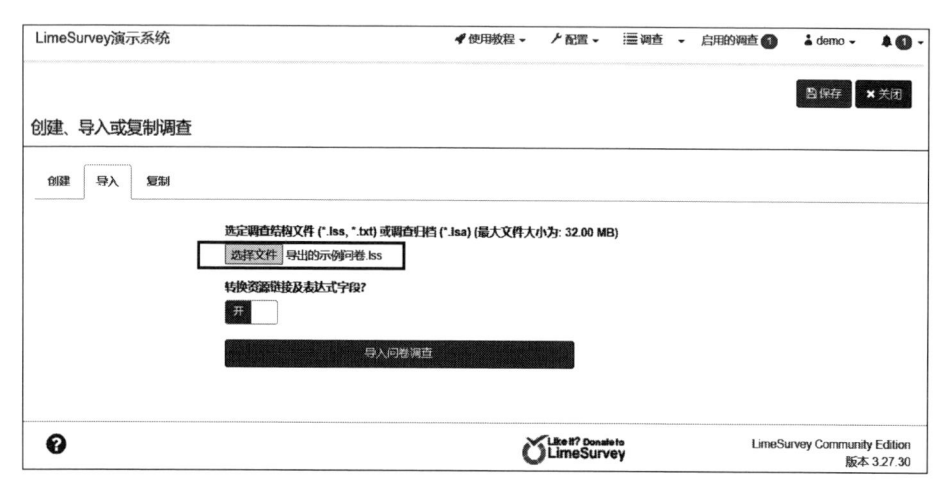

图 4-5

4.2　添加问题

问题和答案是构成问卷的主要组件，设计问卷的主要工作就是一个个地向问卷中添加问题。LimeSurvey 的问卷层级结构中，在问题之上还有题组，所谓题组就是一组在内容和逻辑上有关联的问题。多个问题构成题组，多个题组构成问卷。因此设计问卷时要先创建题组，再在题组中添加问题。

第 4 章　利用 LimeSurvey 创建调查问卷

4.2.1　添加题组和问题的一般方式

从界面左侧的"结构—添加题组"进入题组的编辑界面，在问卷中新增题组（见图 4-6）。

图 4-6

根据调查需要为题组添加"标题"和"描述"内容，如果没有这些元素，也可以留空；而随机组和相关方程则与当前题组的逻辑设置相关，如何编写会在之后章节中具体介绍。

将文本元素填入对应位置后，点击右上角的"保存"按钮，完成题组的添加。

有了题组，就可以在其中添加问题。关闭题组编辑页面后，点击"新增题组问题"按钮或者界面左侧"结构"菜单栏中的"添加问题"按钮，开始添加问题（见图 4-7）。

数字时代的问卷调查：LimeSurvey 的综合应用

图 4-7

示例问题
A3. 您的性别是：
男 ………………………………………………………………………… 1
女 ………………………………………………………………………… 2

进入问题编辑界面，弹出"选择问题类型"的对话框，左侧是问题类型列表，右侧显示所选题型的预览样式。以示例问题 A3 为例，这是一个答案为"男/女"的单项选择题，因此直接使用掩码问题中的性别题型（见图 4-8）。

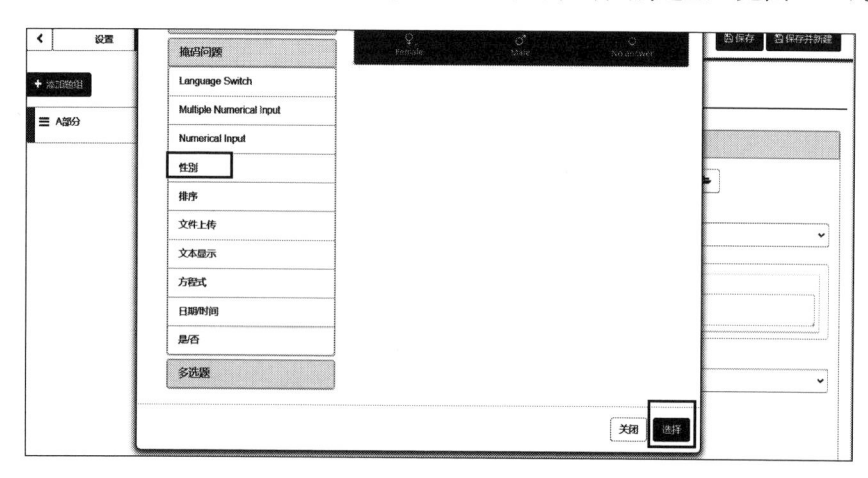

图 4-8

第 4 章 利用 LimeSurvey 创建调查问卷

选定题型后，进一步完善问题编辑界面左侧的问题信息和右侧的各项设置（见图 4-9）。

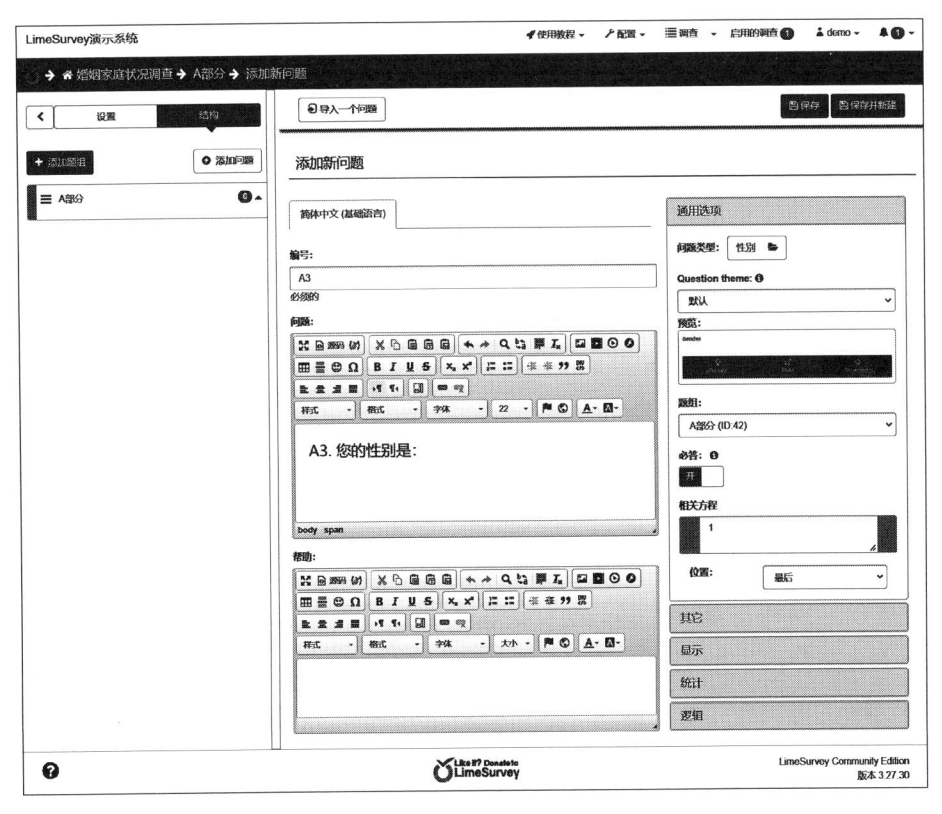

图 4-9

编辑问题信息时有编号、问题和帮助三项内容，分别为问题的代码、主体和其他辅助信息。

问题编号在一项问卷调查中必须是唯一的，只能由英文字母和数字及下划线字符构成，而且必须以字母开头。问题编号在电子问卷中非常重要，在问卷逻辑设置和数据分析中都会用到，在导出最终数据时即为该问题对应的变量名。

问题和帮助的文本框有着完善的编辑功能，就像两个迷你版的 Microsoft Word。设计文本内容的字体、字号、颜色等样式是其最基础的功能，而插入图片、视频、动画等多媒体文件协助调查则是电子问卷的一个优势。如果这些编辑功能还无法满足某些更高级的调查需求，具备编程能

数字时代的问卷调查：LimeSurvey 的综合应用

力的调查者可以直接编辑源代码，设计出个性化的题目。

从图 4-9 中可以看到，在界面右侧，LimeSurvey 为问题提供了很多设置内容，比如通用选项、显示、逻辑等。每一种题型的通用选项几乎都一样，但高级选项（其它、显示等）却不尽相同。接下来我们会逐一介绍这些设置内容。当前示例问题 A3 中没有复杂的设置，除了开启通用选项中的"必答"功能，其他均采用默认设置。

点击右上角的"保存"按钮，就完成了问题的添加。

如图 4-10 所示，问题界面上方有一条工具栏，点击相应的按钮便可以对当前问题进行预览、编辑、删除、导出或复制等。对于需要受访者填写自由答案的开放式问题和半开放半封闭式问题，有时出于规范答案填写格式等目的，需要向受访者展示一个示例答案。这时就可以为问题"编辑预设答案"。编辑预设答案的功能亦可以用于封闭式问题，比如在单选题中将最常见的答案作为默认答案，如果受访者的答案恰好是"预设答案"，就可以不用亲自动手选择而直接回答下一个问题。反过来使用预设答案，也可以帮助调查者找出那些没有认真填答的调查数据：如果默认答案是一个十分罕见或完全不同的情况，那么我们就有理由怀疑作答人员遇到了特殊情况或者快速掠过了问题，进而核查这份数据的质量。

图 4-10

第 4 章　利用 LimeSurvey 创建调查问卷

除了上述共有的功能以外，不同问题类型的工具栏还有一些差别，在文章后面部分我们会对主要问题类型进行详细说明。

将模拟问卷中的问题逐个添加到调查中后，添加的题组和问题会按依序排列在界面左侧的"结构"列表中（见图 4-11）。在"结构"列表中拖动某一题组或问题就能够直接改变排列顺序。所见即所得，问卷中问题的实际顺序就是结构列表里显示的顺序。

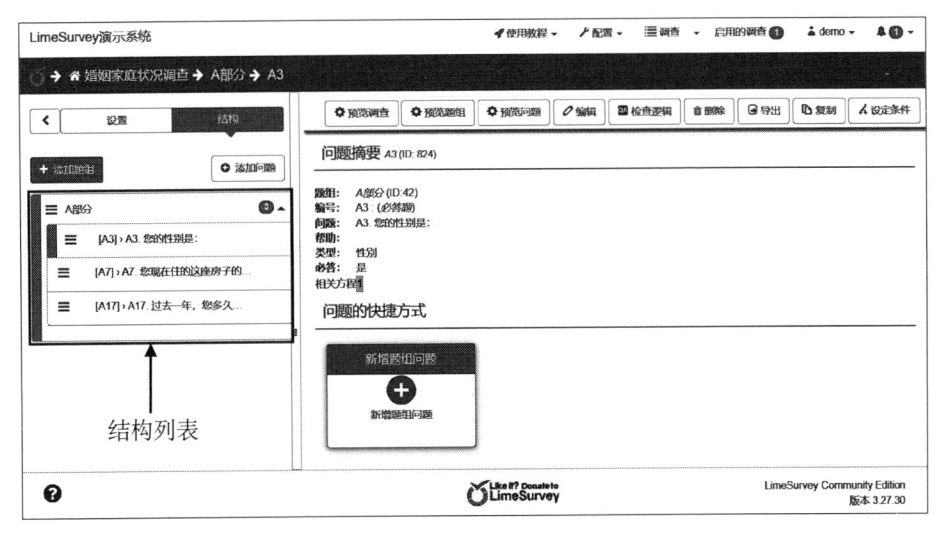

图 4-11

4.2.2　添加题组和问题的其他方式

新建一项调查有创建、复制和导入三种方式，与之类似，添加题组和问题的方式也不止一种。

题组虽然不能通过复制添加，但支持导入。我们以模拟问卷中的问题组文件为母版，采用导入的方式添加一个题组。如图 4-12 所示，点击"结构"菜单栏下的"添加题组"按钮，选择"导入题组"，在本地文件夹中选择问题组文件（.lsg 格式）并顺利上传后，点击界面右上角的"导入"按钮。

导入完成后，系统会显示成功导入题组，在界面中列出对应题组的摘要，包括题组数量、问题数量、子问题数量、答案数、条件和问题属性信息。同时，在左侧的问卷结构中，也会显示导入的题组以及题组中的问题。

数字时代的问卷调查：LimeSurvey 的综合应用

图 4 - 12

添加问题时则是既可以选择导入，也可以选择复制。我们以模拟问卷中的 A3 题为例，演示一下如何使用复制和导入的方式在问卷中添加问题。

首先，进入 A3 题的问题界面，点击上方工具栏中的"复制"按钮，就可以复制当前问题（见图 4 - 13）。

复制问题时，需要为新问题设置一个新的编号；界面右侧的复制选项用于控制是否同步复制问题中的子问题、答案项、默认回答（即预设答案）和高级设定。点击右上角的"保存并关闭"按钮，即可完成问题的复制（见图 4 - 14）。

导入问题则是在进入添加问题界面后，关闭选择问题类型的对话框，选择"导入一个问题"（见图 4 - 15）。

问题导入界面如图 4 - 16 所示，从本地选择问题文件上传（.lsq 格式），并确定目标问题组。如果不能确认文件中的问题编号是否与问卷中已有的问题编号重复，则勾选"如果已存在则自动重命名问题代码？"，以确保能够成功添加问题。系统会自动重命名一些问题编号，在问题导入成功后可以再对其进行修改。

第 4 章　利用 LimeSurvey 创建调查问卷

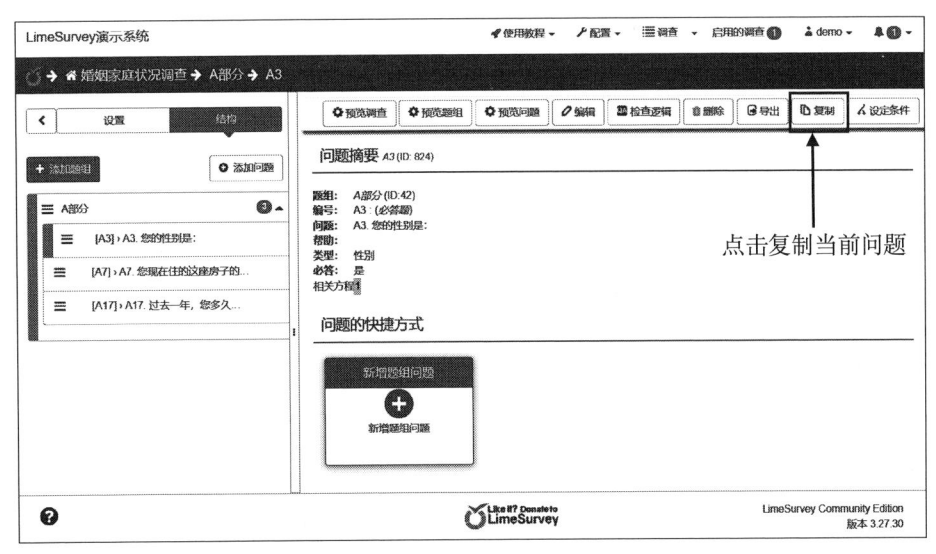

图 4-13

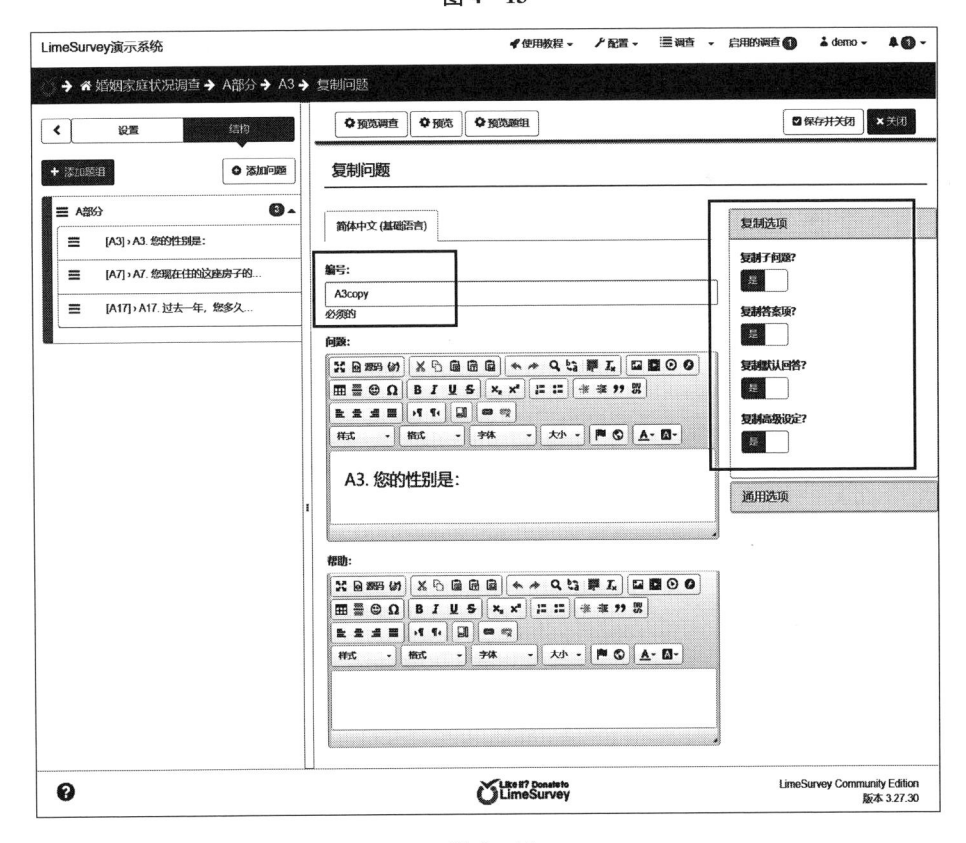

图 4-14

数字时代的问卷调查：LimeSurvey 的综合应用

图 4 - 15

例子中导入的问题是 A3，这个问题编号在问卷中已经存在，因此系统自动重新生成了一个问题编号 q0r101；在问题导入成功的界面，也会列出问题摘要，包括问题数量、子问题数量、答案数量及问题属性信息（见图 4-17）。复制及导入的问题都会在结构列表中列出，与以一般方式添加的问题一样，可以在 LimeSurvey 系统中对其进行各种操作。

复制和导入问题的功能为创建调查问卷提供了便利。事实上，虽然调查问卷中的问题数量多少不一，但大多数都是选择题、填空题、列表题等基础题型或是基础题型的衍生题型。因此，善用复制和导入功能添加问题，能够提高效率、节省时间。

第 4 章　利用 LimeSurvey 创建调查问卷

图 4 – 16

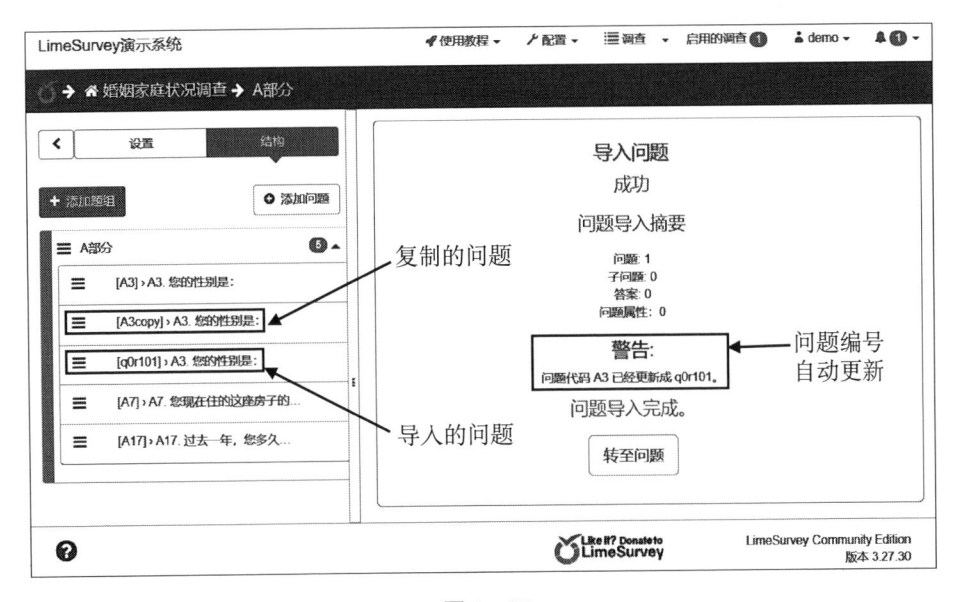

图 4 – 17

4.3 LimeSurvey 中的问题类型

LimeSurvey 提供对问卷设计中主要基本题型的支持，具体包括掩码问题、文本问题、单选题、多选题、阵列五大类；每一大类中又细分出许多特定的题型，一共预置有 29 种基本题型。具体如下：

1. 掩码问题
1) 语言转换
2) 文本显示
3) 日期/时间
4) 性别
5) 数值输入
6) 是/否
7) 多重数值输入
8) 排序
9) 文件上传
10) 方程式

2. 文本问题
1) 短自由文本
2) 长自由文本
3) 超长自由文本
4) 多选题短文本

3. 单选题
1) 列表（下拉）
2) 列表（单选）
3) 带评论的列表
4) 5 分选择

4. 多选题

1）多选题

2）带评论的多选题

5. 阵列

1）阵列

2）按列阵列

3）阵列（10 分选择）

4）阵列（5 分选择）

5）阵列（是/否/不确定）

6）阵列（增加、不变、减少）

7）阵列（双尺度）

8）阵列（文本）

9）阵列（数字）

除了这 29 种预置的基本题型以外，LimeSurvey 还支持以插件的形式增加自定义题型。如何开发自定义题型插件以及怎样将其嵌入到 LimeSurvey 中，我们将会在后面的章节中介绍。这些基本题型和自定义题型如同积木，通过它们就能搭建成一份完整的问卷。接下来，我们以本章开篇时列出的模拟问卷"婚姻家庭状况调查"为例，对 LimeSurvey 的主要题型进行介绍。介绍具体题型时，我们会将同一大类的问题放在一起，与问卷中问题出现的顺序不太一致。在 LimeSurvey 中添加一道完整的问题时需要设置问题的通用选项和高级选项，因此同一题型在不同的设置下会表现出一定的差异。本章主要在默认设置条件下介绍各种题型。

4.3.1 掩码问题

掩码问题（mask question）是电子问卷独有的一类问题类型，这类问题借助电子问卷的编程功能，对受访者输入的问题答案的格式和性质进行规定和限制。如果输入的问题答案符合预先的规定，就可顺利地进入下一道题；如果输入的问题答案不符合规定，后台程序就会像隐身者摘下面罩一样，提示访问员或受访者修改答案。在纸笔问卷调查中，经常会出现填日期时写了 11 月 31 日的情况；对答案进行排序，明明只有 6 个选项却对某一个选项给出了第 8 名；或者是规定填阿拉伯数字却写成了汉字数字，给后续录入工作平添麻烦或导致录入出错。而掩码问题可以避免这些情况的发生，让最终的答案规范而标准，不仅节省了数据清理的工作，还提高了数据的质量，这也是电子问卷相对于纸笔问卷所具有的优点之一。下面我们就掩码问题的十种基本题型逐一进行介绍。

4.3.1.1 语言转换

示例问题

A1. 请选择调查使用的语言/請選擇調查使用的語言/調査に使用した言語を選択してください/설문조사에 사용될 언어를 선택하십시오：

  简体中文 ………………………………………………… 1
  繁體中文 ………………………………………………… 2
  日本語（日语）………………………………………… 3
  한국어（韩语）………………………………………… 4

随着全球化的推进，跨国家、跨地区的调查为调查者提供了全球性研究资料。在这类调查中，首先需要解决的问题就是调查语言。针对不同国家、不同地区的受访者，问卷可能需要以多种不同的语言进行表述。譬如"婚姻家庭状况调查"在北京、台北、首尔、东京四个城市调查时，分别需要简体中文、繁体中文、日语和韩语四种版本的问卷。LimeSurvey 中的语言转换题就是为此服务的。

当一项问卷调查设置了多种语言时，可以添加一道语言转换题，让受访者选择使用哪种语言的问卷完成调查。根据这一目的，这道题通常应放置在问卷开始的位置。有几种版本的问卷取决于调查中设置了几种语言。一般来说，只有在调查添加了附加语言时，才有使用语言转换题的必要。调查的基础语言是在创建调查时选定的，不能更改；附加语言则可以添加一种或多种，在调查的"设置—常规设定—附加的语言"中选择添加（见图 4-18）。

在问卷中添加一道语言转换题，编辑问题编号及题干内容后保存即可

第4章 利用 LimeSurvey 创建调查问卷

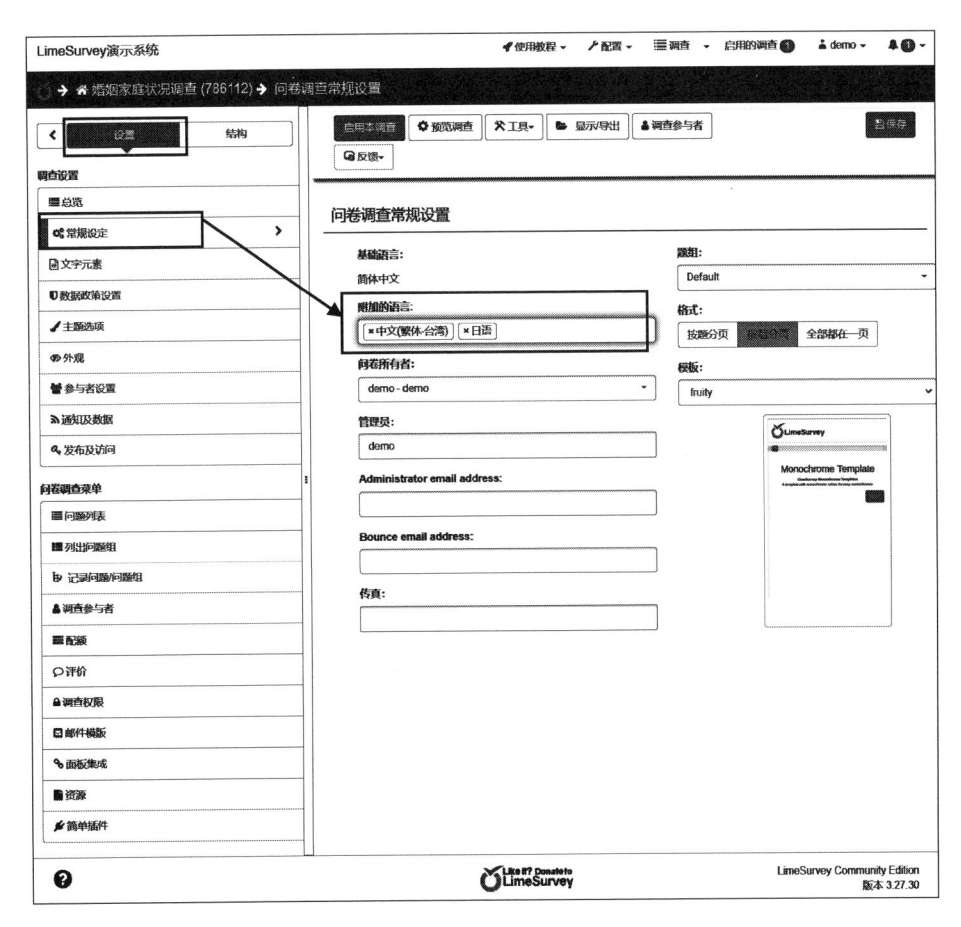

图 4-18

（见图 4-19）。如此，在进入问卷后，受访者就能够选择合适的调查语言完成问卷。

相应地，调查问卷里的问题都需要添加各种语言的内容。也就是说，在添加"婚姻家庭状况调查"问卷的问题时，每一道问题都要编辑为多种语言。比如 A3 性别题，需要分别编辑简体中文、日语等不同语言的题干。不过这些不同语言的问题应共用一个问题编号，问题设置选项也同时作用于各个语言版本的问题。另外，如果是选择题或阵列题，那么问题中的答案项、子问题也要同时编辑为多种语言。当受访者通过语言转换题选择某一种调查语言开始答题时，系统将自动加载对应语言版本的问题内容。

数字时代的问卷调查：LimeSurvey 的综合应用

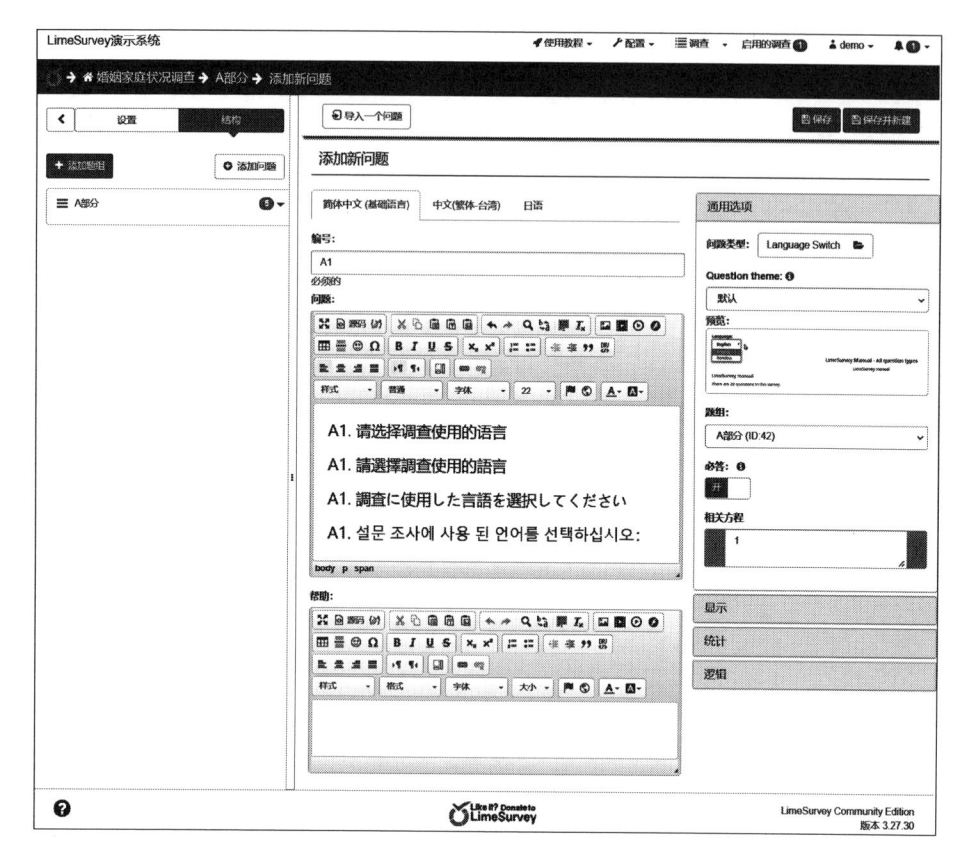

图 4-19

4.3.1.2 文本显示

文本显示题虽然形式上是问卷中的一个"问题"，但其实并不需要受访者回答。调查者可通过文本显示题告知受访者一些说明性信息。"婚姻家庭状况调查"在正式提问前展示的一段文字就是这种说明性信息。

说明文字

对问卷中问题的回答，没有对错之分，您只要根据平时的想法和实际情况回答就行。

这段说明文字就是通过文本显示题呈现给受访者的。想要创建一道文本显示题，在问题框中编辑好文字即可（见图 4-20）。可对这段文字的样式进行编辑。

第 4 章　利用 LimeSurvey 创建调查问卷

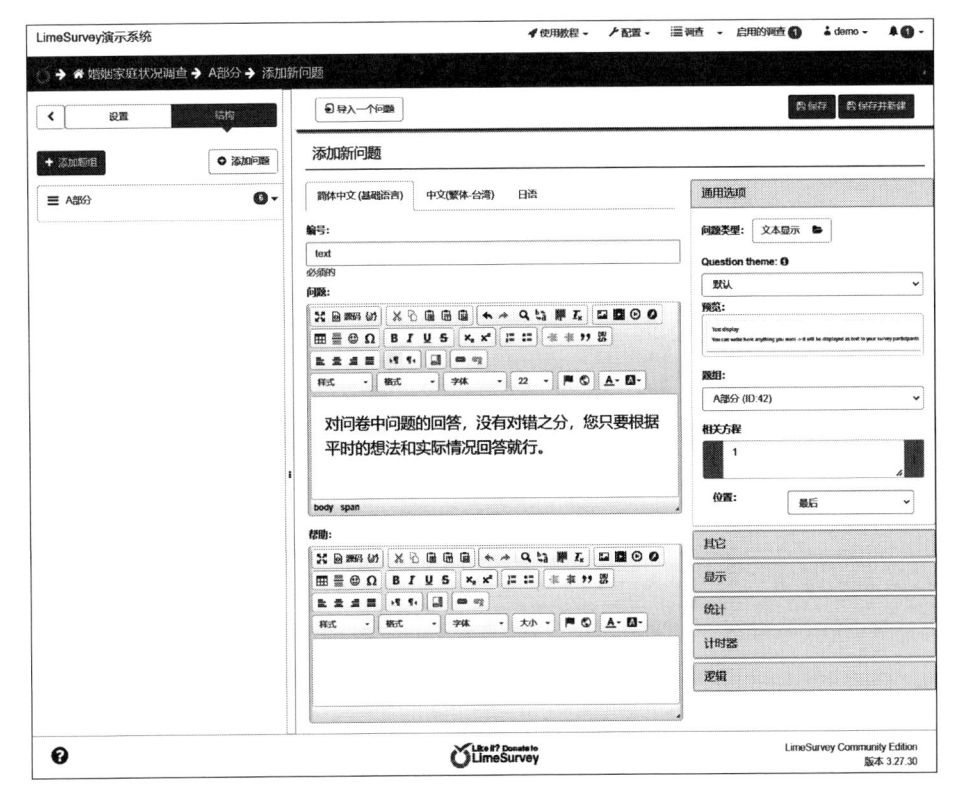

图 4-20

选定了填答问卷所使用的语言，也向受访者说明了填答问题的方式后，就进入了调查的正题。模拟问卷中的 A2 至 A4 题分别提问了受访者的年龄、性别和受教育程度，这三者是社会科学研究中最基础的社会人口属性变量，几乎所有的研究在构造模型时都需要用到这三个变量。

A2 和 A3 题分别使用了掩码问题中的日期/时间和性别题型。LimeSurvey 中的掩码问题大多是基础题型的衍生题型，或是基础题型的特殊形式。比如性别题就是基于单选题设计的，只是答案项已经在系统中预设了，不需要调查者自行定义。由于这类题型在调查中使用频率较高，为了方便用户节省设置选项和编辑答案项的工作，LimeSurvey 就将它们单独作为一种题型。当然，掩码问题中也不全是这类题型，也有一些电子问卷中特有的题型，譬如日期/时间、文件上传、语言转换等。

4.3.1.3 日期/时间

日期/时间题加载时，LimeSurvey 系统往往会直接抓取当前设备上的日期和时间，也可以从"日历"中选择或直接按照日期格式输入特定的时间。

示例问题

A2. 您的出生日期是什么？

记录：[__|__|__|__] 年 [___|___] 月 [___|___] 日

在问卷中添加一道日期/时间题，编辑问题编号及题干内容。

在高级选项"显示"和"输入"中有几项针对日期/时间题型的设置内容（见图 4-21、图 4-22）。

- 显示—月显示风格：在英文环境中可以使用简称、全称或是数字表示月份，例如 2 月可以是 "Feb" "February" 或 "02"。针对这一点，LimeSurvey 提供了三种月份显示的风格。在中文环境中，下拉框形式具有上述三种风格的样式，以 12 月为例，"短名称""全名""数字"分别显示为 "12 月""十二月""12"；而日历框形式，则只有"大写数字＋月"一种显示风格，即"十二月"。

- 显示—显示下拉框：选择日期的方式默认采用日历框形式，开启"显示下拉框"后，则可使用下拉框形式选择日期。

- 显示—倒置答案顺序：开启后，下拉框中的年份会倒序显示。

- 显示—最小日期/最大日期：设定可选日期范围，填写格式要遵循一定的要求。系统能够识别 5 种内容：(1) YYYY-MM-DD 日期格式（如 2018-11-21）；(2) 年份值（如 2018）；(3) 英文字符串（如 now、tomorrow）；(4) 借由问题编号关联另一个日期/时间题的答案；(5) 表达式。

- 输入—日期/时间格式：默认使用调查设定的格式，也可以自定义问题中使用的格式，如 yyyy-mm-dd（年-月-日）、dd.mm.yyyy HH：

第 4 章 利用 LimeSurvey 创建调查问卷

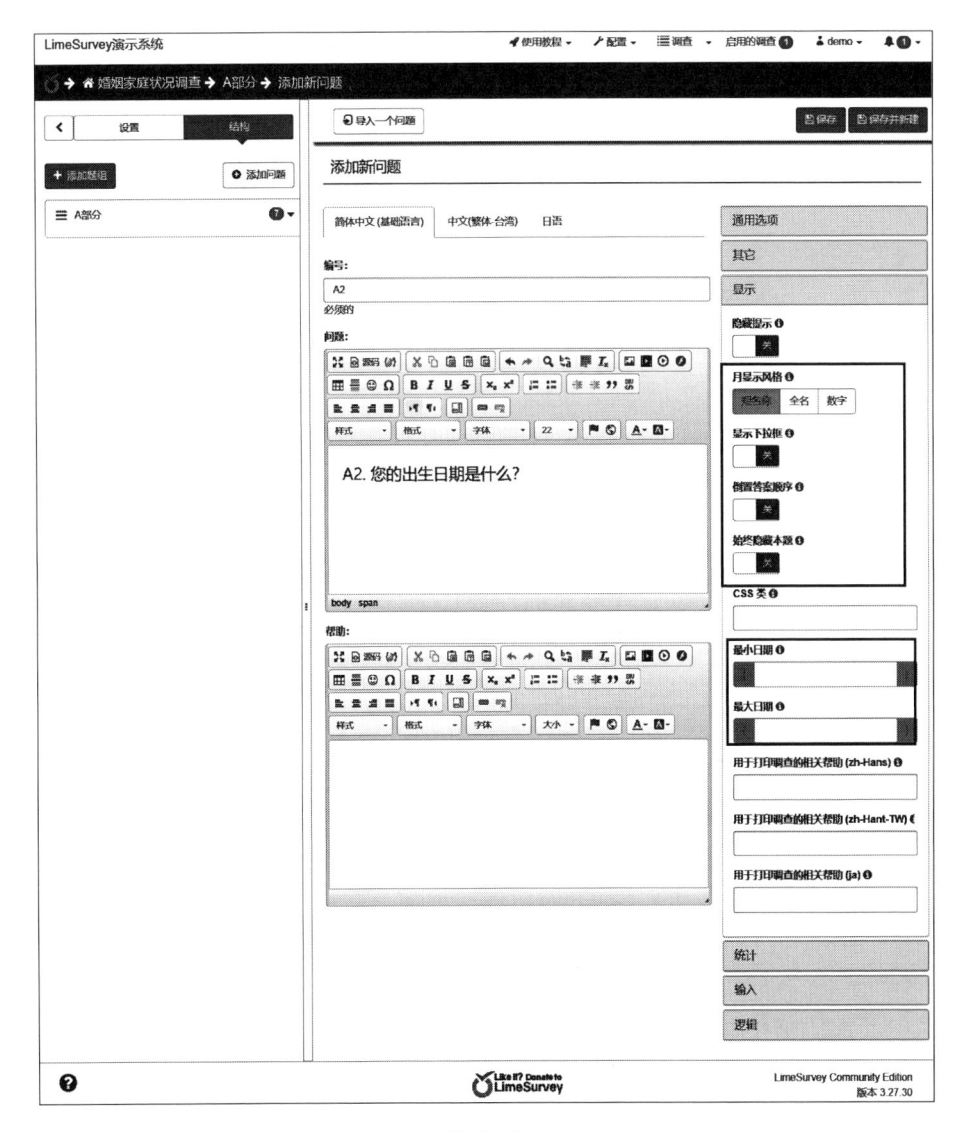

图 4 - 21

MM（日.月.年 时：分）、HH：MM（时：分）、yyyy/mm（年/月）等。

● 输入—分步间隔：定义的是选择分钟时相邻两个数值的间隔，比如输入"5"，选择分钟的数值时显示的就是"0、5、10……55"。

数字时代的问卷调查：LimeSurvey 的综合应用

图 4-22

4.3.1.4 性别

示例问题
A3. 您的性别是： 　　男 ……………………………………………………………… 1 　　女 ……………………………………………………………… 2

性别可以说是个人第一重要的社会生物属性，很难想象有针对个人的问卷调查不询问受访者的性别。正是因为性别题很常用，所以 LimeSurvey 将它设定为一道单独的题型，方便调查者使用。

性别题本质上是一道选择题，由于系统预置了确定的答案项"男"和"女"，因此只需选定题型创建问题，不需要再编辑答案项。性别题有两种显示答案项的方式，默认以按钮的方式显示；若将高级选项中"显示"的

第 4 章　利用 LimeSurvey 创建调查问卷

显示类型换成"单选题",则会以列表形式显示答案项(见图 4-23)。

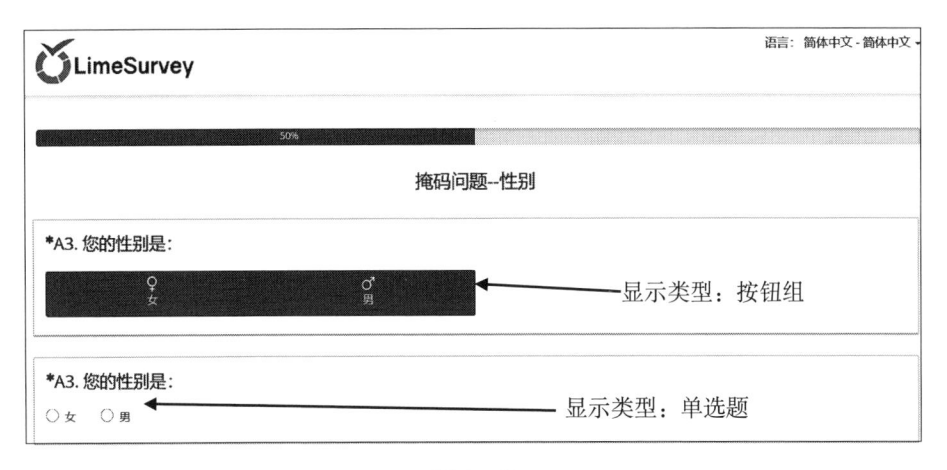

图 4-23

4.3.1.5　数值输入

示例问题

A8. 您家去年(2018 年)<u>全年家庭总收入</u>是多少?
百万位　十万位　万位　千位　百位　十位　个位
[＿＿＿|＿＿＿|＿＿＿|＿＿＿|＿＿＿|＿＿＿|＿＿＿]元

【注意】9999996 表示全年全家总收入高于百万位数、9999997 表示不适用、9999998 表示不知道、9999999 表示拒绝回答。

一般的调查问卷中往往会有为数不少用于采集数值类数据的填空题,比如收入、身高、体重,或者是询问诸如几个月、几个人、占比、百分之几。在问卷设计时使用数值输入题,就能有效地防止受访者填入非数值型的答案了。

在问卷中添加 A8 题时,有一个隐形的限制条件应该注意。受访者的全年家庭总收入高于百万位数时应该填入预编码 9999996,并且不适用、不知道和拒绝回答的预编码也均为七位数,因此编辑问题时应该在高级选项"输入"中把答案的最大字符数限制为 7。同时,最低位数是个位,所以还要开启"仅整数"功能,防止出现带有小数的答案。A8 题的编辑及问题设置如图 4-24 所示。答题时,系统会提示答案填写类型,若设置了

数字时代的问卷调查：LimeSurvey 的综合应用

最大值和最小值，还会提示答案的取值范围。

图 4-24

4.3.1.6 是/否

示例问题

A12. 您是否有子女（包括继子继女、养子养女在内）？

是 ……………………………………………………………… 1

否 ……………………………………………………… 2→跳问 A16

在问卷设计中，答案项为是/否的问题是最常见的题型之一，所以 LimeSurvey 将这种最常见的单选题设定为一种专门的掩码问题，系统将答案项预置为"是"和"否"。使用这一题型时，只需编辑问题，不需要编辑答案项。通过设置高级选项"显示"中的显示类型，选择使用按钮组或单选题的形式来呈现答案项（见图 4-25），答案项的两种显示类型如图

第 4 章　利用 LimeSurvey 创建调查问卷

4-26 所示。

图 4-25

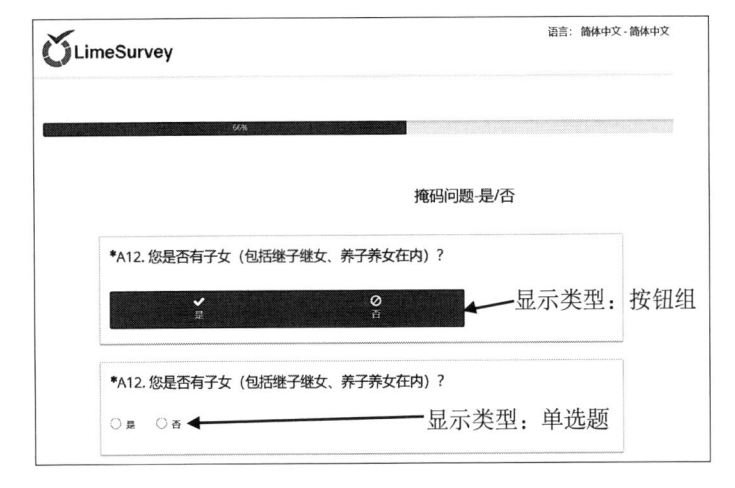

图 4-26

4.3.1.7 多重数值输入

> **示例问题**
> A13. 请问您有几个子女（包括继子继女、养子养女在内）？
> 记录：儿子 [__|__] 个
> 　　　女儿 [__|__] 个
> 【注意】0. 没有、99. 拒绝回答。
> 【逻辑检验】如果超过 20，则提示"请确认是否输入有误"。

一题多问，且答案为数值类型，A13 这类问题每一问之间的关联性都较强，若分开提问，不仅会在问卷中占用过多的篇幅，也会增加受访者或访问员的阅读量。为此，LimeSurvey 专门设定了一种叫作多重数值输入题的掩码题型，这种题型的答案类型被限定为数值型。

在调查中添加问题，编辑 A13 题。可以看到，每一个子问题之后都有作为计数单位的文本"个"，因此，需要将"个"编辑为答案项后缀，保存后再分别编辑子问题（见图 4-27、图 4-28）。

在多重数值输入题的高级选项"输入"中，可以对填答的数值设定更多的限制，具体包括：

- 仅整数：开启后，只能填入整数数值；显然 A13 题就要使用这一功能。
- 最小值：设置答案下限。
- 最大值：设置答案上限。
- 等于合计值：所有填入的数值之和必须等于该值，这个值可以是具体的数字，也可以引用（子）问题的答案，或者使用表达式。
- 最小合计值：所有的填入数值之和必须大于该值。
- 最大合计值：所有的填入数值之和必须小于该值。
- 取值范围允许缺失：开启后，即使设置了最小合计值或者等于合计值，受访者也可以跳过该题。

第 4 章 利用 LimeSurvey 创建调查问卷

图 4 - 27

数字时代的问卷调查：LimeSurvey 的综合应用

图 4-28

A13 题对答案的取值范围有所限制，我们可以将最大合计值设置为 20。这样一来，当受访者填入的答案超出预先设置好的最大合计值时，系统将报错。无论是等于合计值、最小合计值还是最大合计值，只要在问题中设置了合计值，系统都会在子问题下方显示合计值"Total"，方便受访者自查答案。

多重数值输入题有两种答题方式，填入具体的数字，或是开启"使用滑块布局"功能，通过滑块选择一个值。如果调查者使用了滑块布局功能，系统就会提供与滑块相关的设置（见图 4-29）。

● 使用滑块布局：默认为关闭，开启后则支持拖动滑块选择数值。

● 滑块最小值：设置滑块取值下限。

● 滑块最大值：设置滑块取值上限。

● 滑块精度：默认为 1，设置滑块移动一步数值改变多少；既可以直接设置具体数值，也可以使用结果为数值的表达式。

● 显示滑块最小值和最大值：开启后，会在滑动条的下方显示最小值和最大值。

● 滑块左/右文本分隔：设置分隔滑块左侧和右侧文本的字符，默认为"|"；在编辑子问题时加入分隔符，按照"子问题 | 滑块左侧文本 |

第 4 章　利用 LimeSurvey 创建调查问卷

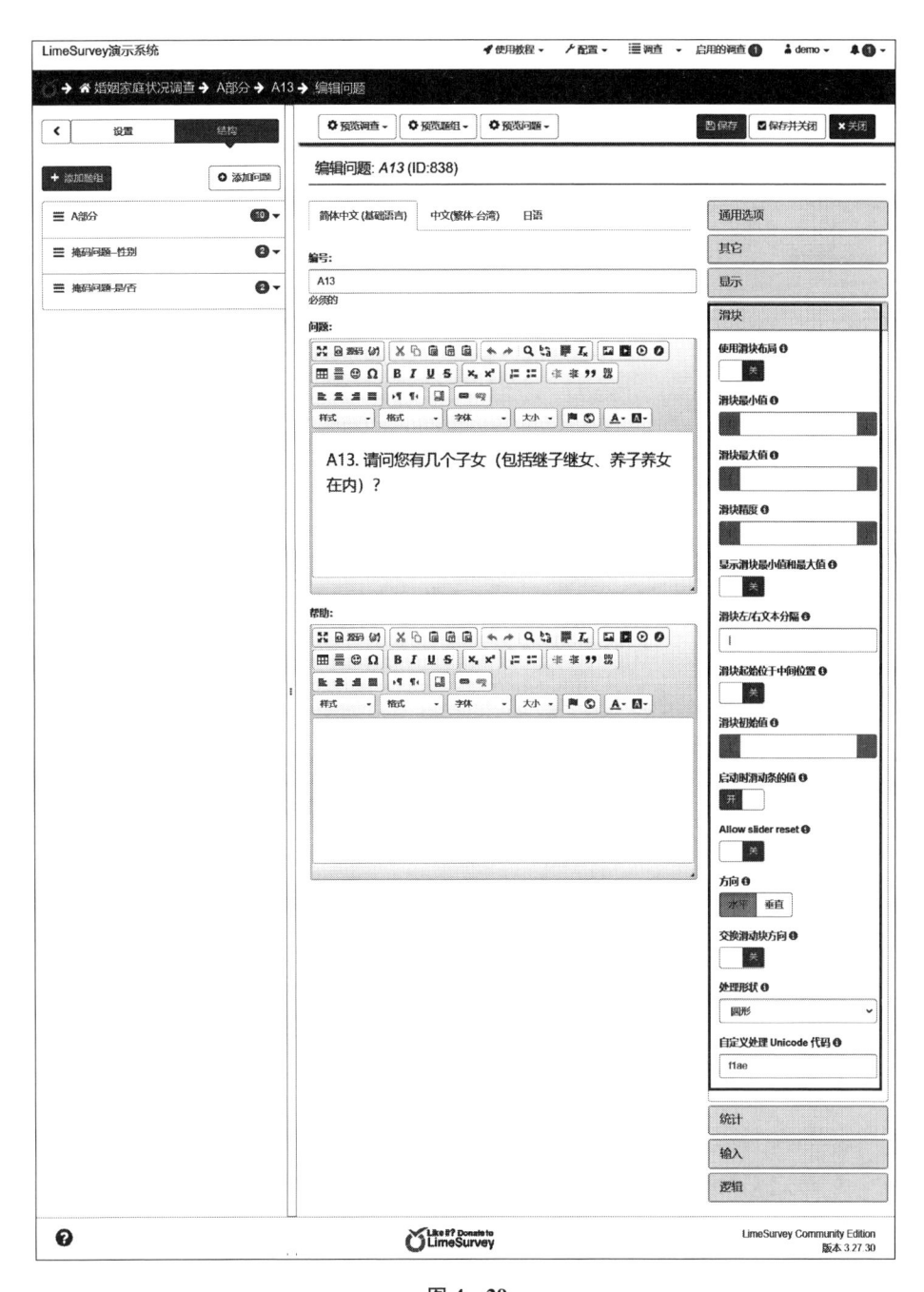

图 4-29

滑块右侧文本"的顺序编写（见图 4-30）。

数字时代的问卷调查：LimeSurvey 的综合应用

图 4 - 30

● 滑块起始位于中间位置：开启后，在未设置滑块初始值的情况下，滑块的起始位置是滑动条中间。

● 滑块初始值：设置问题加载时滑块出现的位置。

● 启动时滑动条的值：开启后，如果问题被设定为必答题并且受访者没有移动滑块就提交了问卷，那么系统会将滑块的起始值保存为这一问题的答案。

● 允许重置滑动（Allow slider reset）：开启后，会显示一个重置按钮，受访者点击这个按钮，滑块会回到"0"或者"初始值"的位置。

● 方向：选择将滑块沿水平方向或者垂直方向放置。

● 交换滑动块方向：开启后，最小值和最大值的位置调换。

● 处理形状：设置滑块的形状，可以选择圆形、方块、三角形或者在 CSS 文件中自定义形状。

● 自定义处理 Unicode 代码：输入在 CSS 文件中定义的 Unicode，可以输入任意 Font Awesome Unicode 字符。

使用滑块布局时需要注意，无论是子问题还是滑块左侧/右侧文本，均可留空，但是需要使用分隔符将三者对应的位置预留出来。比如，若按照 A13 题原本的形式，子问题应该编辑为"｜儿子｜个"和"｜女儿｜个"。如果不添

第 4 章　利用 LimeSurvey 创建调查问卷

加第一个分隔符,"儿子/女儿"和"个"则不能正确地分布在滑块左右两侧。

对比普通样式与滑块布局,多重数值输入题的呈现效果如图 4-31 所示。

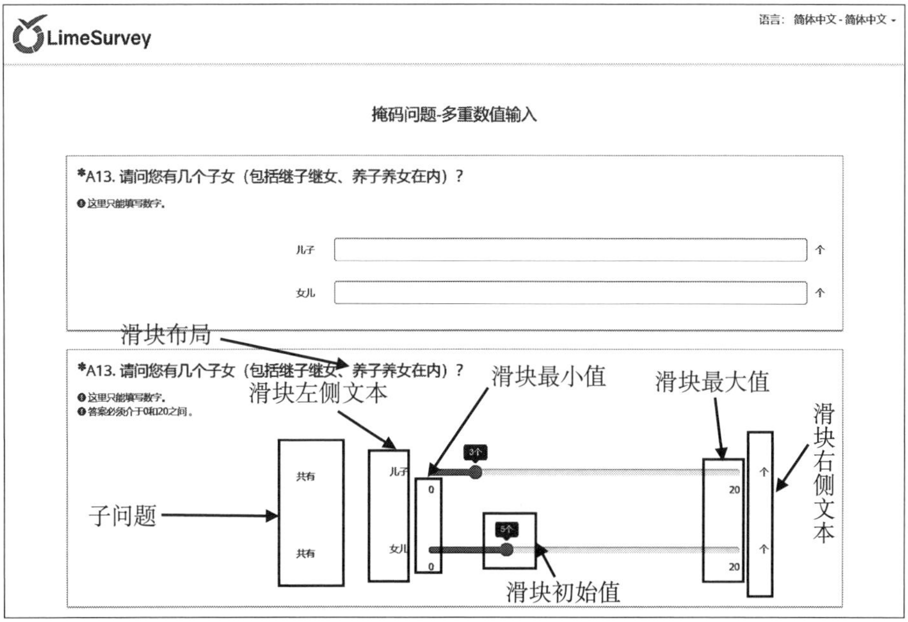

图 4-31

4.3.1.8　排序

示例问题
A16. 在您家,您最经常、第二经常和第三经常做下列哪些家务?

请在括号中输入相对应的序号	1. 洗衣服 2. 屋里屋外的修理维护 3. 照顾生病的家人 4. 购买日常用品 5. 打扫卫生 6. 做饭
1. 最经常	[＿＿＿]
2. 第二经常	[＿＿＿]
3. 第三经常	[＿＿＿]

在传统纸笔问卷中，排序题通常像示例问题中那样列出选项，受访者按照特定的顺序写下选项或选项的序号。LimeSurvey 中的排序题没有采用纸笔问卷那样的实现方式，并不是提供一个输入框让受访者按序填写答案项或是编号，而是让受访者直接用鼠标点选拖动的方式对答案项进行排序。

添加一道排序题时，首先在高级选项"其它"中填入选项标题和排序标题；以示例问题 A16 为例，两者分别为"家务"和"您经常做的家务（最上方是最经常做的）"（见图 4-32）。A16 题只询问了排名前三的家务，因此在高级选项"逻辑"中设置最多答案项为"3"，即受访者最多选择三项答案进行排序（见图 4-33）。然后编辑问题的答案项（见图 4-34）。

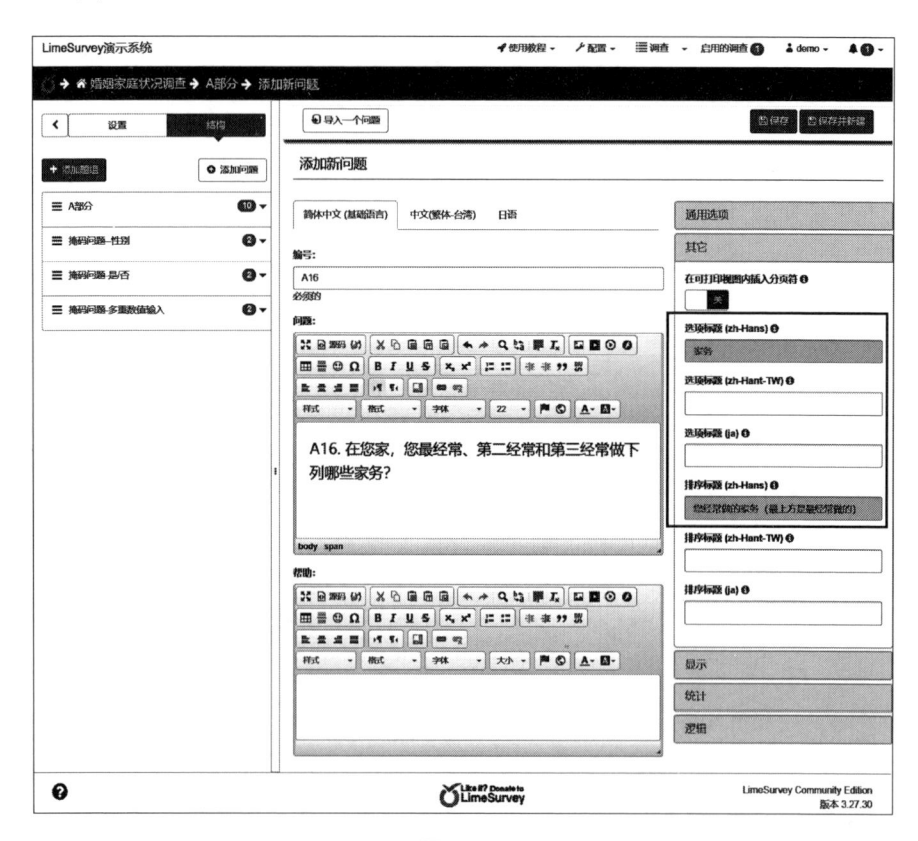

图 4-32

第 4 章 利用 LimeSurvey 创建调查问卷

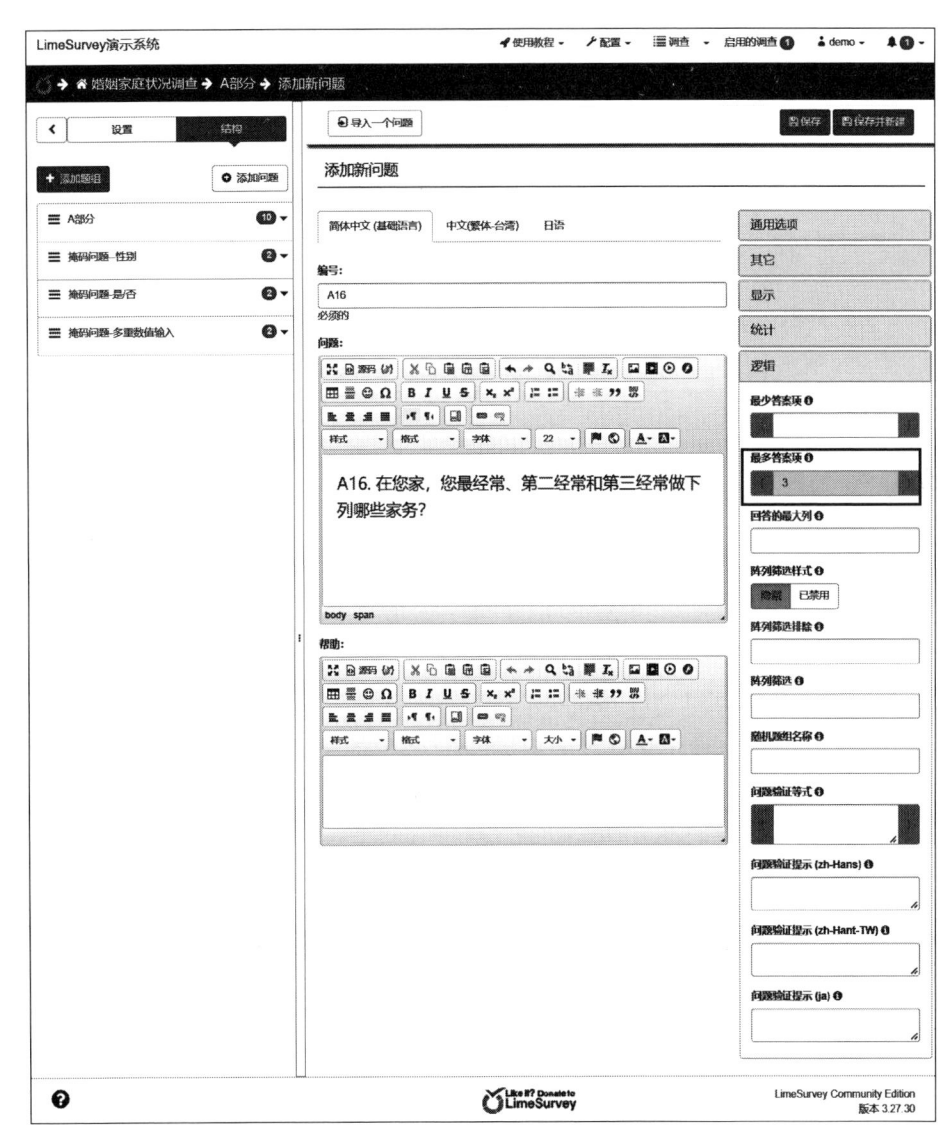

图 4-33

如图 4-35 所示，排序题的答案项排列在页面左侧，受访者可通过双击或者拖拽将选项移动至右侧的排序框中。先移动的选项排在上方，随后移动的选项依次排列在下方。在排序框中，也可以通过拖拽更改选项的排列顺序。为帮助受访者更好地理解问题，系统对排序题做了进一步的提示，默认提示内容为："双击或者拖拽左侧列表中的条目可以把它们移到

数字时代的问卷调查：LimeSurvey 的综合应用

图 4-34

右侧-排名最高的在右上，移动过来的内容在最下。"

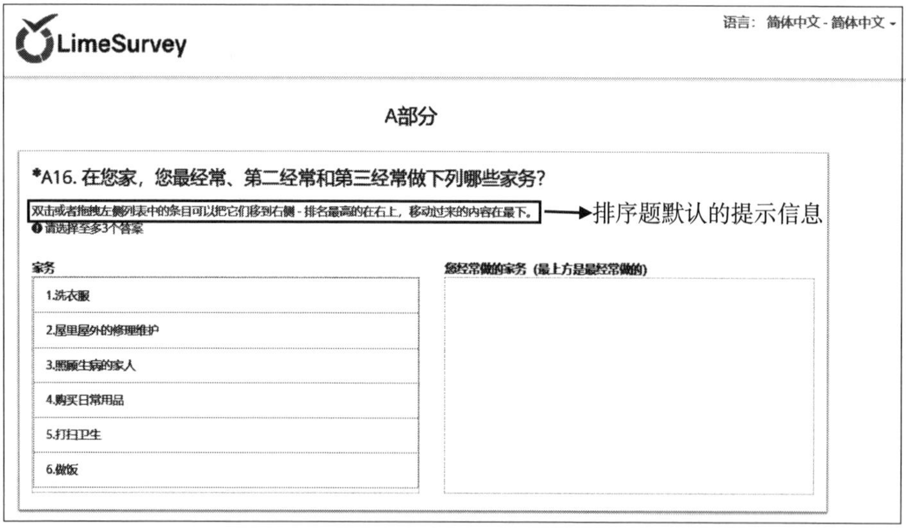

图 4-35

排序题的高级选项"显示"和"逻辑"中有几项独有的设置内容：
● 显示—显示 javascript 警告：开启后，如果选择的答案数量超过设置的"最多答案项"的数量,系统会弹出警告对话窗。

- 显示—所有问题选项为相同高度:默认为开启状态,问题中的所有选项高度相同。
- 显示—列表采用相同高度:默认为开启状态,选项列表和排序列表高度相同。
- 逻辑—回答的最大列:可以填入任意正整数 N,表示在数据库中创建 N 列存储答案。默认值是问题中创建的答案项的数量;如果设置的"最大答案项"的值小于"回答的最大列"的值,那么后者将自动取两者中较高的值。

4.3.1.9 文件上传

示例问题

A23. 请上传您的全家福照片:

文件上传题是电子问卷中特有的题型。调查者能够借助文件上传题获取更多的信息,在填答这种题型时,受访者先从本地上传电子文件至 LimeSurvey 服务器,调查人员再从反馈数据中下载这些文件。文件上传题型的高级选项"其它"和"文件元数据"中有一些特有的针对这一题型的设置内容。

- 其它—允许的最大文件大小(KB):默认大小为 10 240KB,即 10M;单个文件大小若超出填入的数值则不能上传。
- 其它—最大文件数:默认值为 1,如果允许上传多个文件,那么可以自定义该值;上传的文件数量不能高于这一数值。
- 其它—最小文件数:默认值为 0,此条件下问题是非必答题;上传的文件数量不能低于这一数值。
- 其它—允许的文件类型:默认文件类型有 gif、doc、odt、jpg、pdf、png;填入文件类型的扩展名,用逗号","隔开;没有在此填入扩展名的文件类型不能上传。
- 文件元数据—显示标题:开启后,会为每一个被上传的文件显示一个标题文本框,受访者可以填入相应的文件名。

● 文件元数据—显示评论：开启后，会为每一个被上传的文件显示一个评论文本框，受访者可以填入评论内容。

回答文件上传题时，在"选择文件"按钮的下方会提示可上传的文件类型和文件大小。点击"上传文件"按钮，弹出选择文件的对话窗（见图4-36）；然后点击"选择文件"按钮，从本地选定文件后，点击"打开"即可上传。对话窗中会提示可以上传的文件类型以及文件大小（见图4-37）。

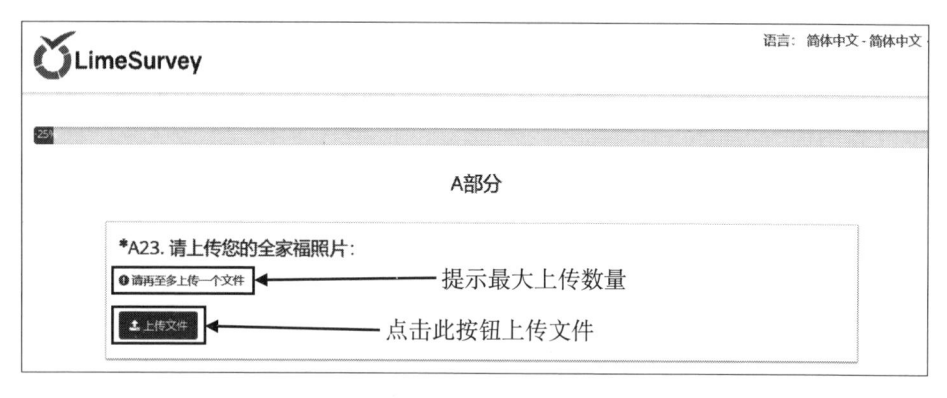

图 4 - 36

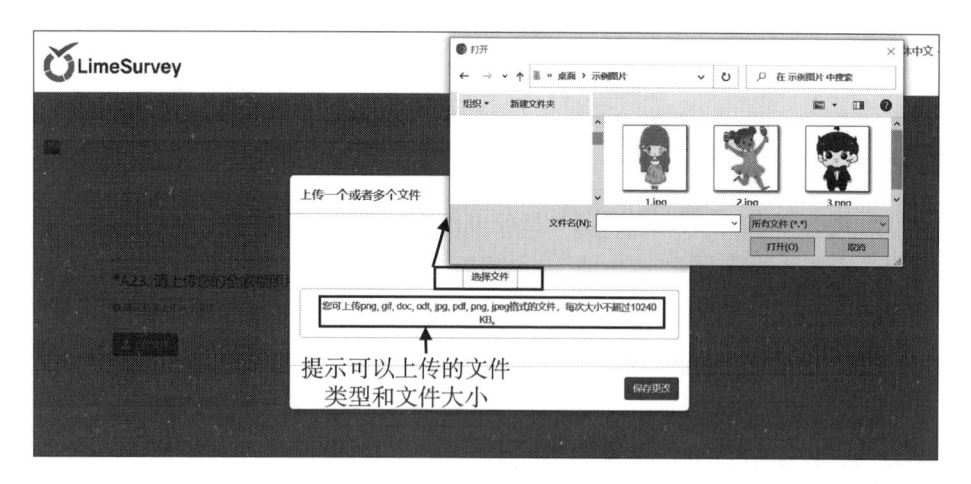

图 4 - 37

如果开启了显示标题和显示评论功能，那么在文件成功上传后，对话窗中会出现标题和评论文本框供受访者填入标题和评论。点击"保存更改"，就完成了这一文件的上传。如果上传的文件数量达到最大值，系统就会给出提示："文件上传已达上限。您可返回调查。"

第 4 章 利用 LimeSurvey 创建调查问卷

上传的文件以列表形式显示标题、评论、文件名，每一个文件都有一个对应的"编辑"按钮，用于编辑该文件的标题、评论内容，或是执行删除操作。

在上传的文件数量达到上限的情况下，若继续上传文件，则会被系统提示："抱歉，无法上传更多文件！"

4.3.1.10 方程式

方程式题型的应用非常灵活，利用这一题型能设计出精巧的问题。无论是否将方程式的运行结果设置为向受访者显示，运行结果都会被保存在数据库变量中。举例来说，"婚姻家庭状况调查"中有一个随机显示问题的逻辑——A22 题和 A22a 题随机显示其中一题。要实现这个逻辑，就需要用到一个方程式题：{if（random>=1，random，floor（rand（1，2）））}。创建方程式题，只需要添加问题并完善相关设置即可（见图 4-38）。

图 4-38

上面例子中的这段表达式，其功能是使用 rand 函数为 random 赋予一个整数的值，取值范围是 1~2；其中的 if 条件语句用于确保每次进入这道题时，random 的值保持不变，避免在返回上一组后重新进入时 random 的值发生改变。

除此之外，方程式还经常被用来完成问卷中的某些计算过程，如根据受访者提供的身高和体重值，自动计算出受访者的 BMI 值。

4.3.2 文本问题

LimeSurvey 中的文本问题这一类题型对应于纸笔问卷中的开放题。不同于纸笔问卷的是，电子问卷中每一道问题的答案都对应数据库中数据表的一个字段。为确保数据库的存储和检索效率，必须指定字段的类型是数值型、文本型还是日期型等。文本问题这一类题型的答案都以文本型字段来存储，即使是数字也是这样，这让答案有了很强的容错性。

4.3.2.1 短自由文本/长自由文本/超长自由文本

示例问题

A6. 您目前的居住地是（××市××区）：

_____

答案示例：北京市海淀区

A6 题提问受访者的居住地，在纸笔问卷中我们采用填空题的形式搜集这一信息，而在 LimeSurvey 的电子问卷中则表现为文本问题。短自由文本、长自由文本、超长自由文本这三种题型的用途、形式十分相似，均适用于这个问题。设计问卷时具体选择哪种题型取决于答案的长度，短自由文本题在 MySQL 数据库环境下不限制字符数，在 PostgreSQL 和微软 SQL Server 环境下最多可以输入 255 个字符。长自由文本和超长自由文本题则可以容纳更多的字符。由于 LimeSurvey 在绝大多数情况下使用的是 MySQL 数据库，所以在一般情况下短自由文本就足够了。另外，三种题型的高级设定也有不同之处，短自由文本在开启"地图"功能后，可以作为一道地图题使用，受访者直接在一幅可以自由缩放的地图上选定某一

第 4 章　利用 LimeSurvey 创建调查问卷

位点，系统会自动获取这个点的经纬度并存储在反馈数据中。

对于 A6 题。选择短自由文本就能够满足我们搭建此题的需求。创建一道短自由文本题，将"答案示例"中的内容通过工具栏中的"编辑预设答案"功能编辑为预设答案（见图 4 - 39、图 4 - 40）。

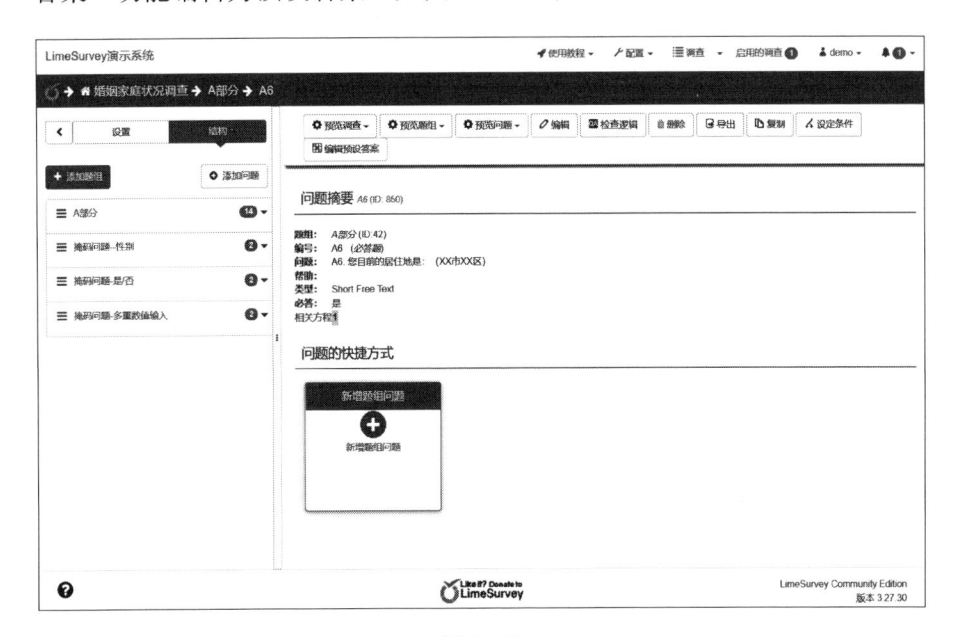

图 4 - 39

图 4 - 40

三种文本问题在调查页面中会显示为不同的样式。LimeSurvey 中，短自由文本题的输入框默认显示一行，长自由文本题和超长自由文本题的输入框则显示多行。并且，点击长自由文本题和超长自由文本题的输入框右下角进行拖动，可以任意调节其长度和宽度。三种题型的样式如图 4 - 41 所示。

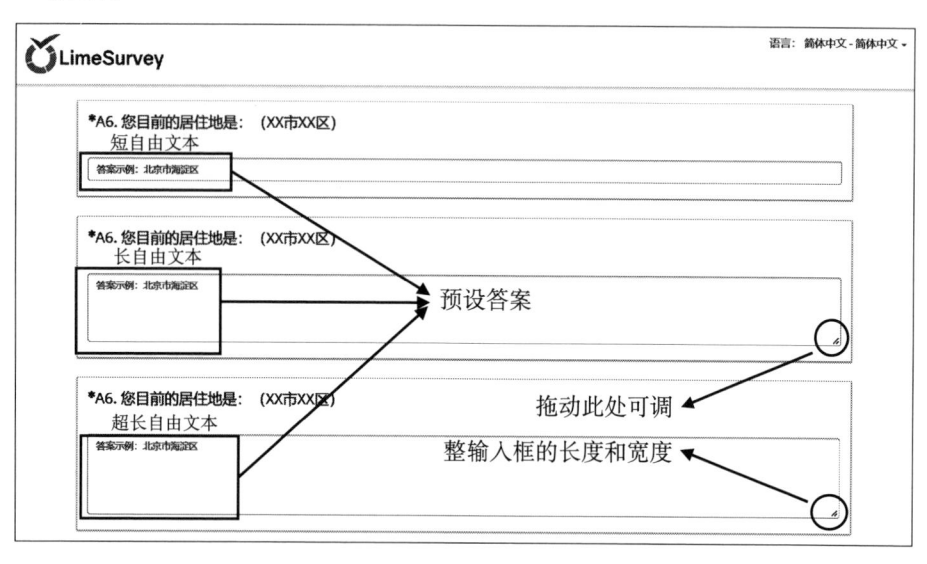

图 4 - 41

4.3.2.2 多选题短文本

示例问题

A18. 在您家，主要由谁承担下列家务？

1. 洗衣服：_____

2. 屋里屋外的修理维护：_____

3. 照顾生病的家人：_____

4. 购买日常用品：_____

5. 打扫卫生：_____

6. 做饭：_____

如 A18 题这样的问题，是对一系列相关问题的提问。若使用短自由文本题，则需要分别提问六个子问题，这样会增加受访者或访问员的阅读时间。而多选题短文本题型既条理清晰又排列紧凑，可以更加有效地搜集更多的数据信息。

第 4 章　利用 LimeSurvey 创建调查问卷

创建一道多选题短文本问题，并在子问题中编辑每一道填空题前面的描述文字，具体方法如图 4-42、图 4-43 所示。

图 4-42

在显示出的调查页面上，子问题文本在答题区域左侧显示，输入框在右侧显示。

4.3.3　单选题

单选题是问卷设计中最常见的问题类型。这种题型的功能是让受访者在多个选项中选择唯一的答案。在 LimeSurvey 中，由于电子问卷可以在最终页面上有不同的呈现形式，因此单选题又可以分成不同的具体题型。

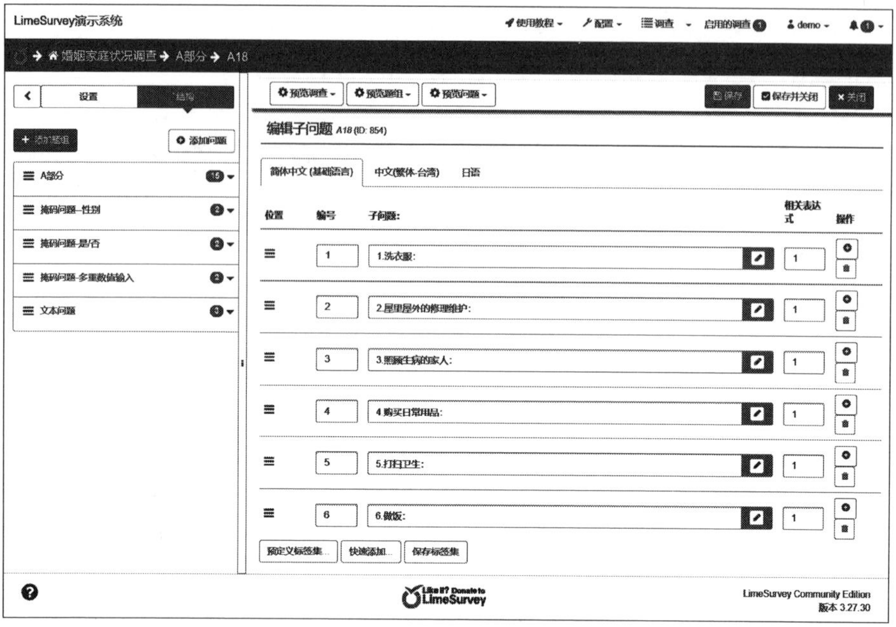

数字时代的问卷调查：LimeSurvey 的综合应用

图 4-43

下面对 LimeSurvey 中单选题的四种具体题型进行介绍。

4.3.3.1 列表（下拉）

示例问题

A4. 您目前已完成的最高教育程度是（"已完成"指获得毕业证）：

没有受过任何教育 ··· 1

私塾、扫盲班 ··· 2

小学 ·· 3

初中 ·· 4

职业高中 ·· 5

普通高中 ·· 6

中专 ·· 7

技校 ·· 8

大学专科（成人高等教育） ································· 9

大学专科（正规高等教育） ································ 10

```
    大学本科（成人高等教育） ……………………………… 11
    大学本科（正规高等教育） ……………………………… 12
    研究生及以上 …………………………………………… 13
    其他（请注明：_____） ………………… 14
```

模拟问卷中的 A4 题，用于获取受访者的受教育程度。根据我国现行教育制度，将常见的几种学历类别编码为固定的封闭选项，同时给出半开放式的"其他"选项供特殊情况的受访者作答。A4 题中的子问题"其他（请注明:）"是开放式的，需要一个输入框来记录具体内容，编辑问题时直接开启通用选项中的"选项'其它'"功能即可（见图 4-44）。同时，在高级选项"显示"中将"'其它:'选项的标签"改为"其他，请注明:"（见图 4-45）。开启"选项'其它'"后，系统会自动生成一个编号为 other 的子问题，因此在编辑子问题时只需填入示例问题中 1~13 的选项。

在默认显示条件下，答案项的位置是一条未展开的下拉框，并显示文字"请选择…"；点击下拉框，则会展开并按照编辑顺序显示全部的答案项，供受访者选择。

高级选项"显示"中有几项单独针对列表（下拉）题型设计的选项，用于控制下拉列表：

● 下拉列表高度：输入任意一个大于"0"的整数，设置下拉框的高度，控制受访者在不点击下拉框的情况下能够看到多条答案项。若设置的高度不足以显示全部的答案项，那么下拉框中会出现一个滚动条，上下滑动滚动条就能够看到完整的答案项。如果设置的高度超过显示全部答案项时所需要的高度，那么下拉框就会显示全部答案项，但不会出现空白。

● 下拉列表的前缀：默认设置是"无"前缀。如果选择"排序"，则每一个答案项的前面都会出现相应的序号，这一序号与答案项的编号无关，仅表示显示的顺序。

数字时代的问卷调查：LimeSurvey 的综合应用

图 4-44

● 类别分隔符：设置一个字符类型作为分隔符，LimeSurvey 系统可以通过这个字符识别同一类的答案项，分隔符之前的文本是"类别"的名称，分隔符之后的文本是可选择的具体答案项。

比如，设置冒号"："为类别分隔符，将 A4 题中的答案项按类别划分为初等教育及以下、中等教育、高等教育和其他情况。使用类别划分答案项时需要注意，由于"其他"选项是系统内置的一个答案项，因此无法被归为某一类别。

第 4 章　利用 LimeSurvey 创建调查问卷

图 4 - 45

示例问题
初等教育及以下
没有受过任何教育 …………………………………………… 1
私塾、扫盲班 ………………………………………………… 2
小学 …………………………………………………………… 3
中等教育
初中 …………………………………………………………… 4
职业高中 ……………………………………………………… 5
普通高中 ……………………………………………………… 6
中专 …………………………………………………………… 7
技校 …………………………………………………………… 8
高等教育
大学专科（成人高等教育）………………………………… 9
大学专科（正规高等教育）………………………………… 10
大学本科（成人高等教育）………………………………… 11
大学本科（正规高等教育）………………………………… 12
研究生及以上 ………………………………………………… 13
其他（请注明：＿＿＿＿＿＿＿）………………………… 14

编辑方式和呈现效果如图 4-46、图 4-47 所示。

这种按类别显示答案项的形式适合用于那些答案项比较多且能够归纳为几个类别的题目。例如询问受访者最喜爱的食物，就可以将答案项分为"谷物""蔬菜""水果""肉类"等几个大的类别，在各个类别下列出具体的食物名称。

第 4 章 利用 LimeSurvey 创建调查问卷

图 4 - 46

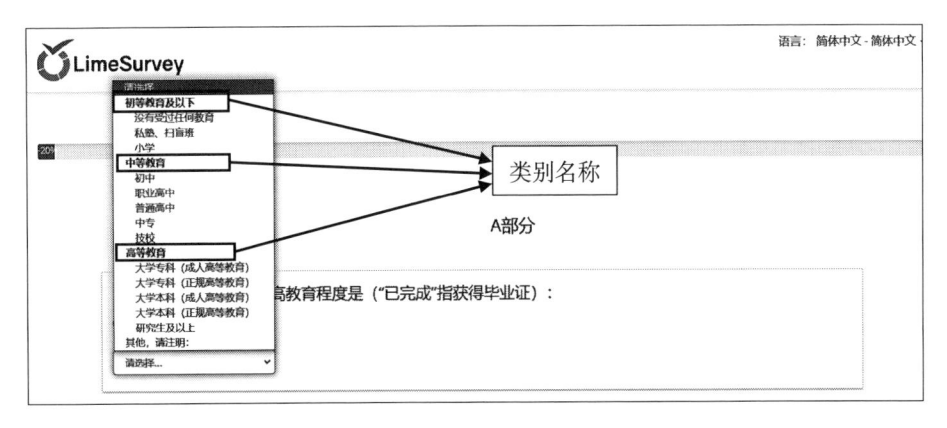

图 4 - 47

4.3.3.2 列表（单选）

示例问题

A22a. 总的来说，您觉得您的家庭生活幸不幸福？

```
非常不幸福 …………………………………………… 1
比较不幸福 …………………………………………… 2
说不上幸福不幸福 …………………………………… 3
比较幸福 ……………………………………………… 4
非常幸福 ……………………………………………… 5
```

A22a 题可使用 LimeSurvey 中的列表（单选）题来实现。添加一道列表（单选）题，并编辑答案项。采用这种题型，答案项将以列表的样式呈现给受访者，受访者可点击答案项左侧圆形的单选按钮进行选择。A22a 题的编辑方式和呈现效果如图 4-48、图 4-49、图 4-50 所示。

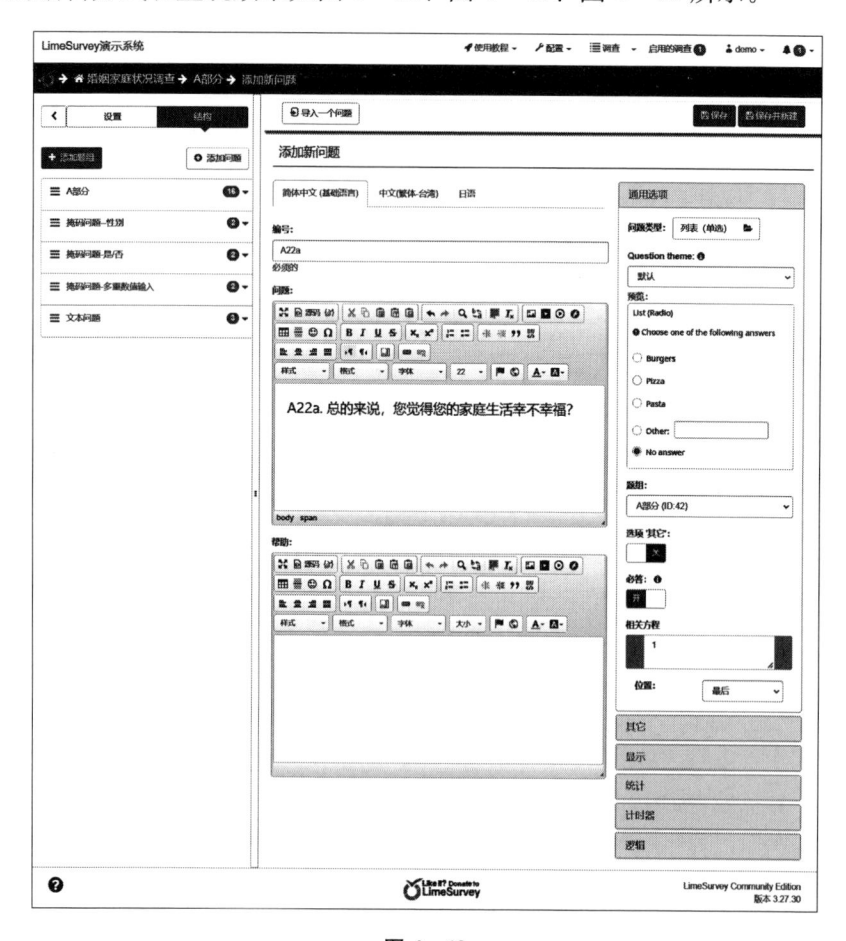

图 4-48

第 4 章　利用 LimeSurvey 创建调查问卷

图 4 - 49

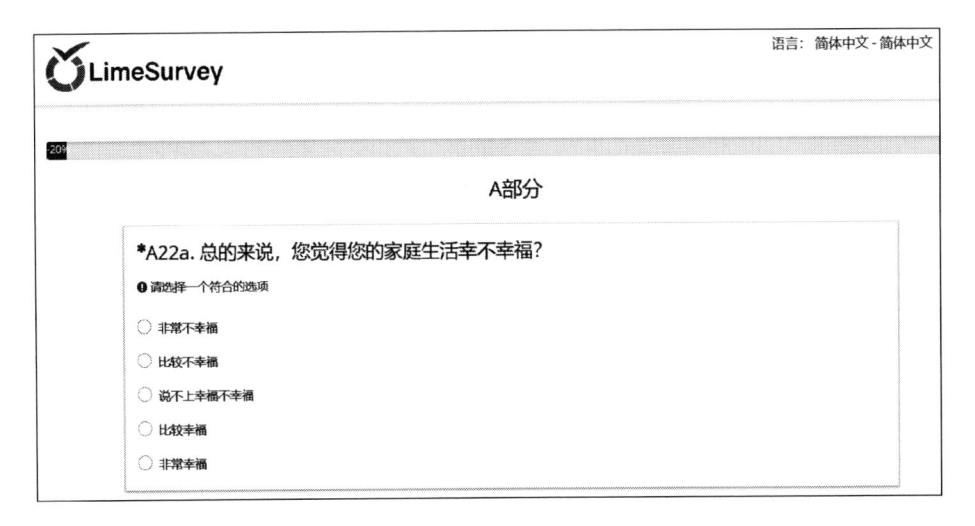

图 4 - 50

问卷调查中的单选题通常都采用列表（单选）的形式，所有答案项都会显示在页面上，比起列表（下拉）的形式，更方便受访者作答。使用列表（下拉）的单选题多用于答案项过多且选项的内容众所周知的情况，例如年/月/日、省份、国别等。

4.3.3.3 带评论的列表

> **示例问题**
>
> A9. 您家的家庭经济状况在所在地属于哪一档？您认为全年家庭总收入多少元能够达到该地区的平均水平？请在评论框中填写具体金额。
>
> 远低于平均水平 ································· 1
>
> 低于平均水平 ··································· 2
>
> 平均水平 ······································· 3
>
> 高于平均水平 ··································· 4
>
> 远高于平均水平 ································· 5
>
> 达到平均水平的全年家庭总收入是：_____元

同为单选题中的一种，带评论的列表比普通单选题多了一个评论框，用于搜集额外的信息。比如 A9 题，尽管提问了家庭经济状况所属层次，但只是一种大概的比较，并且这种比较是受访者自己"认为"的结论，有时并不能代表实际情况。因此，利用评论框搜集受访者个人认知中的地区平均水平，调查者就能够结合官方统计数据做进一步的分析。由受访者额外提供的答案往往能给调查者提供更多意想不到的信息。

创建一道带评论的列表题，填入问题编号和题干内容；然后编辑答案项。不过，受 LimeSurvey 系统限制，评论框上方的文本信息是固定的，目前还不支持自定义内容。因此调查者应该在题干中明确表述评论中所要填答的内容。A9 题的创建过程及呈现效果如图 4-51、图 4-52、图 4-53 所示。

4.3.3.4 5 分选择

> **示例问题**
>
> A22. 总的来说，您觉得您的家庭生活幸不幸福？最高"5 分"代表非常幸福，最低"1 分"代表非常不幸福。
>
> ○1　　　○2　　　○3　　　○4　　　○5

第 4 章 利用 LimeSurvey 创建调查问卷

图 4-51

图 4-52

数字时代的问卷调查：LimeSurvey 的综合应用

图 4-53

5 点利克特量表形式的问题在问卷设计中用得非常多，所以 LimeSurvey 为其专门预设了一类 5 分选择题。在使用该题型时，只需要编辑问题编号和题干内容，系统会自动将受访者的回答转换存储为 1 到 5 分的答案。该题型的显示方式有按钮式和滑块式，其中滑块式又分为"星级"和"带表情图标的滑动条"。在高级选项"显示"中可选择布局方式（见图 4-54）。

图 4-54

第 4 章 利用 LimeSurvey 创建调查问卷

"使用滑块布局"的默认选项是"关",此时选项为按钮式,1~5 分中每一个分数为一个选项,每个选项前对应一个单选按钮。若选择"使用滑块布局"的"星级",那么分数会以星标的形式呈现,点击第几颗星星(从左向右数),就是打了几分。而"带表情图标的滑动条",则是通过调整滑块在滑动条上的位置,以相应的表情图标进行打分。三种布局方式的效果如图 4-55 所示。

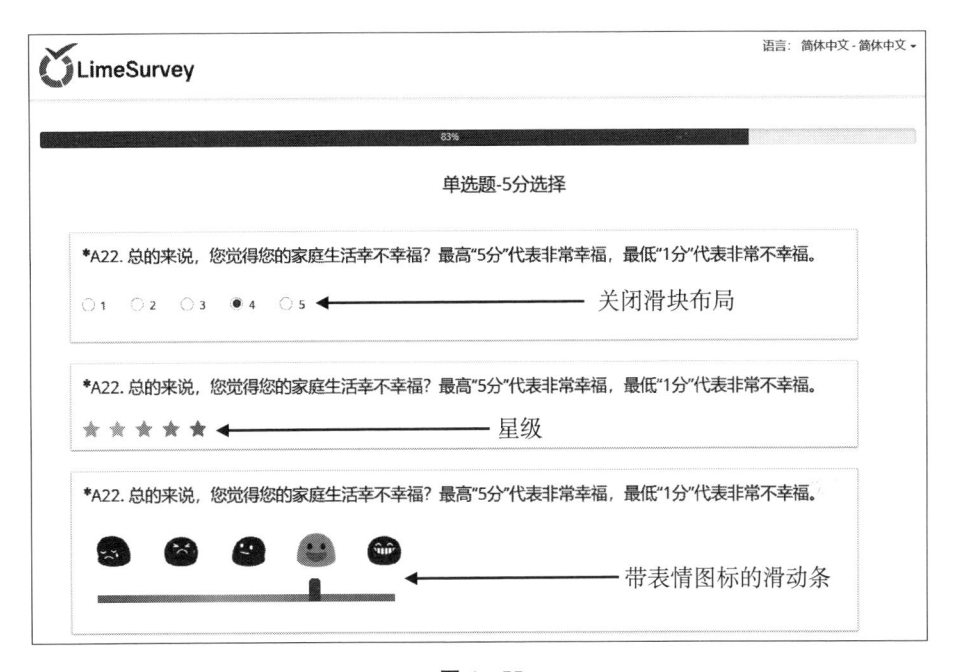

图 4-55

星标和表情图标能够让问题变得生动活泼,增加了问卷的趣味性,在市场研究问卷中很受欢迎,但缺点是削弱了问卷的严肃性、专业性。关键点是根据研究主题和目标的不同,调查者可以利用这一类细节设计出或轻松活泼或规范严肃的问卷。

4.3.4 多选题

多选题也是一类经典的问题类型。与单选题不同的是,多选题的各个答案之间不互斥,可以同时选择一到多个选项。LimeSurvey 在多选题这个大类下预设了两个小类的多选题。

4.3.4.1 多选题

示例问题

A7. 您现在住的这座房子的产权（部分或全部产权）属于谁？（多选）

自己所有 ……………………………………………………………… 1

配偶所有 ……………………………………………………………… 2

子女所有 ……………………………………………………………… 3

父母所有 ……………………………………………………………… 4

配偶父母所有 ………………………………………………………… 5

子女配偶所有 ………………………………………………………… 6

其他家人/亲戚所有 …………………………………………………… 7

家人/亲戚以外的个人或单位所有，这房是租（借）来的 ………… 8

其他情况（请注明：_____） …………………… 9

与单选题的选项不同，多选题的选项叫作"子问题"而非"答案项"。这是因为单选题和多选题的答案在反馈数据中有着不同的保存方式。单选题的反馈数据仅占据一个存储位置，系统只保留受访者选择的那一个答案项。而多选题中的每一个选项无论是否被受访者选择，都会在最终的反馈数据中占据一个存储位置，以"Y/N"标记是/否被选中。也就是说，多选题中的每一个子问题都可以被视为一道是/否题。

在多选题 A7 中，要用到"选项'其它'"功能。使用方式与单选题一样：编辑问题的同时开启该功能，在高级选项"显示"中自定义"'其它:'选项的标签"。同样也只需要编辑 A7 中的子问题 1~8（见图 4-56、图 4-57）。

多选题默认显示的提示语是"请勾选所有符合的选项"，受访者可通过子问题左侧的复选框选择答案；如果勾选了"其他情况，请注明"，那么就应该在子问题右侧的输入框中填写具体答案。

多选题的按钮是"小方块"形状的复选框，允许同时选择多个答案项，在外观和功能上均区别于单选题的圆形选择按钮。如果忽略提示和按

第 4 章　利用 LimeSurvey 创建调查问卷

钮的差异，多选题与单选题在外观上十分相似。故在实际操作中，最好在问题上设置醒目的标识，以提醒受访者或访问员不要因把多选题误看作单选题而导致漏选。

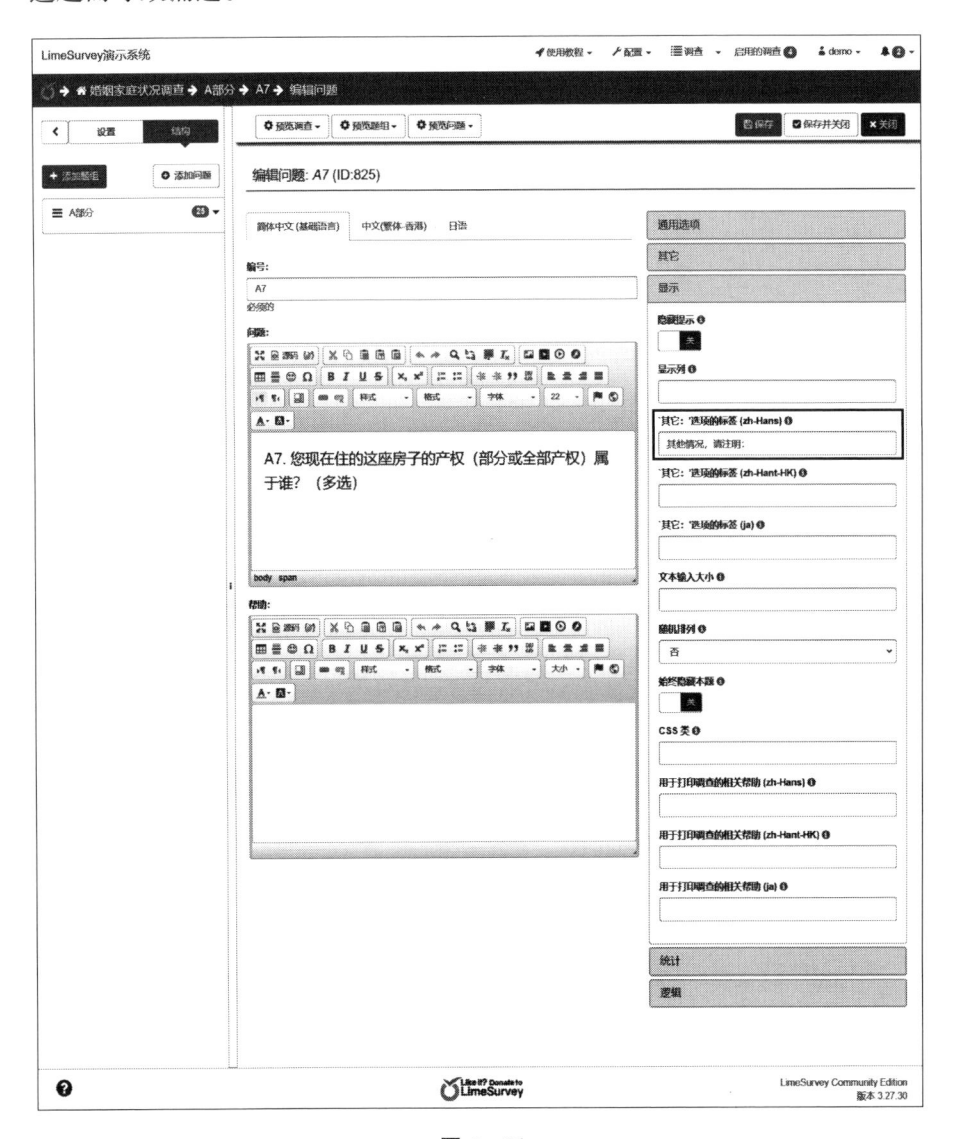

图 4-56

图 4-57

4.3.4.2 带评论的多选题

示例问题

A20. 过去三个月，您家是否在空闲时间集体（指您和您的配偶、子女一起）进行下列活动？分别有几次？（多选）

出去看电影（＿＿＿＿）……………………………… 1

逛街购物（＿＿＿＿）………………………………… 2

参加文化活动（比如听音乐会，看演出和展览）（＿＿＿＿）… 3

参加体育活动（＿＿＿＿）…………………………… 4

```
现场观看体育比赛（_____） ………………………………  5
做手工（比如陶艺、木工）（_____） ……………………  6
在当地游玩（比如逛公园、游乐场）（_____） …………  7
去外地旅游（_____） ……………………………………… 8
以上都没有 …………………………………………………… 9
```

和单选题一样，多选题也可以附带"评论"。只不过单选题中的带评论的列表题只有一个评论框，而带评论的多选题中则是每一个子问题都有一个对应的评论框。所以 LimeSurvey 在多选题这个大类下增设了带评论的多选题这种题型。

添加一道带评论的多选题时，高级选项"逻辑"中有两项针对评论输入框的设置，调查者要根据需求做出相应的选择（见图 4-58）。

● 注释只有在：设置在哪种情况下能够填写评论，共有三种情况可选。设置为"复选框没有配置"时，无论对应的子问题是否被选中，都可以在评论框中填写文本；设置为"单选已选择"时，只有被选中的子问题的评论框才可以填写；设置为"单选未选择"时，只有未被选中的子问题的评论框才可以填写。

● 自动删除文本或者取消选择：默认为开启状态，取消选中的子问题时，其对应评论框中的文字会被自动删除。

创建完成后，点击工具栏中的"编辑子问题"，将示例问题中的子问题编辑在系统中（见图 4-59）。从图 4-60 中可以看到，每一个子问题后面都紧跟一个输入框；并且如果设置了"逻辑—注释只有在"，系统会在题干下方向受访者显示提示语："只有当您选择答案时注释。"

4.3.5 阵列

阵列这类题型也是一类常见的经典题型，我们更熟悉的是它的另一个名字"矩阵题"。这一类问题是由一系列内容上相关的子问题构成，而且这些子问题的答案都是一样的。由于问题加答案构成了一个规则的矩形，所以被称作阵列（矩阵）题。这一类问题在问卷中有多种表现形式，

数字时代的问卷调查：LimeSurvey 的综合应用

LimeSurvey 相对应地预设了多种阵列（矩阵）题型。

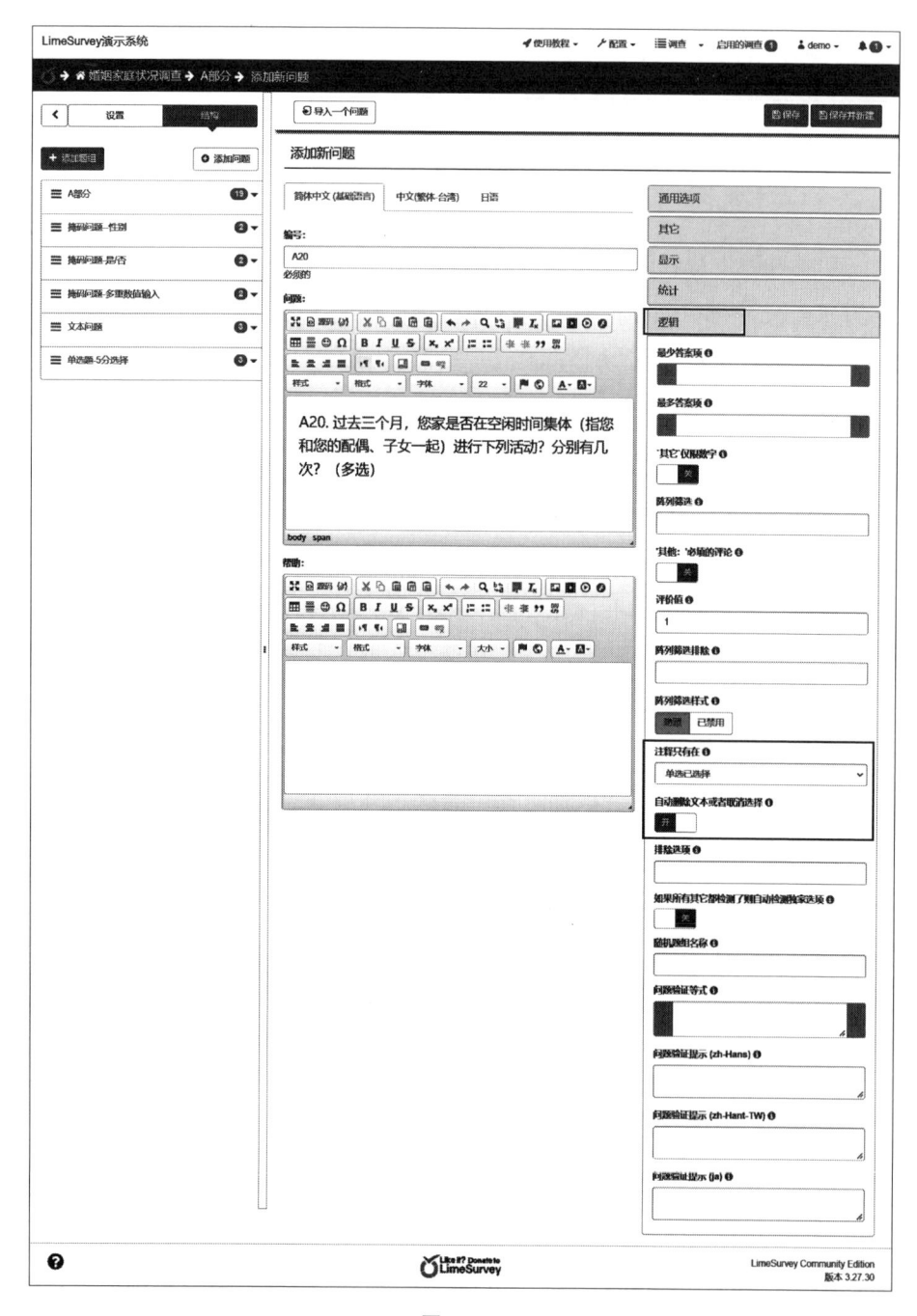

图 4-58

图 4-59

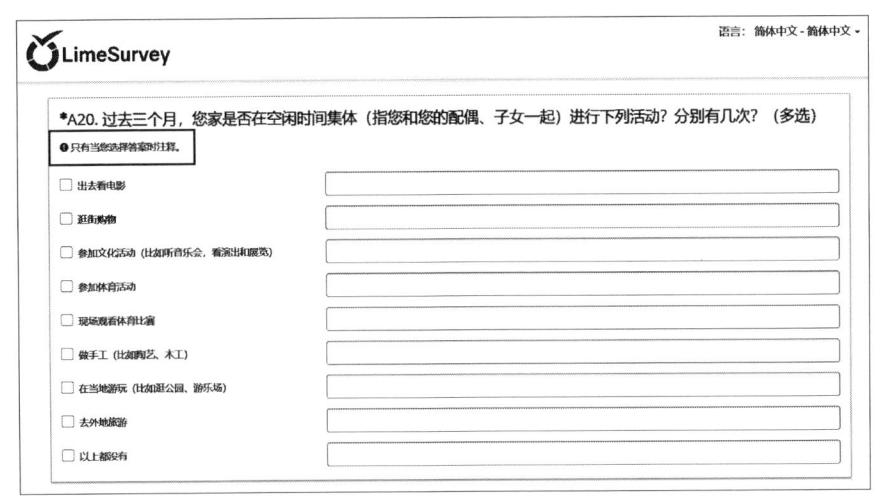

图 4-60

4.3.5.1 阵列/按列阵列

示例问题

A17. 过去一年，您多久做一次下列家务？

	每天	一周数次	一月数次	一年数次或更少	从不
1. 洗衣服	1	2	3	4	5
2. 屋里屋外的修理维护	1	2	3	4	5
3. 照顾生病的家人	1	2	3	4	5
4. 购买日常用品	1	2	3	4	5
5. 打扫卫生	1	2	3	4	5
6. 做饭	1	2	3	4	5

阵列题从形式上看像是一个表格。最常见的阵列题是把子问题放在行上，答案项放在列上。但在一些情况下，出于具体的需要，例如答案项很多，横着放太拥挤，而子问题又不多，就可以把行列对换，即按列阵列题。阵列题表格的第一列是子问题，第一行是具体答案。表格的首列与首行分别对应阵列题中的子问题和答案项。

在系统中添加一道阵列题，填入问题的编号和题干内容（见图 4-61）。然后将表格首列的内容编辑在子问题中，将首行内容编辑在答案项中（见图 4-62、图 4-63）。

按列阵列题与阵列题非常相似，交换阵列题中行和列的位置就得到了按列阵列题。也就是说，阵列题的子问题在 Y 轴（行）、答案项在 X 轴（列）；而按列阵列题的子问题在 X 轴（列）、答案项在 Y 轴（行）。

采用与添加阵列题相同的方式，将示例问题 A17 编辑在按列阵列题中，两种题型呈现出相反的阵列的行与列（见图 4-64）。

第 4 章 利用 LimeSurvey 创建调查问卷

图 4-61

图 4-62

图 4-63

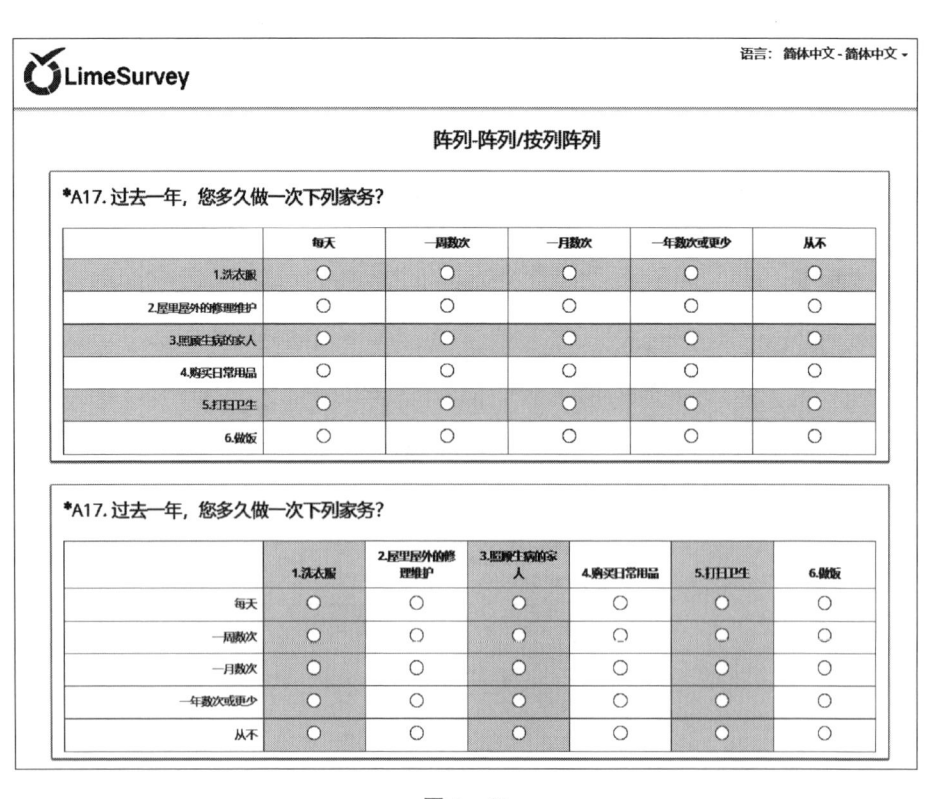

图 4-64

4.3.5.2 阵列（10分选择）/阵列（5分选择）

示例问题

A5. 在我们的社会里，有些人处在社会的上层，有些人处在社会的下层。图片中的梯子要从上往下看。最高"10分"代表最顶层，最低"1分"代表最底层。

	1分	2分	3分	4分	5分	6分	7分	8分	9分	10分
1. 综合看来，在目前这个社会上，您本人处于社会的哪一层？	1	2	3	4	5	6	7	8	9	10
2. 您认为您的配偶在哪个等级上？	1	2	3	4	5	6	7	8	9	10

最常见的阵列题是一些量表形式的问题，而量表题最多见的就是5点或者10点计分的利克特量表，所以 LimeSurvey 专门预置了10分选择和5分选择这两种阵列题型。如果要选用4点或7点计分等其他多点计分的利克特量表，则可以使用经典的阵列题型。

在阵列题中，通常表格的行是子问题，列是答案项，阵列（10分选择）题也是如此。阵列（10分选择）题的答案项已经编辑为1~10分的分值，不能更改。因此添加A5题时只需要编辑问题和子问题，无须编辑答案项。

阵列（5分选择）与阵列（10分选择）非常相似，区别只在于前者是1~5分共5个答案项，而后者是1~10分共10个答案项。两种题型的创建方式也相同。若将示例问题中的"梯子"改为"最高'5分'代表最顶层，最低'1分'代表最底层"，那么就可以使用阵列（5分选择）题实现。在问卷中，两道问题的外观也基本一致，只是答案的分值范围不同而已（见图4-65）。

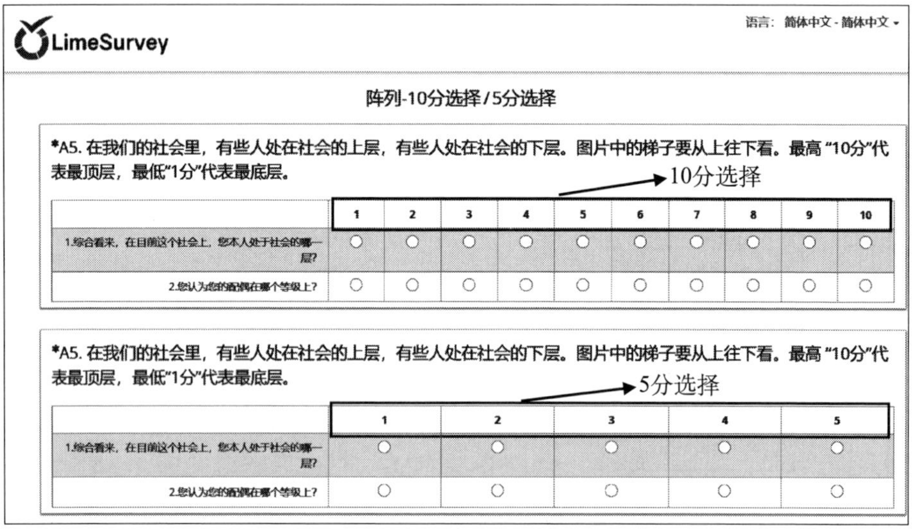

图 4 - 65

4.3.5.3 阵列（是/否/不确定）/阵列（增加、不变、减少）

示例问题

A10. 您家目前是否从事下列投资活动？

	是	不确定	否
1. 没有任何投资活动	1	2	3
2. 股票	1	2	3
3. 基金	1	2	3
4. 债券	1	2	3
5. 期货	1	2	3
6. 权证	1	2	3
7. 炒房	1	2	3
8. 外汇投资	1	2	3

第 4 章　利用 LimeSurvey 创建调查问卷

各类阵列题形式基本一致，都呈现为一个列表。特殊形式的阵列题大多是由于系统预置了答案项或是固定了某些设置内容。阵列（是/否/不确定）题型中的答案项预置为"是"、"否"和"不确定"。使用这一题型节省了编辑答案的工作，只需要编辑题干内容和子问题，调查时受访者点选对应的答案项按钮即可（见图 4-66）。

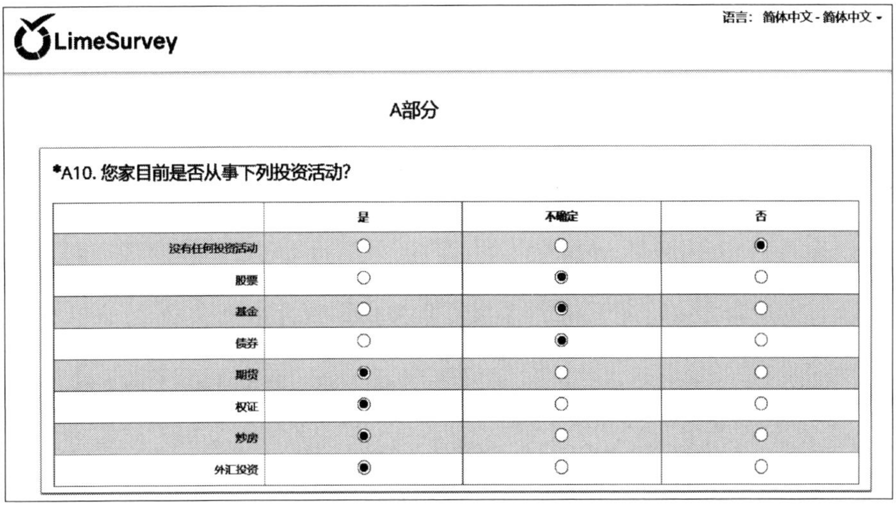

图 4-66

示例问题

A15. 在有了孩子以后，您在空闲时间进行下列活动频繁程度的变化是：

	增加	不变	减少
1. 社交/串门	1	2	3
2. 休息放松	1	2	3
3. 学习充电	1	2	3

A15 题需要采用阵列（增加、不变、减少）题型实现。同样，这一题型中的答案项已经在系统中被预置为"增加""相同""减少"三项，因此在创建问题后，只需要编辑子问题即可。A15 题的显示效果如图 4-67 所示。

数字时代的问卷调查：LimeSurvey 的综合应用

[LimeSurvey 界面截图：A部分，*A15. 在有了孩子以后，您在空闲时间进行下列活动频繁程度的变化是：表格包含"社交/串门"、"休息放松"、"学习充电"三行，以及"增加"、"相同"、"减少"三列的单选项]

图 4 - 67

4.3.5.4 阵列（双尺度）

示例问题								
A14. 在有了孩子以后，您和您配偶的工作状况如何？								
	您的工作状况				您配偶的工作状况			
	出去做全职工作	出去做兼职工作	待在家里，不工作	不适用	出去做全职工作	出去做兼职工作	待在家里，不工作	不适用
1. 小孩还没上学的时候	1	2	3	8	1	2	3	8
2. 小孩都上学了以后	1	2	3	8	1	2	3	8

A14 题需要同时了解夫妻双方的情况，放在 LimeSurvey 的调查问卷中，就是阵列（双尺度）题。

普通的阵列题只能得到受访者对多个子问题在某一个方面（维度）的答案，而示例问题 A14 询问的是夫妻双方的工作状况。如果使用一道普通的阵列题，那么子问题可以随意增减，但是回答的只能是受访者个人或者其配偶的情况，而不能针对子问题 1 询问受访者个人的情况，同时又针对子问题 2 询问受访者配偶的情况。

阵列（双尺度）题则在一个问题中提供了两个维度。

创建一个阵列（双尺度）题，在高级"显示"中设定两个尺度的标题，第一个尺度的标题为"您的工作状况"，第二个尺度的标题为"您配偶的工

第 4 章　利用 LimeSurvey 创建调查问卷

作状况"。然后分别编辑子问题和两个尺度各自的答案项。并且，两个尺度的答案项可以是相同的，也可以是不同的。A14 题的编辑过程如图 4-68、图 4-69、图 4-70 所示。

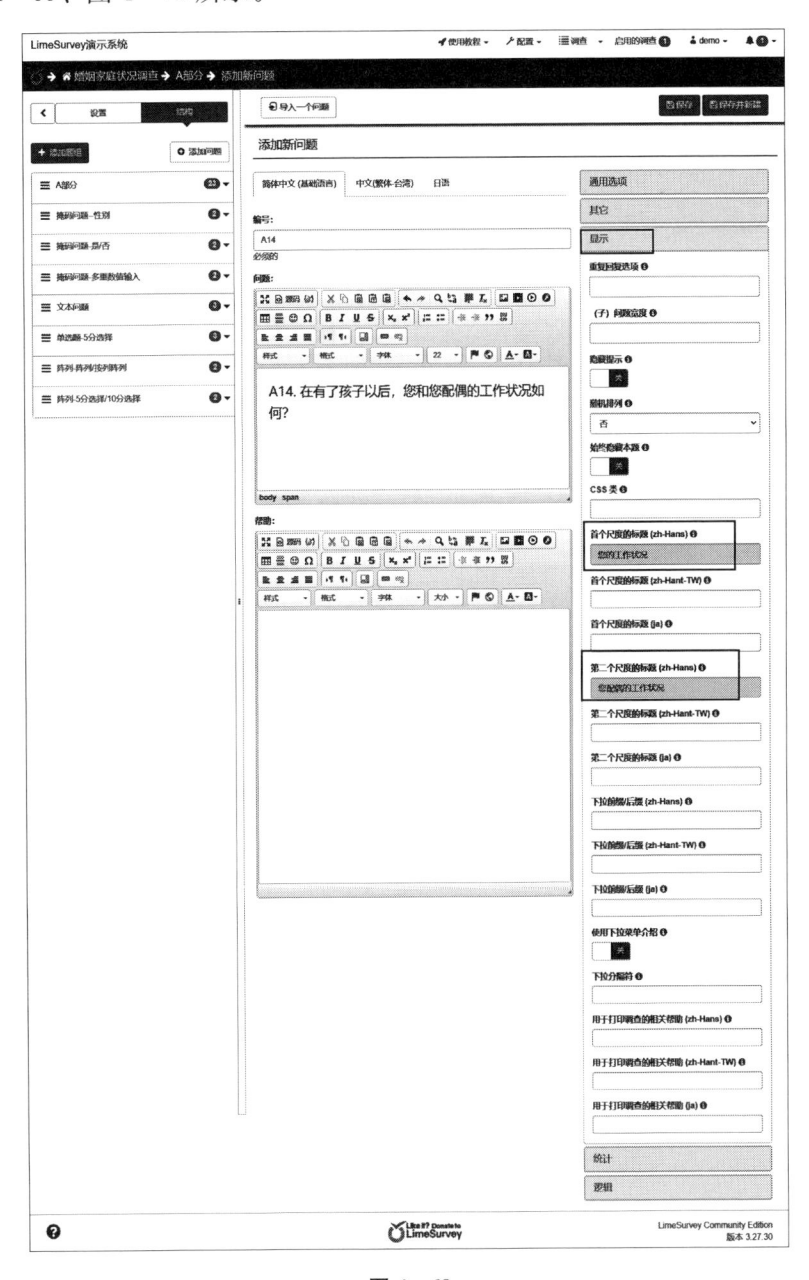

图 4-68

数字时代的问卷调查：LimeSurvey 的综合应用

图 4-69

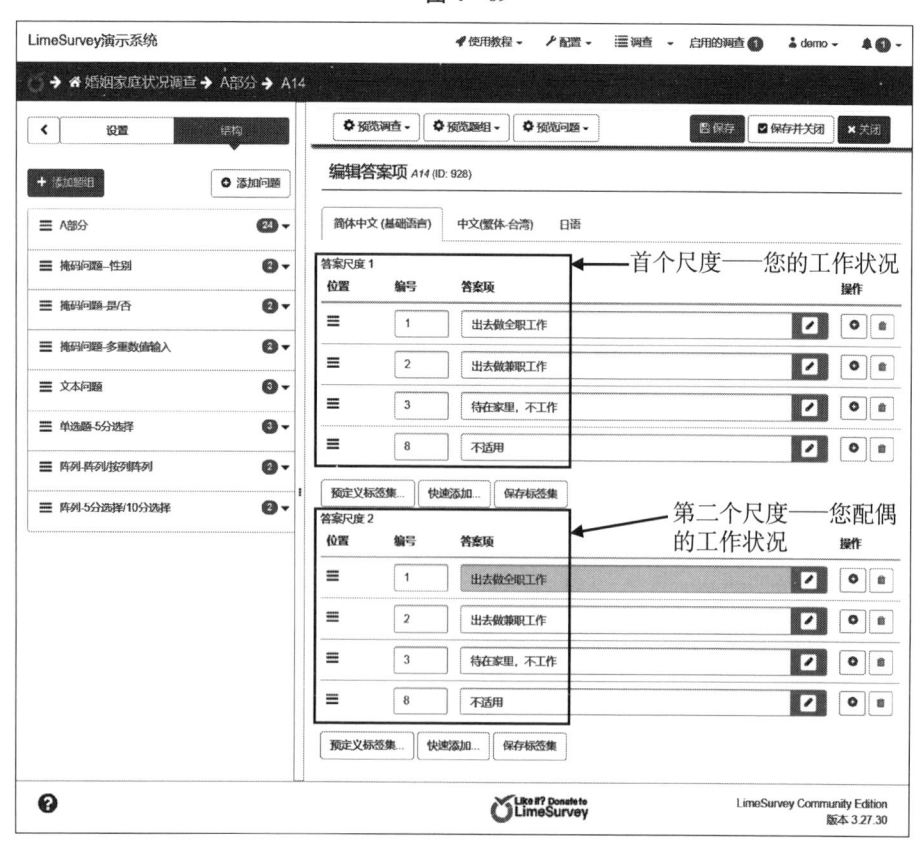

图 4-70

第 4 章 利用 LimeSurvey 创建调查问卷

通过这道阵列（双尺度）题，我们就可以同时获取受访者及其配偶的工作状况了（见图 4-71）。

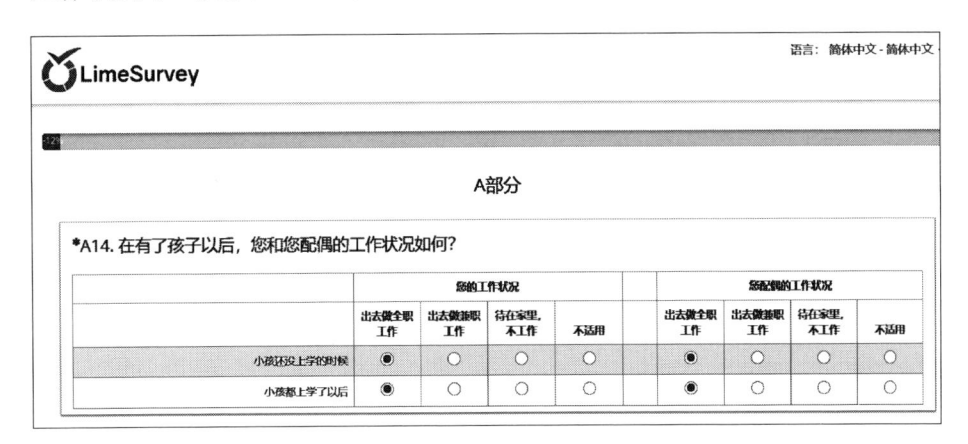

图 4-71

阵列（双尺度）题默认采用列表形式，也可以开启"使用下拉菜单介绍"功能，将答案项放在下拉框中。针对下拉菜单，高级选项"显示"中有两项设置：

- 下拉前缀/后缀：为下拉框添加前缀/后缀。输入"前缀｜"，问题中下拉框的左侧显示"前缀"；输入"｜后缀"，下拉框的右侧显示"后缀"；输入"前缀｜后缀"，下拉框左侧显示"前缀"，同时在右侧显示"后缀"。

- 下拉分隔符：显示在问题中的两个阵列尺度之间，可以使用任意文本字符串。

使用下拉菜单时，设置的下拉前缀/后缀会同时作用于两个尺度，目前 LimeSurvey 不支持分别为两个尺度设置不同的前缀/后缀。当然，问题中是否使用前缀/后缀、分隔符，完全取决于具体问题的需求。像示例问题 A14，就没有设置这些内容的必要（见图 4-72）。

数字时代的问卷调查：LimeSurvey 的综合应用

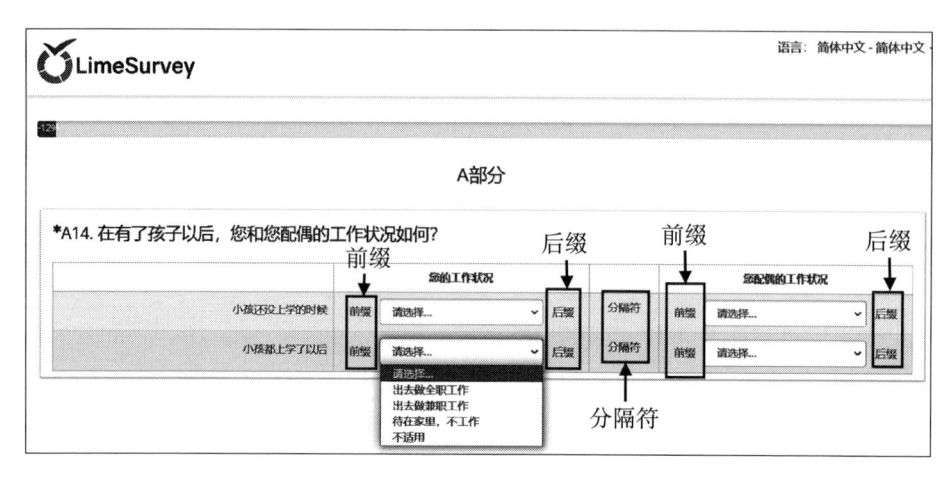

图 4-72

4.3.5.5 阵列（文本）

> **示例问题**
>
> A19. 一般来说，您与您配偶一周花多少小时做家务和照看家庭成员？
>
> | | 做家务（不包括看孩子和休闲娱乐） | 照看家庭成员（如小孩、老人、生病或残疾的家人） |
> |---|---|---|
> | 1. 您花的时间（小时） | [____] | [____] [____] |
> | 2. 您配偶花的时间（小时） | [____] [____] | [____] [____] |

将阵列与文本题相结合的阵列（文本）题能够便捷地集中搜集信息。添加阵列（文本）题 A19 时，编辑问题内容和阵列的 Y 轴与 X 轴内容，操作过程如图 4-73、图 4-74 所示。

使用阵列（文本）题，既能够搜集字符型数据，也能够搜集数值型数据。如果填入的是数值，LimeSurvey 还有显示加和结果的功能。在高级选项"其它"中，可以设置是否在受访者填入答案的同时显示行/列的和。

● 显示合计：默认为关闭，不显示行/列的合计值；选择"行数"，显示每一行的合计值；选择"列"，显示每一列的合计值；选择"行和列"，则显示每一行与每一列的合计值。

第 4 章　利用 LimeSurvey 创建调查问卷

图 4 - 73

图 4 - 74

● 显示总计：开启后，显示所有输入数值的合计值。

有一点值得注意，因为系统只能对数值型数据进行加和，所以只有开启"其它"中的"仅限数字"，才能显示填答数据的合计值与总计值。

譬如 A19 题，开启高级选项"其它"中的"仅限数字""显示合计""显示总计"后，LimeSurvey 系统会自动加和受访者填入的数值并显示合计值（见图 4-75）。

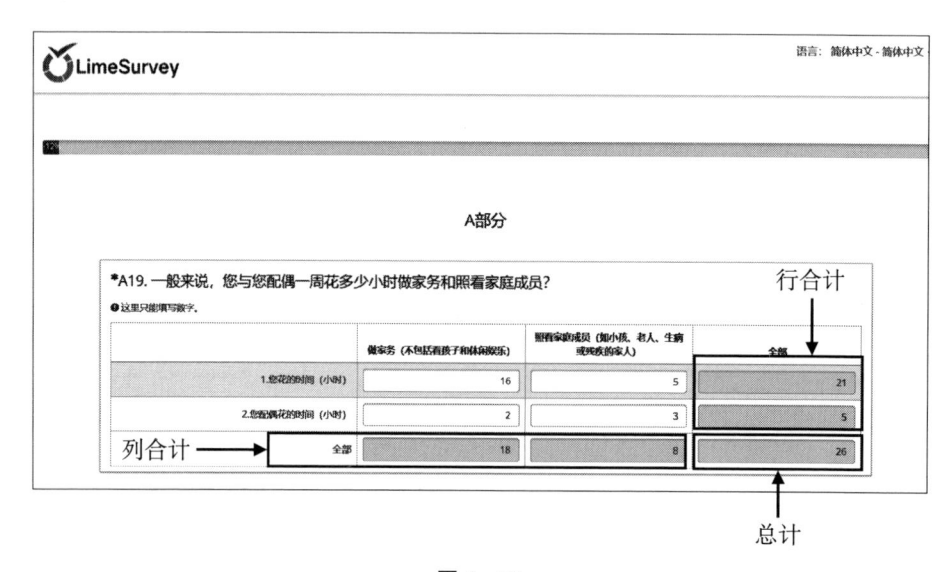

图 4-75

4.3.5.6 阵列（数字）

示例问题

A21. 我们想了解一下，在婚姻家庭生活的各个方面，您对自己和配偶的满意度如何？如果 1 分代表非常不满意，10 分代表非常满意，您分别给打多少分？

	您给自己的打分	您给配偶的打分
1. 夫妻关系	[＿＿]	[＿＿]
2. 与孩子的关系	[＿＿]	[＿＿]
3. 与您父母的关系	[＿＿]	[＿＿]
4. 与配偶父母的关系	[＿＿]	[＿＿]
5. 家务处理	[＿＿]	[＿＿]
6. 财务处理	[＿＿]	[＿＿]
7. 子女教育	[＿＿]	[＿＿]

第 4 章 利用 LimeSurvey 创建调查问卷

阵列（数字）题相对阵列（文本）题的功能更加强大。创建一道阵列（数字）题，并编辑问题内容和阵列的 Y 轴和 X 轴内容。

在默认设置下，阵列（数字）题的答案项是 1、2、3……10，以下拉菜单的形式显示，显示效果如图 4-76 所示。

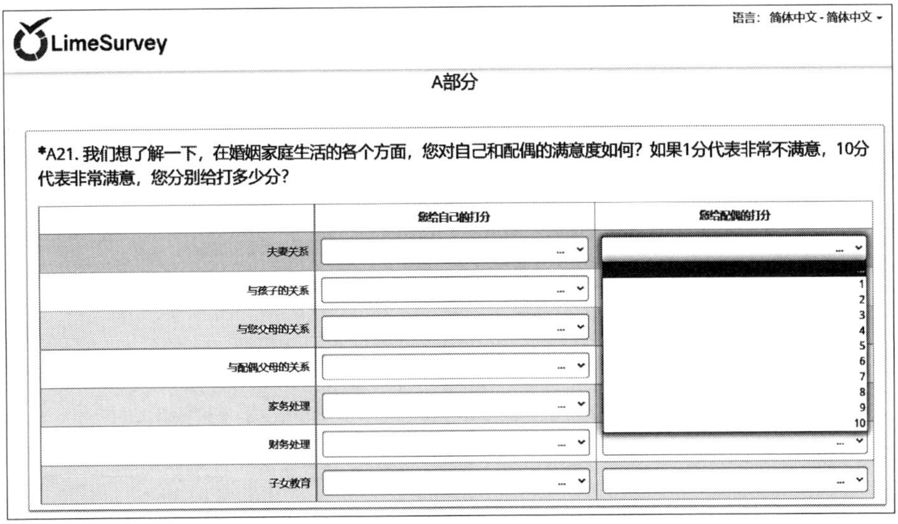

图 4-76

通过设置高级选项"显示"中的"文本输入"或"复选框布局"，阵列（数字）题的答案项可以在下拉菜单、文本形式和复选框形式之间进行转换，以满足不同类型问题的提问需要（见图 4-77）。

若开启"文本输入"，那么问题的外观就与阵列（文本）题类似，答案项区域是输入框，由受访者自行填入数值答案。若开启"复选框布局"，那么答案项中的下拉菜单就被替换为复选框"小方块"，子问题的取值会自动变为 0 或 1，即复选框被勾选的子问题答案是"1"，未被勾选的子问题答案是"0"。如果示例问题的表述为"我们想了解一下，在婚姻家庭生活的各个方面，您对自己和配偶的满意度如何？请勾选您觉得满意的方面"，就应该采用复选框布局。"文本输入"和"复选框布局"的显示效果如图 4-78 所示。

阵列（数字）题的高级选项"显示"中的几项特殊设定使这一题型的功能变得更为强大多样：

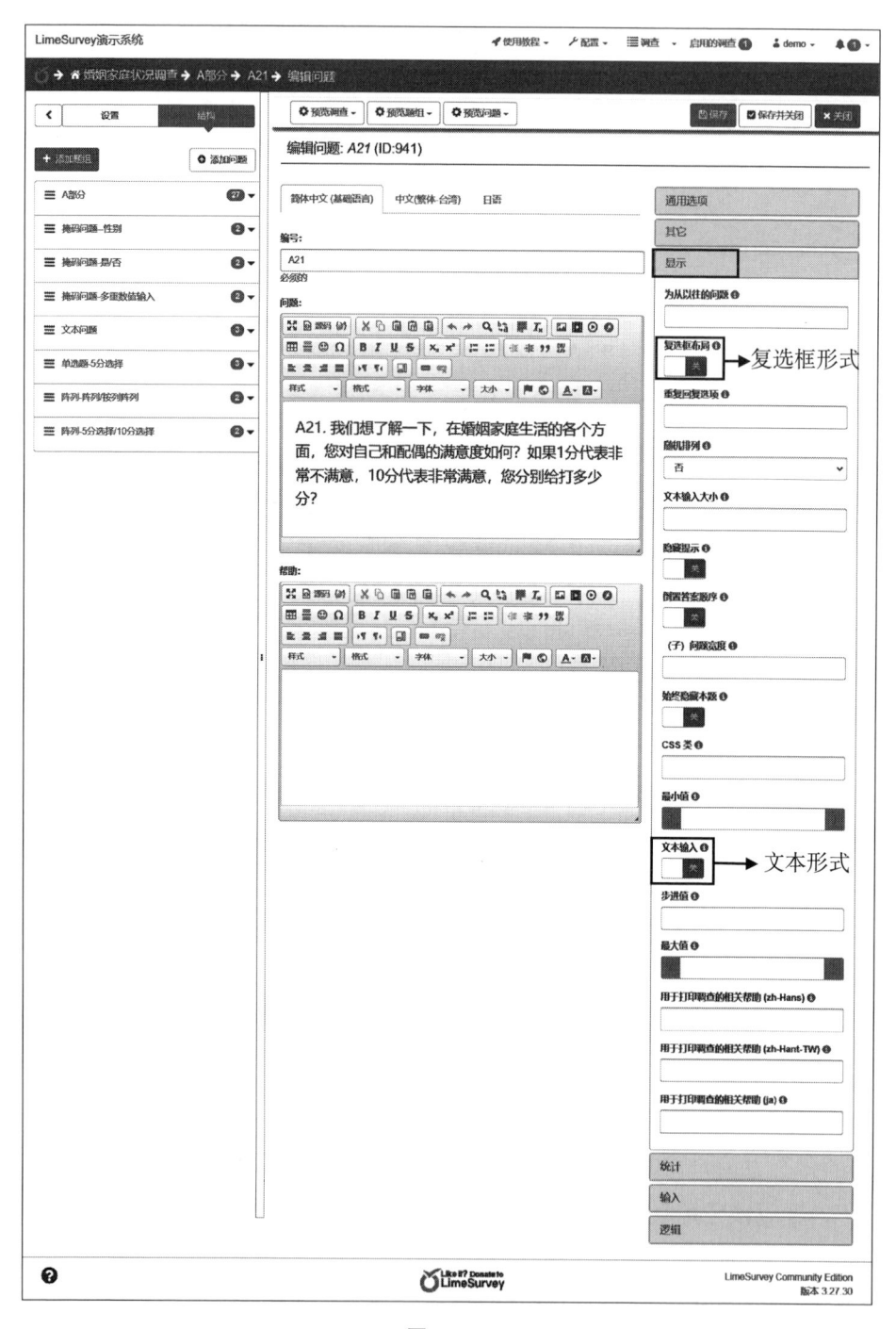

图 4-77

第 4 章　利用 LimeSurvey 创建调查问卷

图 4-78

- 从之前的问题获取顺序（Get order from previous question）：当这道问题的子问题内容与其他问题相同时，填入另一个问题的编号，则子问题的顺序与之相同；可以填写调查中任意问题的编号。
- 重复表头（Repeat headers）：使用这一选项，可以重复显示子问题中 X 轴的内容；输入 n，则每隔 n 行重复一次；默认值为 0，即不重复。
- 倒置答案顺序：开启后，下拉菜单中的答案倒序显示；当使用复选框布局或是开启文本输入时，不可使用这一功能。
- 最小值：设置答案的下限。
- 文本输入：开启后，答案项为仅可输入数字的文本框，可以填入最小值和最大值之间任意一个数字。
- 步进值：设置下拉菜单中数值显示的间隔，比如设置为"2"，则数值显示为"1，3，5……9"；默认值为1。

- 最大值：设置答案的上限。

4.3.6 小结

LimeSurvey 预置的问题类型共五类：掩码问题、文本问题、单选题、多选题、阵列。

掩码问题是 LimeSurvey 中一个独特的题型分类，包括语言转换题、文本显示题、日期/时间问题、性别题、数值输入题、是/否题、多重数值输入题、排序题、文件上传题、方程式题共十种题型。掩码问题中既有电子问卷中特有的一些题型，比如日期/时间、文件上传、方程式等；也有很多基础题型的变形，比如性别、数值输入、是/否题等。这一类题型的共同特点是对答案的格式做出了明确的规定，以确保数据符合要求，充分体现了电子问卷的优点。

文本问题通常用来完成问卷中的"填空题"。填空题是开放式问题，受访者有较大的自由填写自己的答案，以使调查者获取较为深入、丰富的信息。但是由于填写过于自由，有时不太容易搜集到符合研究要求的信息。尤其是在自填式问卷调查中，使用传统的纸笔问卷很难确保受访者按照一定的答题要求规范作答。而像 LimeSurvey 这样的电子问卷，通过预先设置一些限定条件，更有可能获得便于分析整理的数据。比如在询问收入的题目中，限制答案的类型（只能填写数值）、上下限（最大值和最小值）等，就能够有效避免受访者填入文本类型的答案或者极端不合理的答案。LimeSurvey 中的文本问题包括短自由文本、长自由文本、超长自由文本和多选题短文本题四种题型。

单选题是调查问卷中经常使用的一种题型，主要由题干和答案项构成。受访者在列出的答案项中选择唯一的一项进行作答。LimeSurvey 中的单选题主要有两种表现形式，一种是列表式，答案项以列表的形式整齐排列；另一种是下拉式，答案项放在一个可以收起、展开的下拉框中。LimeSurvey 中共有四种单选题型，分别是列表（下拉）、列表（单选）、带评论的列表和5分选择题。

第 4 章　利用 LimeSurvey 创建调查问卷

多选题主要由题干和答案项构成，可以选择多个选项。LimeSurvey 的多选题中包含"多选题"和"带评论的多选题"两种题型。

阵列，也就是问卷中常见的"矩阵题"，是将一组具有相同答案项的问题放在一起构成的矩阵式问题。由于组成阵列的一般是彼此相关的问题，回答方式也相同，因此阵列可以节省访问员或受访者阅读和作答的时间，提高效率。一般来说，LimeSurvey 的阵列题中，纵向的列（Y 轴）是子问题，横向的行（X 轴）则是答案项。阵列题中包含阵列、按列阵列、阵列（10 分选择）、阵列（5 分选择）、阵列（是/否/不确定）、阵列（增加、不变、减少）、阵列（双尺度）、阵列（文本）、阵列（数字）九种题型。

LimeSurvey 共有五大类 29 种题型。这些题型就好比积木块，而设计问卷就是选择合适的积木块，组成满意的问卷。这 29 种题型能够满足绝大多数调查问卷设计的一般需求。对于一些特殊的需求，LimeSurvey 提供通过 JavaScript 自行开发扩展题型的功能。并且，也有一些第三方厂商开发了大量的扩展题型插件，供调查者免费或付费使用。这些标准化、可扩展性强的题型，体现出了 LimeSurvey 制作电子问卷的强大功能。

第 5 章

设置问卷的属性与功能

添加题组和问题只是创建电子问卷的第一步。为了实现电子问卷强大的交互功能,接下来需要对各个问题的属性和功能进行设置,对各个问题之间的逻辑相倚关系进行设置,以及对问卷的整体属性进行设置。根据这个自下而上的层级关系,LimeSurvey 中对一份问卷的设置包含三个方面的内容。

(1) 问题设置:LimeSurvey 中每一种预设题型都有通用选项和高级选项,用来表现不同种题型的丰富功能。

(2) 问题之间逻辑的设置:设定问卷中问题/题组之间的逻辑关系,比如跳问、随机化等。

(3) 调查设置:问卷的外观、显示、发布控制等方面的设置。

这三个层次的设置工作,直接决定了电子问卷与受访者或访问员进行人机交互时的具体形式,是非常关键的环节。

5.1 问题设置

在 LimeSurvey 中,一道完整的问题,除了要输入问题题干、答案选

第 5 章　设置问卷的属性与功能

项、子问题等内容，还要完善各项设置内容。问题设置栏位于添加问题界面的右侧，分为通用选项和高级选项两大类，这两大类中又包含若干子选项（见图 5-1）。但不同的题型，设置中的子选项也有所不同。而且，并非每道问题都会用到所有的设置选项，设置哪些内容、如何设置，都要根据每道问题的实际情况来确定。

图 5-1

通用选项包括问题类型、问题主题和预览、题组、必答、相关方程、选项"其它"、有效性和位置共八个子选项。高级选项则可以分为位置、文件元数据、显示、统计、滑块、输入、计时器、逻辑和其它九类子选项。

5.1.1 通用选项

通用选项是 LimeSurvey 中每种题型基本上都具有的，其中只有选项"其它"和有效性是部分题型才有的子选项。

1. 问题类型

在添加一道问题的开始，就需要在题型列表中选定一种题型。当前问题的题型就显示在"问题类型"中。除了显示功能，还可以通过点击文件夹按钮将当前问题更改为任意一种题型。

2. 问题主题和预览

为当前问题选择任意一种适用的主题模板，当前问题在选定主题下呈现出的样式则显示在预览框中。

3. 题组

调查中的全部题组都在下拉框中列出，可以选择将当前问题置于任意一个题组中。

4. 必答

开启"必答"功能的问题不能被跳过，受访者必须进行选择或填入符合问题条件的答案后，才能执行"进入下一页"或"提交"的操作。理论上，问卷中所有问题都是必答的。即使是受访者拒绝回答、不知道如何回答或者问题对其完全不适用，在问卷设计时也必须设置专门的选项或记录位置，否则，受访者会由于无法继续而终止调查。

5. 相关方程

相关方程用于控制在调查过程中是否向受访者显示当前问题。相关方程的默认值为 1（通常在文本框中不显示这个值），表示显示这道问题；如果设置为 0，则隐藏问题。除了 0 和 1，还可以使用表达式编写相关方程。表达式成立，则问题显示，反之则隐藏。表达式的编写是 LimeSurvey 中一个非常重要的部分，之后的章节里将有多个实例涉及表达式，例如问题的验证逻辑、问卷中的跳问逻辑等。

6. 选项"其它"

开启"选项'其它'"后，系统会在当前问题中生成一个"其他"选项/子问题，同时生成一个对应的能够填写文本答案的输入框，其代码是"问题编码_other"。

调查问卷中常常用到半开放半封闭式的选择题，调查者往往会将常见的答案编码作为确定的选项列出，未被列出的所有可能的答案都被归为"其他"选项。根据调查需求的不同，如果选择了"其他"选项，有些问题需要受访者注明具体的答案内容，LimeSurvey 的"选项'其它'"功能就是为这一类问题设计的；而有些问题则不需要进一步填写答案，这一类问题中的"其他"选项无须额外的输入框，直接作为一个确定的选项编辑在答案项/子问题中即可。需要注意的是，采用第一种方法创建的"其他"选项，它的代码是固定的；而采用第二种方法创建的"其他"选项，它的代码则是自定义的。

列表（下拉）、列表（单选）、多选题和带评论的多选题这四种题型具有"选项'其它'"这一功能。

7. 有效性

在有效性的输入框中填入正则表达式，可以用来验证问题的答案，这种验证针对的是当前问题的所有部分。如果输入的答案或者子问题不满足表达式的条件，那么系统会在页面上报错。

能够设置有效性的题型有八种：多选题短文本、短自由文本、长自由文本、超长自由文本、多重数值输入、数值输入、阵列（文本）、阵列（数字）。

8. 位置

在"位置"的下拉菜单中，可以选择当前问题在题组中的位置。默认设置是将问题放置在题组的最末尾，还可以选择将问题放在题组的开头，或是题组中某一问题之后。比如，想把 A5 题作为 A3 题的下一题显示时，就可以选择下拉菜单中的"之后：A3"。只有同一题组中的问题编号会出现在下拉菜单中。结合"题组"与"位置"，可以将问题放在问卷的任意位置上。

5.1.2 高级选项

问题中的高级选项所含内容丰富，每一类子选项中还会有若干具体的设置选项，而每种题型所包含的子选项和具体的设置选项也存在差异。在实际使用时，并不是每道题都需要设置高级选项，也并非每个高级选项的子选项都要进行设置。在很多情况下，直接采用系统的默认设置即可。

LimeSurvey 的高级选项设置一共分为九大类，在本章将介绍显示、统计、输入、计时器、逻辑、其它六类高级选项。这六类高级选项是大多数题型共有的设置，而另外三类"位置"、"文件元数据"和"滑块"则是某一题型特有的高级选项。其中，"文件元数据"与"滑块"在上一章的文件上传和多重数值输入的题型中已介绍过，"位置"是短自由文本题型特有的一种高级选项，我们将在下一章"问卷设计的高级技巧"中学习它的使用方法。

1. 显示

（1）隐藏提示。

开启后，问题中的提示信息（比如"请选择一个符合的选项""此处只能输入数字""答案必须介于 0 和 10 之间"等）将被隐藏。只有当受访者填入不符合条件的答案时，才会出现提示信息，并且文字会被标红，表示答案有误。除了方程式题，其他题型都可以设置这一选项。

（2）始终隐藏本题。

开启后，问题不会向受访者显示，并且不受调查中任何条件设定的控制。LimeSurvey 中的所有题型都具有这项设置。

（3）CSS 类。

输入 CSS 类的名称或者表达式可为问题添加特定的 CSS 类，不同名称之间用空格隔开。所有题型均可设置这一选项。

（4）用于打印调查的相关帮助。

打印调查时，在这里填写的解释内容会代替问题的相关方程。可以设置这一选项的题型有：全部的单选题和多选题，掩码问题中的多重数值输入、性别、排序、数值输入、方程式、日期/时间、是/否题，除阵列（文本）题之外的阵列题。

（5）答案项前缀/答案项后缀。

答案项前缀中的内容会显示在答题文本框的左侧，答案项后缀中的内

第 5 章　设置问卷的属性与功能

容会显示在答题文本框的右侧。可以设置这一选项的题型有：多选题短文本、短自由文本、多重数值输入、数值输入题。

以一道数值输入题为例，分别将答案项前缀和答案项后缀设置为"身高："和"厘米"，其设置方法以及在问卷中的呈现效果如图 5‑2、图 5‑3 所示。

图 5‑2

（6）显示列。

在"显示列"的输入框中填入一个大于 0 的数值 N，则问题的答案项/子问题将平均分为 N 列显示，只有列表（单选）和多选题可以设置。如果不能等分，那么数量不足的位置会处理为空缺。分列显示非常适合用

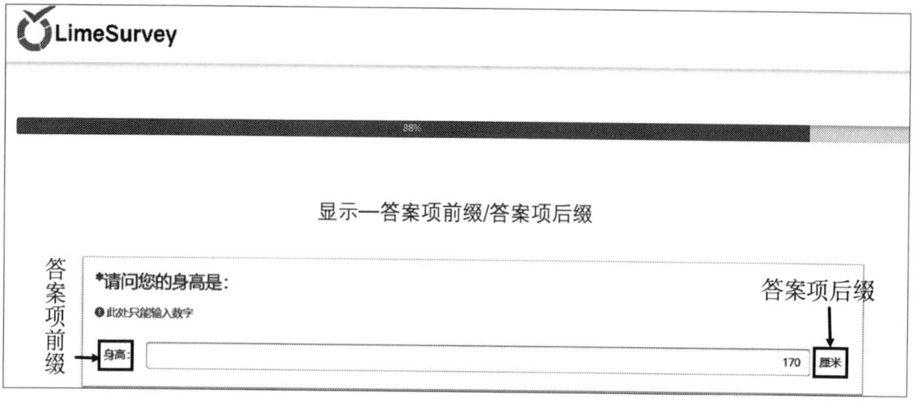

数字时代的问卷调查：LimeSurvey 的综合应用

图 5 - 3

于选项数量过多而每一选项文字较少的情况，这样页面会显得更加紧凑且一目了然。

（7）显示行。

在显示行中填入一个大于 0 的数值，用来设置答题输入框显示的行数，如果填答的内容超过设置的行数，则输入框右侧会出现一个用来查看全部内容的滚动条，以避免过多的文字把问卷页面撑得很长。可以设置显示行的题型有：多选题短文本、短自由文本、长自由文本（默认值是 5）、超长自由文本（默认值是 30）题。

（8）随机排列。

示例问题

A11. 仅凭第一感觉，请问您最喜欢哪一类小孩：

1. 文静的女孩 　　2. 活泼的女孩 　　3. 斯文的男孩 　　4. 调皮的男孩

【逻辑】1. 选项随机；

2. 限制在 10 秒之内答题。

第 5 章　设置问卷的属性与功能

模拟问卷的 A11 题是要求答案项开启随机排列功能的问题。在这种情况下，系统将忽略答案项/子问题的编辑顺序，采取随机顺序显示。可以将答案项设置为随机排列的题型有：列表（下拉）、列表（单选）、带评论的列表、多选、带评论的多选、多选题短文本、多重数值输入、排序题，以及全部的阵列题。

答案项的随机排列是电子问卷相对于纸笔问卷而言的一项强大功能。位置效应是问卷调查中一种常见的测量误差，排在靠前或靠后的选项有更大的机会被选中。位置效应在答案项较多的问题中尤其明显，要解决这种误差就要让答案项出现的顺序随机，只有电子问卷才能很方便地实现这一点。

（9）按字母排列答案项。

开启"显示"中的"按字母排列答案项"功能后，系统将按照答案项文本首字母在英文字母表中的顺序显示答案项；可以设置的这一功能题型有：列表（下拉）、列表（单选）、带评论的列表题。

（10）"其它："选项的标签。

"其它"是问卷调查中选择题常用的一个选项，这一选项标签的默认文本是"其他："。如果要显示别的文字内容，就要在问题的通用选项中开启"选项'其它'"功能，然后在"显示—'其它：'选项的标签"中自定义文本标签。可以设置这一选项的题型有：列表（下拉）、列表（单选）、多选、带评论的多选题。

在示例问题 A7 中将标签编辑为"其他情况，请注明："（见图 5-4），自定义标签和默认标签的显示效果如图 5-5 所示。

（11）文本输入大小。

用于设置答题文本框的大小，可填入任意数值。可以设置这一选项的题型有：全部的文本问题，多重数值输入、数值输入、阵列（文本）、阵列（数字）题。

（12）文本框输入宽度。

用于设置文本输入框的相对宽度，所选百分比越大，输入框相对页面的宽度越大。低于 58% 时，选项标签/子问题与输入框会在同一行；超过 58% 时，如果输入框过宽，可能会在下一行显示；如果希望输入框在选项标签/子问题的下一行显示，则可以将宽度设置为 100%。可以设置这一

图 5-4

图 5-5

第 5 章　设置问卷的属性与功能

选项的题型有：多选题、文本问题，以及多重数值输入、数值输入题。

以一道多重数值输入题为例，分别将文本框输入宽度设置为默认值、33%、75%和100%，输入框在问卷页面中显示的长度会随之产生变化（见图5-6）。

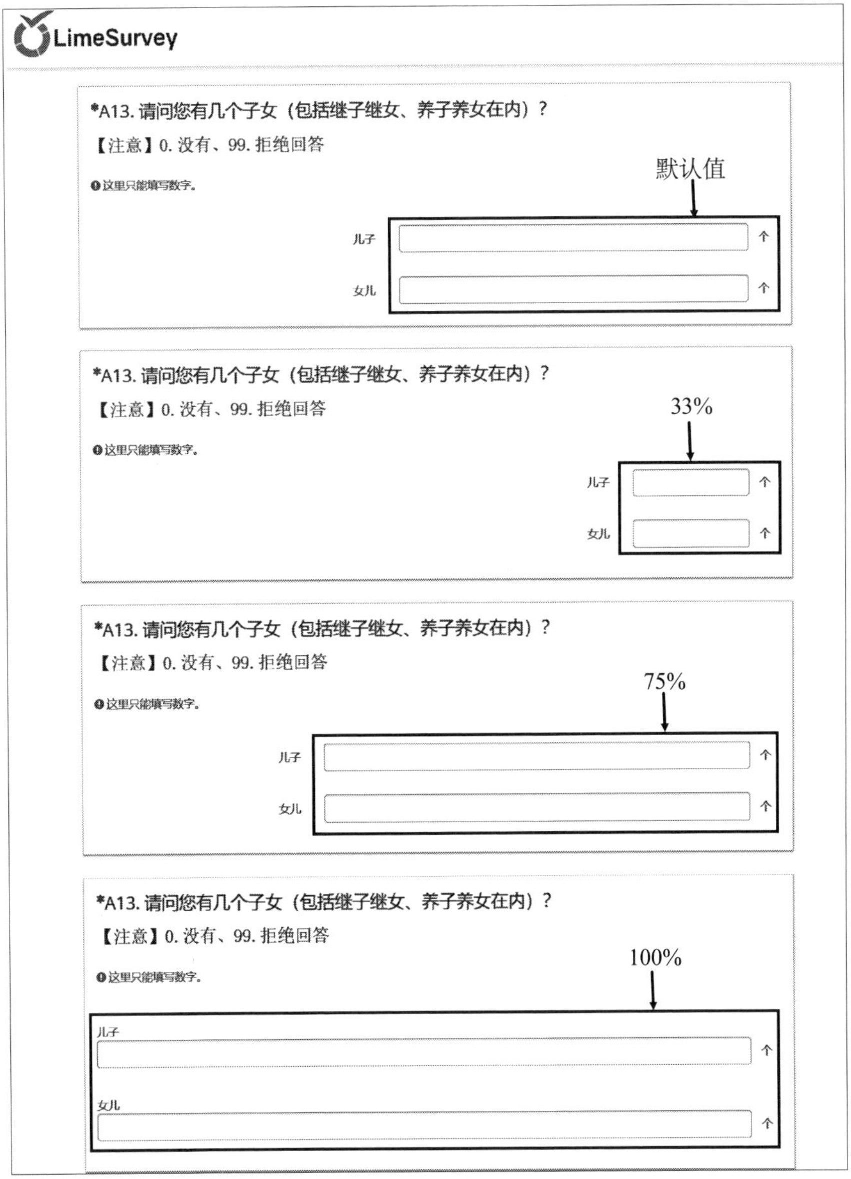

图 5-6

（13）表前列宽度。

用于设置选项标签/子问题文本显示的相对宽度，所选值越大，选项标签/子问题的相对宽度就越大。选择"隐藏"，则子问题将不会向受访者显示，但选项标签并不会被隐藏；如果希望输入框在选项标签/子问题的下一行显示，则可以将表前列宽度设置为100%。多选题短文本和多重数值输入能够设置表前列宽度；在带评论的多选题中，设置"选项列宽度"具有相同的效果，不过没有"隐藏"选项。

仍然以多重数值输入题为例，分别将表前列宽度设置为默认值、隐藏、17%、75%和100%，选项标签/子问题的相对宽度如图5-7所示。

（14）重复回复选项。

用于重复显示阵列题中X轴的内容；输入n，则每隔n行重复一次；默认值为0，即不重复。可以设置这一选项的题型有：阵列、阵列（文本）、阵列（双尺度）、阵列（数字）题。当一个阵列题的行数过多时，最好每隔5~6行重复回复（答案）选项一次，以避免点选答案错位。

（15）使用下拉菜单介绍。

开启后，选项通过下拉菜单的形式向受访者显示。可以设置这一功能的题型有：带评论的列表、阵列、阵列（双尺度）题。尽管这种选项形式能节约问卷页面的空间，但是建议在设计问卷时慎用，因为这样容易导致误操作。

以带评论的列表题为例，在使用下拉菜单介绍时，其设置方式和显示样式如图5-8、图5-9所示。

2. 统计

使用LimeSurvey实施的问卷调查，可以在受访者提交答案后向他们公开调查的统计数据。在这种问卷调查中，可通过设置高级选项"统计"中的内容，来控制显示的统计数据。

（1）在公开统计内显示。

开启后，当前问题的统计数据会公开向受访者显示。可以设置这一选项的题型有：全部的单选题和多选题，多重数值输入、性别、排序、数值输入、方程式、是/否题，以及除了阵列（文本）之外的其他阵列题。

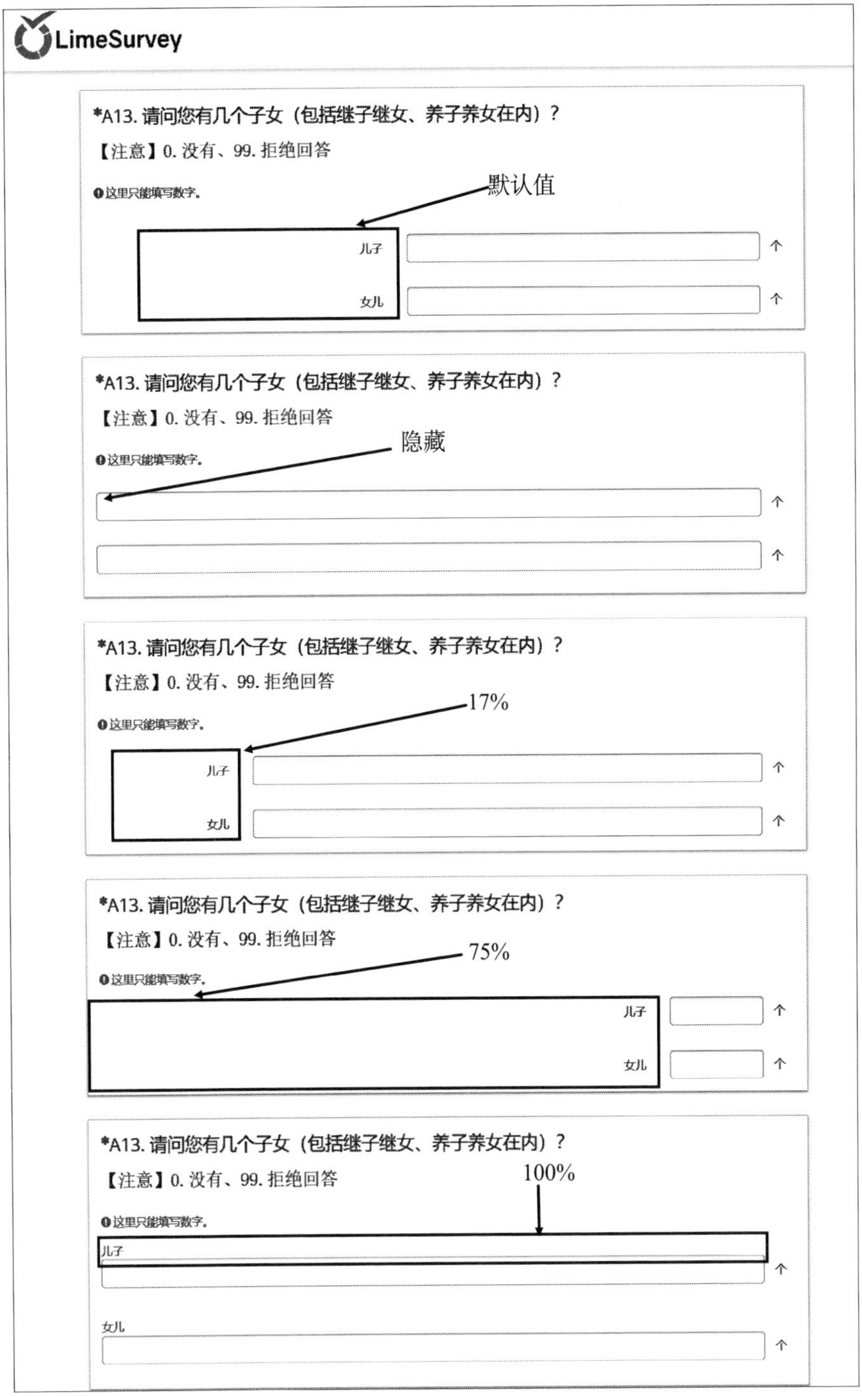
LimeSurvey
*A13. 请问您有几个子女（包括继子继女、养子养女在内）？
【注意】0. 没有、99. 拒绝回答
这里只能填写数字。
默认值
儿子
女儿
*A13. 请问您有几个子女（包括继子继女、养子养女在内）？
【注意】0. 没有、99. 拒绝回答
这里只能填写数字。
隐藏
*A13. 请问您有几个子女（包括继子继女、养子养女在内）？
【注意】0. 没有、99. 拒绝回答
这里只能填写数字。
17%
儿子
女儿
*A13. 请问您有几个子女（包括继子继女、养子养女在内）？
【注意】0. 没有、99. 拒绝回答
这里只能填写数字。
75%
儿子
女儿
*A13. 请问您有几个子女（包括继子继女、养子养女在内）？
【注意】0. 没有、99. 拒绝回答
100%
这里只能填写数字。
儿子
女儿

图 5 - 7

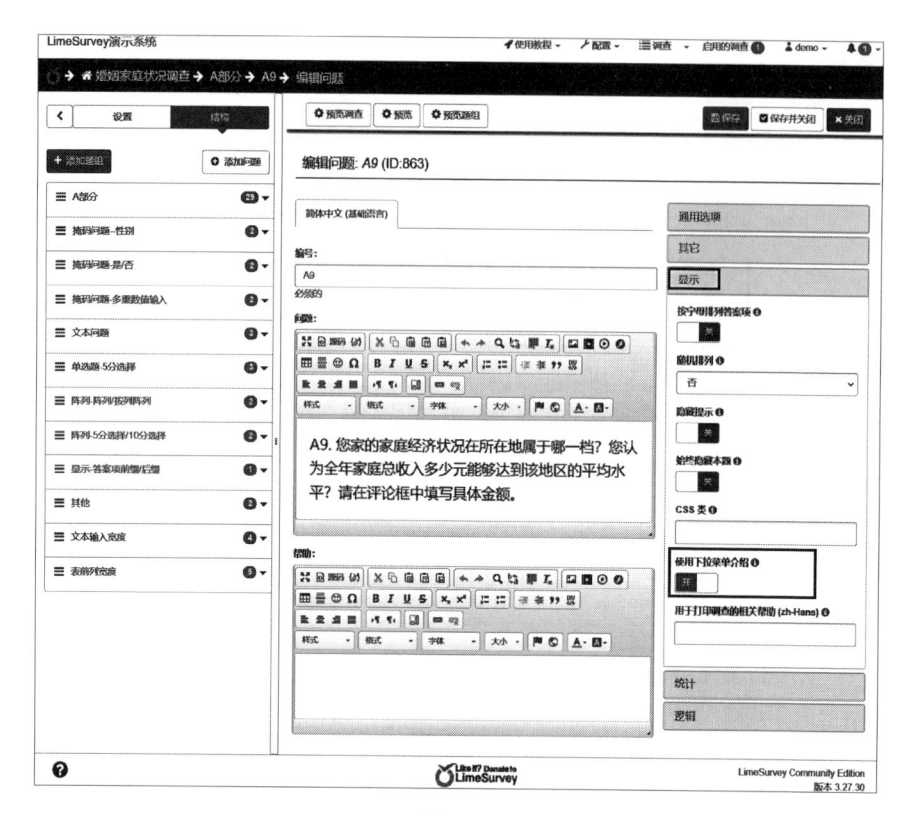

数字时代的问卷调查：LimeSurvey 的综合应用

图 5-8

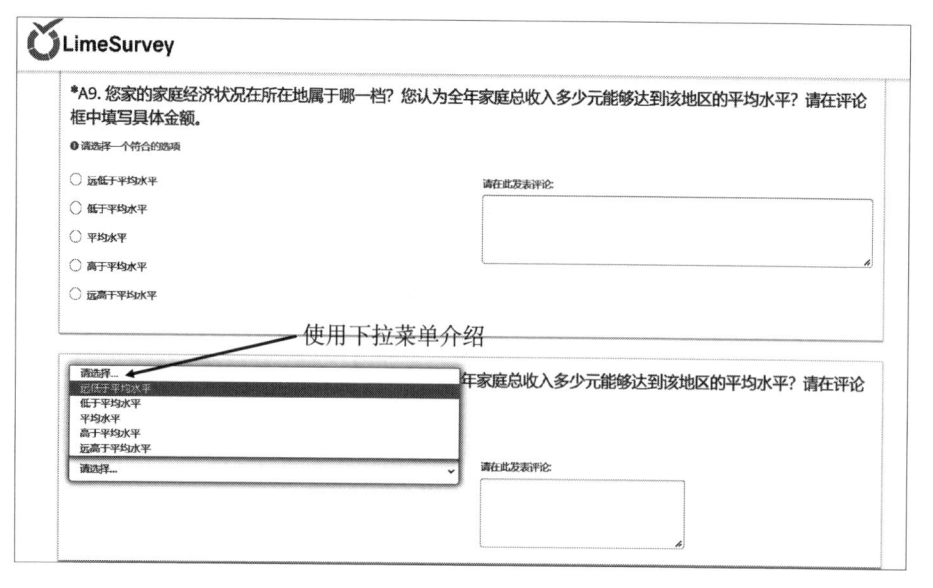

图 5-9

(2) 显示图。

开启后，在公开统计数据中向受访者显示当前问题的统计图。

(3) 图表类型。

向受访者显示当前问题的统计图时，可设置特定的图表类型，有长条图、固定词组、雷达图、折线图、区域图、饼图共六种可供选择。除了带评论的多选题，其他题型都有这个选项。

3. 输入

高级选项"输入"中的最大字符数，用于控制受访者填入答案的字符数上限。可以设置这一选项的题型有：所有的文本问题，以及多重数值输入、数值输入、阵列（文本）、阵列（数字）题。

4. 计时器

模拟问卷中的 A11 题就包含了计时器的功能。使用计时器是为了限制受访者填答题目的时间。一般采用的是倒计时的形式，提醒受访者在规定时间内作答。使用计时器的原因之一是调查者希望受访者根据直觉或第一感觉快速给出答案，不希望他们过度思考。另外，也可以通过计时器功能，利用 LimeSurvey 开发出限定答题时间的考试系统。如果在调查中使用了计时器功能，那么问卷最好选择"按题分页"的显示方式；当然也可以选择"按组分页"，但是这样可能会影响调查中的必答题和隐藏题。

列表（下拉）、列表（单选）、短自由文本、长自由文本、超长自由文本和文本显示题可以设置计时器。

计时器的各项设置内容如图 5-10 所示。

(1) 时间限制。

时间限制即受访者填答当前问题可以使用的最长时间，单位是"秒"，可以输入任意整数数值。

(2) 时间限制操作。

当受访者在当前问题停留的时间超出时间限制中设定的时长后，系统会根据设置的时间限制操作做出相应的反应。设置为"警告并继续"，系统会显示"超时消息"中的内容并自动进入下一题；设置为"不带警告继续"，系统将不做任何提示，直接进入下一题；设置为"仅禁用"，则不能

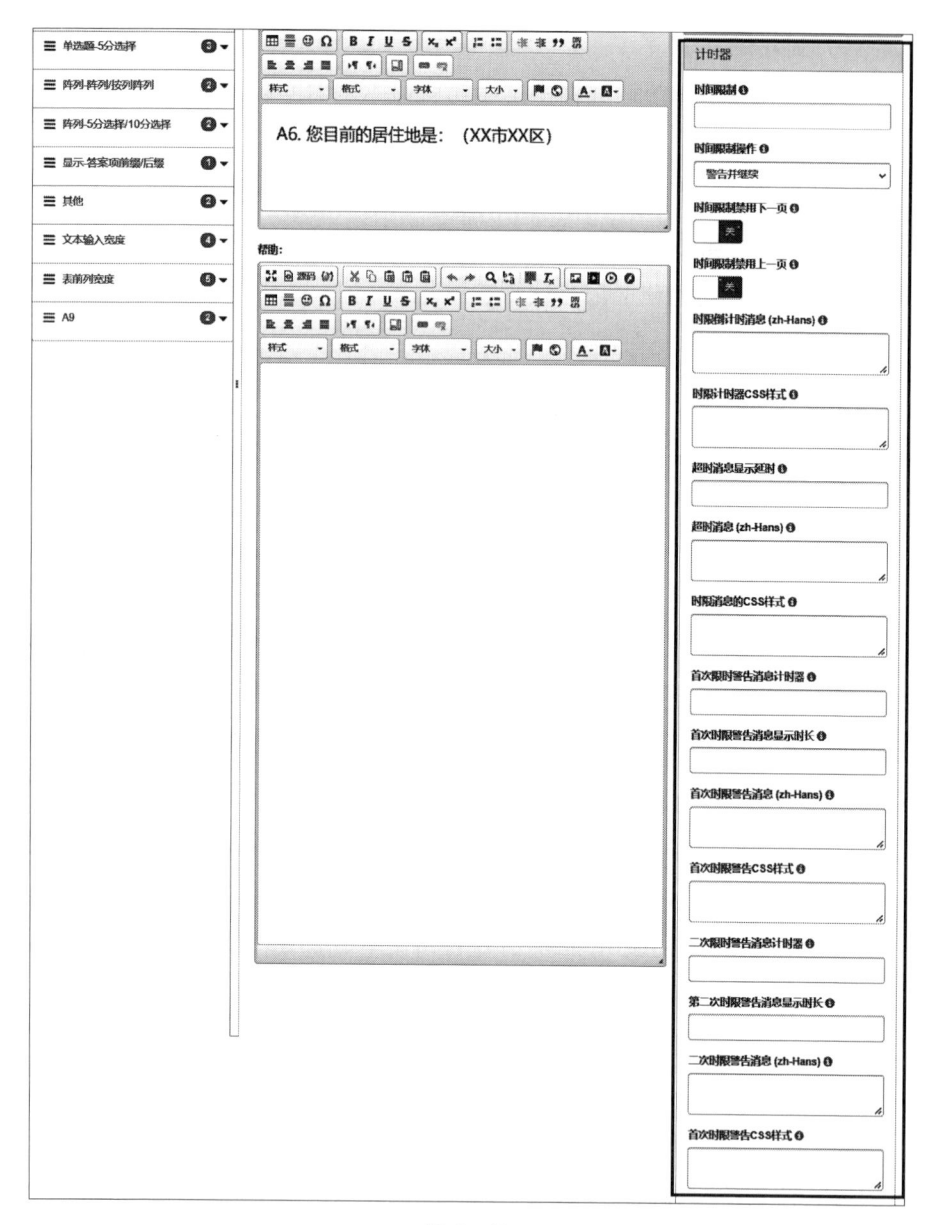

图 5-10

继续填答当前问题,但也不会自动跳转到下一题。

(3)时间限制禁用下一页/上一页。

这两项功能的默认设置是关闭,开启后,在倒计时期间受访者不能进入下一页或者返回上一页。

第 5 章　设置问卷的属性与功能

（4）时限倒计时消息。

倒计时期间向受访者显示的文本消息。默认文本为"剩余时间 hh：mm：ss"，也可以填入自定义的文本内容。比如，填入"您回答本题的时间还有"，那么系统会在计时器的位置向受访者显示"您回答本题的时间还有 hh：mm：ss"。

（5）时限计时器 CSS 样式。

通过编辑 CSS 样式，可以自定义计时器的外观（如文本颜色、对齐方式等）。

（6）超时消息显示延时。

用于控制超时消息在页面上显示的时间，单位是秒。例如设置超时消息显示延时为 5，则系统会在显示超时消息 5 秒之后，执行时间限制操作。

（7）超时消息。

超时消息是在超出时间限制后，系统向受访者显示的一条文本消息。默认文本是"您答题已超时"，也可以自行设置文本内容。

（8）时限消息的 CSS 样式。

通过 CSS 控制超时消息的样式。

在倒计时期间，系统最多能向受访者提出两次警告，首次警告和二次警告的各项内容均可分别设置。

（9）首次限时警告消息计时器。

首次警告计时器的单位是秒，输入任意正整数 N，系统会在剩余 N 秒的时候进行第一次警告。由于首次警告计时器表示的是剩余时间，因此 N 应该小于时间限制中设定的值。

（10）首次时限警告消息显示时长。

用于控制首次警告消息在页面上显示的时间，单位是秒。

（11）首次时限警告消息。

系统进行首次警告时向受访者显示的文本内容。默认文本是"您的答题时间将要结束，尚余……"。

（12）首次时限警告 CSS 样式。

通过编辑 CSS 样式，控制首次警告计时器的外观。

(13) 二次限时警告。

二次警告的各项设置功能与首次警告相同,设置的各项内容作用于向受访者提出的第二次警告。

以短自由文本题 A6 为例,设定了时间限制和限时警告的秒数,其他的超时消息、警告消息以及各 CSS 样式均采取默认设置,计时器的显示效果如图 5-11 所示。进行首次/二次警告时,计时器仍然继续进行倒计时,同时显示警告消息(见图 5-12)。当停留的时间超过限制后,倒计时停止,同时显示超时消息,并且答题文本框消失,无法继续填答当前问题(见图 5-13)。

*A6. 您目前的居住地是: (XX市XX区)

答案示例: 北京市海淀区 ———————— 计时器

剩余时间 00:00:56

图 5-11

*A6. 您目前的居住地是: (XX市XX区)

答案示例: 北京市海淀区

剩余时间 00:00:25 ———————— 计时器

您的答题时间将要结束,尚余 00:00:30。 ———— 警告消息

图 5-12

*A6. 您目前的居住地是: (XX市XX区)

剩余时间 00:00:00 ———————— 计时器

您答题已超时 ———————— 超时消息

图 5-13

5. 逻辑

(1) "其他:"必填的评论。

在当前问题使用了选项"其他"功能的前提下，如果开启"'其他：'必填的评论"，那么答题时一旦选择了"其他"选项，就必须在输入框中填写答案。列表（下拉）、列表（单选）和带评论的多选题可以设置这一功能。

(2) "其它"仅限数字。

对于使用了高级选项"其它"功能的问题，在开启"'其它'仅限数字"后，输入框中只能填写数值型答案。列表（单选）、多选题和带评论的多选题可设置此功能。

(3) 最少答案项/最多答案项。

用于设置回答问题时选择答案项数量的下限和上限，比如回答多选题时最少/最多选择几个子问题。超出限定的范围时，系统会给出提示并报错。例如将模拟问卷中排序题 A16 中的最多答案项设置为三个，答题时系统便会进行相应的提示，其设置方式及呈现效果如图 5-14、图 5-15 所示。可以设置这项功能的题型有：多选、带评论的多选、多选题短文本、多重数值输入、排序题，以及除了按列阵列之外的阵列题。

(4) 排除选项。

排除选项的作用是在可以进行多项选择的问题中，使被排除的选项与其他选项不能同时被选中。例如，在多选题中有一个选项是"以上都没有"，这个选项与其他的选项便不能同时被选中。

设置排除选项的方式十分简单，在问题的高级选项"逻辑—排除选项"框中填入选项对应的代码（子问题编号）即可；如果有多个排除选项，则用英文分号";"隔开。多个排除选项之间也是互斥的。

可以设置排除选项的题型有：多选、带评论的多选、多选题短文本、多重数值输入、阵列、阵列（增加、不变、减少）、阵列（是/否/不确定）、阵列（10 分选择）以及阵列（5 分选择）题。

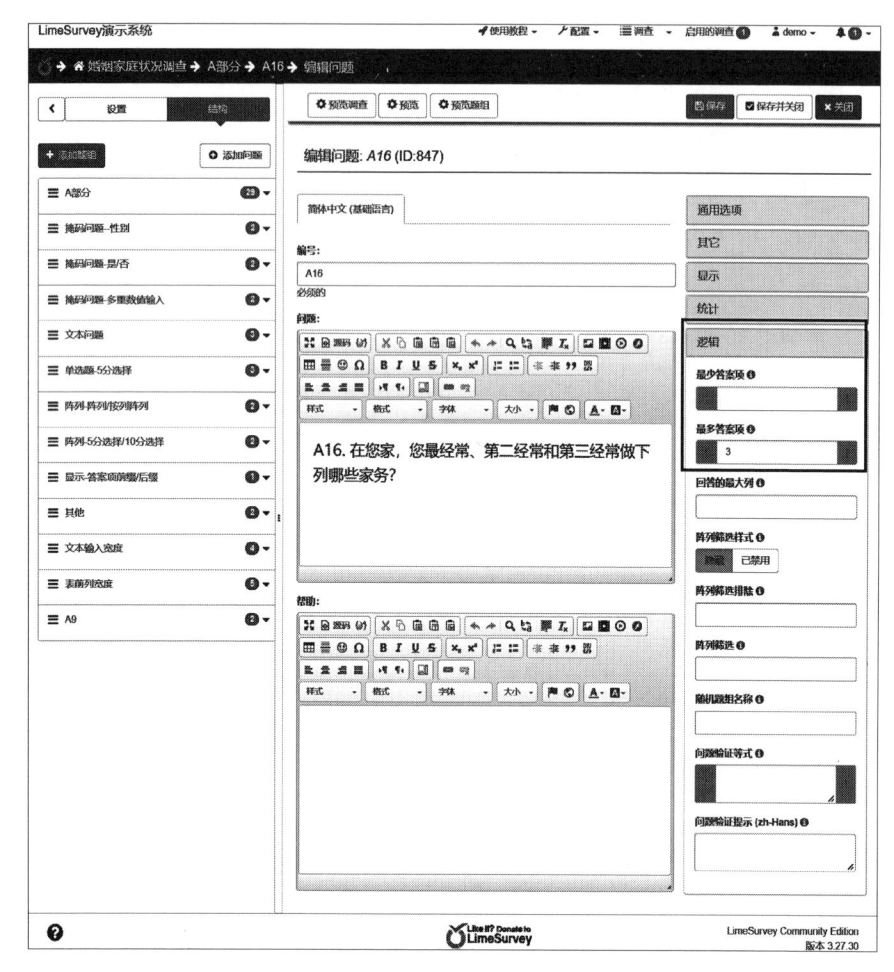

图 5 - 14

图 5 - 15

第 5 章 设置问卷的属性与功能

(5) 阵列筛选/阵列筛选排除。

阵列筛选和阵列筛选排除功能展现了电子问卷的智能化优势，根据受访者的回答，在之后相关的问题中可以实现选择性地显示或隐藏某些选项。下面以模拟问卷中的 A16～A18 题为例来说明这两项功能。

示例问题

A16. 在您家，您最经常、第二经常和第三经常做下列哪些家务？

请在括号中输入相对应的序号	1. 洗衣服 2. 屋里屋外的修理维护 3. 照顾生病的家人 4. 购买日常用品 5. 打扫卫生 6. 做饭
1. 最经常	[＿＿＿]
2. 第二经常	[＿＿＿]
3. 第三经常	[＿＿＿]

A17. 过去一年，您多久做一次下列家务？

	每天	一周数次	一月数次	一年数次或更少	从不
1. 洗衣服	1	2	3	4	5
2. 屋里屋外的修理维护	1	2	3	4	5
3. 照顾生病的家人	1	2	3	4	5
4. 购买日常用品	1	2	3	4	5
5. 打扫卫生	1	2	3	4	5
6. 做饭	1	2	3	4	5

【逻辑】筛选出 A16 题的答案作为 A17 题的子问题。

A18. 在您家，主要由谁承担下列家务？

1. 洗衣服：＿＿＿＿＿＿＿＿＿

2. 屋里屋外的修理维护：＿＿＿＿＿＿＿＿＿

3. 照顾生病的家人：＿＿＿＿＿＿＿＿＿

4. 购买日常用品：＿＿＿＿＿＿＿＿＿

5. 打扫卫生：＿＿＿＿＿＿＿＿＿

数字时代的问卷调查：LimeSurvey 的综合应用

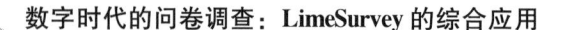

6. 做饭：_____

【逻辑】A18 题中的子问题排除 A16 题的答案。

在 A16 题中，受访者会根据个人情况选择三项家务活动并排序，而 A17 题则只需要对选出的这三项内容进行提问。也就是说，在 LimeSurvey 系统中，虽然为 A17 题编辑了六项子问题，但调查时只需要向受访者显示在 A16 题中被选中的那些即可。在 A17 题的"逻辑—阵列筛选"中填入 A16 题的问题代码"A16"，就可以轻松实现 A17 题对 A16 题的筛选需求（见图 5-16）。

图 5-16

第 5 章 设置问卷的属性与功能

阵列筛选排除的功能与阵列筛选恰好相反，在阵列筛选排除的问题中被选择的选项将被筛除，不会在随后的问题中显示。以示例问题来说就是，A16 题中选择的选项，在 A18 题中不显示。阵列筛选排除的设置方法与阵列筛选类似，直接在问题的"逻辑—阵列筛选排除"中填入问题代码即可（见图 5-17）。

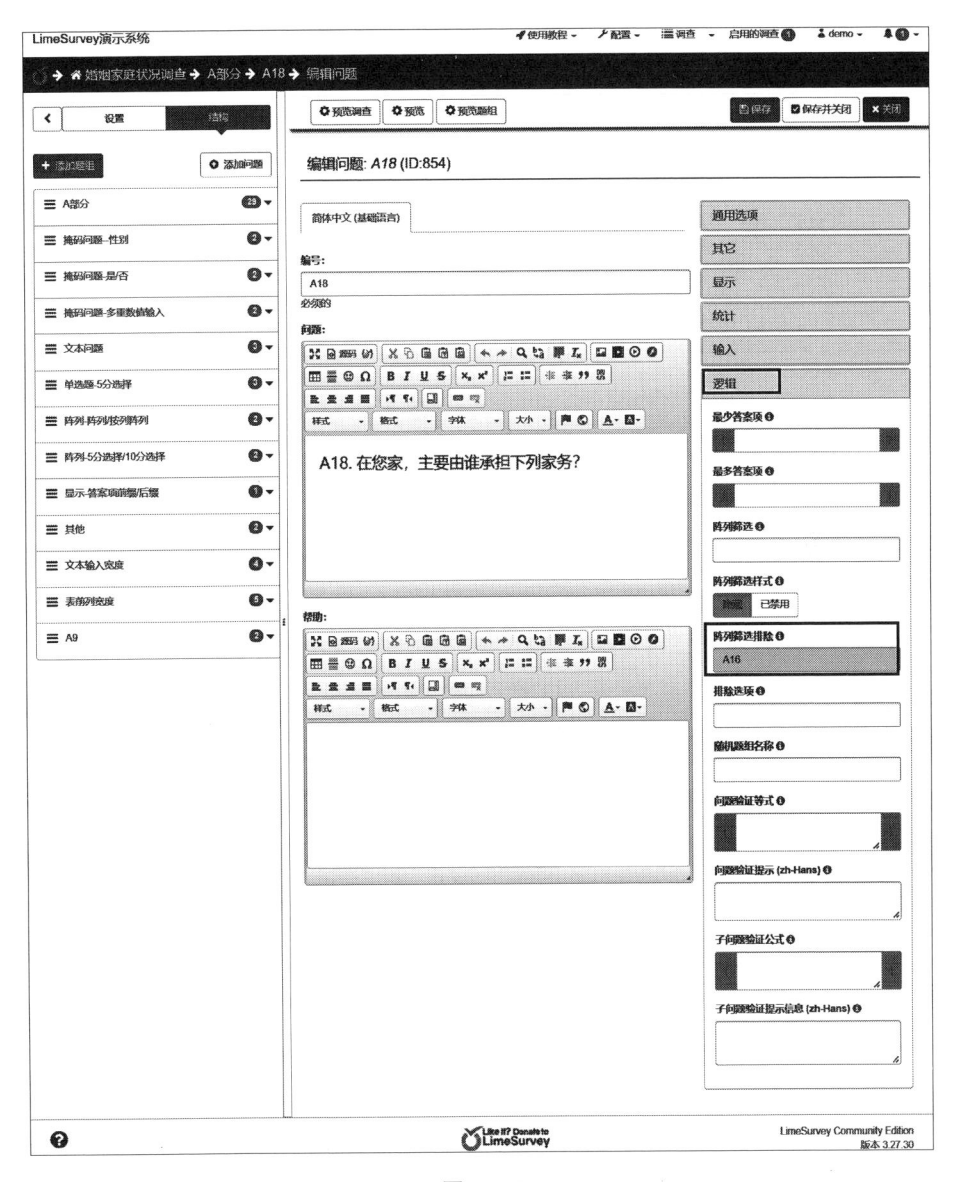

图 5-17

阵列筛选和阵列筛选排除的效果如图 5-18 所示。

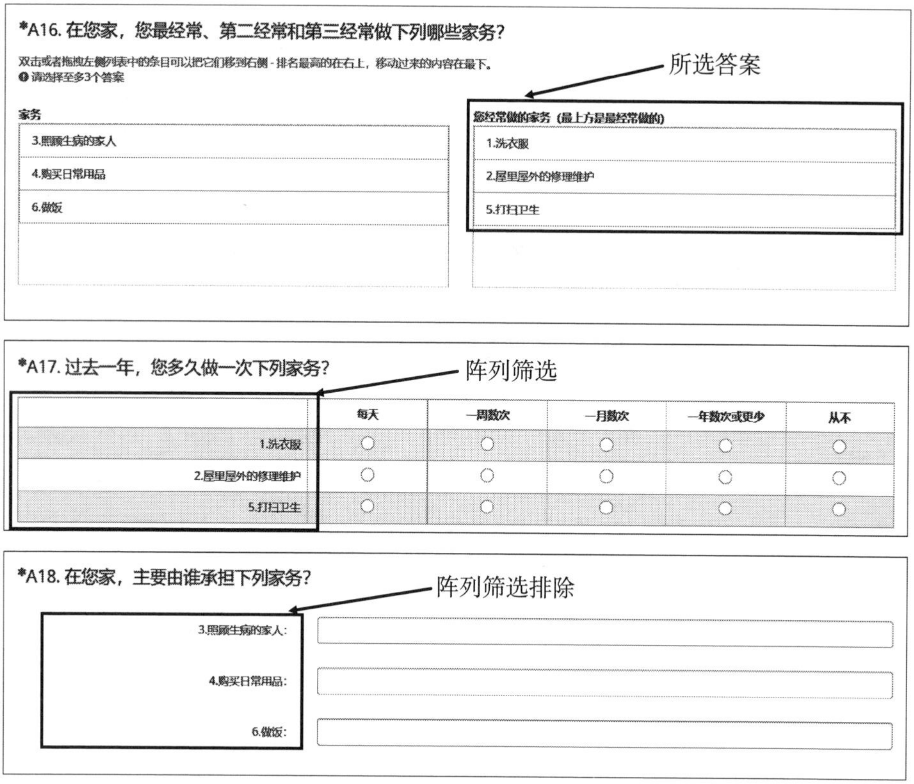

图 5-18

使用阵列筛选或阵列筛选排除功能只需在问题的"逻辑—阵列筛选"或"逻辑—阵列筛选排除"中填入相应的问题代码即可。如果有多个问题，代码之间使用英文分号";"隔开。需要注意的是，在阵列筛选中填入多个问题代码后，只有当这几个问题都选择了某些或某个选项时，被选择的选项才会在当前问题中出现。例如在 E3 题的阵列筛选框中填入"E1;E2"，那么只有当受访者在 E1 题和 E2 题中都选中了选项 X 时，X 才会在 E3 题中显示。阵列筛选排除同理。

并非所有的题型都可以被筛选，多选、带评论的多选、多选题短文本、多重数值输入、阵列（5 分选择）、阵列（10 分选择）、阵列（是/否/不确定）、阵列（增加、不变、减少）、按列阵列、阵列（双尺度）、阵列（文本）、阵列（数字）和排序题的问题代码可以被填入阵列筛选或阵列筛

第 5 章　设置问卷的属性与功能

选排除中进行筛选。

可以设置阵列筛选和阵列筛选排除的题型有：列表（单选）、多选题、带评论的多选、多选题短文本、多重数值输入、排序题，以及除了按列阵列之外的其他阵列题。

（6）阵列筛选样式。

对于使用阵列筛选或阵列筛选排除功能的问题，有两种处理被筛选的选项的方式：隐藏和已禁用。在问题的"高级选项—逻辑—阵列筛选样式"中可以选择使用哪种方式。凡是能够使用阵列筛选或阵列筛选排除功能的题型，均可设置阵列筛选样式。

如图 5-19 所示，在阵列筛选问题 A17 题中，如果将"阵列筛选样式"设置为"隐藏"，那么在 A16 题中没有被选中的子问题，将不会在 A17 题中显示；如果将其设置为"已禁用"，那么被筛选的选项仍然会显示，但这些选项是"只读"模式，不能被选择或是被回答。对于阵列筛选排除的问题，效果也是如此。图中使用阵列筛选排除的 A18 题即设置为"已禁用"样式。

（7）随机题组名称。

在问题的"高级选项—逻辑—随机题组名称"中，填入任意的字符作为一个随机题组的名称。具有相同随机题组名称的问题，会忽略在调查结构中编辑的顺序，以随机的顺序向受访者显示。随机题组的功能也是为了消除问卷调查中的位置效应。位置效应的出现除了受答案项的顺序的影响，也受问题出现的顺序的影响。例如，对甲、乙、丙三人进行综合打分，甲第一个被评、第二个被评、第三个被评三种情况的平均分存在显著差异，为了消除这种位置效应，甲、乙、丙被评价的顺序应是随机的，这时就要用到随机题组功能。

除了方程式题型，LimeSurvey 中的其他题型都能够设置随机题组名称。

（8）问题验证等式与问题验证提示。

问题验证与仅限数字、最大字符数、最小值、最大值等设置功能类似，都用于限制问题的答案，防止受访者因为各种原因在作答时填入不合理的答案，为调查数据的质量增添一层保障。以模拟问卷"婚姻家庭状况调查"里的 A13 题为例：

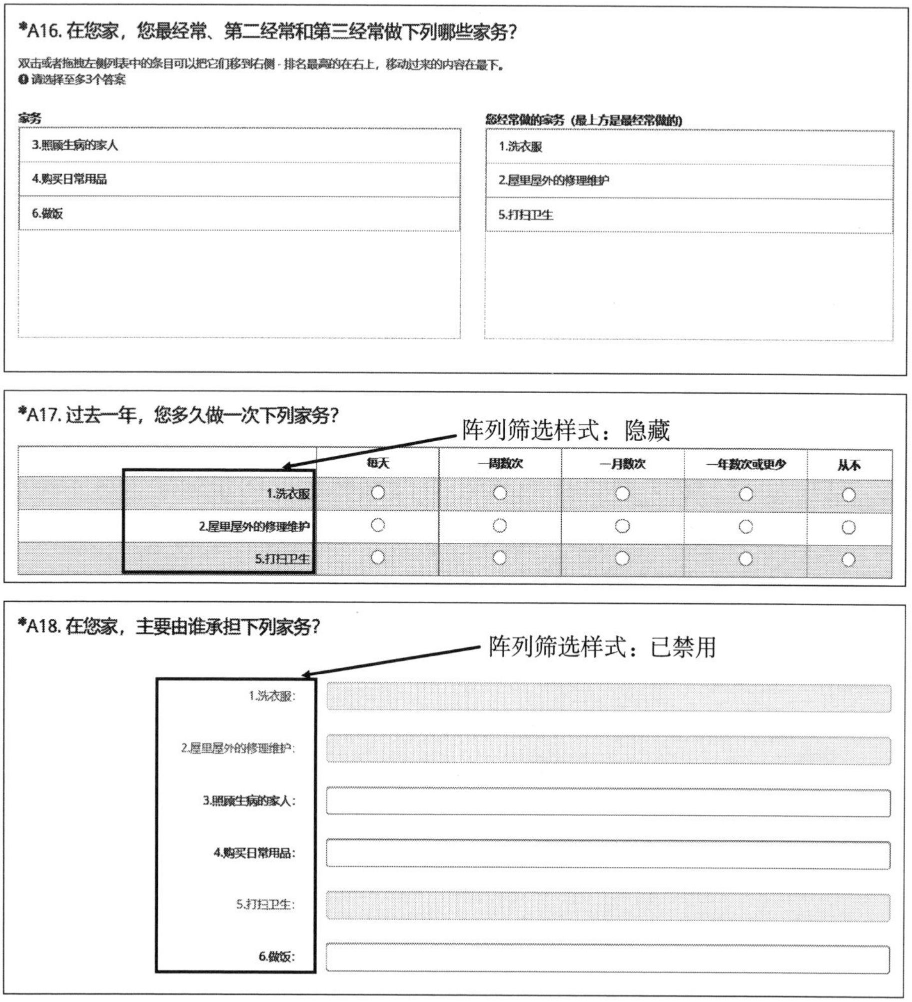

数字时代的问卷调查：LimeSurvey 的综合应用

*A16. 在您家，您最经常、第二经常和第三经常做下列哪些家务？

双击或者拖拽左侧列表中的条目可以把它们移到右侧，排名最高的在右上，移动过来的内容在最下。
❶ 请选择至多3个答案

家务	您经常做的家务（最上方是最经常做的）
3.照顾生病的家人	1.洗衣服
4.购买日常用品	2.屋里屋外的修理维护
6.做饭	5.打扫卫生

*A17. 过去一年，您多久做一次下列家务？

阵列筛选样式：隐藏

	每天	一周数次	一月数次	一年数次或更少	从不
1.洗衣服	○	○	○	○	○
2.屋里屋外的修理维护	○	○	○	○	○
5.打扫卫生	○	○	○	○	○

*A18. 在您家，主要由谁承担下列家务？

阵列筛选样式：已禁用

1.洗衣服：	
2.屋里屋外的修理维护：	
3.照顾生病的家人：	
4.购买日常用品：	
5.打扫卫生：	
6.做饭：	

图 5-19

示例问题

A13. 请问您有几个子女（包括继子继女、养子养女在内）？

记录：儿子 [＿｜＿] 个

　　　女儿 [＿｜＿] 个

【注意】0. 没有、99. 拒绝回答

【逻辑检验】如果超过 20，则提示"请确认是否输入有误"。

第 5 章　设置问卷的属性与功能

　　A13题开启了"输入—仅整数"功能，并将"输入—最大合计值"设定为"20"，这样就能够对答案进行逻辑检验，因为通常情况下子女数不可能超过20。系统对答案超出合计值范围的情况有着固定的报错方式，也就是把提示语标红。如果想设计自己的提示语，就可以在"逻辑"中设置"问题验证等式"和"问题验证提示"（见图 5-20）。当受访者填入的答案不符合问题验证等式时，系统会使用问题验证提示中的文本内容报错（见图 5-21）。

图 5-20

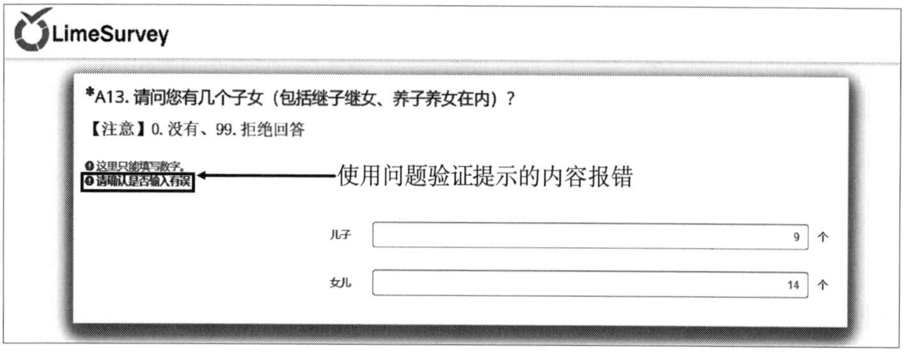

数字时代的问卷调查：LimeSurvey 的综合应用

图 5-21

　　问题验证等式需搭配问题验证提示使用。在问题验证等式中填入正确的表达式，一旦检验到不合理的答案内容，系统就会借助问题验证提示信息进行报错，提示受访者修正答案，否则调查无法进入下一页或无法提交问卷。只要是符合表达式管理器中语法的方程都可以作为问题验证等式使用。

　　能够设置问题验证等式和问题验证提示对问题答案进行检验的题型有：除 5 分选择题之外的单选题，全部的多选题和文本问题，多重数值输入、排序、数值输入、日期/时间题，以及除了阵列（双尺度）以外的其他阵列题型。

　　（9）子问题验证公式与子问题验证提示信息。

　　子问题验证公式和子问题验证提示信息的用法和用途与问题验证等式和问题验证提示类似，它们最主要的不同之处在于，后两者检验的是整个问题，问题的任意部分不符合验证等式，系统均会报错；而前两者则是单独检验问题中的每一个子问题。不过在向受访者呈现的样式上，前两者与后两者是相同的，都会对整个问题的背景标红进行报错，并不会单独标记出有误的子问题区域。

　　能够设置子问题验证公式和子问题验证提示信息的题型有：全部的文本问题、多重数值输入、数值输入、阵列（文本）和阵列（数字）题。

6. 其它

　　（1）在可打印视图内插入分页符。

　　这个功能用在"可打印的调查"视图中，开启后，这道问题之前会被插入分页符进行分页。除了语言转换题，LimeSurvey 中的其他题型都可以设置这一选项。

（2）SPSS 导出尺度类型。

设置 SPSS 导出数据的类型时，系统提供了默认、定类（nominal）、定序（ordinal）和定比（scale）四种类型。可以设置这一选项的题型有：列表（下拉）、列表（单选）、带评论的列表、多选、带评论的多选、性别、方程式、是/否、按列阵列、阵列、阵列（增加、不变、减少）、阵列（是/否/不确定）、阵列（双尺度）、阵列（数字）题。

（3）仅限数字。

开启后，只能在问题的输入框中填入数字作答。可以设置这一选项的题型有：多选题短文本、短自由文本、方程式、阵列（文本）题。

通过充分利用问题的各种设置，电子问卷中的问题得到了完善。无论是问题向受访者呈现的外观，还是对问题答案合理性的校验，都离不开问题设置的内容。虽然问题的设置存在很多选项，但是只要抓住每一道问题自身的特点和调查需要，就能够简单快捷地完成这项工作，并充分地考虑到与受访者或访问员人机对话的特点和需求，设计出最合适的电子问卷。

5.2 问题之间逻辑的设置

调查问卷中问题之间的逻辑有跳问和随机两种。跳问是指在有关联性的问题之间，是否提问后面的问题取决于受访者对前面问题的回答。在问卷中设置合理的跳问逻辑，能够避免向受访者提出与之无关或情况不符的问题，一方面可以节省调查时间，另一方面也可以防止数据出现逻辑错误（比如"不信仰宗教"的受访者在随后的宗教信仰问题中又误选某一宗教）。随机则是指在调查中以某种概率随机向受访者提问某些问题或题组。举例来说，假设一道问题的随机概率是 1/4，那么这道问题就有 25% 的概率显示、75%的概率不显示，从而使25%的受访者回答这道问题、75%的受访者不回答。在实际的调查中，这种随机逻辑应用广泛。例如，在中国综合社会调查的抽样方案中，其调查问卷中的附加模块就是随机调查1/3或1/4的样本，这些样本已经具有足够程度的代表性。这样做可以提高一次调查的效率。

5.2.1 跳问逻辑

在传统的纸笔问卷中，通过在问题中标记出"跳转至××"或"若××选×，则××跳过"之类的文字，可以向受访者或访问员传递问卷中包含的跳问逻辑，这样他们在填答问卷时便可根据这些跳问信息回答或跳过某道问题。而在LimeSurvey的电子问卷中，系统是通过调查者预先设置好的条件向受访者显示或隐藏某道问题，来实现跳问逻辑的。要认识到，纸笔问卷和电子问卷实现跳问的方式是不同的。在计算机程序设计中，实现对程序流的控制有GOTO和IF两种方式，纸笔问卷采用的实际上是GOTO方式，而电子问卷采用的是IF方式。相对于GOTO方式，IF方式的功能更强大，能实现复杂的逻辑跳转，而GOTO方式功能较弱且容易出错。在跳问的实现方式上，电子问卷再一次体现出了自己的优势。

LimeSurvey提供了两种设置跳问逻辑的方式：设定条件和相关方程。

示例问题

A12. 您是否有子女（包括继子继女、养子养女在内）？

是 ·· 1

否 ·· 2→跳问A16

"婚姻家庭状况调查"中的A12题是一道典型的包含跳问逻辑的问题，在选择"否"的情况下，问卷应直接跳转至A16题，两题之间的A13～A15题则被忽略。LimeSurvey实现跳问的逻辑是A13～A15题在A12题选择"是"的情况下显示，而在选择"否"的情况下隐藏。

第 5 章 设置问卷的属性与功能

1. 设定条件

要实现 A12 题的跳问逻辑，就要分别设定 A13、A14 和 A15 题的显示条件。

在 A13 题的工具栏中点击"设定条件"图标，进入条件设计器（见图 5-22）。

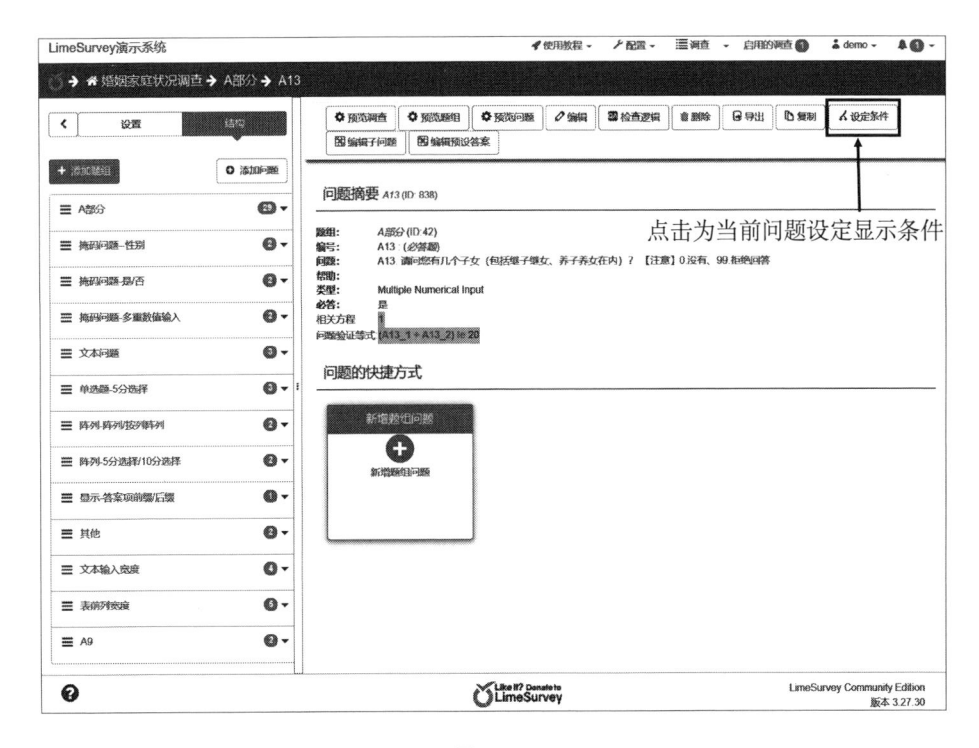

图 5-22

如图 5-23 所示，在"问题"列表中选择对 A13 题的显示与否具有"决定权"的关联问题 A12（关联问题只能在当前问题之前），然后在"答案"列表中选定使 A13 题显示的条件答案项"Y（是）"；比较操作符默认为"等于"（还有小于、不等于、大于等选项），符合本条件的要求，因此不做更改。最后，点击"添加条件"按钮，生成显示问题 A13 的条件。顺利添加条件后，条件设计器界面会描述 A13 题的显示场景（见图 5-24）。

数字时代的问卷调查：LimeSurvey 的综合应用

图 5-23

A14、A15 题与 A13 题的显示条件相同，采用上述方式依次设定它们的条件即可。利用条件设计器设定条件后，A12 题中的跳问逻辑就可以在 LimeSurvey 中顺利执行了。当 A12 题的答案为"是"时，系统会显示 A13~A15 题；当 A12 题的答案为"否"时，则隐藏 A13~A15 题，调查直接跳到 A16 题。

2. 相关方程

除了给问题设定条件，编写问题的相关方程同样能够实现跳问逻辑。

相关方程是用于控制问题/题组显示或隐藏的值或表达式。默认值是 1（默认情况下相关方程的输入框中为空，不显示该值），表示当前问题/题组在调查中一直显示；如果想在调查中始终隐藏当前问题/题组，则应将相关方程设置为 0。在相关方程中编写恰当的表达式，也能够让当前问题/题组有条件地显示或是隐藏。

第 5 章　设置问卷的属性与功能

图 5-24

模拟问卷中 A13～A15 题的相关方程应该表示"A12 题选择'是'"的意思。在这三道问题的相关方程中填入表达式 {A12.NAOK=="Y"}，就能够实现 A12 题的跳问逻辑，其效果与采用设定条件的方法一致。

有趣的是，给问题设定条件后，系统会在相关方程中自动生成对应的表达式。图 5-25 就是 A13 题在设定显示场景"A12 题选择'是'"之后，系统自动生成的表达式。可以看到，系统给出的表达式与我们直接在相关方程中编写的内容一致。这一点在使用 LimeSurvey 编写表达式时极为有用，当遇到不会写的方程时，可以参考系统根据条件设定给出的表达式。

同样，"婚姻家庭状况调查"问卷中 A20 题所包含的显示条件也可以通过相关方程来设置。

数字时代的问卷调查：LimeSurvey 的综合应用

图 5-25

示例问题

A20. 过去三个月，您家是否在空闲时间集体（指您和您的配偶、子女一起）进行下列活动？分别有几次？（多选）

出去看电影（＿＿＿＿）………………………………… 1

逛街购物（＿＿＿＿）…………………………………… 2

参加文化活动（如听音乐会，看演出和展览）（＿＿＿＿）… 3

参加体育活动（＿＿＿＿）……………………………… 4

现场观看体育比赛（＿＿＿＿）………………………… 5

做手工（比如陶艺、木工）（＿＿＿＿）………………… 6

在当地游玩（比如逛公园、游乐场）（＿＿＿＿）……… 7

去外地旅游（＿＿＿＿）………………………………… 8

以上都没有 ………………………………………………… 9

第5章 设置问卷的属性与功能

【逻辑】1. "以上都没有"与其他选项不可同时选择；
2. 根据 A12 题，仅有子女的受访者回答 A20。

示例问题的逻辑表明，只有有子女的受访者需要回答该问题，即 A12 题选择"否"的受访者不应该在调查问卷中看到 A20 题。因此，A20 题相关方程的表达式为 {A12.NAOK=="Y"}。

熟练的调查者往往会选择编写相关方程来控制问卷中的逻辑，原因如下：其一，设定条件点选式的操作比较麻烦，但简单易学适合初学者；其二，编写相关方程的功能更强大，应用更加广泛，从题组、问题到子问题，都能使用相关方程。

3. 子问题的相关方程

示例问题

A10. 您家目前是否从事下列投资活动？

	是	不确定	否
1. 没有任何投资活动	1	2	3
2. 股票	1	2	3
3. 基金	1	2	3
4. 债券	1	2	3
5. 期货	1	2	3
6. 权证	1	2	3
7. 炒房	1	2	3
8. 外汇投资	1	2	3

【逻辑】当子问题1选择"是"时，隐藏剩余子问题。

"婚姻家庭状况调查"中有一道询问家庭投资活动的阵列问题，除了"没有任何投资活动"外，其他七个子问题相互独立，无论选择哪个答案都与其他子问题无关。若将"没有任何投资活动"设置为排除选项，那么即使其对应的答案为"不确定"或"否"，受访者也不能继续回答剩余七个子问题。在此情况下，若想设置 A10 题的逻辑，就可以利用相关方程控制子问题 2~8 的显示。

A10 题的逻辑是当子问题"没有任何投资活动"的答案为"是"时，隐藏剩余子问题。也就是说，子问题 2~8 显示的条件是子问题 1 不为"是"，对应的表达式为 {A10_1.NAOK！="Y"}。把每个子问题的相关方程编辑在对应的输入框中（见图 5-26），调查时若"没有任何投资活动"的答案为"是"，那么剩余子问题将被隐藏，反之则显示（见图 5-27）。

图 5-26

通过编写复杂的表达式，利用相关方程能够完成更加复杂的显示条件，为受访者量身定制出最恰当的问卷。比如，结合方程式题进行运算，

第 5 章　设置问卷的属性与功能

[图示：LimeSurvey 问卷示例，A10 题"您家目前是否从事下列投资活动？"，包含"选择'否'，显示剩余子问题"和"选择'是'，隐藏剩余子问题"的说明]

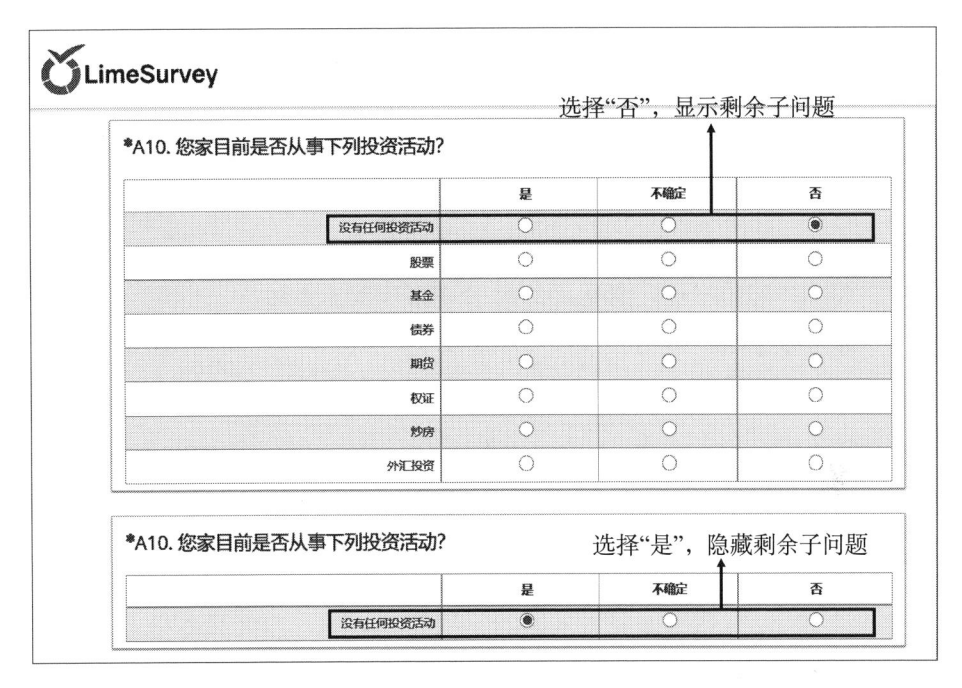

图 5 – 27

运算结果在某一取值范围内，才显示相关问题。再如，结合函数判断受访者填入的答案是否包含某些字符或符合某一要求，进而控制问题的显示。

5.2.2　随机逻辑

中国综合社会调查的抽样方案中，调查问卷中的附加模块为只需随机调查 1/3 或 1/4 的样本。如果使用纸笔问卷，调查者就需要在调查之前预先完成随机抽样工作，提前确定总样本中哪部分样本回答附加模块 1，哪部分回答附加模块 2……若是利用 LimeSurvey 中的电子问卷，随机逻辑则内置于问卷内部，不需要额外从总样本里随机抽取一部分样本。受访者填答问卷时，LimeSurvey 系统会自动根据调查者设置好的逻辑，按照既定概率随机显示附加模块 1、附加模块 2……

另一种随机逻辑的常见用途是研究同一问题的不同表现方式对答案的影响。例如"婚姻家庭状况调查"中对幸福感的提问方式。

> **示例问题**
>
> 【逻辑】A22 与 A22a 题随机显示其中一题。
>
> A22. 总的来说，您觉得您的家庭生活幸不幸福？最高"5分"代表非常幸福，最低"1分"代表非常不幸福。
>
> ○1　　　○2　　　○3　　　○4　　　○5
>
> A22a. 总的来说，您觉得您的家庭生活幸不幸福？
>
> 非常不幸福 …………………………………………… 1
> 比较不幸福 …………………………………………… 2
> 说不上幸福不幸福 …………………………………… 3
> 比较幸福 ……………………………………………… 4
> 非常幸福 ……………………………………………… 5

A22 和 A22a 题属于相同问题的不同表现方式，前者是打分，后者是选择调查者预先给出的分类答案。想要检验两种提问方式对答案的影响，就需要在问卷中随机显示其中一道题，再对调查的结果进行统计假设检验。

在 LimeSurvey 中设置随机逻辑，首先要借助方程式题型生成一个随机数，然后将问题的显示与否和这个随机数的值联系起来。如此一来，受访者"遇到"不同问题的概率就可以通过设置随机数的值出现的概率进行控制了。问题的随机化，就是将问卷中的问题按照一定的概率随机向受访者显示。

因此，第一步就是在 A22 题之前添加一道方程式问题，用来生成一个随机数。题目编号即为生成随机数的变量名称（示例中设为 random），题干部分是表达式 {if（random>=1, random, floor（rand（1，2）））}（见图 5-28）。示例问题中的这段表达式使用 rand 函数为 random 赋予一个整数的值，取值范围是 1~2；而 if 条件语句则确保每次进入这道题时，random 的值保持不变，避免在返回上一组后重新进入时 random 的值发生改变。

第5章　设置问卷的属性与功能

图 5-28

接着，借由相关方程将两道问题的显示与 random 关联起来。A22 题的相关方程编写为 {random==1}，A22a 题的相关方程则编写为 {random==2}。由于 random 的取值只有"1"和"2"两个，且两个取值出现的概率是相同的，所以，random 为"1"或"2"的概率均为 50%。而问题 A22 和 A22a 分别是在 random 为"1"和 random 为"2"的情况下显示的，因此两道问题出现的概率也分别是 50%。

以此类推，当有三个问题、四个问题……需要等概率（1/3、1/4……）显示时，就将 random 的取值设为三个、四个……

不仅是问题，使用相同的方法也可以实现题组的随机显示，只需要通过题组的相关方程将随机数值与题组的显示条件相关联即可。

5.3 调查设置

调查设置是整个调查的"设计器",其中的各项内容涵盖了调查的方方面面,比如问卷调查的文字元素、主题、外观、发布等相关内容。调查设置能够满足不同的调查需要,调查最终以何种方式呈现给受访者、受访者如何与调查问卷进行人机对话,这些都与调查设置息息相关,因此完善调查设置也是在利用 LimeSurvey 实施问卷调查的过程中非常重要的工作内容。调查设置的工具栏位于调查界面的左侧。

5.3.1 总览

如图 5-29 所示,"调查设置—总览"中展示了一项问卷调查的基础信息。

首行的调查摘要显示当前调查的标题和识别号。识别号是一项调查在 LimeSurvey 中的"身份证号码",具有唯一性。识别号一般由系统自动生成,也可以在创建调查时自定义一个编号。

调查网址栏中包含当前调查各种语言版本的网址、调查结束时的跳转地址(URL)和问题/组数量。"婚姻家庭状况调查"设有多种调查语言,每种语言版本的问卷都拥有独立的调查网址。使用不同语言的受访者可通过调查网址进入对应的调查中填答问卷。结束 URL 在文字元素中设置,默认为空;如果设置具体的结束 URL,受访者完成问卷提交答案后,页面会跳转至结束 URL 指向的链接。问题/组数量显示的是当前调查中包含的全部问题/组的数目。

文字元素栏在总览界面列出了调查的描述、欢迎和结束信息,点击文字元素栏右上角的设置按钮,可以进入"调查设置—文字元素"界面。调查者在创建调查时就可以填写文字元素,之后如果需要修改,可以从"调查设置—总览—文字元素"或者"调查设置—文字元素"中进入编辑页面。

第 5 章　设置问卷的属性与功能

图 5-29

问卷调查常规设置栏显示了管理员、传真号和当前调查使用的主题等内容。点击右上角的按钮可以进入"调查设置—常规设定"界面。点击主题列最右侧的按钮，可以进入"调查设置—主题选项"界面。

发布及访问设置栏在总览页面上列出了调查开始的日期/时间、过期的日期/时间，以及对公开列出的设置。点击右上角的按钮可以进入"调查设置—发布及访问"界面。

在总览页面的最下方，可以看到调查的其他配置内容，当前调查的具体配置是：调查不可匿名回答；按题组显示；显示问题的全部索引，参与者能够在关联问题间跳转；参与者可以保存部分完成的调查。这些配置内容都能够根据调查需要进行设定。

数字时代的问卷调查：LimeSurvey 的综合应用

总览界面的信息较为全面，从这里就能够了解整个调查的基本情况，而每部分的细节则可以通过工具栏或总览界面上的按钮进入对应界面查看和设置。

5.3.2 常规设定

如图 5-30 所示，问卷调查的常规设定包括语言、问卷所有者、题组、格式、模板等方面的内容。

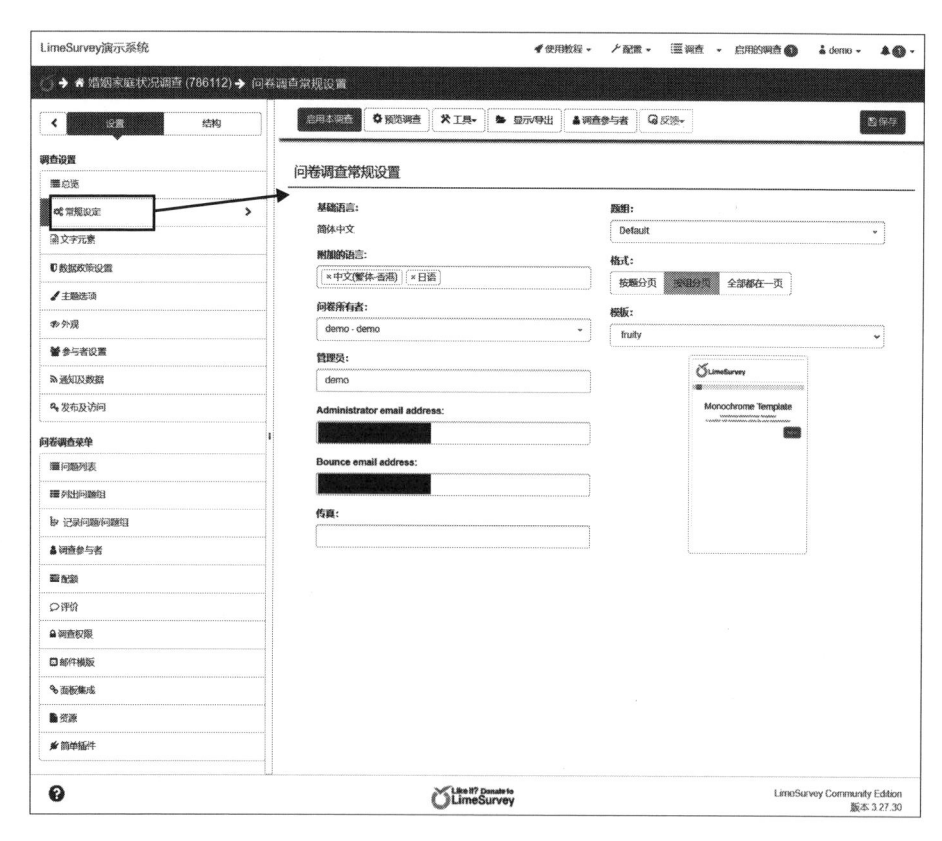

图 5-30

基础语言在创建一项问卷调查之初就已经选定，创建完成后不能更改。不过，除此之外的附加语言则可以任意增减，LimeSurvey 系统提供了十分丰富的语言库供不同国家和地区的调查者和受访者使用。一项调查既可以只存在基础语言，也可以像本书使用的模拟问卷那样添加多种附加语言。

问卷所有者通常是创建调查的那名管理员,如果系统中有多名管理员,则可以选定任意一名成为当前问卷的所有者。而管理员的姓名、电子邮件以及弹出邮件/传真等也都由管理员根据实际情况填写。

如果系统中有很多项调查,那么分组管理是较为恰当的方法。把彼此相关的调查放在同一题组,比如一个长期追踪调查项目中的每一次调查,在常规设定中选定当前调查所属的题组即可。

调查问卷有三种显示格式:按题分页、按组分页和全部都在一页。

系统中的模板决定了这份问卷的风格样式,LimeSurvey 自带了几种预置模板,在 LimeSurvey 的网站上也有大量由第三方开发的模板。用户也可以自己设计和修改现有的模板,以适应项目的风格需要。

5.3.3 文字元素

调查的文字元素一般在创建问卷调查时就已经填写完成,不过管理员可以随时进入"调查设置—文字元素"界面再次编辑(见图 5-31)。

调查如果指定了结束 URL,那么在受访者提交答案之后,网页会自动链接至指定的网址。为了应对在调查过程中出现结束 URL 失效的状况,可以在 URL 描述中添加一段简短的解释文字,向受访者进行说明。比如,若结束 URL 是一个调查项目的官方网站,就可以将调查项目的全称作为 URL 描述信息使用。

此外,LimeSurvey 提供了多种多样的日期格式,以适应不同地区受访者的习惯。在文字元素中设置的日期格式会成为当前调查中的默认格式。同样,用户也可以为调查面向的受访群体选择其常用的十进制标记(逗号或是圆点)。

5.3.4 数据政策设置

无论是何种形式的调查,在受访者正式填答问卷之前,都需要先了解调查项目的相关信息,例如调查主题、调查发起者、研究目的及意义、对受访者的影响、对受访者隐私保护的承诺等。获得受访者知情同意后,才

图 5-31

可以进行调查。特别是大型调查项目，往往会设计一份详细、全面而严谨的说明，例如《关于中国综合社会调查（CGSS）的说明》（见图 5-32）。

第 5 章 设置问卷的属性与功能

> **关于中国综合社会调查（CGSS）的说明**
>
> 中国综合社会调查（Chinese General Social Survey，CGSS），是中国第一个全国性、综合性、连续性的大型社会调查项目。目的是通过定期、系统地收集中国人与中国社会各个方面的数据，总结社会变迁的长期趋势，探讨具有重大理论和现实意义的社会议题，推动国内社会科学研究的开放性与共享性，为政府决策与国际比较研究提供数据资料。
>
> 中国综合社会调查由中国人民大学联合全国各地的学术机构共同执行。从 2003 年开始，每年对全国各地一万多户家庭进行抽样调查。经过严格的科学抽样，我们选中了您家作为调查对象。您的合作对于我们了解有关情况和制定社会政策，有十分重要的意义。为了获得准确的数据，请您依据实际情况，回答访问员提出的问题。如果因此而对您的生活和工作造成不便，我们深表歉意，请您理解和帮助我们的工作。
>
> 对问卷中问题的回答，没有对错之分，您只要根据平时的想法和实际情况回答就行。对于您的回答，我们将按照《中华人民共和国统计法》第一章第九条和第三章第二十五条的规定，对您所提供的所有信息绝对严格保密，并且只用于统计分析，请您不要有任何顾虑。我们在以后的科学研究、政策分析以及观点评论中发布的是大量问卷的信息汇总，而不是您个人、家庭的具体信息，不会造成您个人、家庭信息的泄漏。请您放心。
>
> 在_____（省/自治区/直辖市）的调查，由中国人民大学和_____（合作单位名称）联合进行。参与调查的所有督导员和访问员都佩戴有中国人民大学统一核发的证件，如果您对调查员的身份有任何疑问，欢迎您随时拨打电话 010-62510695-1017 进行核查。
> 希望您协助我们完成这次访问，谢谢您的合作。
>
> 中国人民大学中国调查与数据中心
> 2018 年

图 5-32

在 LimeSurvey 中，这一重要过程可通过设置数据政策实现。

数据政策有三种设置选项：不显示、内嵌文本和可收起文本。如果选择"不显示"，那么数据政策信息将不会向受访者显示。如果使用"内嵌文本"的形式，则需要填入问卷调查数据政策信息和问卷调查数据政策复选框文字（见图 5-33）。若后者留空，则系统自动加载默认文本"请先接受问卷调查数据政策后再继续"。如图 5-34 所示，调查时数据政策信息将被内嵌入一个文本框中，在欢迎页面上显示；同时在下方显示复选框文字和一个复选框。受访者只有勾选了复选框之后，才能点击"下一页"按钮进入问卷主体部分。如果数据政策信息文字较多，那么内嵌文本框右侧会出现滚动条，供受访者滑动查看全部的文本内容。

图 5-33

第5章 设置问卷的属性与功能

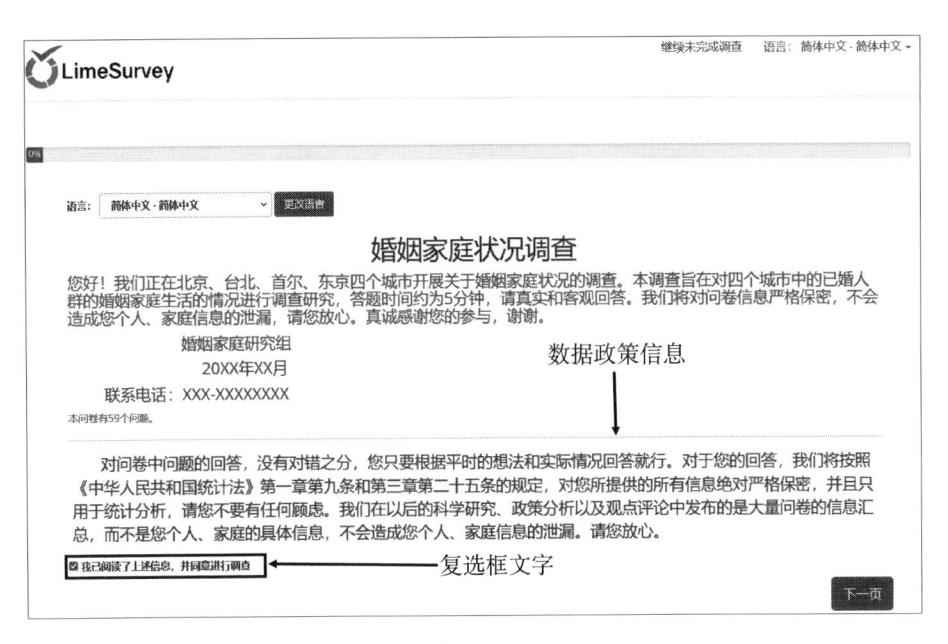

图 5-34

选择"可收起文本"时，数据政策信息会被隐藏，受访者点击页面上的"显示政策"后才会显示。受访者勾选提示文字末尾处的复选框或是点击"接受"按钮，才能继续调查，否则"下一页"按钮不能使用。

在"可收起文本"的设置下，还可以为数据政策添加一个网址链接作为补充说明显示在欢迎页面上。例如，除了数据政策信息的说明文字，还想在数据政策中显示中国综合社会调查项目的官方网站地址，以便受访者了解更多的项目内容。为实现上述功能，只需在"复选框文字"中填入使用标记{STARTPOLICYLINK}和{ENDPOLICYLINK}定义的要添加的链接（CGSS官网）即可。调查时，受访者点击欢迎页面上的链接，系统就会显示数据政策信息及接受按钮。

使用数据政策设置时要注意必须将调查的显示格式设置为"按组分页"或"按题分页"。这样受访者在访问调查时，数据政策信息才会显示在欢迎页面上，受访者只有选择"同意"才能点击"下一页"按钮进入问卷的问题界面开始答题。若调查问卷的显示格式是"全部都在一页",那么无论受访者是否接受调查的数据政策,都可以看到问卷中的问题,因为调查的所有信息都在一张网页上。因此,在这种显示格式下,即使调查中设置了数据政策也会失效,调查问卷中也不会显示相关的信息。

5.3.5 主题选项

LimeSurvey 的主题库中包含多种调查模板,调查选定的模板决定了问卷的"外形"。每一项调查都需要选择一种模板。针对调查选定的模板,主题选项提供了两种改造工具——简单选项和高级选项。

在简单选项中可以选择是否保留模板中的全部内容。如果"Inherit everything"选择"是",那么在主题选项中的操作主要是改变模板整体的颜色风格,如图 5-35 所示的海绿色、红色、蓝色等。

图 5-35

如果"Inherit everything"选择"否",那么调查人员可以分别调整当前模板中的各个部分,比如背景颜色、字体颜色、图像、动画、字体等(见图 5-36、图 5-37)。

第5章　设置问卷的属性与功能

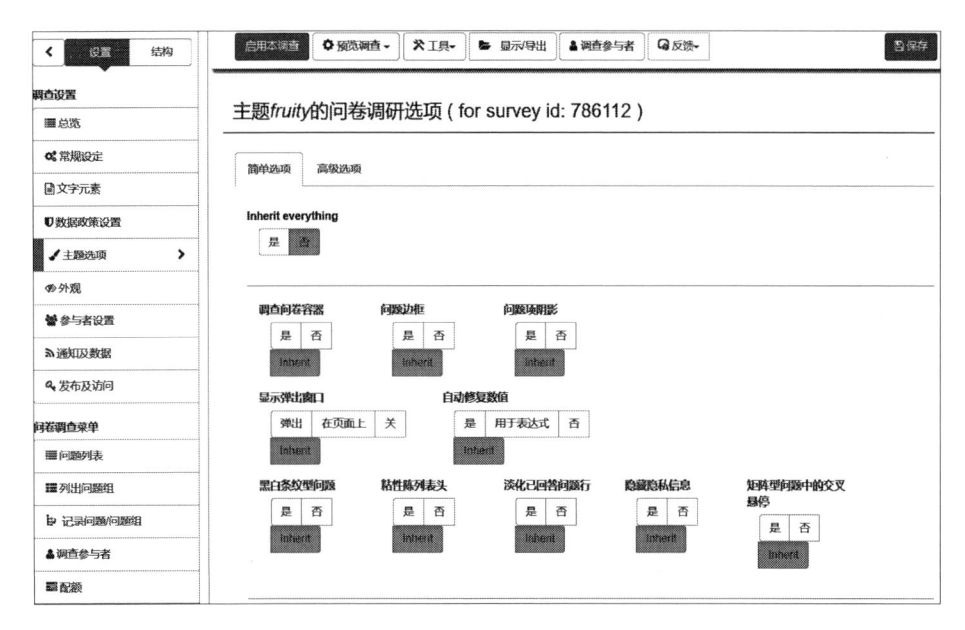

图 5-36

高级选项则提供了进阶版的改造工具，调查者可直接使用 JavaScript 和 CSS 文件编辑一款个性化的问卷模板，让调查问卷更加美观、有特色（见图 5-38）。

5.3.6　外观

"外观"是一项常用的设置，调查者可以在这里设定问卷向受访者显示什么、隐藏什么，最终决定受访者看到的问卷内容。

外观的设置项较多，对这些选项的设置也不存在一个统一的标准，调查者根据调查需要进行设定，得到的才是最"完美"的问卷（见图 5-39）。

● 导航延迟（秒）：点击"下一页""提交"按钮之前等待的秒数。如果未设置，默认值为"0"（秒）。

● 显示问题索引/允许跳转：在调查中显示问题索引菜单，使受访者可以在题组间进行跳转。具体方式有三种，分别是已禁用、增量、完整。选择"已禁用"，则调查中不显示索引菜单；选择"增量"，则问题组将随着填答进度逐步出现在索引菜单中，菜单中不会显示还没有被访问的题

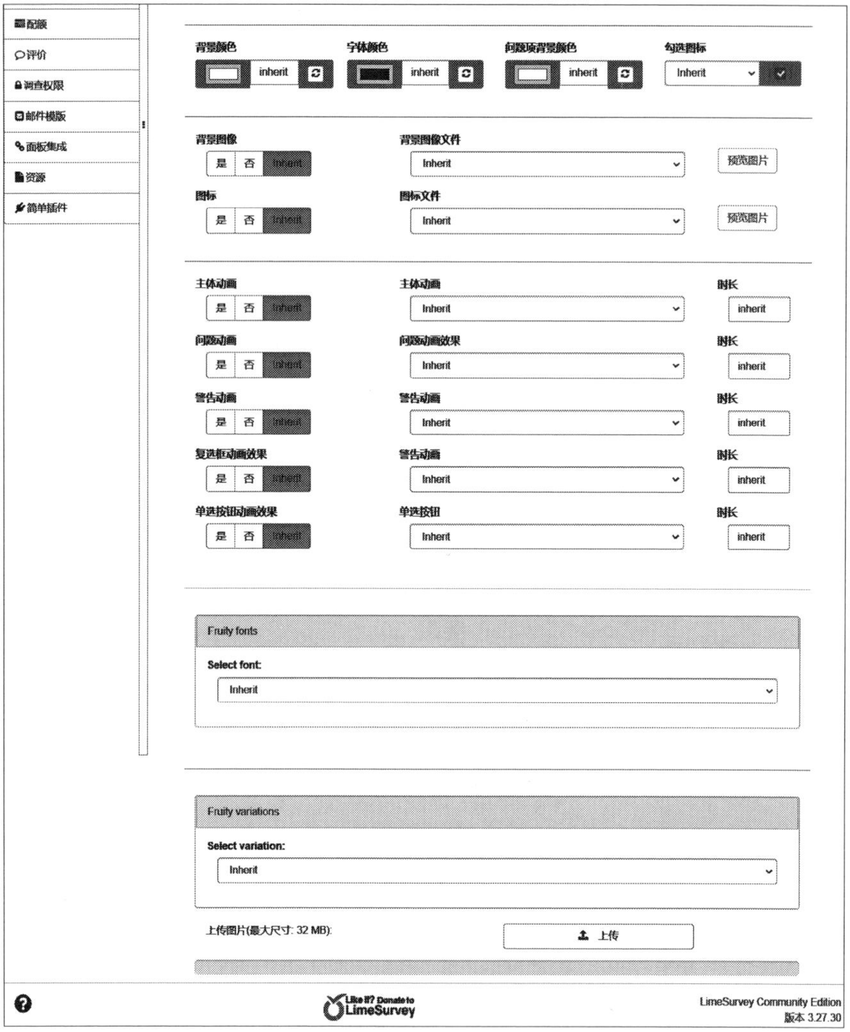

图 5 - 37

组，受访者只能跳转到之前的题组；选择"完整"，则受访者在作答时可以通过索引菜单跳转到任意题组。问题索引菜单位于答题界面的右上角，点击下拉框中的选项可以选择题组进行跳转（见图 5 - 40）。不过在实际的调查过程中需要注意的是，由于必答题的特性，受访者无法利用索引菜单的跳转功能跳过问卷中还未作答的必答题而直接访问之后的内容。目前 LimeSurvey 系统不支持在"按题分页"的显示格式下使用问题索引功能。

第 5 章　设置问卷的属性与功能

图 5-38

数字时代的问卷调查：LimeSurvey 的综合应用

图 5 - 39

图 5 - 40

第 5 章　设置问卷的属性与功能

●显示题组名称和/或题组描述：在问卷中显示题组名称和/或题组描述。

●显示问题编号和/或编码：在问卷中显示问题编号和/或问题编码。

●显示"拒答"：该功能适用于非必答题。开启后，非必答的选择题、阵列题等的答案项或子问题会出现"拒答"这一选项。

●显示"在调查问卷中有 X 个问题"：开启后，在调查问卷欢迎语下方显示调查中的问题总数。

●显示欢迎页面：关闭后，调查时不显示欢迎页面直接进入问卷主体。

●显示后退导航：开启后，允许受访者返回上一页查看或更改之前的答案。

●显示屏幕上的键盘：开启后，在需要输入信息时会出现屏幕键盘。

●显示进度条：开启后，在调查时显示受访者已完成部分占总问卷的百分比。

●参与者可打印答案：开启后，受访者在调查结束时可以打印自己的答案。

●公开统计数据：开启后，将在调查结束时显示调查结果的统计信息。

●在公开统计内显示统计图：启用后，将在调查结束时的公开统计中向受访者显示统计图表。必须开启"公开统计数据"才能使用该功能。

●问卷调查完成后自动加载问卷结束 URL：启用该功能，在调查结束后页面将自动跳转至文字元素中设定的结束 URL。

5.3.7　参与者设置

LimeSurvey 中的问卷调查通过添加参与者（即受访者）的方式创建样本，参与者表就是调查的样本清单。由于设置了专门的调查参与者的调查项目均为封闭式调查，因此"参与者设置"中的内容都是针对封闭式调查的。关于封闭式调查以及与之对应的开放式调查，将在后面的章节中进行详细介绍。如图 5-41 所示，参与者设置有以下功能。

数字时代的问卷调查：LimeSurvey 的综合应用

图 5 - 41

● 设置操作代码长度为：操作代码是调查参与者表中的一个关键性内容，具有唯一性，相当于调查参与者的"身份证号码"和"访问密码"。在进入调查页面时，只有输入合法的操作代码才能进入具体的问题页面。通过操作代码，调查者可以在调查参与者表中有效识别出每一个参与者及其属性信息，同时非匿名调查中的反馈数据也能够通过操作代码与受访者信息相匹配。操作代码的默认长度是 15，可以设定的长度范围是 5~35。系统自动生成的操作代码均为在此设定的长度。

● 匿名回应：在使用 LimeSurvey 实施一项添加了参与者的调查时，系统会通过操作代码将参与者信息与收到的反馈数据对应起来。开启匿名回应后，反馈数据中将不会显示参与者的各项信息，因此调查者也不会知道收到的反馈数据是哪一名参与者提交的。通过这种设置，既能确保拥有操作代码的参与者才能填写问卷，同时也确保参与者不能被识别，最大限度地保护其隐私。

● 启用基于操作码的回答保留：开启后，参与者因故离开调查页面后，再次点击调查网址将回到离开时的页面继续进行调查，并且此前填入的答案都会被保留。

● 允许多个答案或者使用操作码更新答案：开启后，参与者在提交答案后可以再次通过调查网址进入问卷修改答案。如果调查启用了"匿名回应"或者关闭了"启用基于操作码的回答保留"，那么参与者再次进入调查后提交的答案会保存为一条新的反馈数据。如果调查没有开启"匿名回应"并且开启"启用基于操作码的回答保留"功能，那么参与者再次提交的答案会在已有的反馈数据基础上进行更新。

● 允许公开注册：开启后，没有被提前添加为参与者的人员，登记姓名和电子邮箱后即可注册成为参与者，系统将在调查参与者表中添加这条数据，生成一个新的参与者，然后给这名新参与者发送邀请调查的邮件。同时，通过注册的这个电子邮箱只允许完成一份问卷。

● 用于操作码邮件可以使用 HTML 格式：开启后，通过 LimeSurvey 系统向参与者发送的邀请、提醒和确认邮件都是 HTML 格式的。

● 发送确认邮件：开启后，提交问卷的参与者将收到一封确认邮件。

5.3.8 通知及数据

"通知及数据"中的相关设置用于管理反馈数据中的部分内容以及通知的相关操作。

● 截止日期：开启后，在反馈中可以看到数据提交的时间。

● 保存 IP 地址：启用后，受访者的 IP 地址会保存在反馈数据中。

● 保存引用地址：启用后，数据来源的网址会保存在反馈数据中。

● 保存计时：启用后，受访者作答时在每一张页面上花费的时间都会被记录并保存在反馈数据中。

● 启用评价模式：开启后，当前调查可以使用评价功能。有关调查的评价模式的详细内容,将在后面章节详细介绍。

● 参与者可保存并稍后继续:开启后,调查支持参与者先保存已填写的答案并在稍后继续填写调查问卷。在实际调查中,如果是非匿名的封闭式调查,且使用了参与者设置中的"启用基于操作码的回答保留"功能,那么参与者再次回到调查继续作答时需要输入操作代码。

● 发送基本管理通知邮件至:设置电子邮箱,用于在收到反馈时接收系统发送的基本管理通知邮件;多个邮箱之间用英文分号";"隔开。

● 发送详细管理通知邮件至:设置电子邮箱,用于在收到反馈时接收系统发送的详细管理通知邮件;多个邮箱之间用英文分号";"隔开。

● 谷歌分析设置:使用谷歌分析可以追踪更多关于调查网页的信息;选择"否",则不启用谷歌分析;选择"使用下列设置",则用户填入谷歌分析跟踪ID,选定一种谷歌分析样式;选择"使用全局设置",则调查将采用全局设置中设定的谷歌分析跟踪ID,然后再选择所需的谷歌分析样式。其中,谷歌分析跟踪ID允许与谷歌分析集成,可以使用{GOOGLE_ANALYTICS_API_KEY}将跟踪ID插入到模板中;谷歌分析预期的完整JavaScript(包括密钥)可以通过{GOOGLE_ANALYTICS_JAVASCRIPT}包含在模板中。谷歌分析样式中的默认样式是{GOOGLE_ANALYTICS_JAVASCRIPT},使用标准谷歌分析代码,插入正确的谷歌分析密钥;调查-识别号/题组名称样式的{GOOGLE_ANALYTICS_JAVASCRIPT}包含自定义的谷歌分析代码,可将网址记录为{SURVEYNAME}-[{SID}]/{GROUPNAME},这种样式有助于分析调查中的导航路径、每张网页的用时和下载率。

5.3.9 发布及访问

调查者在"发布及访问"中可以管理当前问卷调查关于实施发布和受访者访问调查的一些内容。如图 5-42 所示,发布及访问包含以下几项设置。

● 开始/结束日期/时间:根据调查的有效期,设置调查的开始和结束的日期/时间;超出结束日期/时间后,受访者不能再参与调查。

第 5 章　设置问卷的属性与功能

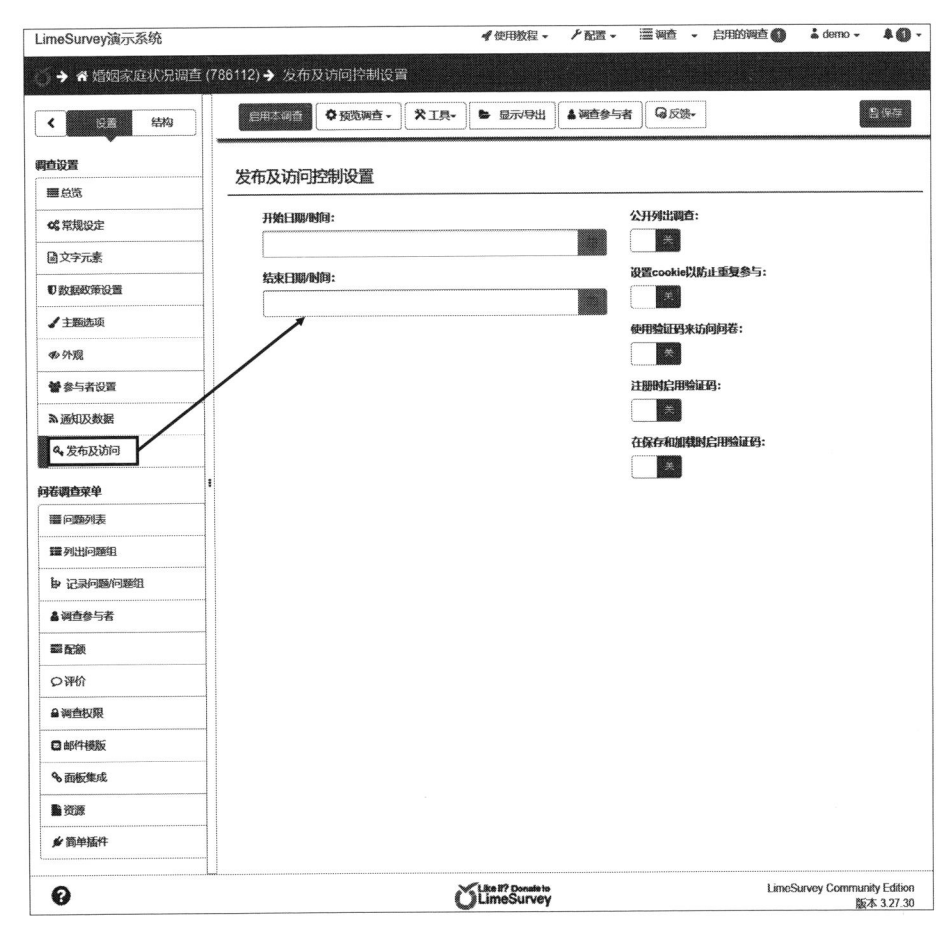

图 5－42

● 公开列出调查：开启后，LimeSurvey 系统中的所有用户都可以在调查列表中查看当前调查。

● 设置 cookie 以防止重复参与：主要用于开放式调查。开启后，在受访者提交问卷后，cookie 会被自动储存在他们的计算机上；当他们再次填答时，计算机就会提醒他们不要这样做，以此来尽可能地防止受访者重复参与调查。

● 使用验证码来访问问卷：启用后，系统会自动生成一个简单的加减法算式，受访者填入正确答案后才能进入调查，以此来辨别是否是真人在填写问卷。

● 注册时启用验证码：启用后，受访者需要输入验证码进行注册才可以参与调查。

● 在保存和加载时启用验证码：启用后，若受访者中途暂停，那么再次加载调查时需要输入验证码才可继续作答。

一份内容完善、逻辑合理的电子问卷是利用 LimeSurvey 采集调查数据的基石。LimeSurvey 中的调查问卷并非仅仅是传统纸笔问卷的简单电子化，其各部分的设置内容与调查前、调查中和调查后所有阶段的工作都有密切的关系。可以说，利用 LimeSurvey 开展一项问卷调查，大部分的调查工作都是在点击"启用本调查"按钮正式实施调查之前完成的。利用 LimeSurvey 创建问卷这一部分的工作是调查工作中最关键的一个环节。正因为如此，我们才更需要有清晰明确的工作思路和工作步骤，一步一步地构造出一份完整、合理的调查问卷。

在 LimeSurvey 中创建一份完整问卷的过程可以分为五个步骤：（1）在系统中创建新的问卷调查；（2）在问卷调查中添加问题，包含添加题组和添加问题两部分；（3）完善问题的各项设置，包括通用选项和高级选项；（4）设定问卷中问题/题组之间的逻辑，比如跳问、随机等；（4）完成问卷的外观、显示、发布控制等调查设置。完成这些步骤后，就可以发布问卷进行调查了。

第6章

问卷设计高级技巧

利用计算机编程能力，LimeSurvey 的电子问卷显得比纸笔问卷更加"智能"。譬如在问卷中设置跳问和随机逻辑，系统会自动隐藏无须填答的问题，向受访者呈现一份更加简洁明了的问卷。又比如在问题中设置填答范围，避免受访者填入错误的或是无效的答案，以保证数据的质量。

在上一章中已经介绍了通过问题的设置、逻辑的设置等基本方法实现电子问卷智能化的技巧。但 LimeSurvey 能做的远不止于此。灵活运用表达式可以实现问卷中的复杂逻辑；而通过结合 JavaScript 脚本语言，LimeSurvey 几乎能够随心所欲地控制问卷的所有行为和表现形式。

本章将介绍几种 LimeSurvey 的高级使用技巧，以展示 LimeSurvey 电子问卷的强大功能。

6.1 答案引用

在问题中引用受访者对问卷前面某一问题的回答，可以给受访者带来友好的交互体验。这种答案引用在传统的纸笔问卷中依靠"智人"访问员来实现。但这种方式不仅操作不便，而且一不小心还会引用错误。尤其是被引用的答案与问题之间相隔较远时，访问员几乎都会放弃引用。而在 LimeSurvey 的电子问卷中，插入一个占位字段或者编写一段表达式就可以轻松实现精准的答案引用。

6.1.1 插入占位字段引用答案

LimeSurvey 将调查中的很多常用内容转换为了占位字段，方便用户一键调用。比如标准字段，调查参与者操作代码对应的姓氏、名字、电子邮件、调查 ID、问题代码等；再比如调查中的问题答案字段。LimeSurvey 中很多输入框的工具栏里都有一个"柠檬"图标，点击该图标就能够调用系统中的占位字段。

接下来用两道简单的示例问题介绍使用占位字段引用答案的方法。

示例问题

G1. 您所在地区主要消费的肉类是：_____

G2. 一般｛G1｝的价格是：_____元/斤

示例问题中，G2 的问题题干要引用 G1 题的答案。那么，在编辑 G2 题的时候，就需要在指定位置插入 G1 题答案的占位字段。如图 6-1、图 6-2 所示，将输入光标移动至 G2 题的题干"一般"和"的价格是"之间，点击问题输入框工具栏中的"柠檬"图标，从弹出的"占位字段"列表中选择问题 G1。

调用占位字段时需要注意，"占位字段"列表中只有当前问题所在"页面"之前的问题可以被选中。也就是说，如果调查使用"按题分页"的显示方式，那么当前问题之前的所有字段均可被引用；若使用"按组分页"的显示格式，那么标准字段和当前问题所在题组之前的问题答案可以被引用，但同一题组及之后题组的问题将被禁用（见图 6-3）；而在"全部都在一页"的情况下，列表中就只有标准字段可以使用，其他问题都将被禁用（见图 6-4）。

第6章 问卷设计高级技巧

图 6-1

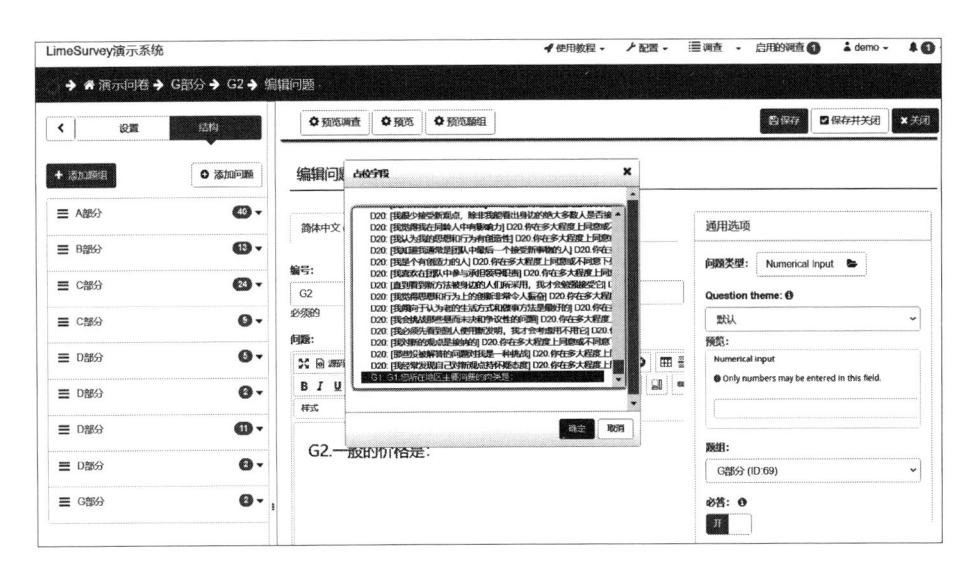

图 6-2

添加占位字段后,从问题输入框中可以看到占位字段在脚本文件中的实际代码(见图 6-5)。问题保存完毕,题干部分会显示对应的表达式(见图 6-6)。

图 6-3

图 6-4

脚本代码与表达式指代的是同一个对象,因此在编辑问题时直接书写占位字段的表达式(注意用英文字符"{}"括起表达式内容),能够达到相同的引用效果。如图 6-7、图 6-8 所示,添加一道 G2a 题,在题干中编写表达式 {G1.shown},系统显示的内容也与 G2 相同。通过以上两种方式进行答案引用,效果是一样的(见图 6-9)。

第 6 章 问卷设计高级技巧

图 6-5

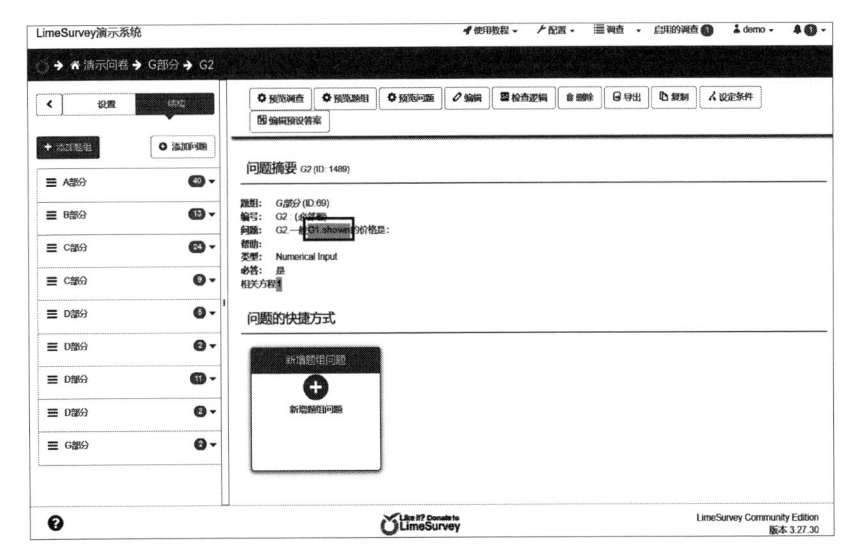

图 6-6

图 6-7

尽管两种方式的引用效果一样，但占位字段和表达式的本质却并不相同。占位字段使用的是系统脚本文件中的代码，与调查者赋予问题的编号无关。而表达式则是根据问题编号从问卷中搜寻匹配的内容，一旦问题编号被修改，对应的表达式也需要同时修改。当被引用问题的编号发生变化时，从"柠檬"中插入的占位字段的脚本代码会同步改变，仍然指向原对象；而表达式不会自动改变，需要手动修改其中的问题编号以正确引用。

为了说明其中的差别，我们将示例问题中 G1 题的问题编号改为 G0。此时 G2 题中插入的占位字段所对应的表达式自动变成了 {G0. shown}（见图 6-10）。而 G2a 题中的表达式却没有同步变更，并且由于此时调查中不存在编号 G1 的问题，因此系统将表达式 {G1. shown} 标红报错了（见图 6-11）。

第 6 章　问卷设计高级技巧

图 6 - 8

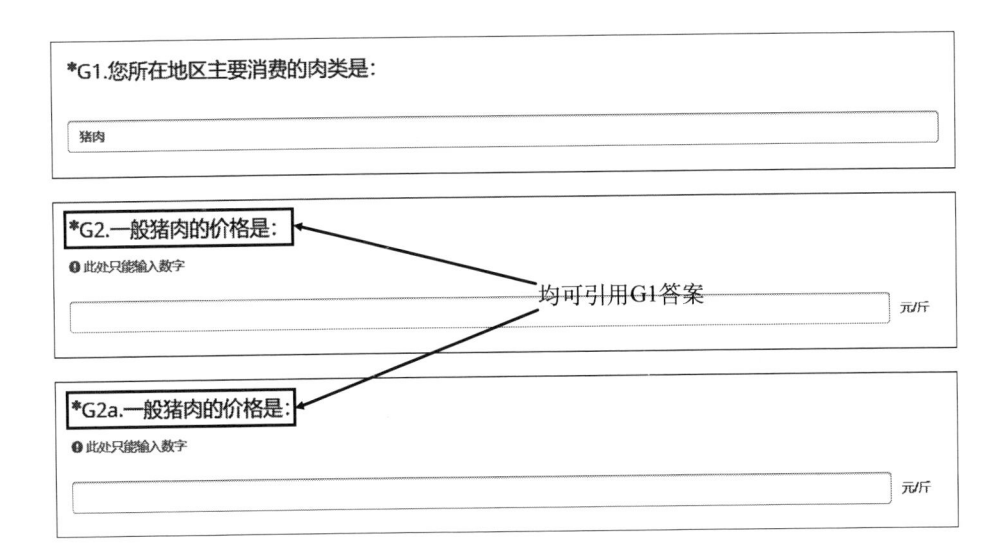

图 6 - 9

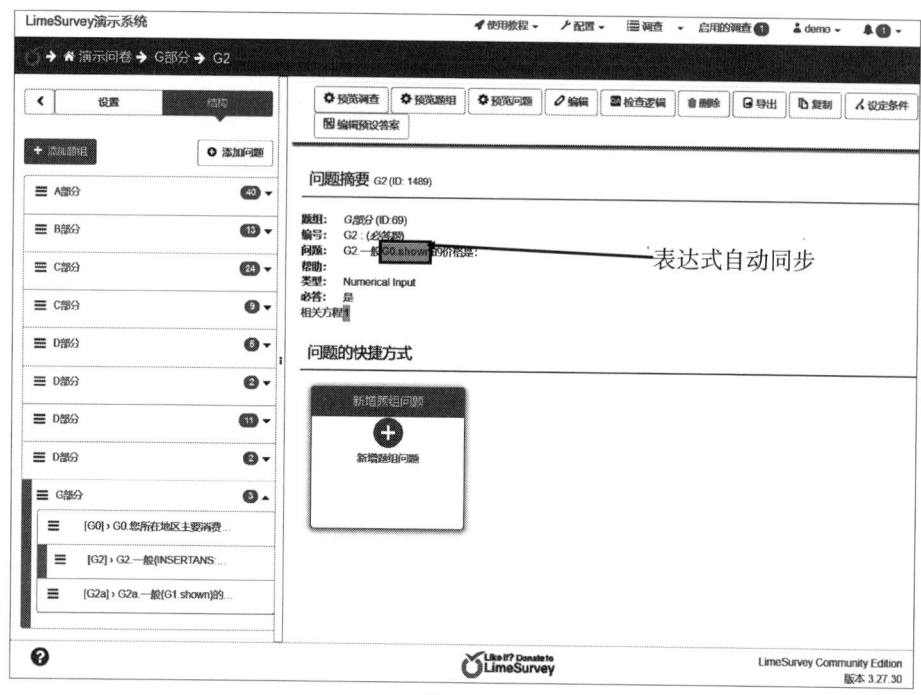

数字时代的问卷调查：LimeSurvey 的综合应用

图 6 - 10

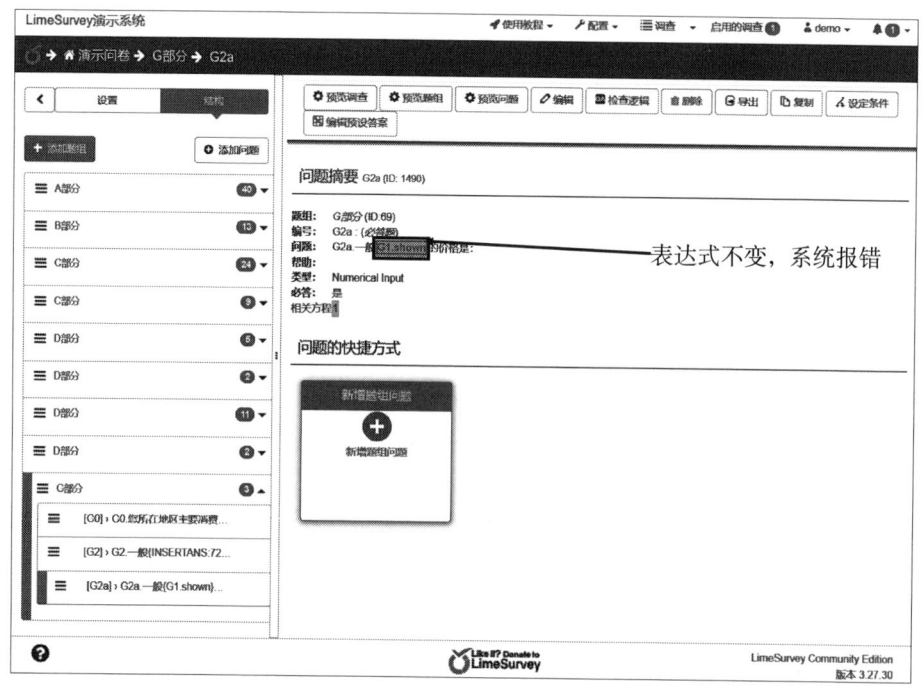

图 6 - 11

6.1.2 编写表达式引用答案

利用系统提供的占位字段可以很方便地引用一些答案，包括受访者在文本问题中填写的文本答案、在单选题或多选题中选择的答案项/子问题。但是面对复杂一些的情况，仅仅使用占位字段或是对应的单一表达式无法满足调查者准确引用答案的需求。接下来用常见的单选题中的"其他"选项，举例说明如何利用表达式解决更复杂的答案引用问题。

示例问题

G3. 在以下媒体中，哪个是您最主要的信息来源？

报纸 …………………………………………………… 1
杂志 …………………………………………………… 2
广播 …………………………………………………… 3
电视 …………………………………………………… 4
互联网（包括手机上网） …………………………… 5
手机定制消息 ………………………………………… 6
其他（请注明：＿＿＿＿＿＿＿） ………………… 7

G4. 过去一年，您对{G3}的使用情况是：

几乎每天 ……………………………………………… 1
一周数次 ……………………………………………… 2
一月数次 ……………………………………………… 3
一年数次或更少 ……………………………………… 4
从不 …………………………………………………… 5

在示例问题 G4 中，如果只是简单地插入 G3 题的占位字段或者其对应的表达式{G3.shown}（见图 6-12），系统则只能引用 G3 题中的一般选项"报纸""杂志"等（见图 6-13），但是无法准确引用"其他"选项中填入的具体内容（见图 6-14）。

图 6-12

图 6-13

第 6 章　问卷设计高级技巧

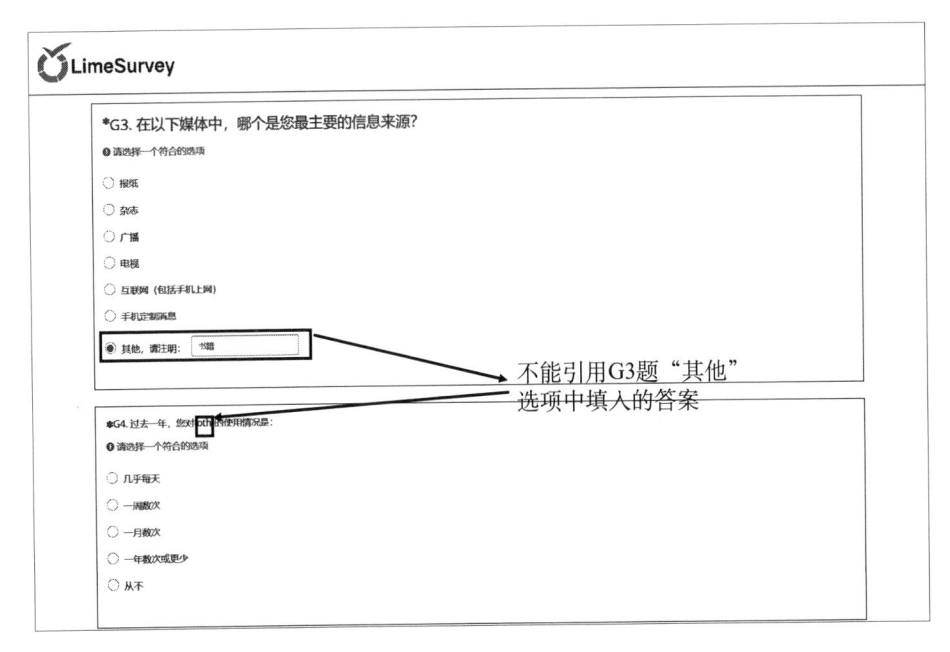

图 6-14

为什么占位字段只能准确引用一部分答案呢？这是因为，虽然选择题中的一般选项和"其他"选项都是问题的答案项，但是在 LimeSurvey 中，前者是由用户自定义编辑的，后者却是开启相应功能后由系统自动调用的。因此两者在系统中相互独立，并不能视为相同的对象，即占位字段或表达式 {G3.shown} 所指代的内容。

点击 G3 题工具栏中的"检查逻辑"按钮，逻辑文件更直观地反映了一般选项和"其他"选项之间的差别（见图 6-15）。与一般选项的层级相对应的是"其他"选项的固定文本"其它"，而不是受访者答题时在输入框中填写的内容（见图 6-16）。因此，{G3.shown} 引用的内容是"报纸"、"杂志"、"广播"、"电视"、"互联网（包括手机上网）"、"手机定制消息"和"其它"。也就是说，无论受访者在"其他"选项的输入框中填写什么内容，在占位字段的位置出现的都是"其它"，即图 6-14 中显示的"-oth-"。这就是为什么 {G3.shown} 只能完成部分引用。

那么，要怎样做到既能引用一般选项，又能引用"其他"选项输入框中的内容呢？由于两者在系统中属于不同的层级，所以我们需要将引用内

数字时代的问卷调查：LimeSurvey 的综合应用

图 6-15

图 6-16

第 6 章　问卷设计高级技巧

容分为两个部分：（1）当受访者选择一般选项中的答案时，引用 {G3.shown}；（2）当受访者选择"其他"选项时，引用"其他"选项输入框中的内容，即 {G3_other.shown}。

整个过程可以使用 if 条件语句来实现。if 语句的基础语法为 {if（A，B，C）}，表示如果满足条件 A，则执行 B，否则执行 C。

具体解决示例问题 G4 中的引用时，则是如果 G3 答案是 1/2/3/4/5/6（答案项的编号），对应表达式写作 {G3.NAOK==1 or G3.NAOK==2 or G3.NAOK==3 or G3.NAOK==4 or G3.NAOK==5 or G3.NAOK==6}，引用 {G3.shown}，否则引用 {G3_other.shown}。在 G4 题题干中相应位置插入语句 {if（G3.NAOK==1 or G3.NAOK==2 or G3.NAOK==3 or G3.NAOK==4 or G3.NAOK==5 or G3.NAOK==6，G3.shown，G3_other.shown）}（见图 6-17）。当然也可以反向判断：如果 G3"其他"选项的输入框中有答案（即 G3_other 不为空），则引用 {G3_other.shown}，否则引用 {G3.shown}。其对应的表达式更加简洁，写作 {if（! is_empty（G3_other.NAOK），G3_other.shown，G3.shown）}。表达式中的 {! is_empty（QID.NAOK）} 表示编号为"QID"的问题答案不是空值。

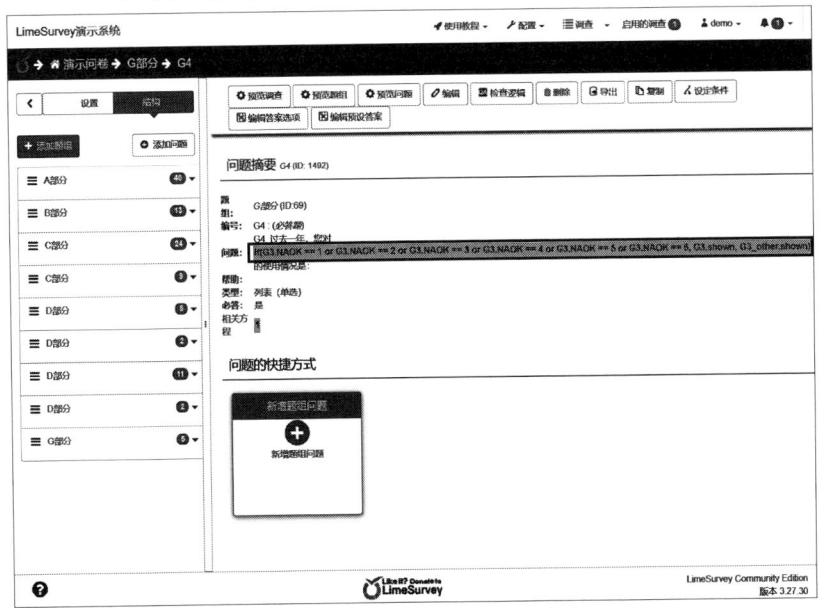

图 6-17

数字时代的问卷调查：LimeSurvey 的综合应用

在 G4 题题干中编写对应的表达式，就可以顺利完成对 G3 题答案的引用了，引用效果如图 6-18、图 6-19 所示。

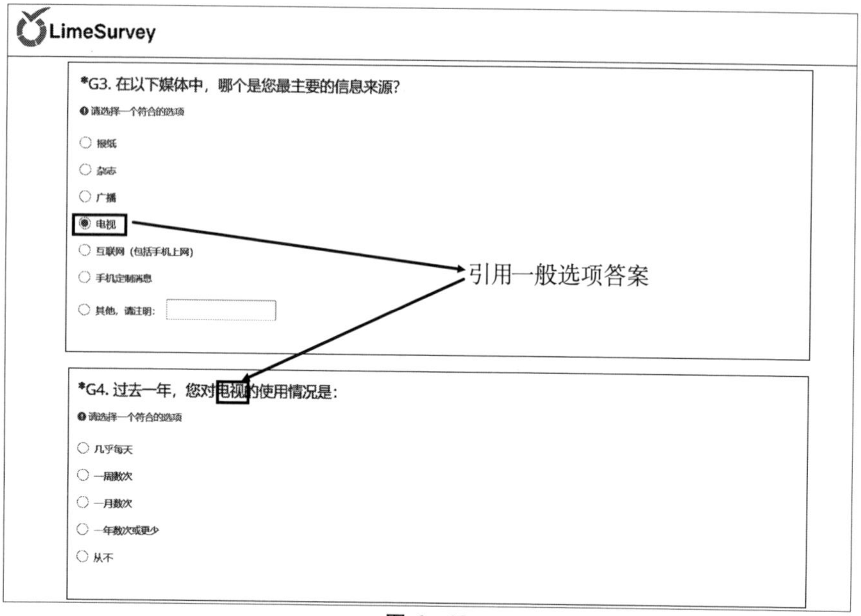

图 6-18

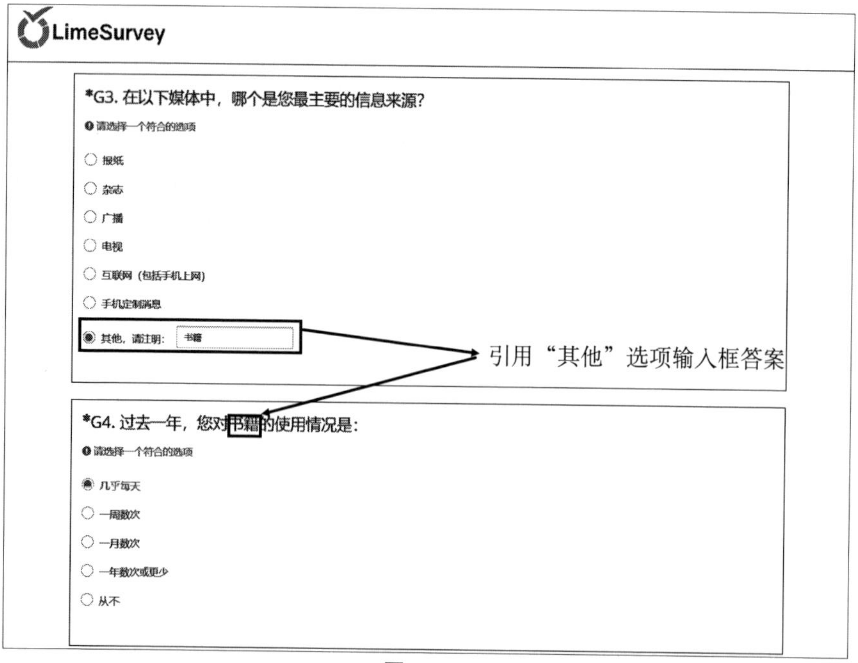

图 6-19

第 6 章　问卷设计高级技巧

6.2　高级阵列筛选

  LimeSurvey 的阵列筛选功能是创建智能化问卷的一个重要技巧。如图 6-20 所示，使用阵列筛选，系统能自动筛选出受访者的回答，并进行引用。阵列筛选功能能够消除纸笔问卷中为了确保问题适用于每一个受访者，而将所有的答案项罗列展示所导致的逻辑弊端。如果是纸笔问卷，那么图 6-20 中的示例问题，即使受访者在 G5 题中没有选择"广播"，G6 题的答案项中仍然会出现"广播"。

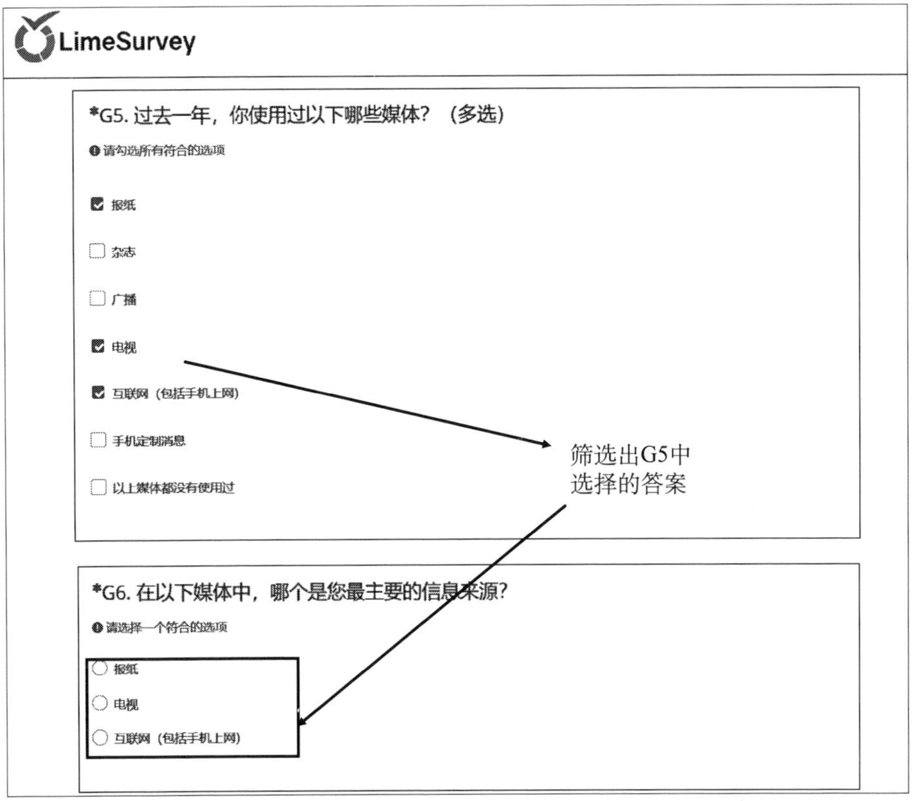

图 6-20

上一章对如何使用阵列筛选已做了详细介绍。阵列筛选功能很有用，但是有时却不太"听话"，例如下面的示例问题，系统就无法直接使用阵列筛选功能对其进行准确筛选。

示例问题

G7. 过去一年，您是否使用过以下媒体：

	是	否
1. 报纸	1	2
2. 杂志	1	2
3. 广播	1	2
4. 电视	1	2
5. 互联网（包括手机上网）	1	2
6. 手机定制消息	1	2

G8. 过去一年，您对这些媒体使用的频繁程度的变化是：

	增加	不变	减少
1. 报纸	1	2	3
2. 杂志	1	2	3
3. 广播	1	2	3
4. 电视	1	2	3
5. 互联网（包括手机上网）	1	2	3
6. 手机定制消息	1	2	3

【逻辑】筛选 G7 中选择"是"的媒体作为子问题。

如果直接在 G8 题的阵列筛选中填入 G7，则筛选结果如图 6-21 所示。因为在阵列筛选中，系统筛选的依据是"是否选择了某一选项"，选中的被显示，没选中的被剔除。而在阵列题型中，无论子问题的实际答案是什么，每一个子问题实际上都被选择了，因此都会被显示。

对阵列题进行筛选，不能直接使用 LimeSurvey 自带的阵列筛选功能，而是通过编写子问题的相关方程来实现。如图 6-22 所示，在 G8 题的子问题中填入对应的表达式 {G7_N.NAOK==1}（其中 G7_N 指子问题编号）。通过相关方程，控制它们只有在 G7 题对应的子问题选择"是"的情况下才能在 G8 题中显示。需要注意的是，G8 题子问题的表达式要与

第 6 章　问卷设计高级技巧

图 6-21

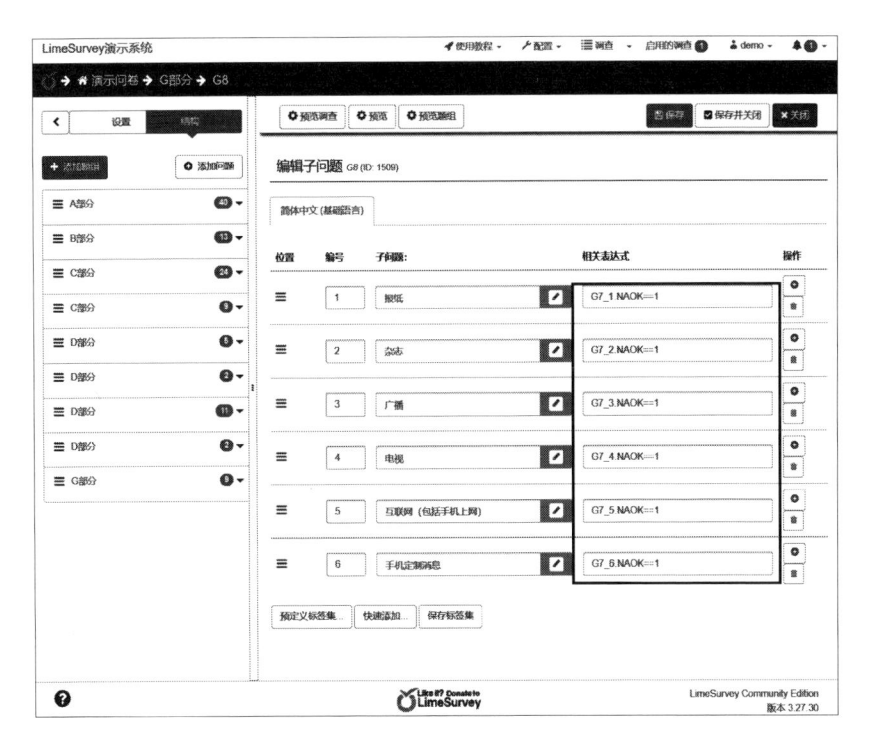

图 6-22

G7 题子问题的编号一一对应，"报纸"对应"报纸"、"杂志"对应"杂志"……如此，才能达到筛选效果（见图 6-23）。

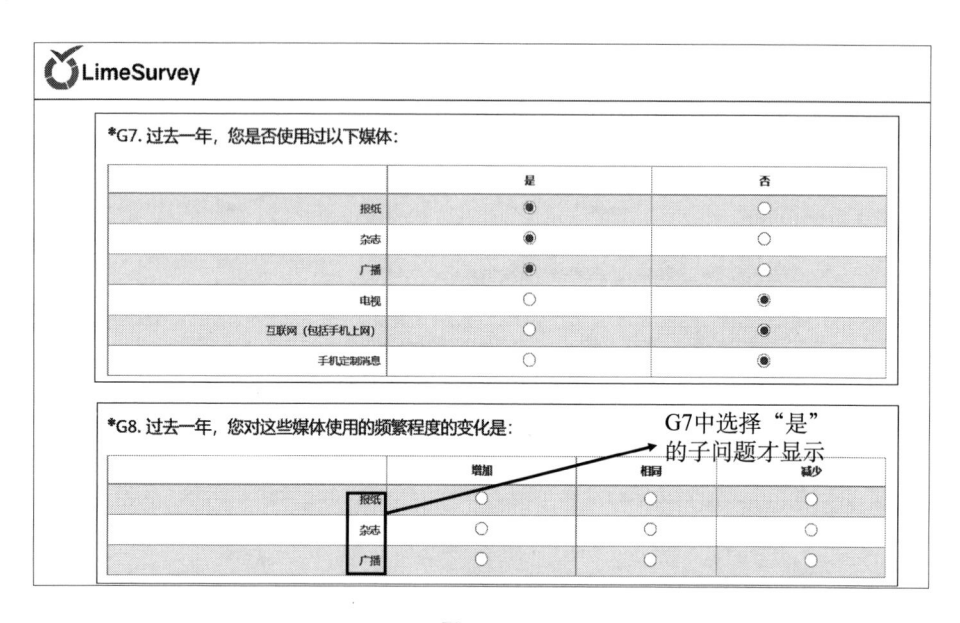

图 6-23

6.3 复杂跳问逻辑

在上一章中，我们已经介绍过在 LimeSurvey 中设置跳问逻辑的基本方法，一共有设定条件和相关方程两种方法。跳问逻辑在问卷调查中很常见并且十分重要，它在一定程度上决定了受访者接触到的是否是一份流畅便捷的问卷。涉及跳问逻辑的问题不止选择题这类题型，在文本类型的问题中受访者输入的字符，很多时候也会成为跳问的基础。由于输入字符的复杂多样性，因此在实现这类跳问逻辑时通常需要编写复杂的表达式，有时还需要借助函数。本节将借用一个解决方案实例，启发在调查问卷中编写复杂的相关方程以执行跳问逻辑的相关思考。

示例问题

G9. 请问您家的固定电话号码是（区号＋号码）：_____

G10. 请问您家在哪个区？

东城	1
西城	2
朝阳	3
丰台	4
石景山	5
海淀	6
门头沟	7
房山	8
通州	9
顺义	10
昌平	11
大兴	12
怀柔	13
平谷	14
密云	15
延庆	16

【跳问逻辑】 固定电话区号为"010"的回答 G10。

G10a. 请问您家在哪个区？

和平	1
河北	2
河东	3
河西	4
南开	5
红桥	6
东丽	7

西青 …………………………………………………	8
津南 …………………………………………………	9
北辰 …………………………………………………	10
武清 …………………………………………………	11
宝坻 …………………………………………………	12
滨海新区 ……………………………………………	13
宁河 …………………………………………………	14
静海 …………………………………………………	15
蓟州 …………………………………………………	16

【跳问逻辑】固定电话区号为"022"的回答G10a。

示例问题中，先依靠G9题获取受访者的固定电话（区号＋号码），继而通过区号判断属地，北京地区的受访者填答G10题，天津地区的受访者则填答G10a题。因此，示例问题中存在的跳问逻辑是当G9题的答案以"010"开头时，显示G10题；以"022"开头时，显示G10a题。

substr函数可以帮助我们实现这一目标。substr（A，L1，L2）函数的功能是抓取字符串A中从第L1位开始到第L2位之前（不包括第L2位）的所有字符。在字符串abcde中，第0位是a，第1位是b，第2位是c，以此类推。

在示例中，字符串A是G9题中填入的答案{G9.shown}，L1＝0，L2＝3，通过判断函数抓取的字符substr（G9.shown，0，3）是否为"010"/"022"来决定问题G10与G10a的显示。据此，G10的相关方程应该写作{substr（G9.shown，0，3）＝＝"010"}（见图6-24），即G9答案的前三位是"010"时，显示G10题；同样，G10a的相关方程应写作{substr（G9.shown，0，3）＝＝"022"}（见图6-25），即G9答案的前三位是"022"时，显示G10a题。

在系统中添加示例问题G9、G10和G10a，分别编辑G10和G10a对应的相关方程。填答问卷时，如果G9题的答案前三位是"010"，那么系

第6章 问卷设计高级技巧

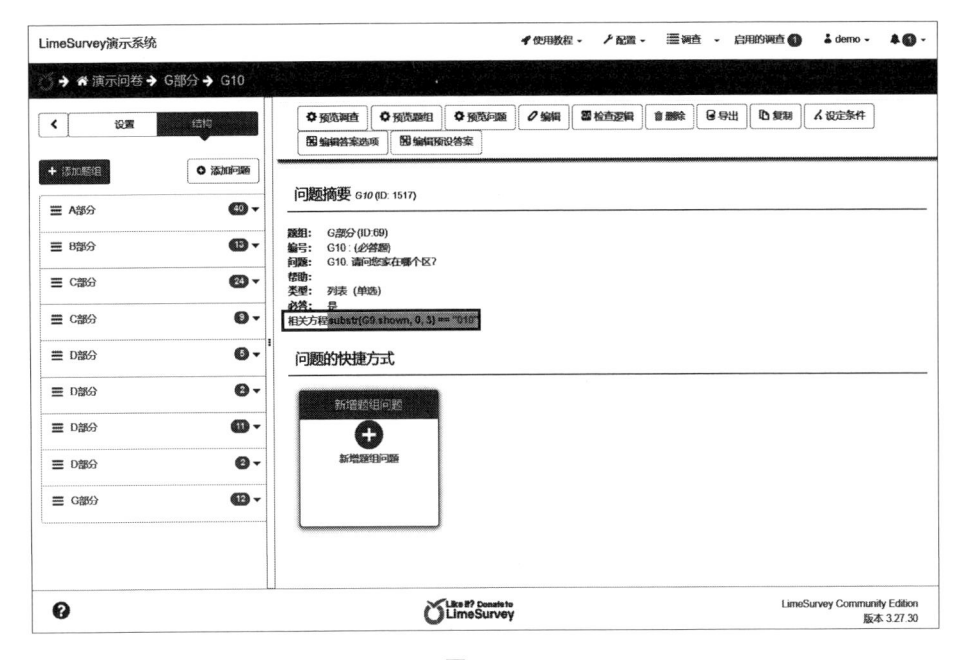

图 6-24

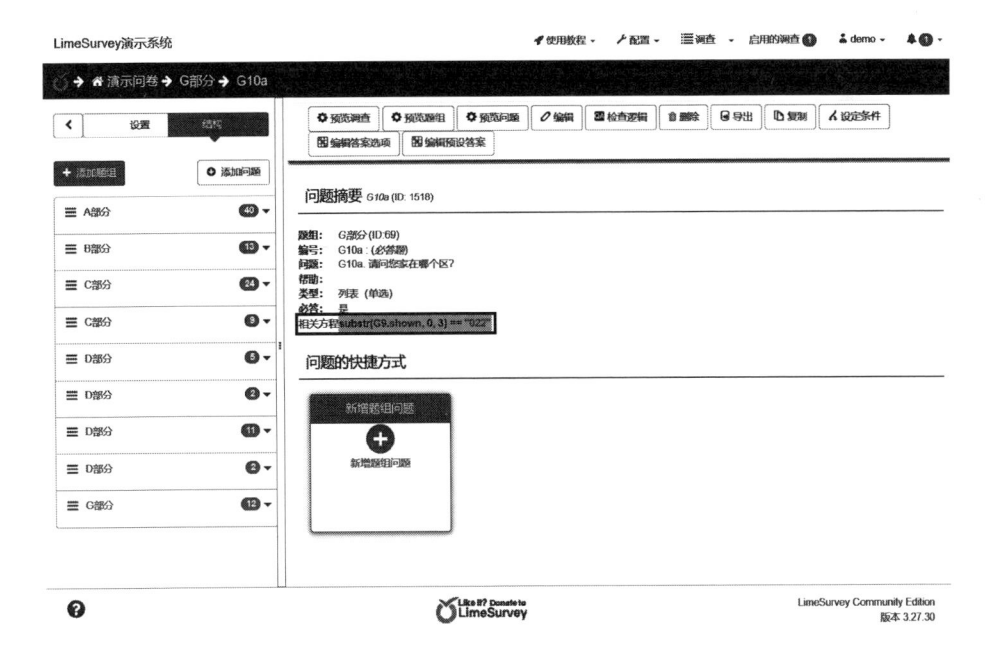

图 6-25

统会显示 G10 题让受访者回答（见图 6-26）；如果 G9 题的答案前三位是"022"，那么系统会显示 G10a 题（见图 6-27）；如果 G9 题答案的前三位既不是"010"，也不是"022"，那么 G10 题和 G10a 题都会被隐藏。

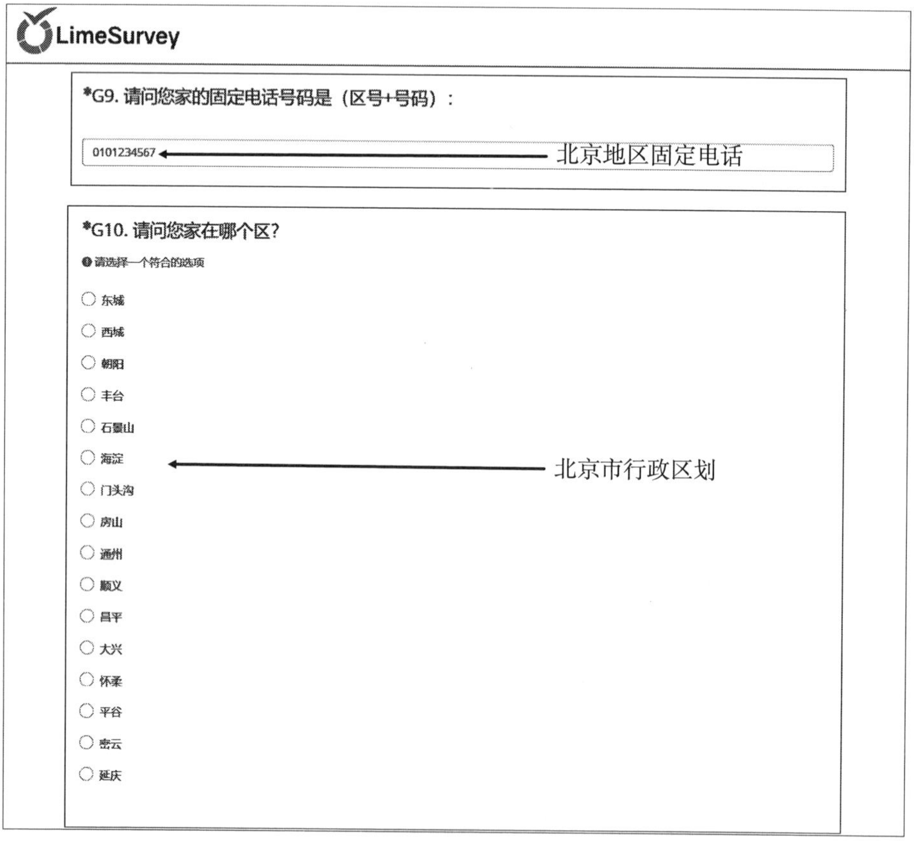

图 6-26

不同的问卷设计有着多种多样的跳问逻辑，借助编程中的函数和语句，可以编写出满足不同需求的相关方程。而解决问题的思路不止一种，能满足需求的方程也不是只有一个"标准答案"，会有多种表达式可以达到同样的目的。在实际操作过程中，要根据具体的问题灵活使用各种函数和语句，设计出最简洁合适的表达式。对表达式的深入开发和挖掘可以参考 LimeSurvey 在线手册中表达式管理器部分的介绍。

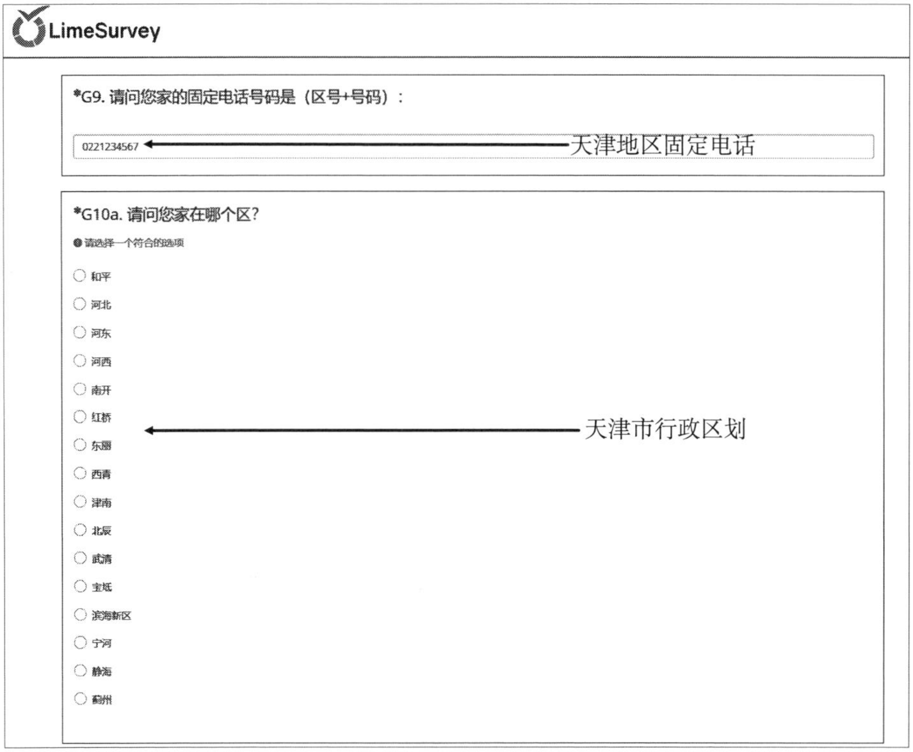

第 6 章　问卷设计高级技巧

```
LimeSurvey

*G9. 请问您家的固定电话号码是（区号+号码）：
[0221234567]  ←──────────────  天津地区固定电话

*G10a. 请问您家在哪个区？
● 请选择一个符合的选项
○ 和平
○ 河北
○ 河东
○ 河西
○ 南开
○ 红桥
○ 东丽  ←──────────────  天津市行政区划
○ 西青
○ 津南
○ 北辰
○ 武清
○ 宝坻
○ 滨海新区
○ 宁河
○ 静海
○ 蓟州
```

图 6 - 27

6.1　随机呈现答案项

　　LimeSurvey 对 JavaScript 脚本语言的支持，使其具有强力扩展系统的功能，这使得用户可以自行开发出 LimeSurvey 预设题型以外的自定义题型。以下面这个问题为例：

示例问题
G11. 如果有以下 7 所院校供你选择，请问你会选择哪一所？ 北京大学 ……………………………………………………………… 1

安徽大学				2
中国人民大学				3
西南大学				4
北京工业大学				5
南开大学				6
山东大学				7

【随机答案项逻辑】从下列 140 所院校中随机选择 7 所作为答案项显示。

北京大学	中国政法大学	华东理工大学	宁波大学	广西大学
中国人民大学	华北电力大学	东华大学	安徽大学	海南大学
清华大学	中国矿业大学（北京）	上海海洋大学	中国科学技术大学	重庆大学
北京交通大学	中国石油大学（北京）	上海中医药大学	合肥工业大学	西南大学
北京工业大学	中国地质大学（北京）	华东师范大学	厦门大学	四川大学
北京航空航天大学	中国科学院大学	上海外国语大学	福州大学	西南交通大学
北京理工大学	南开大学	上海财经大学	南昌大学	电子科技大学
北京科技大学	天津大学	上海体育学院	山东大学	西南石油大学
北京化工大学	天津工业大学	上海音乐学院	中国海洋大学	成都理工大学
北京邮电大学	天津医科大学	上海大学	中国石油大学（华东）	四川农业大学
中国农业大学	天津中医药大学	海军军医大学	郑州大学	成都中医药大学
北京林业大学	河北工业大学	南京大学	河南大学	西南财经大学
北京协和医学院	太原理工大学	苏州大学	武汉大学	贵州大学
北京中医药大学	内蒙古大学	东南大学	华中科技大学	云南大学
北京师范大学	辽宁大学	南京航空航天大学	中国地质大学（武汉）	西藏大学
首都师范大学	大连理工大学	南京理工大学	武汉理工大学	西北大学

续表

北京外国语大学	东北大学	中国矿业大学	华中农业大学	西安交通大学
中国传媒大学	大连海事大学	南京邮电大学	华中师范大学	西北工业大学
中央财经大学	吉林大学	河海大学	中南财经政法大学	西安电子科技大学
对外经济贸易大学	延边大学	江南大学	湖南大学	长安大学
外交学院	东北师范大学	南京林业大学	中南大学	西北农林科技大学
中国人民公安大学	哈尔滨工业大学	南京信息工程大学	湖南师范大学	陕西师范大学
北京体育大学	哈尔滨工程大学	南京农业大学	国防科技大学	空军军医大学
中央音乐学院	东北农业大学	南京中医药大学	中山大学	兰州大学
中国音乐学院	东北林业大学	中国药科大学	暨南大学	青海大学
中央美术学院	复旦大学	南京师范大学	华南理工大学	宁夏大学
中央戏剧学院	同济大学	浙江大学	广州中医药大学	新疆大学
中央民族大学	上海交通大学	中国美术学院	华南师范大学	石河子大学

示例问题在受访者看来只是一道简单的单选题，但是实际上需求比较复杂。这道题的目的是对全国 140 所大学进行评价，140 所学校远远超出了人们的评价能力，所以解决方法是，每次从这 140 所学校里随机抽取 7 所学校，让受访者从中选一所最好的，以确保每一所大学都有同样的机会与其他学校进行比较。要实现这个目的，问题每一次加载调用的答案项都不能相同，还要确保答案项是从 140 所院校中随机选择的。使用 LimeSurvey 系统中已有的题型是无法实现这一要求的。若是穷尽所有可能的排列组合创建多道包含 7 个固定答案项的单选，再通过控制问题的随机显示来实现，则需要预置超过 10^{11} 个题目，这是完全不现实的。而如果把随机选择 7 所院校作为答案项的过程放在 JavaScript 脚本文件中，只需要几行代码就能实现。

点击问题编辑框中的"源码"（见图 6-28），可以看到问题的脚本文件。而在问卷中只会显示题干的文本内容。尽管全部 140 所院校都编辑在问题的答案项中,但每次加载时都是从中随机调用 7 个,从概率上讲,任意两次加载问题时系统调用的答案项基本上都是不相同的。

图 6-28

以 JavaScript 编写的脚本源代码如图 6-29 所示。

来自 JavaScript 的支持,使得 LimeSurvey 展现出强大的可扩展性,用户可以根据自身的需求,定制开发各种扩展题型,这体现出了电子问卷

```
<script>
  //显示随机数目的答案选项（支持多选和单选类型的题目）
  $(function){
    var show_nums =7;              //显示答案的个数
    var question_id = {QID};
    var items = $("#question"+question_id).find("li.checkbox-item");
    if (items.length < 1 ){
        items = $("#question"+question_id).find("li.radio-item");
    }
    if (show_nums >= items.length) return;
    items.hide();
    for (var i=0;i<show_nums;i++) {
        var random_index = Math.floor(Math.random() * items.length);
        var item =items.eq(random_index);
        item.show();
        console.log(item);
        items.splice(random_index,1);
        }
    });
</script>
```

图 6 - 29

的定制化、智能化特色。在 LimeSurvey 的网站上，也有大量由第三方开发的扩展题型，用户可根据自己的需求免费或付费使用。

6.5 地图服务

LimeSurvey 里的短自由文本题型，常常被调查者用来完成填空题。但短自由文本题还有一种特殊用途，那就是调用地图服务，让受访者从地图上选择一个地理位置回答问题。短自由文本题的高级选项"位置"用于控制地图服务的使用，如图 6 - 30 所示，"位置"中有以下几项设置。

数字时代的问卷调查：LimeSurvey 的综合应用

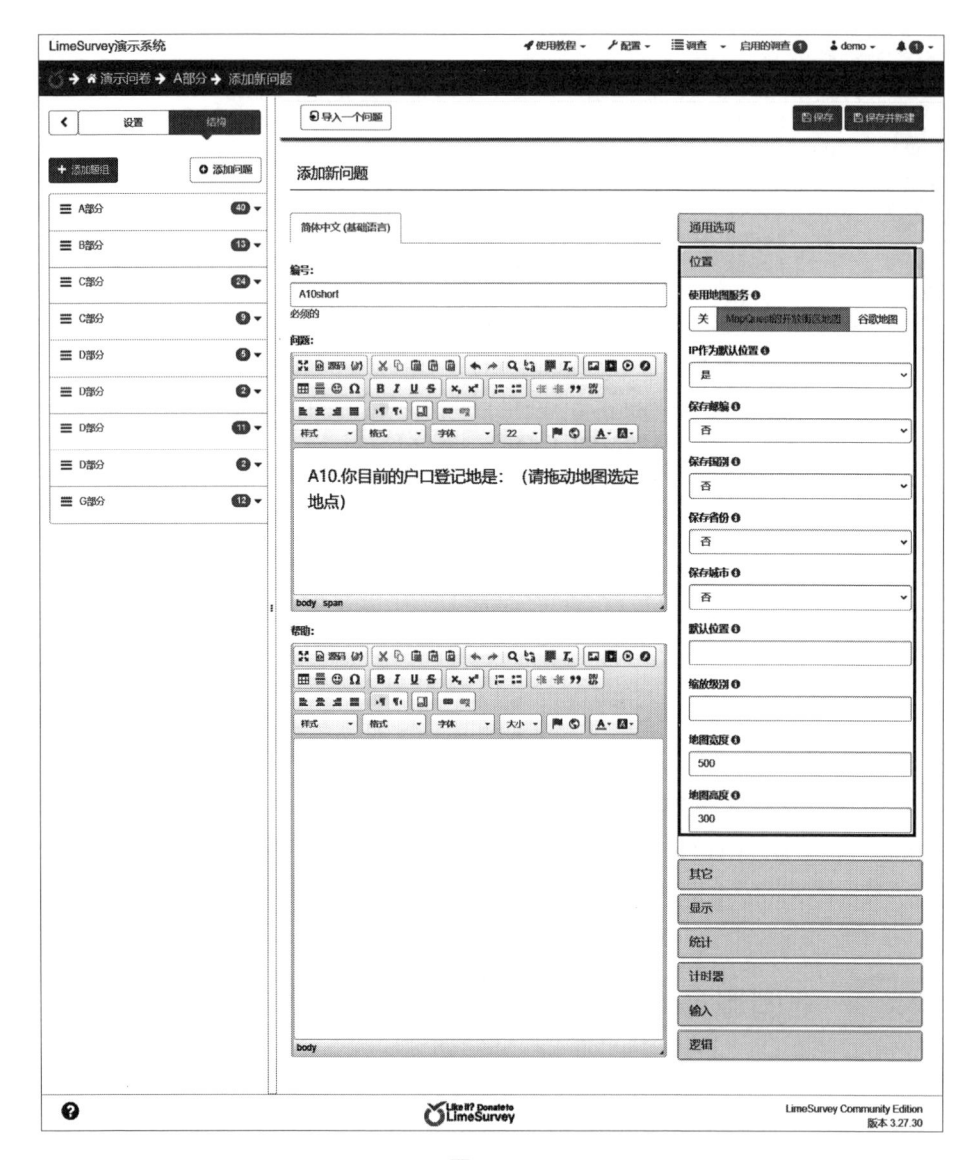

图 6-30

● 使用地图服务：默认关闭，可以选择使用 MapQuest 的开放街区地图或者谷歌地图进行定位；开启后受访者可以直接在地图上选点。

● IP 作为默认位置：抓取受访者访问调查时的 IP 地址作为默认的定位。

使用地图服务时，可以选择是否同时在反馈数据中保存一系列相关的信息。

- 保存邮编：在反馈数据中保存邮政编码信息。
- 保存国别：在反馈数据中保存国别信息。
- 保存省份：在反馈数据中保存省份信息。
- 保存城市：在反馈数据中保存城市信息。
- 默认位置：设置地图加载时居中显示的经度和纬度，填写格式是"纬度[空格]经度"。
- 缩放级别：设置地图默认显示时的缩放大小，范围是 0~11；缩放值越高，地图的比例尺越大，即地图显示区域所表示的范围更小，图内表示的内容更详细，精度更高。
- 地图宽度：默认宽度是 500px，可以自定义宽度值。
- 地图高度：默认高度是 300px，可以自定义高度值。

在具体的问题中，可以让受访者在地图上点选其所在的位置，或者在网络调查过程中自动识别受访者的 IP 地址，以实现自动定位，供进一步分析或配额使用。

6.6 评价

LimeSurvey 中的评价功能，是实现各种实时测评类调查以及在线考试系统的"神器"。简单来说，评价功能就是调查者预先给各个问题的答案赋值，受访者每回答一道问题就会得到相应的分值，所有问题的分值之和即为总分。同时，调查者会按照一定的规则，在系统中为不同的总分设置对应的信息。受访者提交问卷后，系统会自动计算出得分并显示出对应的信息。

下面，我们以焦虑自评量表[①]为例介绍评价功能的具体操作和使用。

---

① 焦虑自评量表（self-rating anxiety scale，SAS）由 Zung 编制于 1971 年。

示例问题

本调查用于测试您在焦虑症状方面的主观感受,请真实、客观回答。调查共 20 题,答题时间约 5 分钟。答题结束后我们将会根据您的得分给出测试结果。注意,测试结果仅为一项参考指标,不能作为焦虑症状临床分级的绝对标准使用。

S1. 请根据您在过去一周中的实际感觉回答下列问题:

	没有或很少时间有	小部分时间有	大部分时间有	绝大部分或全部时间都有
1. 我觉得比平常容易紧张和着急。	1	2	3	4
2. 我无缘无故地感到害怕。	1	2	3	4
3. 我容易心里烦乱或觉得惊恐。	1	2	3	4
4. 我觉得我可能将要发疯。	1	2	3	4
5. 我手脚发抖打战。	1	2	3	4
6. 我因为头痛、颈痛和背痛而苦恼。	1	2	3	4
7. 我感觉容易衰弱和疲乏。	1	2	3	4
8. 我觉得心跳很快。	1	2	3	4
9. 我因为一阵阵头晕而苦恼。	1	2	3	4
10. 我有晕倒发作或觉得要晕倒似的。	1	2	3	4
11. 我手脚麻木和刺痛。	1	2	3	4
12. 我因为胃痛和消化不良而苦恼。	1	2	3	4
13. 我常常要小便。	1	2	3	4
14. 我脸红发热。	1	2	3	4
15. 我做噩梦。	1	2	3	4

S2. 请根据您在过去一周中的实际感觉回答下列问题:

	没有或很少时间有	小部分时间有	大部分时间有	绝大部分或全部时间都有
1. 我觉得一切都很好,也不会发生什么不幸。	4	3	2	1
2. 我觉得心平气和,并且容易安静坐着。	4	3	2	1
3. 我呼气吸气都感到很容易。	4	3	2	1
4. 我的手常常是干燥温暖的。	4	3	2	1
5. 我容易入睡并且一夜睡得很好。	4	3	2	1

焦虑自评量表共有 20 道问题,每道题目的答案项对应的数字表示分

值。20道题目得分相加得到原始分（raw score），原始分乘以1.25后取整数部分，得到标准分。根据中国常模结果，焦虑自评量表标准分的分界值为50分，轻度焦虑在50～59之间，中度焦虑在60～69之间，重度焦虑为69分以上。通过原始分-标准分换算表将标准分区间换算成原始分区间，则原始分分界值为40分，总分低于40分者为正常，向受访者显示评价信息"您的得分是X。您目前状态良好，没有出现焦虑症状"；总分在40～47之间为轻度焦虑，对应的评价信息为"您的得分是X。您目前处于轻度焦虑阶段"；总分在48～55之间为中度焦虑，对应的评价信息为"您的得分是X。您目前处于中度焦虑阶段"；重度焦虑为总分55分以上，对应的评价信息为"您的得分是X。您目前处于重度焦虑状态！"。

要实现对焦虑的自动测评，首先在系统中创建"焦虑自评"问卷调查，并使用阵列题型创建S1、S2题。然后从"设置—问卷调查菜单—评价"中点击"启用评估"按钮，开启当前调查的评价功能（见图6-31）。或者，也可以通过"设置—调查设置—通知及数据"开启"启用评估模式"功能。

进入评价界面，点击列表左下方的"新增评估规则"按钮，设置评分标准。如图6-32所示，根据问卷的评分标准添加第一个"焦虑症状-正常"的评估规则。

这里的举例焦虑自评量表需要统计的是问卷中全部问题的答案，因此评估规则的范围选择"全部"。总分在40以下为正常，且所有问题填答完毕后各道题相加最低得分为20，因此将"焦虑症状-正常"评估规则中的最小值和最大值分别设置为20和39。在标题栏和信息栏中填入对应的文本内容，点击右下角"保存"按钮即可完成当前评估规则的创建。点击信息栏的编辑工具栏中的"柠檬"图标，可以使用占位字段在评价信息中引用评价组分{PERC}和总体评价分{TOTAL}；评估信息可以根据需要进行设计，比如调整字体、颜色、大小等，甚至能够添加多媒体文件。

在其他调查中，如果评分标准是统计一个题组中问题的得分，则应该将范围确定为"组"，并选择对应的题组。需要注意的是，当"范围"选定的是"全部"时，那么即使选择了一个"题组"，系统仍然会将总体评分作为评估的依据。

数字时代的问卷调查：LimeSurvey 的综合应用

图 6 - 31

图 6 - 32

第6章 问卷设计高级技巧

采用相同的方式添加剩余的三种评估规则,即"焦虑症状-轻度焦虑"、"焦虑症状-中度焦虑"和"焦虑症状-重度焦虑"。当前调查中添加的所有评估规则会以列表形式显示在评价界面,点击对应评估规则的功能按钮,可以执行删除、编辑操作(见图6-33)。

图 6-33

评分标准设置完毕后,还有一步重要操作,那就是给问题答案赋值。启用了评估模式的调查里,问题的答案项中会出现评价值栏,可在其中填入答案项所代表的分值(见图6-34)。

不过并不是所有的题型都支持评价功能,LimeSurvey 中仅阵列(双尺度)、阵列、按列阵列、列表(下拉)、列表(单选)、带评论的列表、多选题和带评论的多选题的答案项/子问题可以设置评价值,并根据评价

图 6-34

值进行评估。对于其他不能设置答案项评价值的题型，系统无法统计分值并做出评价，例如文本问题、日期/时间、语言转换等问题。即使是题型中自带"分数"的题型，比如 5 分选择题、阵列（10 分选择）等，也不能参与评估模式中的计分过程，想要完成 5 点或 10 点利克特量表的测评，可以通过最基础的阵列题来实现。同样，受访者在数值输入、多重数值输入、阵列（数字）以及文本问题中填入的数值型答案，也不支持评价功能。

设置了所有问题的答案项所对应的评价值后，通过预览调查填答一份问卷，提交后，系统就会根据调查中设置的评分标准，在页面上显示对应的评价信息（见图 6-35、图 6-36）。

通过 LimeSurvey 的评价功能，还可以搭建在线考试系统，支持的题型有是非题、单选题、多选题。赋值时，为正确答案赋 1 分，其他的答案都是 0 分，这样，系统就能自动计算出一共答对了多少题，并根据设定的标准给出优、良、中、差的评定。

本章介绍了几种常用的高级问卷技巧，有答案引用、高级阵列筛选、

第 6 章 问卷设计高级技巧

图 6 - 35

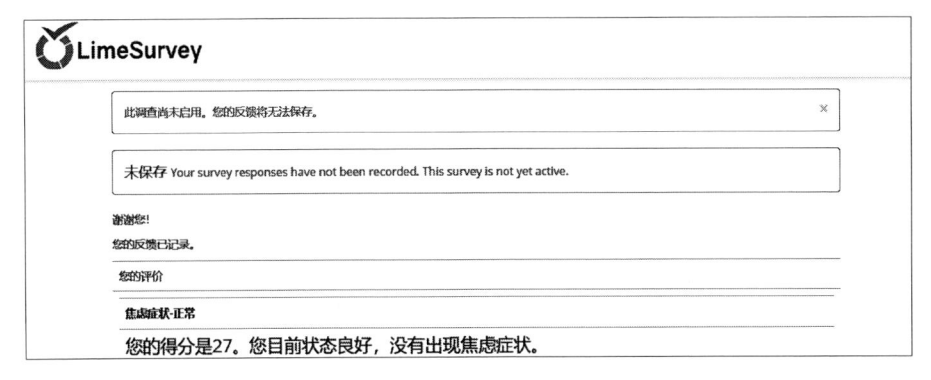

图 6 - 36

复杂跳问逻辑、随机呈现答案项、嵌入地图，以及通过评价实现智能化量表和考试系统，等等。LimeSurvey 能做的远不止于此，可编程性和可扩展性是 LimeSurvey 作为电子问卷引擎的重要特色。作为一个开源系统，开放性是 LimeSurvey 生命力的源泉。在对它的探索与发掘过程中，LimeSurvey 会不断地展现新的功能和特性。正是通过这些特性，LimeSurvey 超越了它作为一个在线问卷调查系统的初始设计目的，能被广泛地应用于多种形式的问卷调查数据采集中，发挥它作为电子问卷引擎的功能。

第 7 章

调查项目的样本管理

问卷和样本是一个调查项目最基本的两大构件。设计完成的调查问卷，还需要有一定数量的受访者来回答，这些回答问卷的受访者就是样本。问卷只有通过样本的回答才能产出调查的最终数据。选择问卷的受访者形成调查样本的过程就是抽样，抽样方案的设计和抽样的具体实施是影响调查数据质量的关键因素之一。

调查抽样分为概率抽样和非概率抽样两大类。概率抽样可以精确地计算样本中每一个案例被抽中的概率，所以能对样本进行加权，使得样本的结构与它对应的总体结构保持一致，在推断总体参数时能够知晓推断的精确度。而非概率抽样，如在街头拦访路人或者是在微信朋友圈内转发调查链接这样的方便抽样，则不能获得样本中每一个案例的入样概率，所以尽管可以通过事后分层加权让样本结构与总体结构从形式上保持一致，但仍然不能计算出推断的精度。从数据质量的角度来说，概率抽样绝对优于非概率抽样，但在实践中出于调查成本和可行性等原因，非概率抽样也经常被使用。

大多数问卷调查系统把重点放在了问卷的设计和实现上，对抽样的关注不够，默认只支持非概率抽样。而 LimeSurvey 体现出自身作为专业级调查系统的一个关键点就是具有强大的样本管理功能,能支持复杂的概率抽样设计,并且能实现构建固定样本组(panel)以及管理它。这也是 LimeSurvey 能被广泛应用到社会科学研究数据采集领域的关键性因素之一。本章将详细介绍 LimeSurvey 的调查样本管理功能以及在具体抽样实施中的应用。

7.1 开放式调查与封闭式调查

在完成对问卷内容的输入和设置后,需要激活问卷,让受访者可以通过网址填答。LimeSurvey 提供了两种访问调查的模式——开放式和封闭式。开放式的访问模式是指点击调查链接就可以直接进入问卷填答,不需要邀请码(LimeSurvey 中的操作代码)。开放式的调查模式对应的是非概率抽样方式。而封闭式访问模式的调查中,受访者在点击链接后,要先输入由调查者提供的邀请码,系统验证成功后才能填答问卷。除了受访者访问调查的方式有所不同之外,开放式调查与封闭式调查在设置、发布、反馈数据等方面也存在较多差异。通过将一项调查设为封闭式调查,可以实现不同形式的复杂的概率抽样设计、无应答分析等。

接下来,启用系统中的"婚姻家庭状况调查",比较开放式和封闭式访问模式的特点及使用方法。

7.1.1 激活调查

对调查访问模式的选择是在启用调查时进行的。无论采用哪种访问模式,首先都需要激活调查。点击调查界面右侧上方工具栏中的"启用本调查"按钮,然后"保存并激活"当前调查。在激活调查之前,需要确认几项设置内容:是否使用匿名反馈,是否保存 IP 地址、计时、时间戳和来源网址。这五项设置的具体功能已在前面章节关于调查设置的内容中进行了详细的说明。由于这五项设置在调查启用后不能被更改,所以系统在激活调查前会再次提醒用户进行最终确认。一旦调查被激活，管理员可以更改问题、答案及调查的文本，但不能更改问题题型或答案类型，并且无法添加或删除题组、问题、子问题或是更改子问题的编码，也无法添加任何阵列题或多选题的答案，不过可以添加单选题的答案项。如果想要修改上述内容，就要先停用调查。

在正式调查的过程中，尽量不要对调查进行更改。尽管调整某些问卷内容或是设置选项不会干扰调查的正常实施，但无法确保调查结果不受影响。这也是我们提倡在正式调查之前进行预调查的原因。调查者应通过预调查尽可能地找出调查中存在的问题并加以修正，并且在正式调查之前进行充分的测试。除非发现重大疏漏，正式调查启用后就不便再更改了。

7.1.2　开放式访问模式

保存并激活调查后，进入启用调查的最后一步。如图 7-1 所示，选择"不，谢谢"，将调查设置为开放式访问模式。

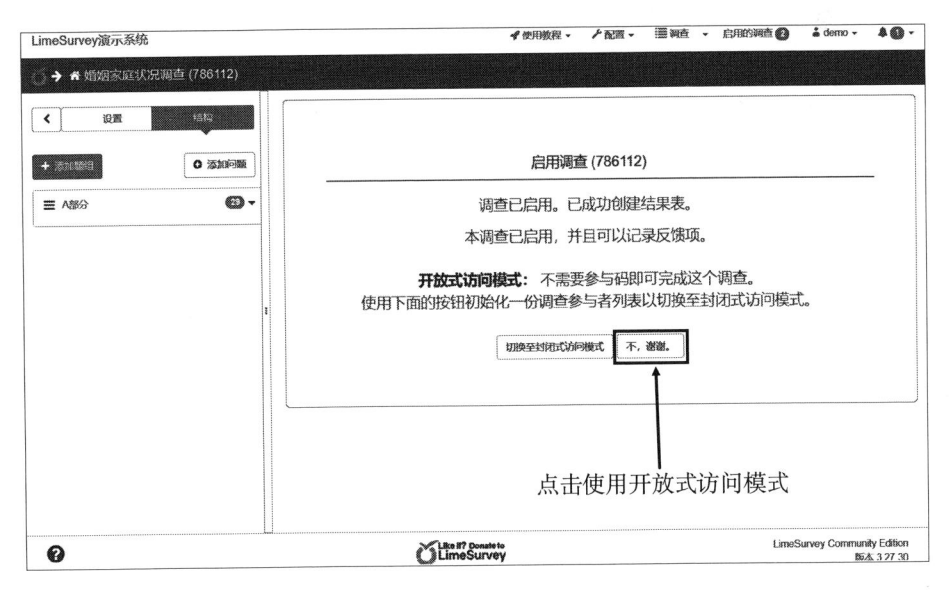

图 7-1

调查一经启用，系统就会自动创建一个单独的表单，并将其保存在数据库中，用于存储所有的反馈数据。在这个反馈表中，每一个答案项都有对应的字段，并且每一个可能的答案都有对应的值。系统接收到的反馈数据都会被逐条保存在表单中。

开放式访问模式的调查启用后，调查者就可以将调查网址分享、发布出去了。受访者直接点击调查网址进入调查填写问卷时，系统会自动将接收到的答案保存在反馈表中。开放式调查的发布方式有很多，如果是自填式问卷调查，那么既可以在网站、社交媒体之类的网络平台发布调查网址，也可以由调查者通过邮件、聊天软件等媒介把调查网址发送给受访者。如果调查中有访问员参与，那么就由访问员操作电子设备进入调查，通过读出问卷的内容向受访者提问并将答案填写在电子问卷上。这种方式实际上就是通过 LimeSurvey 进行面访调查。

通过开放式访问模式调查回收到的反馈数据，在 LimeSurvey 中没有明确的身份标识。若问卷里没有涉及受访者身份信息的问题，则受访者与反馈数据之间就没有对应关系。也就是说，调查者无法得知每一条反馈都是哪一位受访者提交的。与之相反的是，封闭式访问模式调查在受访者与反馈数据之间建立了联系。

7.1.3　封闭式访问模式

启用封闭式调查的方法与开放式调查相似，只是在启用的最后一步应选择"切换至封闭式"，并初始化调查参与者表。如果在初始化调查参与者表的界面选择了"不，谢谢"，那么调查仍然是以开放式访问模式被启用的。设置初始化调查参与者表后，系统会自动为调查创建一个存储调查参与者（受访者）信息的表单。点击"继续"，跳转至"调查参与者"界面，调查者可在此添加受访者并完善调查参与者表的内容（见图 7-2）。

7.1.4　调查参与者

1. 调查参与者表

调查参与者表是封闭式调查中非常重要的部分。可以说，开放式调查和封闭式调查最关键的差异就在于调查中是否存在调查参与者表。开放式

第 7 章 调查项目的样本管理

图 7-2

调查不限制访问调查的人员，而在封闭式调查中，只有获得了调查参与者表中的操作代码的受访者才能访问调查并填答问卷。LimeSurvey 通过调查参与者表联结受访者和访问调查，这一过程中的"通行证"便是操作代码。受访者只有输入了与调查参与者表中一致的操作代码，才能顺利访问调查。调查参与者表实际上可以被视作抽取的样本，只要这个样本是通过概率抽样的方法建立的，那么调查就是概率抽样调查。只要不采用匿名反馈的方式执行调查，那么受访者提交的反馈数据就会通过操作代码与调查参与者表中的身份信息对应起来。

启用调查时创建的调查参与者表都会被系统保存，因此多次启用封闭式模式的调查，系统中就会存在多个调查参与者表。如果当前的调查已经有过调查参与者表了，调查者就既可以选择初始化，创建一个空白的调查参与者表，也可以选择恢复一个原有的表单。选择一个旧调查参与者表，点击"恢复"，系统就会再次调用选中的这个调查参与者表，将表中的操作代码及参与者信息导入系统。

2. 添加参与者

有了调查参与者表，接下来就是在表单中添加受访者。调查者可通过"设置—调查参与者—创建—添加参与者"完成受访者的添加（见图7-3）。

图 7-3

第 7 章　调查项目的样本管理

由于封闭式访问的特殊性，系统会赋予每一个受访者在本调查中唯一的操作代码（token 码），操作代码就是受访者的邀请码。通过调查网址进入调查页面后，受访者首先需要输入这个邀请码，验证成功后方可填答问卷。添加调查参与者时，这个重要的操作代码可以暂时留空，之后再使用"创建操作代码"功能，由系统自动生成一串字符作为操作代码。

从图 7-4 中可以看到，在添加调查参与者时还可以进一步完善受访者的姓氏、名字和邮件等个人信息。不过，这些内容在添加调查参与者的过程中并不是必需的，如果调查者缺少这些信息，也可以留空。另外，添加调查参与者的界面还有一些状态信息。

图 7-4

数字时代的问卷调查：LimeSurvey 的综合应用

- ID：自动，指添加受访者信息后系统会自动生成这条数据的 ID。
- 完成：默认为否，表示当前受访者对应的操作代码还没有完成调查。
- 邮件状态：默认是"OK"，表示系统可以向这个邮箱发送邮件。邮件状态一般由用户手动标记。如果在调查过程中发现这个邮箱地址有误，就可以做出相应的标记，例如"错误地址"。当邮件状态不是"OK"时，系统便不能向对应的邮箱发送邀请邮件、提醒邮件或是确认邮件。
- 邀请已发送：默认为否，表示系统还没有向当前受访者的邮箱发送邀请邮件。一项调查中，系统只能向一名受访者发送一封邀请邮件，如果将"邀请已发送"的状态改为"是"，那么就不能再使用 LimeSurvey 给对应的邮箱发送邀请邮件了。
- 提醒邮件发送：默认为否，表示系统还没有向当前受访者的邮箱发送提醒邮件。一旦"提醒邮件发送"的状态变为"是"（手动修改或是系统发送提醒邮件），系统将开始记录提醒邮件的发送次数。
- 使用剩余：默认为 1，指当前受访者的操作代码还能填答问卷的次数。将使用剩余次数设为"1"可以确保当前的操作代码只能完成一次调查，用户也可以根据需要调整操作代码的可使用次数。
- 语言：设置当前受访者进入调查时默认使用的调查语言。
- 有效起始/直到：用于设置当前受访者访问调查的时间范围，一旦超出有效期，使用当前的操作代码则无法进入调查。

如无修改必要，那么这些状态信息均使用默认设置即可。

填好调查参与者的信息后，点击添加界面右上角的"保存"按钮，就在系统的调查参与者表中生成了一条新的数据。在此页面点击"浏览调查参与者"，可以查看表中所有受访者的信息，点击"添加另一个参与者"可以在表中继续新建一个调查参与者。添加的调查参与者按照系统自动生成的 ID（识别号）排列显示，如图 7-5 所示。

3. 管理参与者属性

除了上述默认的名字、姓氏、邮件等基本信息，调查者还可以根据

第 7 章 调查项目的样本管理

图 7-5

需要为受访者添加附加属性信息，比如性别、所属地区、职业等。附加属性由调查管理员自定义添加，系统对此并没有过多限制。点击"调查参与者—管理属性"在调查参与者表中添加多种属性字段（见图 7-6）。首先确定要增添的附加属性的数量。如果所填数量与实际情况不同，则之后可继续添加或是删除附加属性。然后填写属性字段对应的描述、标题内容（见图 7-7）。点击"保存"，即可在系统中添加调查参与者的附加属性。在调查参与者表中添加附加属性的这个功能非常重要。这个功能不仅增强了系统的样本管理能力，并且通过附加属性增强了系统的可扩展性，用户可以基于这个功能实现调查项目的全流程管理。

数字时代的问卷调查：LimeSurvey 的综合应用

图 7-6

管理用户和使用附加属性时，需要了解 LimeSurvey 对调查参与者属性的有关设定。

● 属性字段：属性字段是系统按照"attribute_N"的格式自动生成的编号，调查中的表达式会通过属性字段调用对应的数据信息。

● 字段描述：相当于属性的标签，用于解释属性内涵。

● 必填：默认为关闭，开启后，就必须在调查参与者信息中填写这一条属性。

● 注册时显示：默认为关闭，开启后，受访者在"允许公开注册"的调查中登记信息时便会看到这条属性，并且需要填写对应的信息。有关

第 7 章　调查项目的样本管理

图 7-7

"允许公开注册"功能的使用请参考第 5.3 节参与者设置的相关内容。

● 字段标题：进一步解释属性字段的作用。

● CPBC 映射：用于关联参与者中央数据库中对应的属性信息。参与者中央数据库与调查参与者表不同，是系统用于统一保存、维护和管理参与者信息的数据库，用户可以调用数据库中的参与者作为指定调查的受访者。

在"保存"按钮下方，可以继续添加或者删除属性字段。

通过属性管理在系统中增添了附加属性，调查者在添加调查参与者时，就可以在"其他属性"中填入更详细的受访者信息（见图 7-8）。并且，调查参与者列表中也会显示相应的内容（见图 7-9）。

数字时代的问卷调查：LimeSurvey 的综合应用

图 7 - 8

图 7 - 9

第 7 章　调查项目的样本管理

4. 创建演示参与者

为方便使用，LimeSurvey 提供了便捷地创建演示参与者的功能，能够一键生成多条具有操作代码的受访者数据。这一功能通常用于在调查中添加缺少电子邮件信息的操作代码。

点击调查参与者界面上方工具栏中的"创建—创建演示参与者"，填入批量创建的受访者信息，点击右上角的"保存"，就在系统中生成了相应的参与者数据，创建过程及生成效果如图 7-10、图 7-11、图 7-12 所示。需要注意的是，演示参与者并不是真正有效的调查数据，只在给受访者或访问员演示如何填答问卷时使用。

图 7-10

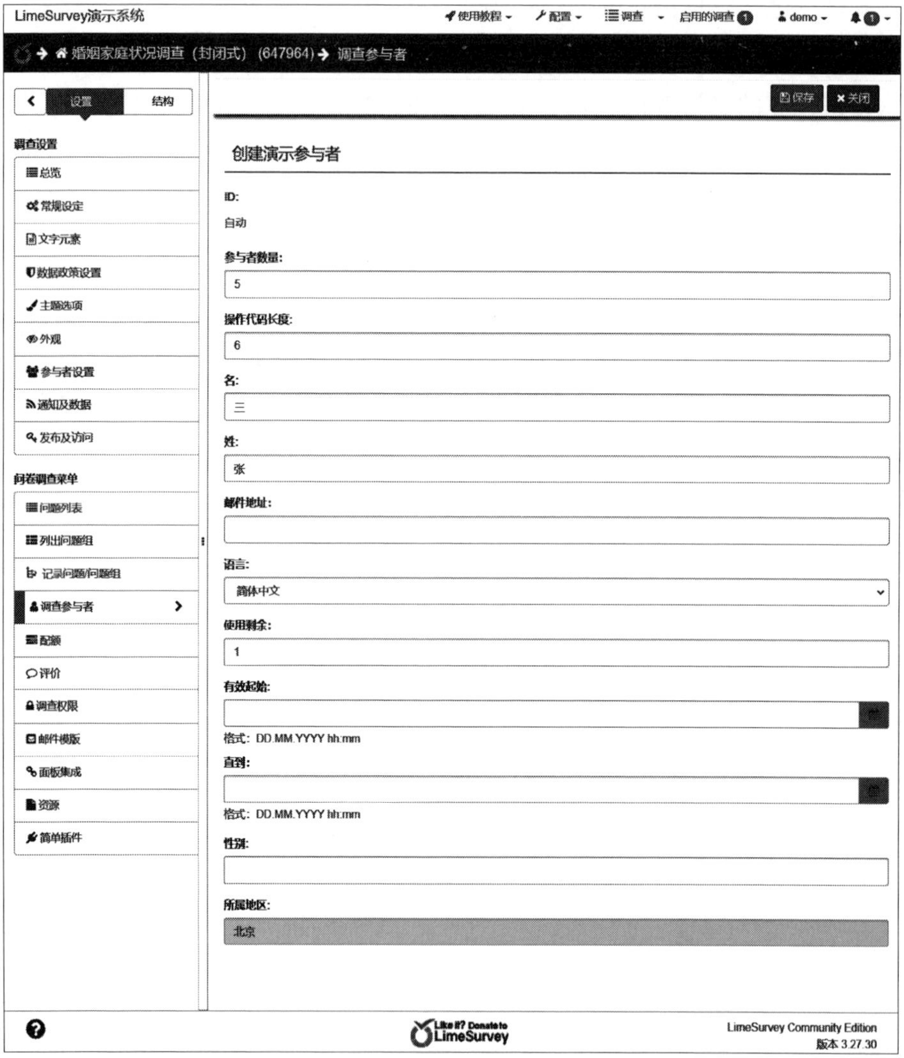
LimeSurvey演示系统
使用教程
配置
调查
启用的调查
demo
婚姻家庭状况调查（封闭式）(647964) 调查参与者
设置
结构
保存
关闭
调查设置
总览
常规设定
文字元素
数据政策设置
主题选项
外观
参与者设置
通知及数据
发布及访问
问卷调查菜单
问题列表
列出问题组
记录问题/问题组
调查参与者
配额
评价
调查权限
邮件模版
面板集成
资源
简单插件
创建演示参与者
ID:
自动
参与者数量:
5
操作代码长度:
6
名:
三
姓:
张
邮件地址:
语言:
简体中文
使用剩余:
1
有效起始:
格式：DD.MM.YYYY hh:mm
直到:
格式：DD.MM.YYYY hh:mm
性别:
所属地区:
北京
LimeSurvey Community Edition
版本 3.27.30

图 7 - 11

第7章 调查项目的样本管理

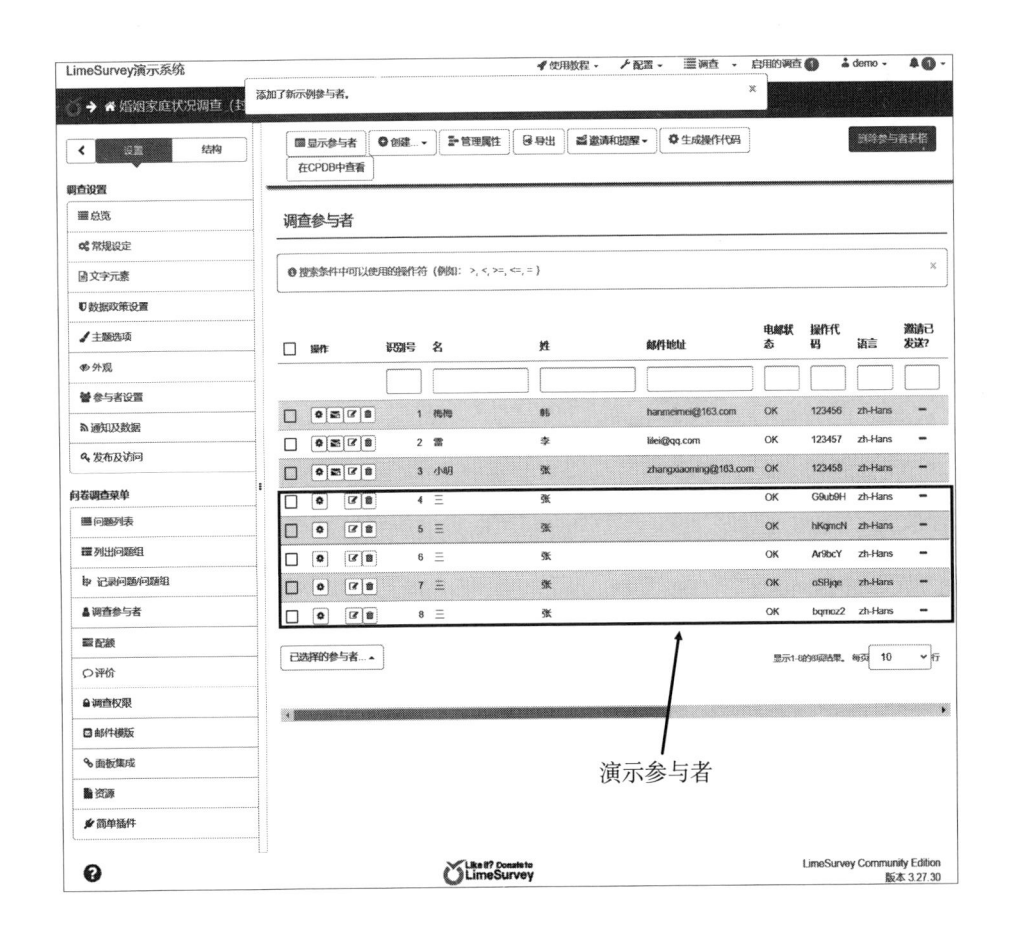

图 7 - 12

5. 批量添加参与者

除逐一添加受访者和创建演示参与者外，调查者还可以通过上传 CSV 文件（逗号分隔）或导入 LDAP 数据为调查批量添加参与者，添加方式如图 7 - 13 所示。

使用 CSV 文件导入数据时需要注意，文档中第一行为属性字段，如 firstname、email、token、attribute_1 等，但对字段名的顺序不做要求。并且属性字段中必须包含 firstname、lastname 和 email，不过其中的数据可以为空。例如，我们用下列数据创建一个 CSV 文档：

图 7 - 13

样本清单					
token	firstname	lastname	attribute_1	attribute_2	email
		a	女	北京	
	b	a	男	北京	
		a	女	北京	
		a	男	上海	
	c	a	女	上海	
		a	男	上海	
		a	女	广州	
	d	a	男	广州	
		a	女	深圳	
		a	男	深圳	

第 7 章　调查项目的样本管理

点击"调查参与者—创建—导入 CSV 文件",上传"样本清单"(见图 7-14)。

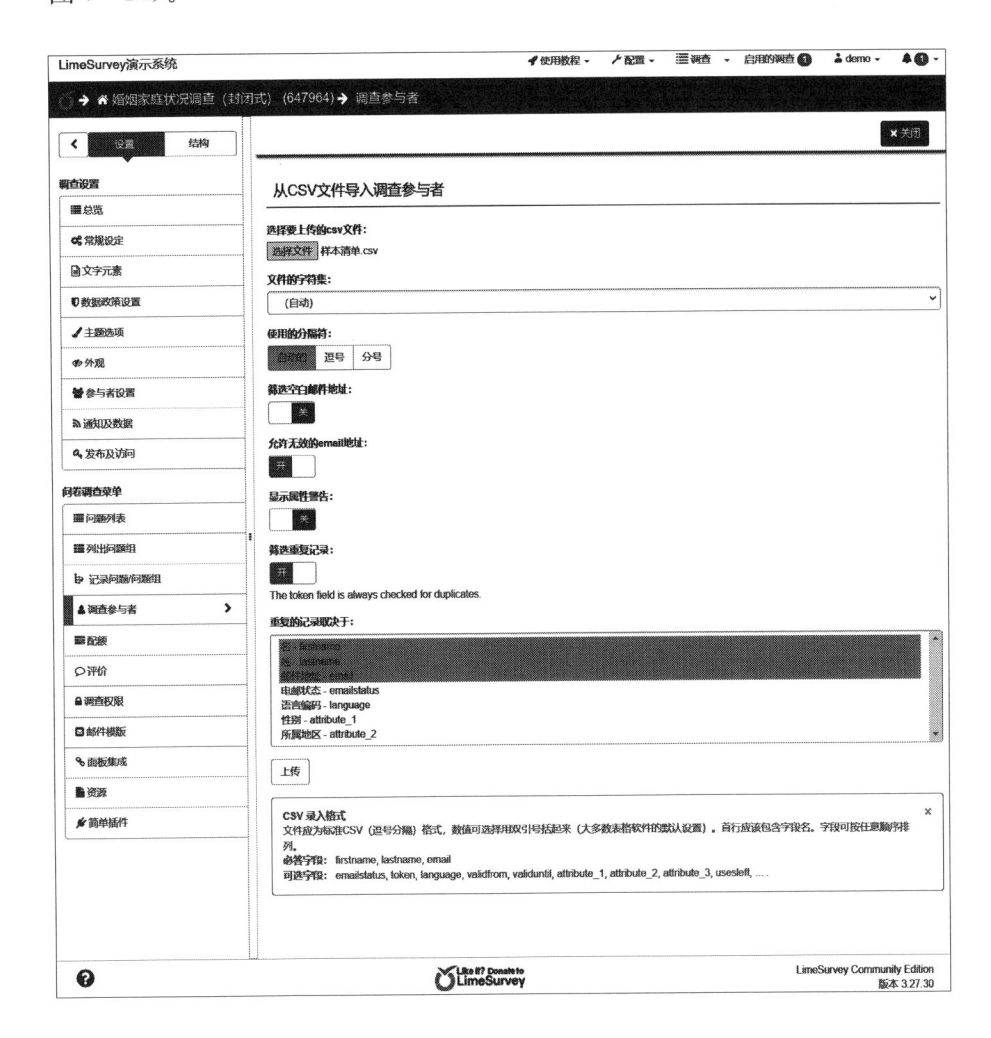

图 7-14

在上传 CSV 文件时,我们可以根据需要设置下面的几项内容。

● 文件的字符集:默认为自动,用户也可以选择一种与 CSV 文件相符的字符集。

● 使用的分隔符:默认为自动,系统会自动分辨文件的分隔符。另外提供了逗号和分号两个选项。

● 筛选空白邮件地址：开启后，邮件地址信息缺失的受访者数据便不能被上传至调查参与者表中。

● 允许无效的 email 地址：关闭后，系统会检测文件中"email"字段下的数据是否符合电子邮件的结构，不符合的数据将无法上传。

● 显示属性警告：启用这一功能后，系统在检测到文件中各项属性数据出现问题时会给出警告信息。例如系统可以检测必填属性字段是否存在空白数据。

● 筛选重复记录/重复的记录取决于：用户可以选择特定的属性作为依据筛选出重复的受访者数据，例如通过姓氏、邮件或是操作代码筛选 CSV 文件中重复的数据。这样操作后，重复数据仅会上传一条，其余的则被省略。

在 CSV 文件上传界面的最下方，系统再次重点提示了 CSV 文件的录入格式。格式不符的文档会影响系统的识别，可能导致数据上传失败。根据实际使用的经验，如果文档中有中文字符，那么应尽可能使用 UTF-8 编码格式的 CSV 文件，否则可能会出现乱码。

设置好上述选项后，点击"上传"按钮，系统会显示上传结果的反馈信息，包括是否成功上传文件、导入了多少条数据等。此时查看调查参与者表，会发现系统已经按照"样本清单"中的内容生成了相应的数据。

6. 管理参与者数据

在调查中添加了参与者后，可以从"设置—调查参与者"界面查看摘要信息，统计调查参与者表中的总记录数、不唯一操作代码数量、邀请邮件发送数量、已完成调查数量等（见图 7-15）。

如图 7-16 所示，点击工具栏中的"显示参与者"按钮，可查看完整的表单信息。在调查参与者表中，使用左侧工具条中的功能按钮，可以对某一个受访者进行"使用这个操作代码启动调查"、发送邀请/提醒邮件、编辑或删除等操作（按照操作工具条从左到右的顺序），也可勾选多个复选框，从"已选择的参与者"中选择某一功能执行批量操作。

如果调查参与者表中的受访者没有预先设置操作代码，那么点击工具栏中的"生成操作代码"，系统将为表单中所有还没有操作代码的受访者

第 7 章 调查项目的样本管理

图 7-15

自动生成一个随机代码。在此过程中，LimeSurvey 系统会进行提示，并统计生成的操作代码的数量。

在把调查设置为封闭式访问模式的时候，系统就会为调查分配一张调查参与者表，表单中存有受访者的全部数据，包括用于访问调查的唯一邀请码——操作代码，以及受访者的各项属性信息。操作代码在封闭式调查中非常关键，通过它，系统可将反馈数据与参与者数据一一对应。操作代码是受访者进入调查的钥匙和密码，它默认只能使用一次，受访者在通过这个操作代码填答完问卷并提交后，这个操作代码就作废了，任何人都不能用这个操作代码再次进入问卷。而使用操作代码的另一个优点是调者参

数字时代的问卷调查：LimeSurvey 的综合应用

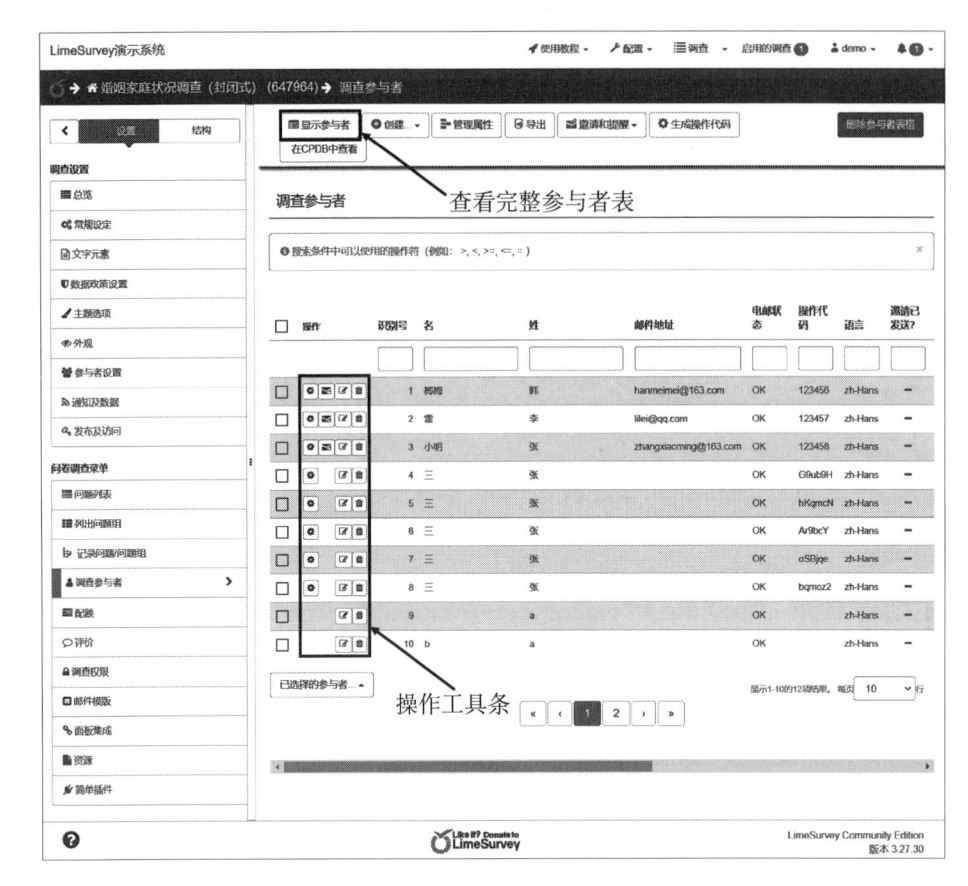

图 7-16

与者可以分多段时间完成问卷，他可以先答部分问题，然后离开，下一次只要输入操作代码，就可以紧接着上一次答完的题目之后继续作答，如此多次，直至填完提交问卷为止。操作代码的使用次数也可以被设置为多次，应用场景的例子之一是我们对 500 所大学的学生进行的一项调查，当时我们想知道每所大学的学生各填了多少份问卷，直接加一道问学生来自哪所大学的问题并不是最好的办法，因为设为选择题的话，由于选项过多，学生会很难选，设为填空题学生又可能会采用不标准的填答方式，给后期数据分析带来麻烦。如果给每所大学设定一个操作代码，将操作代码的使用次数设置为一个很大的数字（例如 50 000），每个学生只有输入自己学校的操作代码才能回答问卷，这样，我们就能准确地知道每所大学的学生各填了多少份问卷。

7.2 样本配额管理

开放式访问模式调查所对应的是非概率抽样的方法,如果在调查过程中完全不对样本加以控制,那么最终形成的数据的一些关键性变量与其对应的总体在结构上可能会不一致,这样就会得到一个有偏差的样本。对于这种抽样偏差,虽然可以通过事后分层加权的方法对样本进行调整,但事后加权调整也存在一定的问题。例如,一个学校的学生男女各半,采用开放式访问模式对学生进行问卷调查,可能会出现回答问卷的基本都是女同学,男同学很少的情况。这时,如果一个男同学都没有,就完全没办法进行事后加权调整;而回答问卷的男同学过少也会让加权调整的误差变得非常大。所以,另一种应对方法是在事前对样本的性别进行配额,让样本结构与总体结构保持一致。事前配额与事后加权调整都是应对样本偏差的手段。

事前配额不仅可以通过单一变量进行,还可以通过多个变量进行交叉联合配额。例如针对某大学校园本科生的一项调查需要完成100份问卷,该校男女比为1:1,一年级、二年级、三年级、四年级学生人数分别占总人数的30%、30%、20%和20%。按照这样的总体构成和样本规模,调查者可以得到一份配额样本表(见表7-1)。

表7-1 100人的配额样本表

年级	男生(50人)				女生(50人)			
	一	二	三	四	一	二	三	四
人数	15	15	10	10	15	15	10	10

使用上述配额抽样方法,按照配额样本表的人数分配调查,应在一年级中调查男生15人、二年级中调查男生15人、三年级中调查男生10

人……以此类推。当超出配额样本表的人数限制，比如遇到第16个一年级男生时，调查者将不会继续调查这名男生。

配额抽样方法应由调查者在调查前设计完成，LimeSurvey 则用来协助调查者依据配额样本表限制样本中各类案例的数量。例如，当系统识别出第16个一年级男生时，将终止对他的调查。

通过设置 LimeSurvey 中的配额，可以在调查时对具有某种特征的反馈数据的回收量加以限制。当系统收到的反馈数据达到配额限制的数量时，之后再进入调查的受访者在填答到有配额限制的问题时，系统会根据调查者在 LimeSurvey 中的设置给予某种特定的反馈，比如终止调查。举例来说，假如模拟问卷"婚姻家庭状况调查"中的性别题设有配额限制，只需要搜集500份男性受访者的数据和500份女性受访者的数据，那么当第501名男性或者第501名女性受访者回答了性别题后，系统会自动执行配额超限的操作，并利用提示信息告知受访者。为方便演示，接下来的示例中将配额限制按1∶100比例缩小为5。

使用配额功能时需要注意的是，并非所有的题型都能够作为配额设置中的答案，只有性别、多选、阵列（5分选择）、阵列（10分选择）、语言转换、是/否、列表（单选）、列表（下拉）和带评论的列表题可以进行配额设置。

7.2.1 单一配额的设置

示例问题

A3. 您的性别是：

男 ………………………………………………………………………… 1

女 ………………………………………………………………………… 2

【配额】答案项"男"的配额限制是5。

配额设置主要包括添加配额和添加答案两部分。首先通过"设置—问卷调查菜单—配额"为当前问卷调查新增配额（见图7-17）。

在创建界面为配额命名并根据调查需要进行下列相关设置。

第 7 章　调查项目的样本管理

图 7-17

● 限制：填入所需反馈数据数量的最大值，此后在调查过程中，系统回收保存的、被标记为"完成"的反馈数据将不会超过限制数量。

● 配额操作：在检测到超出配额限制的答案时，系统提供了直接终止调查和允许受访者在结束调查问卷前修改最后的回答两种响应操作。

● 活动的：默认为已勾选状态，即激活当前配额。系统中创建的配额都可以被随时激活或停用。

● 自动加载 URL：默认为未勾选状态。勾选后，在调查时一旦触发了配额操作，系统就会自动为受访者跳转至指定的 URL。

● 引用信息：在调查过程中触发配额操作时向受访者显示的文本信息，默认文本为"抱歉，您的反馈已经超出了我们的配额"。另外，只有

数字时代的问卷调查：LimeSurvey 的综合应用

禁用自动加载 URL 功能，才能显示引用信息。

● 网址：在调查触发配额操作时向受访者显示的网址，如果与自动加载 URL 功能搭配使用，系统就会自动跳转至该网址。

● URL 描述：在此处可以添加 URL 的自定义描述文字。

配额设置内容

配额名称：性别-男

限制：5

配额操作：终止调查

引用信息：您的反馈已经超出了我们的配额，本次调查结束，感谢您的支持！

网址：

URL 描述：

根据配额设置内容，在调查中新建一项配额（见图 7-18）。

图 7-18

接下来是为新增的配额添加答案。在调查配额界面点击"添加答案"，然后选定受配额限制的答案所在的问题，点击"下一页"，再选中被限制的答案项，点击"下一页"即可（见图 7-19、图 7-20）。完成后，相应的配额信息会被显示在调查配额的界面上（见图 7-21）。

第 7 章　调查项目的样本管理

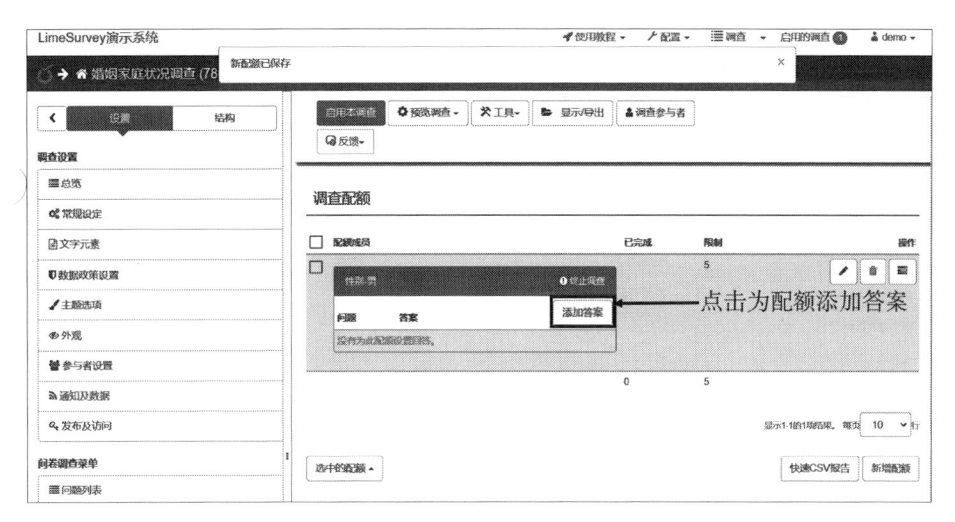

图 7 - 19

图 7 - 20

按照当前配额设置，当有第六个受访者在性别题中选择答案项"男"时，调查会终止，并在调查页面上显示配额引用信息；由 URL 网址和 URL 描述构成的超链接会显示在配额引用信息下方，点击超链接就可以

数字时代的问卷调查：LimeSurvey 的综合应用

图 7 – 21

进入对应的网址。

不过，在不同的问题显示方式中，系统执行配额操作并显示配额引用信息的时机也有所不同。在 LimeSurvey 中，调查有按题分页、按组分页和全部都在一页三种显示问题的方式。按题分页的调查超出配额时，系统会在设置配额的问题之后提示配额引用信息；按组分页的调查超出配额时，系统会在完成这一题组后进行提示；而问题全部都在一页的调查超出配额时，系统会在受访者完成全部调查点击"提交"之后，才显示配额引用信息。所以，为了避免受访者在花费大量时间填完问卷提交时才发现超出了配额，要把配额变量放在问卷的最前面，并且在设置了配额的问题的后面分页。

对于超出配额限制的反馈数据，系统仍然会保存受访者在配额提示之前填入的答案，但是会将反馈标记为"未完成"。

7.2.2 相互独立的配额的设置

示例问题

A3. 请问您的性别是：

男 ………………………………………………………………………………… 1

第 7 章 调查项目的样本管理

女 ………………………………………………………………………… 2

【配额】答案项"男"的配额限制为 5、"女"的配额限制为 5。

示例问题中存在两个配额，答案项"男"的配额限制是 5，"女"的配额限制也是 5。但两者之间相互独立，答案项"男"是否达到限制不会影响"女"的配额，反之亦然。既然两个配额之间是独立的，那么显然，系统中应该存在两个配额用以分别设置。

当系统中已经存在配额时，点击界面右下角的"新增配额"按钮创建一个新的配额。

采用与上一节中相同的方式，在调查中添加两个配额（上一节示例中的配额"性别-男"可以直接使用），分别使用"男"和"女"作为配额的答案。如图 7-22 所示，系统中添加的配额都会在调查配额的界面列出，并显示配额名称、配额操作、问题、答案、配额限制等相关信息，点击每一条配额右侧的"铅笔"按钮还可以进入编辑界面；当系统接收到反馈数据后，还会显示相应配额中已完成的数量。

图 7-22

7.2.3 相关联的配额的设置

示例问题

A4. 您目前已完成的最高教育程度是("已完成"指获得毕业证)：

没有受过任何教育 …………………………………… 1
私塾、扫盲班 ………………………………………… 2
小学 …………………………………………………… 3
初中 …………………………………………………… 4
职业高中 ……………………………………………… 5
普通高中 ……………………………………………… 6
中专 …………………………………………………… 7
技校 …………………………………………………… 8
大学专科（成人高等教育）………………………… 9
大学专科（正规高等教育）………………………… 10
大学本科（成人高等教育）………………………… 11
大学本科（正规高等教育）………………………… 12
研究生及以上 ………………………………………… 13
其他（请注明：_____）…………… 14

【配额】小学及以下受教育程度的数据一共搜集10份。

除了通过单一答案限制反馈数据的数量，还可以同时使用多个答案对其加以限制。示例问题中的配额限制的就是反馈数据中答案项为"没有受过任何教育"、"私塾、扫盲班"和"小学"的总和。也就是说，选择这三个答案项的受访者人数，无论是哪种数字组合，只要三者之和超过了10，系统就会执行配额操作。像这种相互关联、此消彼长的配额条件，在LimeSurvey中的实现方式是在一个配额中添加多个答案。

配额设置内容

配额名称：受教育程度-初等
限制：10

第 7 章　调查项目的样本管理

> 配额操作：终止调查
> 引用信息：您的反馈已经超出了我们的配额，本次调查结束，感谢您的支持！

首先按照上面的配额设置内容在系统中添加名为"受教育程度-初等"的配额。然后选择对应的问题，添加第一个答案并同时勾选界面右侧的复选框"保存本项，然后创建另一项"；此时，点击"下一页"按钮，就可以继续选择第二个答案对应的问题，添加第二个答案。添加最后一个答案时，不需要再勾选复选框，而是选中答案后直接点击"下一页"按钮完成添加答案的操作。可以看到，"受教育程度-初等"配额中已经同时具备了三个配额答案（见图 7-23）。

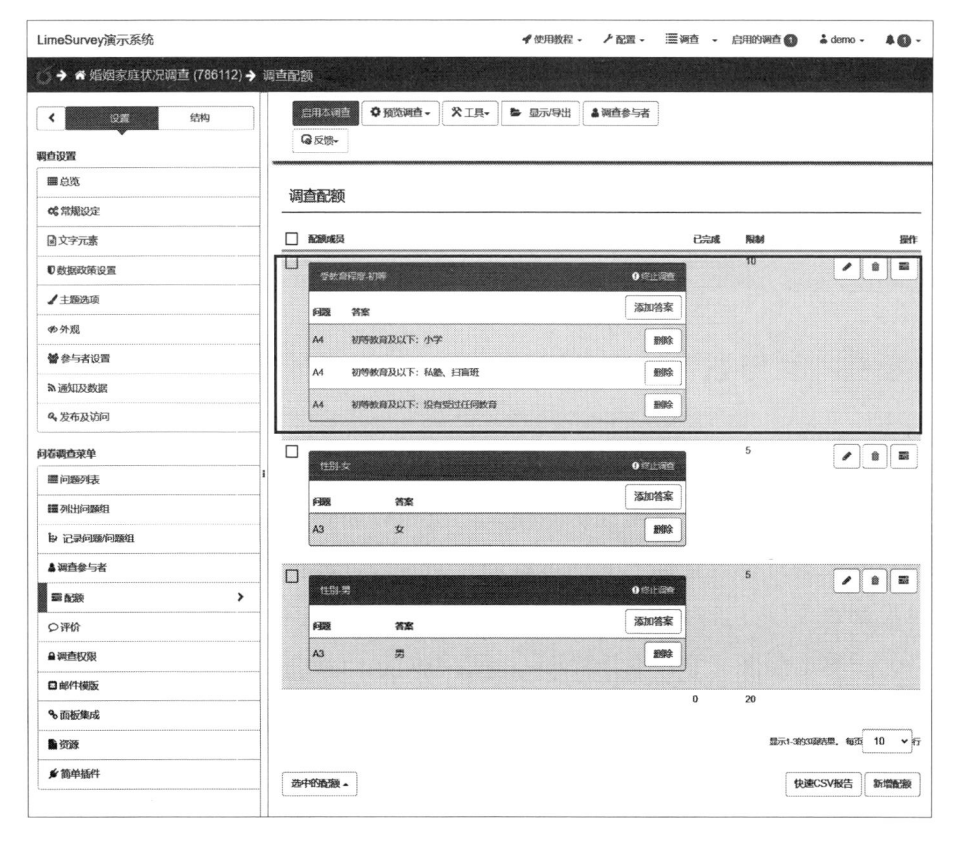

图 7-23

由于在使用"保存本项，然后创建另一项"为一个配额同时添加多个答案时，需要再次选择所需的问题，因此，即使配额的答案分别属于不同的问题，也可以采用这种方式添加。并且，只要在选定答案时勾选"保存本项，然后创建另一项"复选框，就可以一直向当前配额中添加答案。当一个配额中有多个答案时，用这种方式添加答案是比较方便快捷的。

还有一点需要强调，配额中的多个答案既可以属于同一个问题，也可以属于调查中的不同问题。配额限制验证的是反馈数据中某一个或某几个答案的数量，而与这些答案所属的问题无关。

对多个条件单独限制还是限制合计，是在有多个配额限制的调查中进行配额设置时需要注意的一点。另外，在调查中设置配额限制，可以帮助调查者自动控制样本的结构，实现样本管理。但是在实际使用时需要考虑周全，尤其是开展存在多个配额的调查时，复杂的配额限制可能会导致部分属性重叠的受访者的数据被遗失。因为一旦触发配额操作，调查终止，就无法搜集到配额限制条件之后的问题的数据了，除非将所有的问题都显示在一张网页上。

7.3 参与者中央数据库

将一项调查设为封闭式访问模式，就可以通过封闭式调查项目的调查参与者表进行有效且强大的样本管理。但是，这种样本管理模式更适用于单次调查项目。近些年来，为了应对调查数据采集中出现的成本持续上升、应答率偏低、非概率抽样调查泛滥等问题，社会调查领域对建立固定样本组日益重视。固定样本组就是一个调查参与者池，只要这个池中的个案都是通过概率抽样的方法招募的，那么就可以对这个固定样本组设计并执行各种复杂的概率抽样方案，最终得到的样本便是一个高质量的概率样本。LimeSurvey 作为一个专业级的调查系统，其强大的样本管理功

第 7 章　调查项目的样本管理

能也表现为对固定样本组的支持。具体而言，这种支持是通过 LimeSurvey 中的参与者中央数据库（Central Participant Database，CPDB）来实现的。点击"配置—用户—参与者中央数据库"，便进入了参与者中央数据库（见图 7-24）。

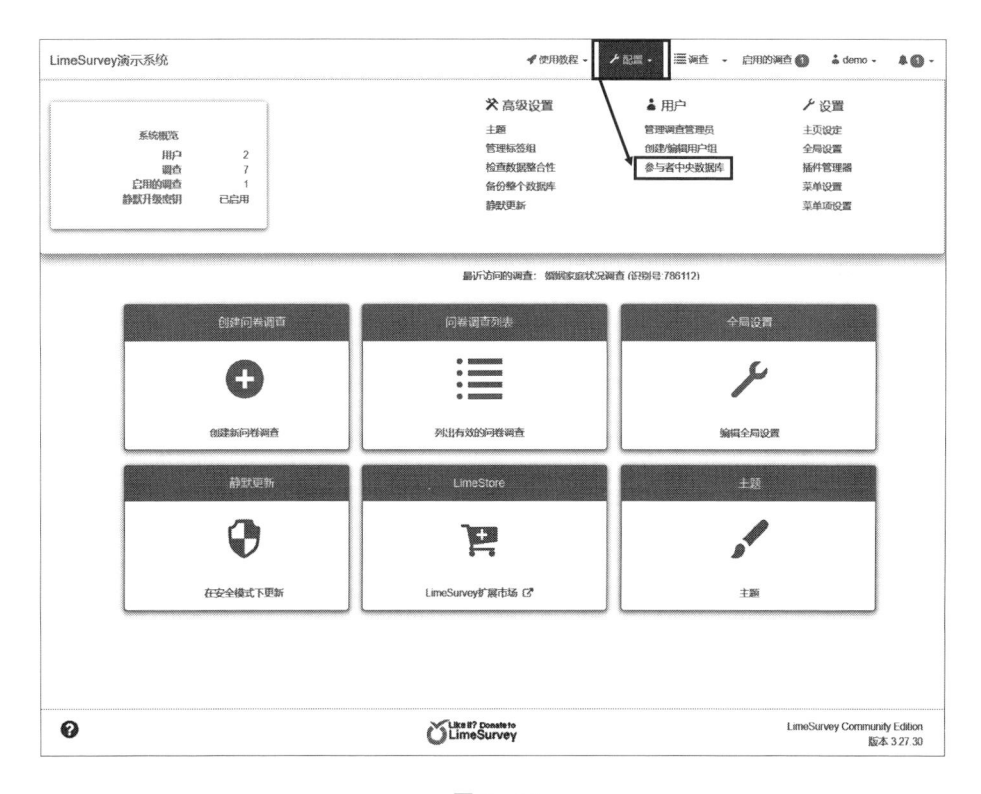

图 7-24

7.3.1　添加参与者

使 CPDB 成为样本库的第一步就是向其中添加参与者。点击 CPDB 界面右侧的"添加新的参与者"按钮，编辑参与者的基本属性信息。参与者基本属性包括名字、姓氏和电子邮件，若是缺少这些信息，也可以留空。同时从下拉框中选择这位参与者所属的调查管理员，以及是否设置为黑名单用户。添加参与者的方式如图 7-25、图 7-26 所示。

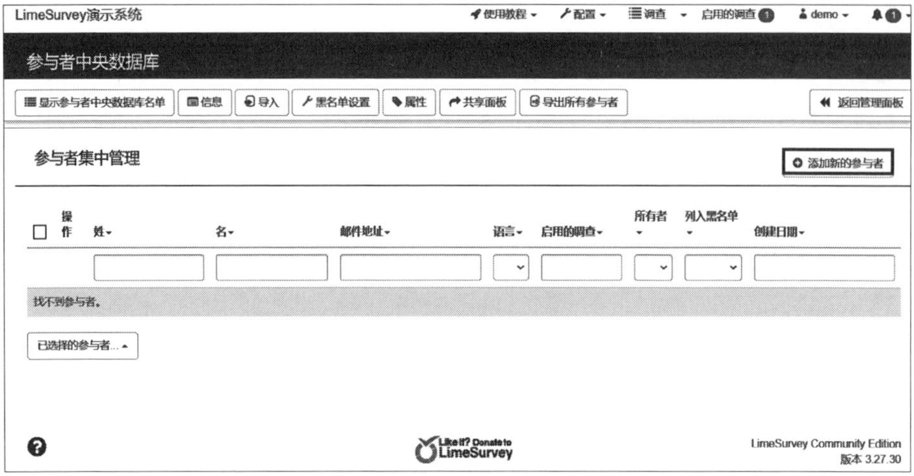

数字时代的问卷调查：LimeSurvey 的综合应用

图 7-25

图 7-26

数据库中的参与者信息以列表的形式显示，列表中包含参与者的姓、名、邮件地址、语言、启用的调查、所有者、是否列入黑名单以及创建日期等信息（见图 7-27）。其中，"启用的调查"列显示的是这个用户参与过的处于启用状态的调查的数量。

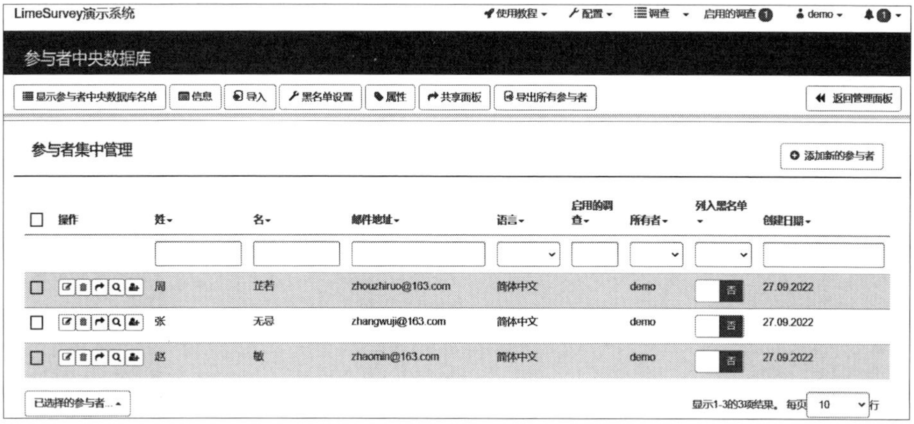

第 7 章　调查项目的样本管理

图 7 - 27

和调查项目里的调查参与者表一样，参与者中央数据库也可以批量导入参与者，它使用的 CSV 文件格式及要求与调查参与者表一致，也是第一行为属性字段，顺序不做要求。导入方式可参考调查参与者表批量添加成员的相关内容。

7.3.2　管理参与者属性

除基本信息外，调查者还可以添加其他对自己有用的参与者的信息。这些信息可以作为其他属性被添加在 CPDB 中。CPDB 支持管理员添加任何自定义的其他属性，方法是从上方菜单栏的"属性"进入属性管理界面，点击右侧的"添加新属性"按钮进行添加。

属性的基本设置内容包括默认属性名、属性类型、是否在面板中可见，除此之外还可以添加多种语言。LimeSurvey 提供了三种属性类型：文本框、日期、下拉列表。其中下拉列表类型的属性既可以预先添加下拉框字段，也可以留空。接下来我们以属性"性别"为例，在系统中添加一个下拉列表类型的附加属性，其中默认属性名为"gender"，简体中文名为"性别"，并编辑"男""女"两个下拉框字段（见图 7 - 28）。

采用相同的方法可添加地区（region，文本框类型）和出生日期（dateofbirth，日期类型）两个属性。如图 7 - 29 所示，属性列表中显示了出生日期、性别和地区这三条附加属性的名字、属性类型信息。列表左侧的

数字时代的问卷调查：LimeSurvey 的综合应用

图 7-28

操作栏为每条属性提供了编辑和删除按钮。列表最右侧的"可见"列则是用来设置属性在参与者列表是否显示。将出生日期属性设置为不可见，性别和地区属性则采用默认的可见设置。

图 7-29

返回参与者的列表界面，可以看到新增的并被设置为"可见"的其他属性依次排列在列表右侧（见图 7-30）。"出生日期"属性尽管已经存在

第 7 章　调查项目的样本管理

于系统中，但因为被设置为"不可见"，所以在列表中被隐藏了。

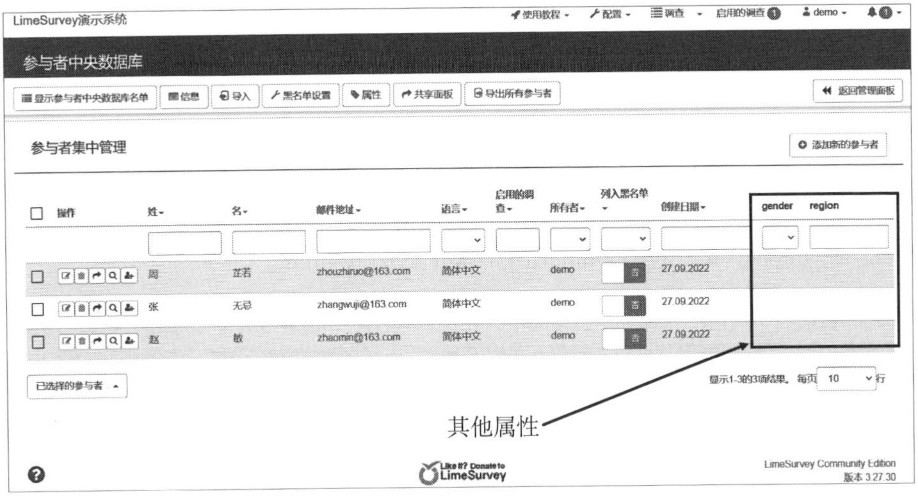

图 7-30

有了"其他属性"，此时再添加新的参与者或是编辑数据库中已经存在的参与者，就会出现新增的自定义属性字段，包括在面板中"可见"的和"不可见"的（见图 7-31）。这些自定义属性和基本属性一样，可以填充，也可以留空。

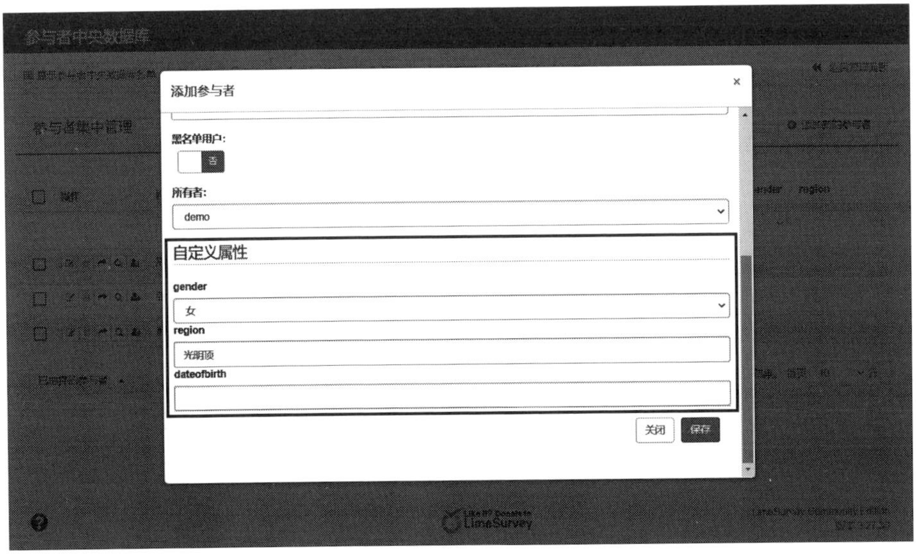

图 7-31

数字时代的问卷调查：LimeSurvey 的综合应用

需要注意的是，LimeSurvey 中很多地方对中文字符的显示不太准确，因此属性名这种关键性的字段建议采用英文字符。

7.3.3 向调查分配参与者

管理员可以指派 CPDB 中的参与者成为系统中一项或是多项已经启用的问卷调查的参与者。在参与者列表左侧，有一栏工具按钮，点击"添加调查参与者"，为参与者分配调查（见图 7-32）。

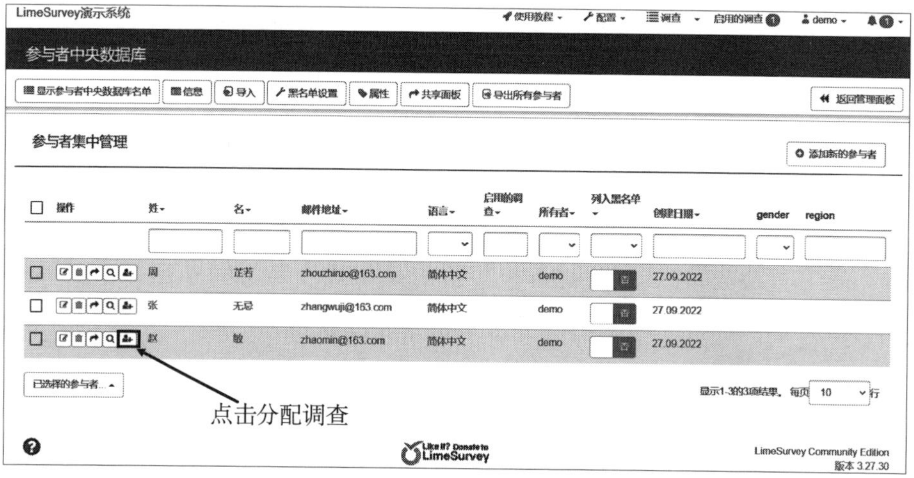

图 7-32

选定一项调查，点击"下一页"，将数据库中的属性与调查参与者表中的属性相匹配，示例中因为选定的调查没有添加其他属性，故未显示可以匹配的参与者属性（见图 7-33）。点击"继续"按钮，成功将参与者复制到调查的参与者表中。

添加成功后，点击列表右侧工具栏中的"放大镜"图标，查看该参与者参与的调查（见图 7-34、图 7-35）。

进入示例中被分配的"焦虑自评"调查，可以看到"赵敏"已经成为调查参与者表中的一员了（见图 7-36）。

第 7 章　调查项目的样本管理

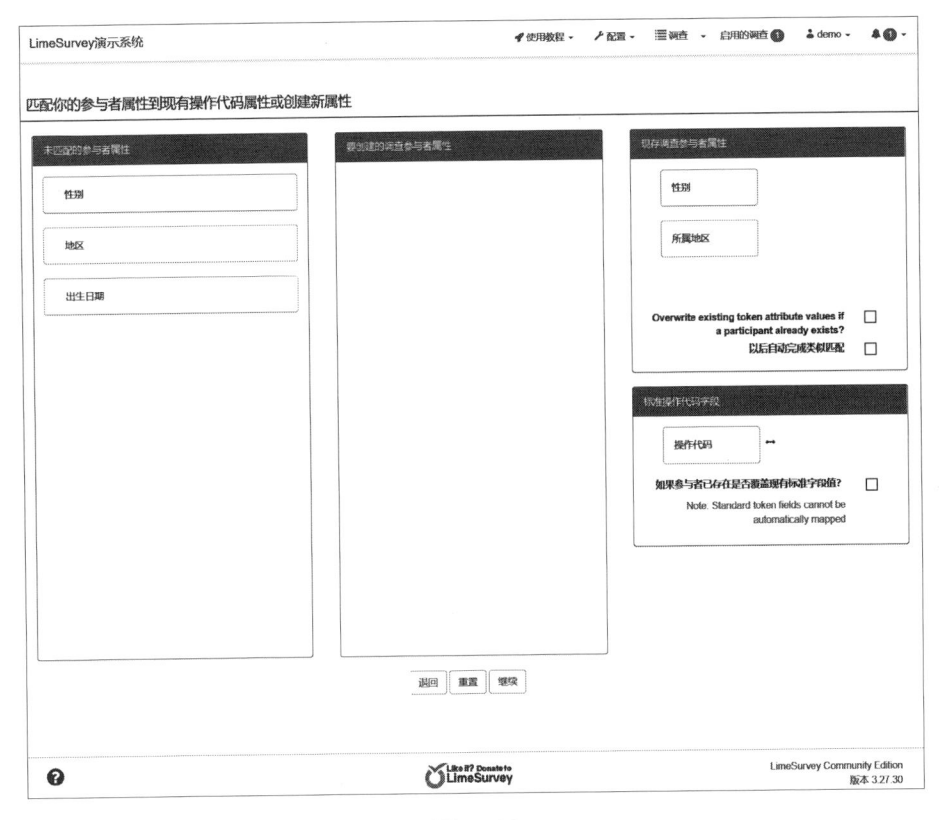

图 7 - 33

图 7 - 34

数字时代的问卷调查：LimeSurvey 的综合应用

图 7-35

图 7-36

CPDB 中的每一名参与者都可以被分配给多个调查，用"放大镜"按钮查看时系统会列出这名参与者参与的所有已启用的调查（如图 7-37 所示，调查列表列出了"赵敏"所参与的两项已启用的调查），点击调查 ID 可以直接跳转至对应的调查界面。参与者集中管理列表中，也会显示参与者参加的已启用调查的数量（见图 7-38）。

第 7 章　调查项目的样本管理

图 7-37

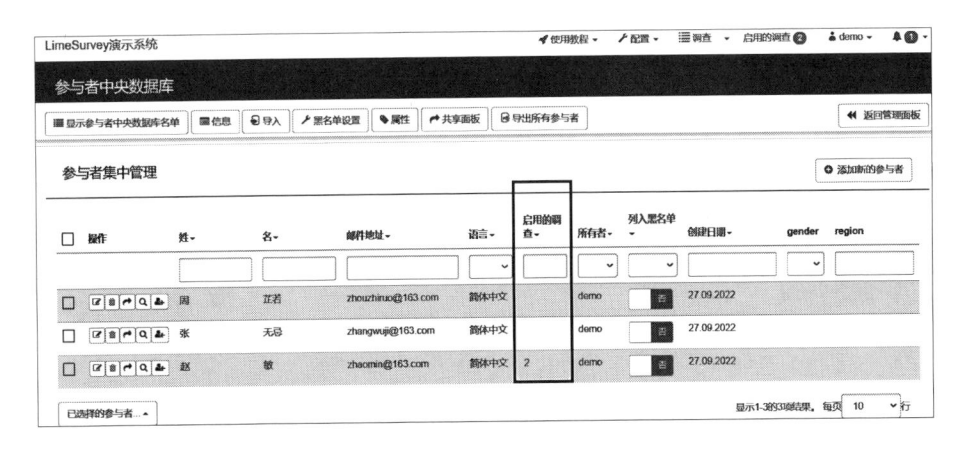

图 7-38

7.3.4　共享参与者

LimeSurvey 支持系统中存在多个调查管理员，无论是哪个管理员在参与者中央数据库中添加了参与者，除了自己使用外，他都可以将新添加的参与者共享给系统中的其他管理员。

点击 CPDB 参与者列表左侧工具栏中的"箭头"图标，将对应的参与者共享给全体管理员或是某一管理员，并且可以限制他们编辑参与者信息的权限（见图 7-39、图 7-40）。

数字时代的问卷调查：LimeSurvey 的综合应用

图 7 - 39

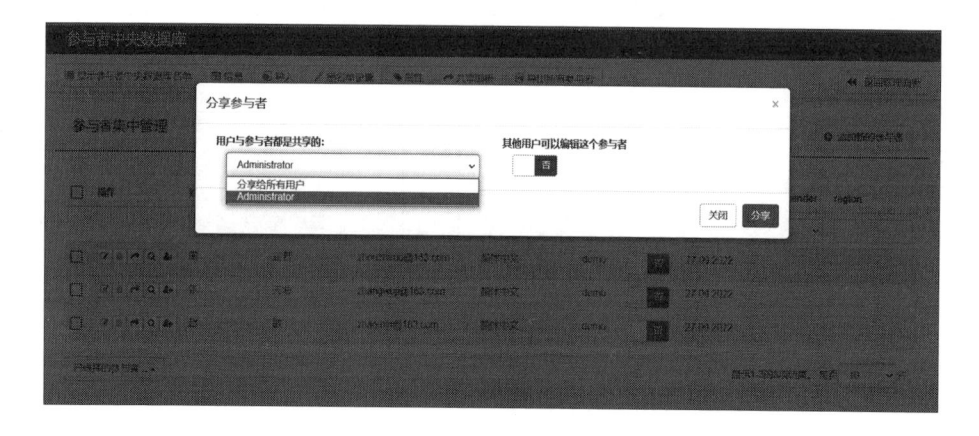

图 7 - 40

7.3.5 黑名单和导出参与者

CPDB 有一个黑名单，用于设置数据库中参与者的一些权限，具体包括：是否列入当前所有调查的黑名单、是否列入新增调查的黑名单、是否允许黑名单中的参与者加入调查、是否隐藏黑名单中的参与者、是否从数据库中删除黑名单中的参与者、是否允许参与者自行移出黑名单（见图 7-41、图 7-42）。

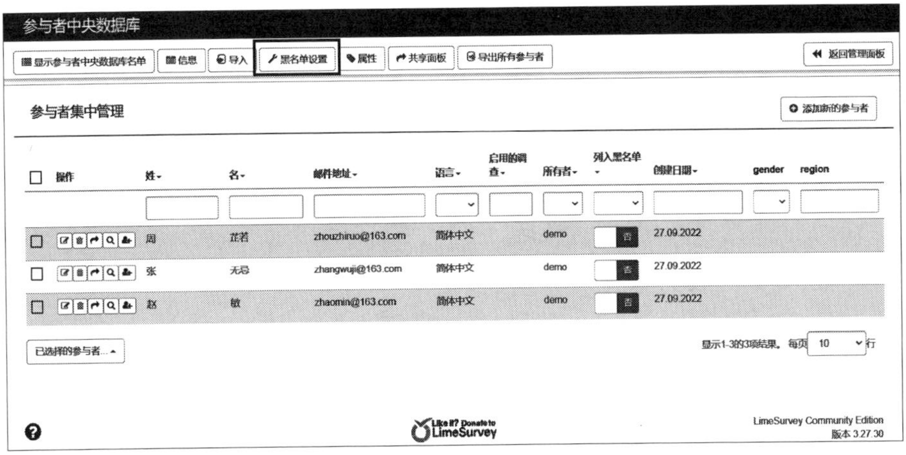

第 7 章　调查项目的样本管理

图 7 - 41

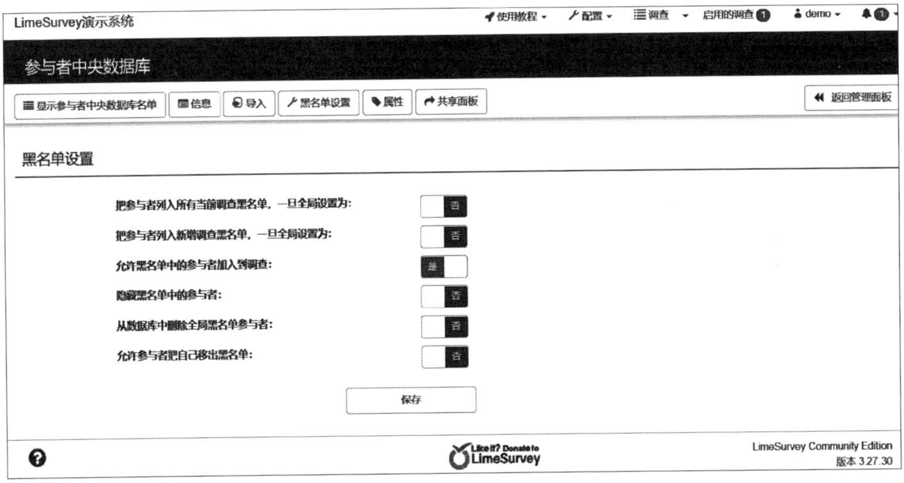

图 7 - 42

可以从系统中导出数据库中的参与者信息，导出文件的扩展名为 .csv。管理员根据需要可以选择导出某些或全部的属性信息（见图 7 - 43）。

参与者中央数据库这个功能使得 LimeSurvey 的样本管理功能得到了进一步的扩展，得以实现作为追踪调查平台或者是固定样本组的管理工具的作用。参与者中央数据库一般需要结合调查参与者表使用，从这一点可以看出 LimeSurvey 样本管理功能的内在逻辑结构。首先，LimeSurvey 将调查分为开放式和封闭式两种模式，开放式调查通过配额来进行样本的事

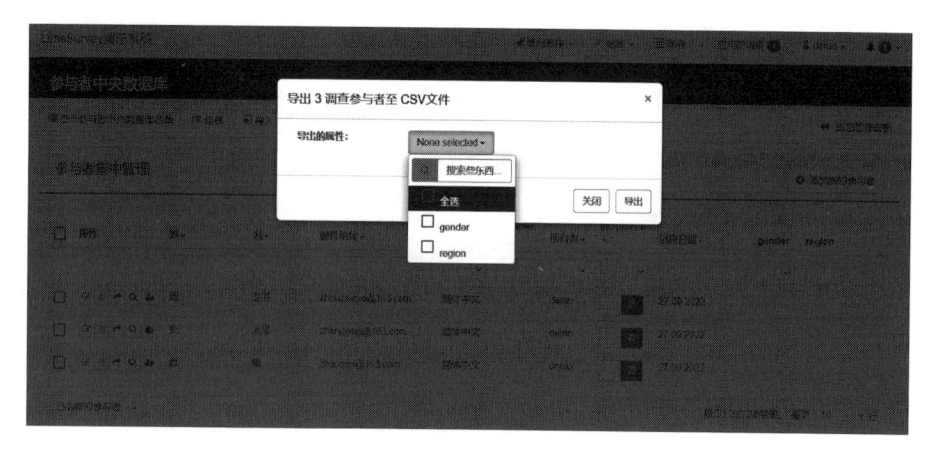

图 7 - 43

先控制，封闭式调查通过调查参与者表来实现多种复杂的概率抽样设计以及无应答调整和加权；其次，调查参与者表与参与者中央数据库相结合，可以让多项目的固定样本组得以实现。这些在样本管理方面的全面而强大的功能，充分体现了 LimeSurvey 作为一个专业级在线问卷调查系统的特色。

第8章

调查项目管理与数据管理

作为一个问卷调查工具，LimeSurvey 主要在数据生命周期的前段发挥作用。调查者在调查实施阶段与 LimeSurvey 系统面对面，等到数据搜集完毕，就会从 LimeSurvey 转战到 STATA、SPSS、R 等统计软件。调查项目的实施是一个复杂的过程，调查者不是在 LimeSurvey 中点下"启用调查"按钮后就能高枕无忧，静待各方反馈数据纷纷飞入系统。调查期间的调查项目管理和调查结束后的数据管理也是整个调查实施过程中的重要环节。对于调查项目管理和数据管理，LimeSurvey 同样拥有强大的功能。

8.1 调查项目管理

《社会研究方法》一书的作者艾尔·巴比（Earl Babble）教授在谈到自填式调查研究中邮寄问卷的回收时曾说过："当你们开始回收问卷时，千万别懒散地坐在那儿休息，你们应该开始着手记录受访者回函的各项数

据。"这对于利用 LimeSurvey 实施的调查来说同样如此。在调查实施阶段，相关的管理工作也不可忽视。本章将从调查进度管理、系统邮件功能、调查质量管理三个方面来介绍 LimeSurvey 的调查项目管理功能。

8.1.1 调查进度管理

调查者在调查实施阶段要做的不仅仅是每天备份反馈数据，还要时刻关注调查的进度。每天收到的反馈数量和累计完成的问卷数量或百分比都是非常重要的信息，通过这些信息，调查者才能了解数据搜集的情况。在自填式问卷调查中，调查者可以根据反馈数据搜集的情况，找到提醒受访者完成调查的最佳时机，在恰当的时间督促那些被邀请但还没有提交完整答案的受访者完成调查，这样能够有效提高应答率。此外，调查者还需要根据调查进度协调组织各方人员和工作，比如适当延长调查期、增派访问员等，从而把控整个调查的进程。

为了掌握调查进度，调查者应记录系统每天收到的已完成问卷数量、未完成问卷数量。LimeSurvey 对反馈数据的统计能够为此提供帮助。点击调查首页工具栏中的"反馈—反馈和统计"，查看反馈摘要信息。反馈摘要中的"全部反馈者"指受访者填答完问卷点击"提交"后系统收到的反馈；"未完成反馈者"指系统在受访者还没有提交就中途退出调查界面的情况下收到的反馈，可能是受访者中途关闭调查网页，也可能是网络原因造成的中断问题；"所有反馈者"则是系统收到的所有反馈数据的总量（见图 8-1）。

图 8-1

第 8 章 调查项目管理与数据管理

而详细的反馈数据在调查进度管理方面也有用武之地。调查者可以从调查数据中提取出相关信息，汇总整理以掌握更加细致、精确的调查进度。以中国综合社会调查项目为例，其在抽样阶段就已经确定了不同地区要完成的样本数量。开展实地调查后，项目组需要按照抽样划分，分别统计各省、市或地区的完成情况，进而针对性地统筹各地的调查工作。虽然没有专门的调查管理工具，但可以依靠 LimeSurvey 系统回收的反馈数据实现对调查进度的分类统计。不仅地区，性别、年龄、民族、受教育程度等变量也都可以作为分类标准统计调查进度，这取决于调查者的调查需求。

由笔者负责实施的另一个大型调查项目中国教育追踪调查（CEPS），更是充分利用了 LimeSurvey 的调查管理功能。中国教育追踪调查初中队列（简称 CEPS13）以 2013—2014 学年为基线，以初中一年级（七年级）为调查起点，从全国随机抽取了 28 个县级单位（县、区、市）的 112 所学校中的 10 279 名学生进行追踪调查。从初中七年级到九年级的这三轮调查，采取的是在学校集中自填问卷的形式。而从第四轮调查开始，受访者在完成九年义务教育后，有的升入了普通高中，有的进入了职业学校，还有部分直接进入了社会，散布到了全国甚至其他国家和地区，对他们进行进一步的持续性追踪调查是对调查数据采集的挑战。中国教育追踪调查项目组从第四轮调查开始以 LimeSurvey 为问卷调查平台，由访问员联系受访者，受访者在网上自填问卷。除了 LimeSurvey 自带的项目调查进度管理功能以外，中国教育追踪调查项目组还利用 LimeSurvey 的可扩展性，开发了利用受访者的 IP 地址显示受访者地理分布热力图的插件，用来实时动态地显示完成问卷的受访者所在的地理位置。同时也开发了逐日显示项目进度功能的插件，它能够以折线图的形式来展示每天开始填写问卷的受访者人数以及每天完成问卷填写的受访者人数（见图 8-2）。关于如何利用插件来扩展 LimeSurvey 的功能，将在后面的章节进行介绍。

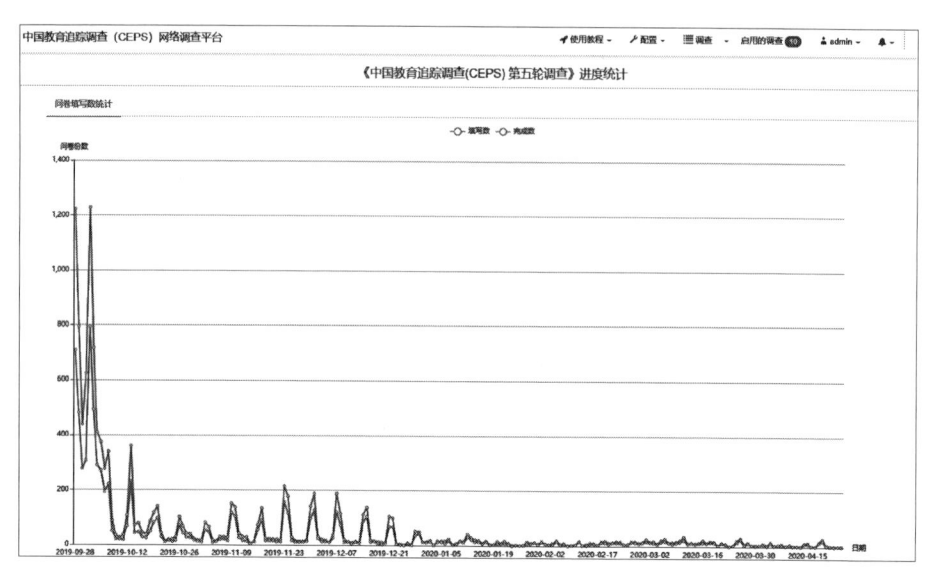

图 8-2

8.1.2 系统邮件功能

LimeSurvey 的系统邮件功能也能很好地实现对调查进度的管理。每一个封闭式调查都存在一个调查参与者表，储存了受访者的信息，并且表单中的每位受访者都有对应的唯一操作代码。在发布封闭式调查时，不仅需要向受访者提供调查网址，还要告知他的操作代码，这样才能确保调查顺利进行。LimeSurvey 的最初设计是一个网络问卷调查平台，如果调查者掌握了受访者的电子邮件地址，就可以利用 LimeSurvey 平台向受访者发送调查邮件。系统能够调用调查参与者表中的操作代码、姓氏、名字等属性字段，快捷、准确地发送与收件人匹配的邮件，实现自动的定制化沟通，并且能够在调查参与者表中读取和更新参与者填答问卷的状态，通过各种不同的系统邮件实现对调查项目进度的管理。

想要使用 LimeSurvey 平台的邮件功能，需要先完成相关配置：通过"配置—设置—全局设置—邮件设置"，选择服务器支持的 email 方法，并设置相关的信息。以 SMTP 为例，需要提供支持 SMTP 协议的电子邮箱作为"默认站点管理员电邮"，输入 SMTP 的主机名称和开放的端口、用户名称、邮箱密码。除此之外，在调查的常规设定中，还要把调查的管理

第 8 章 调查项目管理与数据管理

员电子邮件设置成"全局设置—邮件设置"中使用的那个电子邮件,否则系统无法正常发送邮件。

设置好了发送邮箱后,在调查参与者表中选择一位受访者发送调查邮件(见图 8-3)。系统会自动调用默认的模板邮件,调查者也可以结合调查详情自行编辑要发送的邮件主题、信息,以及选择需要调用的占位字段。点击信息输入框下方或界面右上角的"发送邀请"按钮,就可以成功发送邮件了(见图 8-4)。

图 8-3

除了逐一发送邮件外,也可以使用复选框选定多个受访者,为"已选择的参与者"同时发送多封调查邮件,或者通过工具栏中的"邀请和提醒",向表单中所有符合条件的受访者批量发送调查邮件(见图 8-5)。

LimeSurvey 提供了四种类型的调查邮件,调查者可以在项目进度的不同阶段将不同的邮件发送给不同状态的受访者。

(1)邀请邮件:即调查实施阶段受访者应收到的第一封邮件,功能是邀请受访者参与调查,通常包含调查名称、调查简介、调查网址、受访者访问调查的操作代码、截止日期、调查发起机构/人的联系方式等信息。

(2)提醒邮件:受访者收到邀请邮件一段时间后,如果一直没有完成调查,调查者就可以通过系统向他们发送提醒参与调查的邮件。提醒邮件

数字时代的问卷调查：LimeSurvey 的综合应用

图 8 - 4

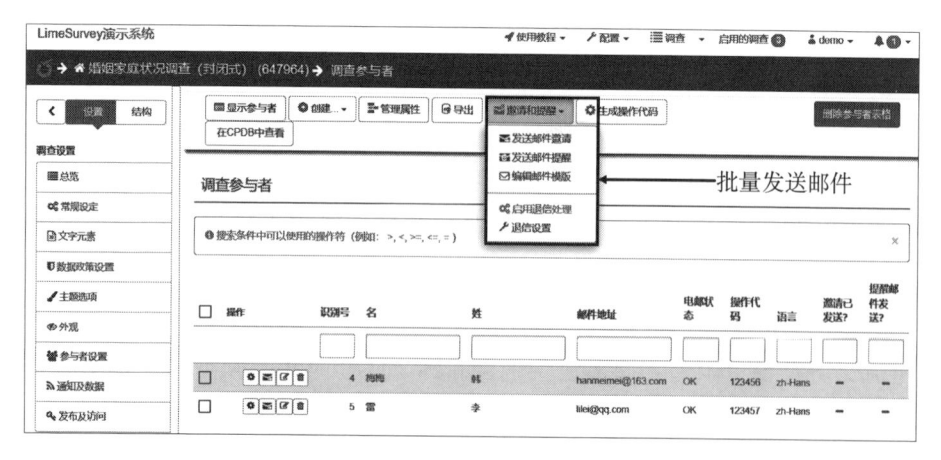

图 8 - 5

第8章 调查项目管理与数据管理

可多次发送，系统会自动计次，两次提醒邮件之间的时间间隔可以根据实际情况设定。

（3）确认邮件：系统接收到反馈数据时，会自动向提交答案的受访者发送一封确认邮件，告知对方已收到并保存他的反馈，同时表示感谢。

（4）注册邮件：如果封闭式调查允许调查者参与者表之外的人员注册成为受访者，那么完成注册后，受访者会收到一封确认注册的邮件，这封邮件会告诉完成注册的受访者如何继续填答问卷。

针对同一项调查的多名受访者，各类调查邮件的内容基本相同，仅在受访者的具体信息上通过调用调查参与者表中的字段实现个体差异化。因此，调查者可以在系统中提前编辑好邮件模板，以节省工作时间和精力。

调查者可以从"调查参与者—邀请和提醒—编辑邮件模板"，或是"问卷调查菜单—邮件模板"进入编辑界面（见图8-6、图8-7）。图8-7中显示的内容是系统默认的邀请邮件模板，此外，调查者还可自行设计个性化模板。编辑邮件模板时，使用占位字段能够准确地引用调查中的各项信息（如操作代码、参与者姓氏、调查项目信息等）。

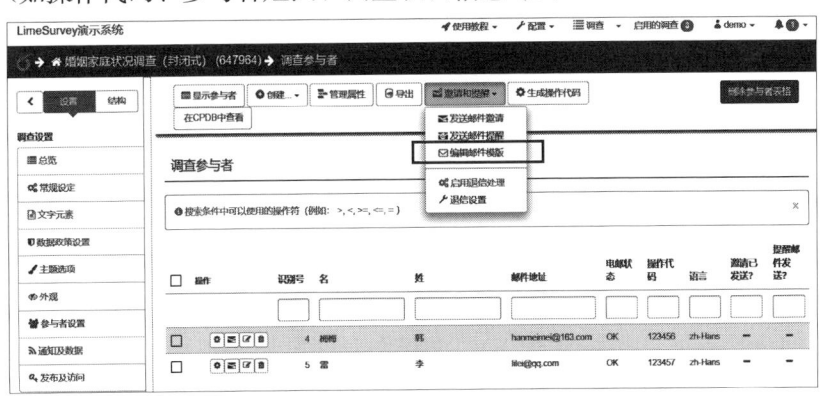

图8-6

从邮件模板中可以发现，LimeSurvey中不仅有"受访者邮件"，还有"管理员邮件"。系统收到反馈数据时，会向管理员邮箱发送邮件告知管理员调查收到了新的反馈。发送给调查管理员的邮件有两种：基本管理员通知邮件和详细管理员通知邮件。两者较为相似，一般来说后者内容更加详细。在默认的邮件模板中，基本管理员通知邮件包含调查名称、查看反馈

图 8-7

详情的链接等信息（见图 8-8）；而详细管理员通知邮件的内容增加了引用新反馈的完整内容的占位字段，即在邮件中就可以看到新反馈数据中的全部内容（见图 8-9）。

8.1.3　调查质量管理

在调查研究中，数据质量管理是多方面、多角度的，贯穿调查的全过程。从问卷设计到抽样设计，再到实地调查、数据核查，每个阶段都对调查质量有着重要影响。LimeSurvey 在创建问卷时就在问卷逻辑方面为控

第 8 章 调查项目管理与数据管理

图 8-8

制调查质量提供了帮助。传统纸笔问卷中的逻辑由访问员或受访者人工判断后执行，很容易出现差错，比如跳问错误、填入异常答案等。而 LimeSurvey 中的电子问卷则是利用计算机程序自动判断和运行其中的逻辑，在很大程度上规避了人为误差。一份设定合理的电子问卷，基本上能够完全排除不合逻辑的错误答案，譬如初婚年龄大于出生年龄、工作收入高于总收入等。这类前后矛盾、逻辑谬误的答案，在纸笔问卷中有可能出现，但在利用 LimeSurvey 创建的电子问卷中，依靠设置逻辑检验则可以被杜绝。

除此之外，调查者利用 LimeSurvey 还能从搜集到的数据中管理调查质量。本书前面的章节已经介绍过截止日期和保存计时的功能，启用后，

数字时代的问卷调查：LimeSurvey 的综合应用

图 8-9

系统会自动记录受访者填写问卷时的行为数据，并将其保存在反馈界面的"时间统计"中（见图 8-10）。如图 8-11 所示，系统统计了受访者完成调查花费的总计时长和在每张页面上停留的时间。如果调查采用"全部都在一页"的显示方式，则时间统计中只有总计时长（图中识别号为 13、14 的数据）；如果采用"按题分页"，统计的就是总计时长和每道问题的时长（图中识别号为 15、16 的数据）；而采用"按组分页"，则会记录总计时长和题组时长（图中识别号为 8~12 的数据）。另外系统还会简单计算平均访问时长和访问时长的中位数，供调查者参考。

时间统计中的调查用时数据与反馈数据通过反馈 ID（识别号）与受

第 8 章　调查项目管理与数据管理

图 8-10

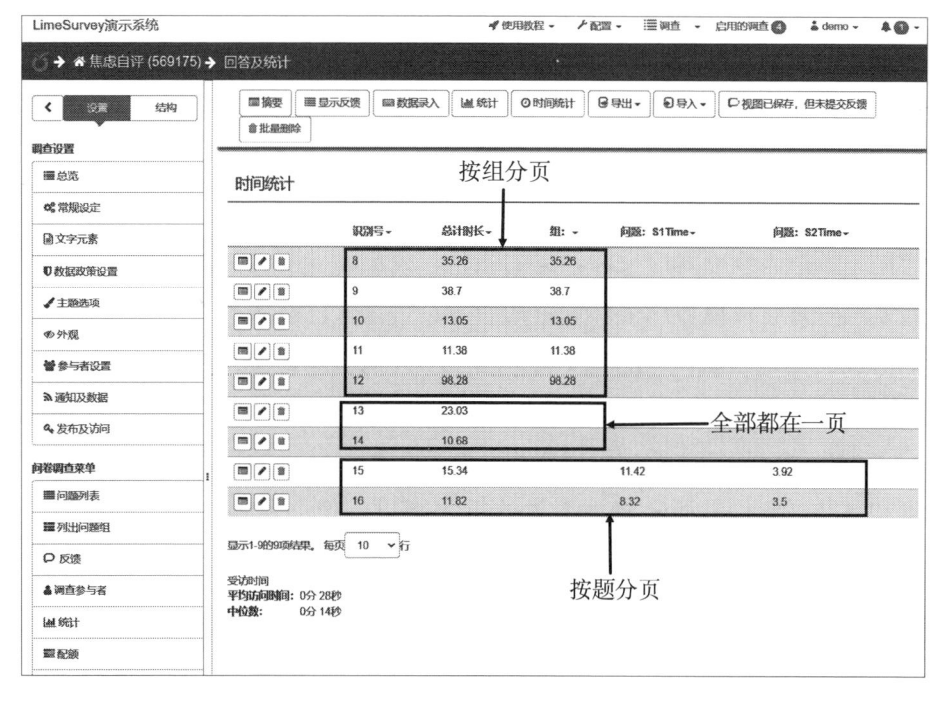

图 8-11

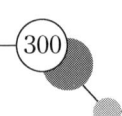

访者一一对应。点击时间统计数据中的"查看反馈详情"按钮，可以查看对应反馈数据的完整信息（见科 8-12、图 8-13）。

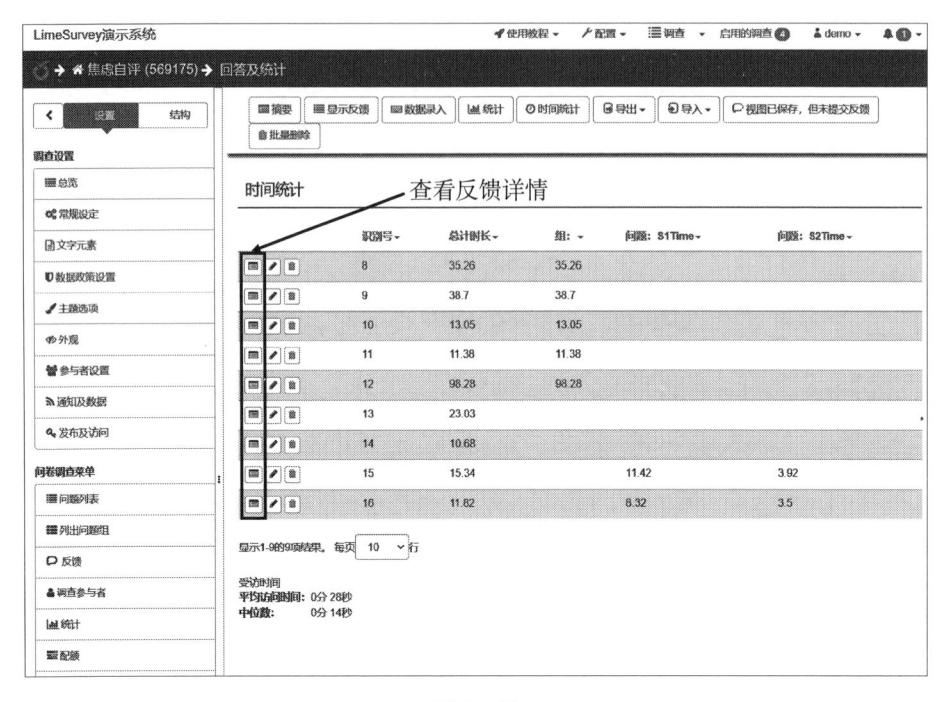

图 8-12

受访者在填答问卷时的这些行为数据也被称为并行数据（paradata），有助于调查者判断对应反馈数据的质量。完成问卷所用时长的数据是并行数据的一种，可以被用来对调查的质量进行评估。例如，明显低于平均访问时长的反馈数据，可能是受访者胡乱填答问卷后提交的。如果问卷采用"按题分页"或者是"按组分页"，则可以把各题/题组的用时数据绘制成一条折线图，从折线图中可以看出认真答题的受访者的折线会随着题目难度和复杂度起伏，而随意乱答者的折线则更近似一条随机波动的噪音曲线，通过聚类分析，这两类答题行为可以被识别出来。

调查项目的管理工作具体由实施调查的人员来执行，LimeSurvey 是辅助工具。无论是调查进度管理，还是调查质量管理，都可以用数据"说话"。有了系统提供和保存的统计信息与反馈数据，才能有针对性地完成调查项目的管理工作。

第 8 章 调查项目管理与数据管理

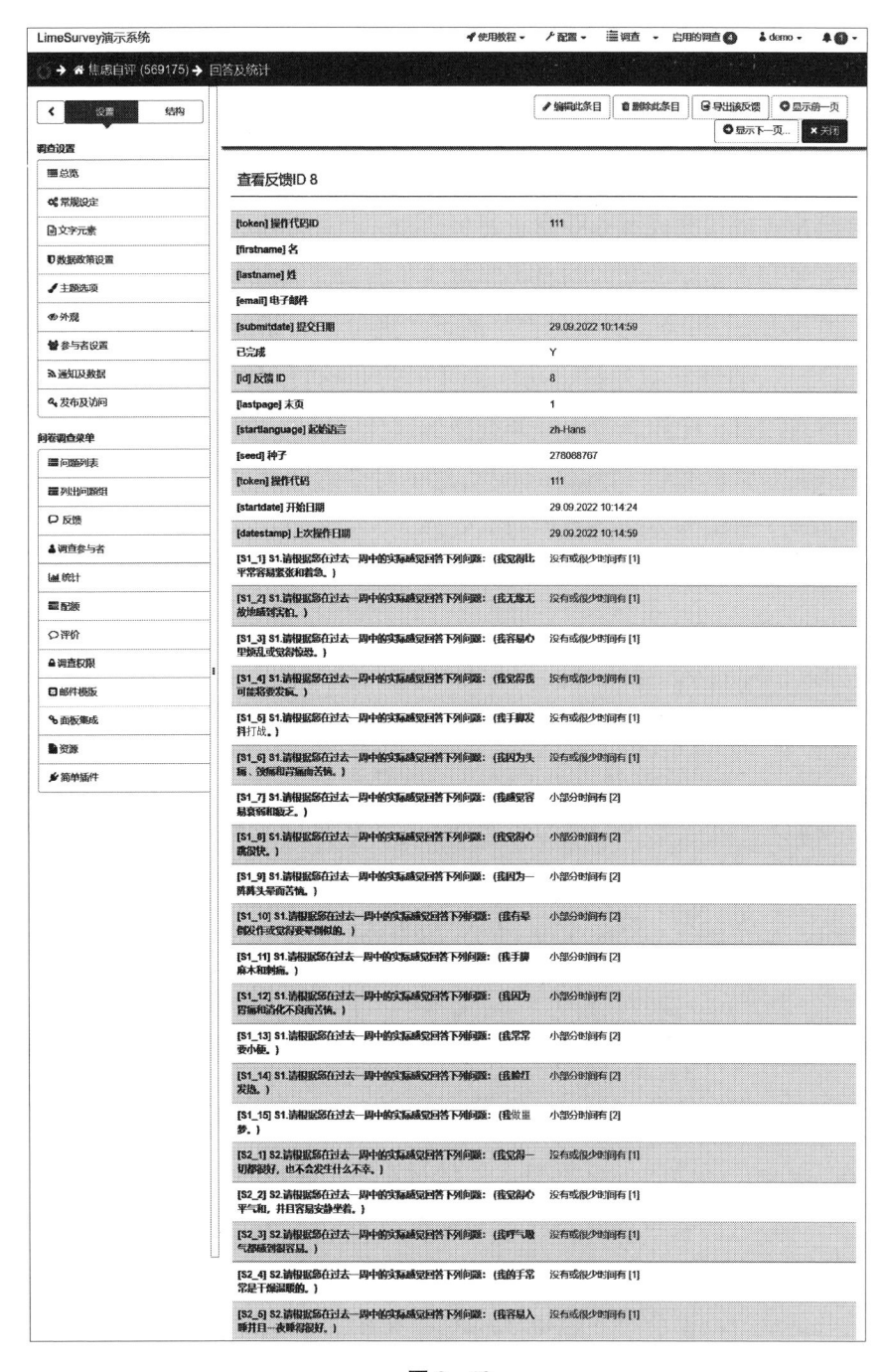

图 8 - 13

LimeSurvey 呈现出来的数据信息也并不完全，系统只呈现了一些基础数据，很多有用的信息还需要调查者进一步挖掘。比如在管理调查进度时，系统中统计的是启用调查以来累计收到的反馈总量，调查者如果想了解详细的每日反馈量，就需要额外制作统计表。又如发放出去的问卷数量对很多调查项目来说也是非常重要的信息，可以单独统计或者将发放数据与调查参与者表中的某些信息关联起来进行记录。

基于 LimeSurvey 提供的良好的可扩展性，有条件的调查者可以依托 LimeSurvey 开发出更便捷、功能更强大的调查管理工具。例如中国综合社会调查项目、中国教育追踪调查项目以及中国调查与数据中心移动与网络调查实验室都基于 LimeSurvey 搭建了自己的管理平台，从而更加有效率地实现了对大型复杂调查项目的管理。

8.2 数据管理

数据是一个调查项目最直接的成果，数据管理是调查项目管理必不可少的组成部分。LimeSurvey 提供了几种最基础的数据管理功能，包括数据录入、数据查看、数据导出/导入/删除以及数据统计与可视化，这些功能尽管都是最基础的，但都是数据管理中必不可少的。

8.2.1 数据录入

数据录入是纸笔问卷调查项目中的关键环节。通过纸笔问卷收集起来的信息填写在问卷的各纸页上，需要额外转化成电子格式才能被分析使用，而计算机辅助问卷调查收集的资料则无须进行数据录入的操作。拿 LimeSurvey 来说，受访者在电子设备上访问调查网页提交答案之后，系统接收的反馈数据会直接以电子格式存储在数据库中。LimeSurvey 的数据录入功能一般只在遇到某些特殊情况时使用。例如，当部分受访者无法通过访问调查链接的形式填答问卷时，调查者可以先利用其他手段（如电

第 8 章 调查项目管理与数据管理

话、邮件）获取答案，再将数据录入系统。在中国教育追踪调查中就遇到过类似的情况，项目组对受访者初中毕业后的追访主要采用以 LimeSurvey 为平台，访问员联系受访者，请受访者在网上填写问卷的形式。在调查过程中，有少部分受访者表示上网不方便，这时就需要把纸质的调查问卷连同回寄信封和邮票寄给受访者，或者直接在电话中访问受访者填答问卷。在这种情况下，数据录入功能就派上用场了。

向 LimeSurvey 中录入数据相当于填写问卷。从调查反馈界面点击工具栏中的"数据录入"，在页面呈现的"问卷"上逐题填入受访者的答案，最后保存数据即可（见图 8-14、图 8-15）。

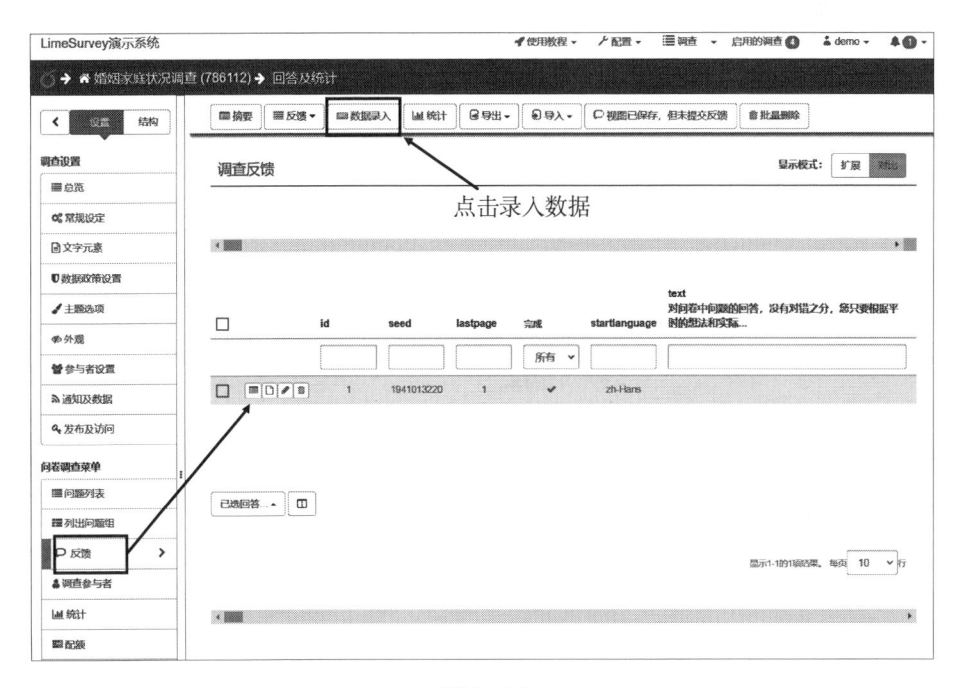

图 8-14

保存信息时，数据录入页面的底部有两种保存录入数据的方式，一种是"完成反馈提交"，另一种是"参与调查用户保存调查以便将来完成"（见图 8-16）。以第一种方式保存的数据，在查看反馈和统计的过程中会被视为完整的反馈，如果是封闭式访问模式的调查，那么对应的操作代码将被系统识别为已使用。以第二种方式录入的数据会被保存为未提交的反馈，

图 8-15

由调查者代替受访者先填答一部分问卷并保存，之后再由受访者完成剩余的问卷。若采用第二种方式保存录入的数据，则需要填写标识符（ID）、密码、邮件等信息。这些内容中，标识符必须是调查中唯一的；受访者填写问卷剩余部分时需要填入调查者设置的密码；邮件则用于接收系统发送的确认邮件，这封邮件将包含一个调查网址，受访者可通过这个网址进入调查填答剩余问卷内容。另外，只有在调查中存在附件语言的情况下，调查者

第 8 章　调查项目管理与数据管理

才需要选择调查的初始语言，相关信息系统会给出提示。以两种方式保存的数据在反馈表中分别被标记为"已完成"和"未完成"状态（见图 8-17）。

图 8-16

传统纸笔问卷调查过程中的数据录入与 LimeSurvey 所谓的"数据录入"之间存在很大区别。前者是数据录入员将纸质调查数据电子化的过程，而后者是调查者代替受访者在系统中输入答案。所以，尽管从理论上来说，可以将 LimeSurvey 作为纸笔问卷的录入工具，但从设计初衷上来说，LimeSurvey 的数据录入功能只有在以网络调查为主的混合模式调查中录入纸笔问卷数据或进行电话访问时才会被用到，因此没有像 EpiData 这样的专业录入软件一样对数据录入的各个环节进行优化。

数字时代的问卷调查：LimeSurvey 的综合应用

图 8-17

8.2.2 数据查看

调查一旦开始实施，调查者就应当密切关注采集到的数据。在 LimeSurvey 中，调查者掌握数据的主要方式是查看反馈摘要和详细反馈。

点击调查首页工具栏中的"反馈—反馈和统计"进入反馈界面，在反馈摘要中查看全部反馈者、未完成反馈者和所有反馈者的数量（见图 8-18、图 8-19）。

图 8-18

第 8 章 调查项目管理与数据管理

图 8-19

完整的反馈数据可以点击反馈与统计界面上的"显示反馈"按钮进行查看，也可以直接从问卷调查菜单中的"反馈"进入反馈详情页（见图 8-20）。

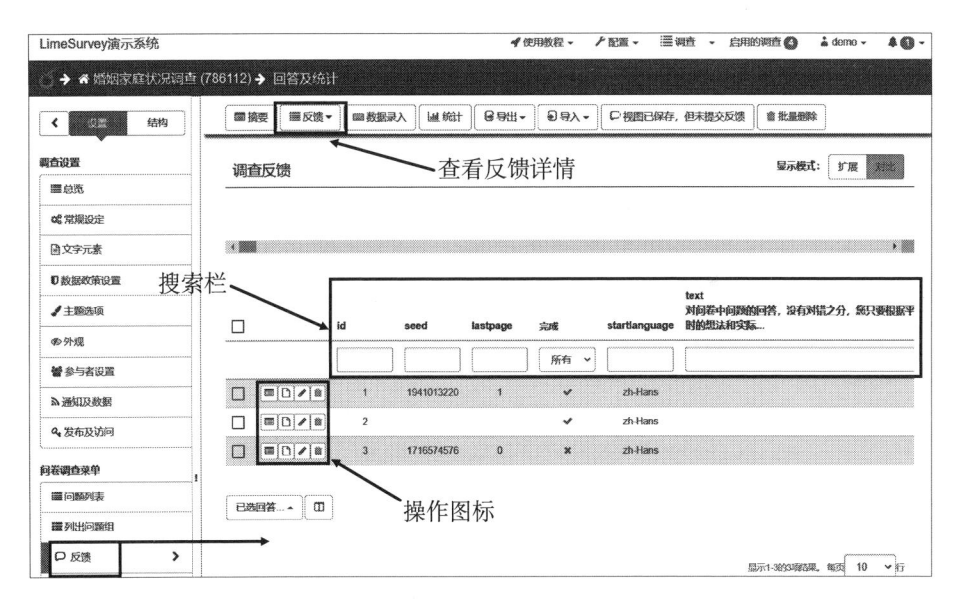

图 8-20

系统回收的所有反馈数据构成了一张反馈表，默认以 ID 顺序排列。反馈表的每一行都是一条数据，每一列则是反馈数据的 ID、日期等信息以及问卷的每一道问题和子问题，即数据中的变量。拖动页面上的水平滚动条，可以浏览受访者对每道问题的反馈。反馈表上方是搜索栏，根据 ID、完成情况或者问卷中某一问题的答案，调查者能够从所有反馈中筛选出符合要求的数据。每条数据的前端都有四个操作按钮，分别是"查看反馈详情"、"以 queXMLPDF 格式查阅回答明细"、"编辑该反馈"和"删除回复"。在"查看反馈详情"页面,可以将一条数据中的全部信息汇总显示(见图8-21)。点击"以queXMLPDF格式查阅回答明细",可以从系统导出该条数据所对应的PDF格式的问卷及答案(见图8-22)。从"编辑该反馈"进入包含问题和答案的界面,调查者可以修改反馈数据(见图8-23)。"删除回复"则用于从反馈表中删掉这条数据。而勾选多条数据,可批量执行删除反馈、删除反馈中下载的附件、下载反馈或导出选中的数据。

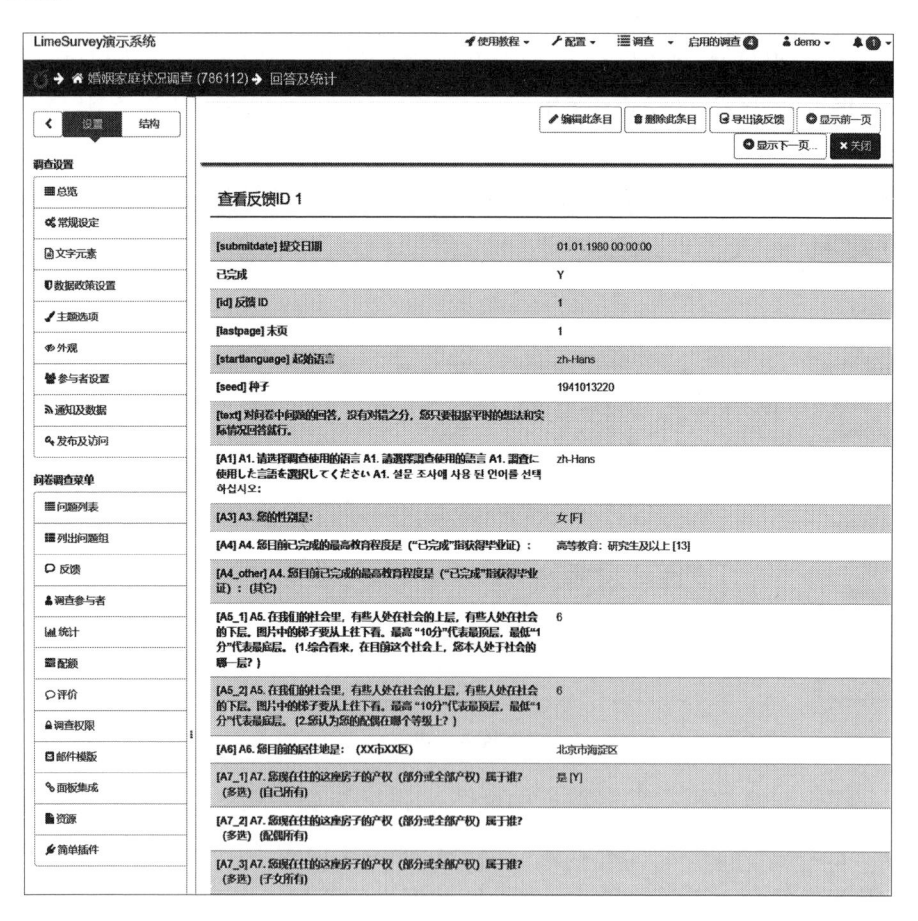

图8-21

数据查看的功能在调查项目的管理中是必不可少的。例如,在调查质量管理过程中通过分析答题用时数据发现某些问卷疑似异常,这时不能对这些问卷数据简单地一删了之,而是需要逐一查看这些问卷所对应的数

第 8 章 调查项目管理与数据管理

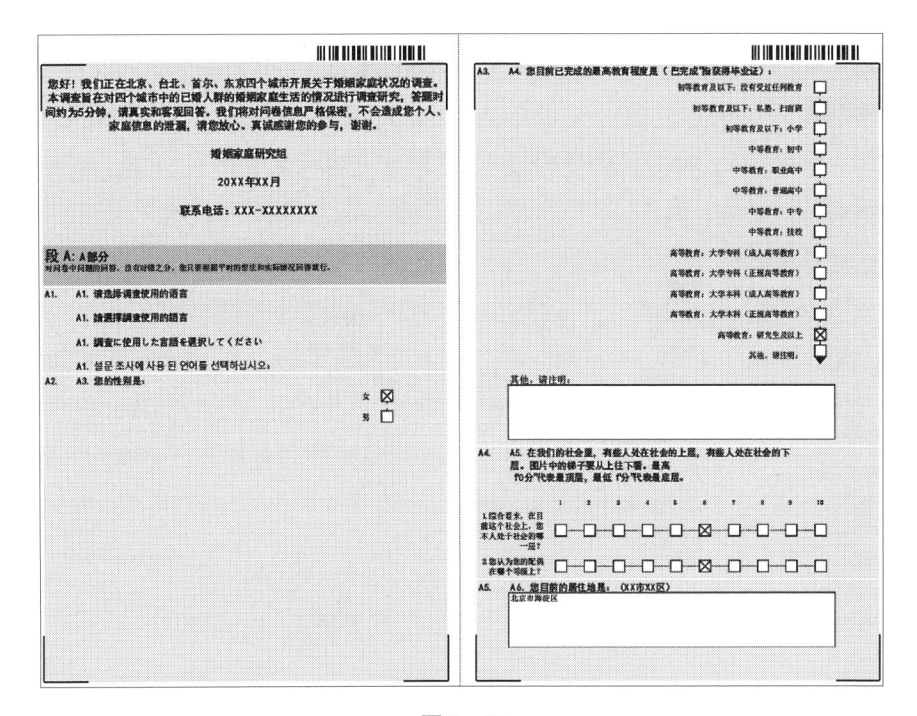

图 8-22

据，从回答的具体内容上进一步研判是否存在问题。在需要的情况下，还要就这些问卷进一步向不同人员征询意见，这时最方便的方法就是利用"以 queXMLPDF 格式查阅回答明细"功能将数据导出为 PDF 格式传统纸笔问卷的形式，这样更加符合大多数人的阅读习惯。

8.2.3 数据导出、导入和删除

数据是调查项目最直接的成果，完成一项调查后，需要将调查数据导出为各种格式的文件，以供其他软件对数据做进一步的处理和分析；在有些情况下，需要将其他项目的数据导入到系统中；在极特殊的情况下，也可能会需要删除数据。所以，数据的导出、导入、删除都是必不可少的数据管理功能。

1. 导出数据

从反馈页面上方工具栏中点击"导出"按钮，选择从系统"导出回答"、"导出回答为 SPSS 格式"或"导出 VV 调查文件"（见图 8-24）。

数字时代的问卷调查：LimeSurvey 的综合应用

图 8 - 23

图 8 - 24

第 8 章 调查项目管理与数据管理

（1）导出回答。

直接导出回答时，LimeSurvey 提供了 CSV、Excel、PDF、HTML 和 Word 共五种文件格式，并单独设置了逗号、分号和制表符三种可选 CSV 字段分隔符（见图 8 - 25）。

图 8 - 25

此外，调查者还可以根据需要，在各个选项中设置导出数据的具体内容和形式。

- 常规：选择数据完成的状态和导出语言。
- 范围：使用数据的 ID，确定导出的数据范围。

●反馈：选择导出答案编号或是完整答案，还可以将数据中的 Y 和 N 转换成其他取值（例如 1、2）。

●标题：设置导出数据对应的问题标题内容及形式，如字符数、使用问题编码或文本摘要等。

●列：设置导出数据需要包含的内容，如 ID、日期、问题等，默认选择全部内容。

若调查为封闭式访问模式，还有"操作代码"选项，用于选择操作代码字段，如姓氏、名字、电子邮件等，这样可以通过 ID 将调查数据与参与者表中的字段匹配起来。

完成设置后，点击界面右上方的"导出"按钮，即可导出反馈数据文件。

（2）导出回答为 SPSS 格式。

SPSS 是通用型统计软件的代表，LimeSurvey 支持将数据完美地导出为 SPSS 格式的数据。将数据导出到 SPSS 时，同样能够对数据进行筛选，调查者可根据需要选择导出数据的完成状态、语言以及数据版本（见图 8-26）。LimeSurvey 支持导出"16 之前"和"16 或以上"两种版本的 SPSS 文件。SPSS 导出包括两个文件：语法文件（文件名为 survey_×××_spss_syntax_file.sps）和数据文件（文件名为 survey_×××_spss_data_file.dat）。在导出这两个文件后，把它们放在同一个文件目录上，运行 SPSS 软件，在其中执行导出的语法文件，就可以生成加上了变量标签和变量值标签的以 .sav 为扩展名的 SPSS 格式数据文件了。

（3）导出 VV 调查文件。

在某些情况下，调查者可能需要修改反馈表中的大量数据。逐条编辑数据的工作量过大，此时，使用电子表格工具更方便。从系统中导出 VV 调查文件（VV 代表垂直验证），调查反馈表将会被导出到扩展名为 .csv 的文件中。在电子表格中完成数据修改后，只要确保文件的一般结构不变，就可以使用"导入 VV 调查文件"功能将修改后的文件导回 LimeSurvey 中，重新形成调查反馈表。

导出 VV 调查文件时，选择反馈数据的状态，并填入文件扩展名以确

第 8 章　调查项目管理与数据管理

图 8 - 26

定导出文件的格式，系统默认为 CSV 格式；选定导出最新版本或旧版本的文件，点击界面右上方的"导出"按钮，即可导出 VV 调查文件（见图 8 - 27）。

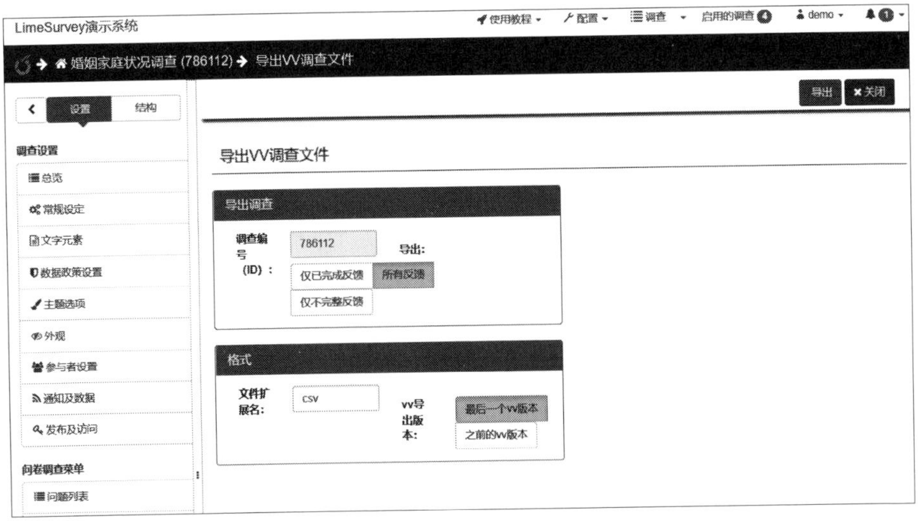

图 8 - 27

数字时代的问卷调查：LimeSurvey 的综合应用

除了上述三种导出数据的方式外，LimeSurvey 还可以通过安装插件的方式，将数据导出为 STATA 格式或 R 格式。

2. 导入数据

在调查反馈界面上方工具栏，可"导入"数据。向 LimeSurvey 导入数据的方式有两种，分别是"从一个停用的调查表中导入反馈"和"导入 VV 调查文件"（见图 8-28）。

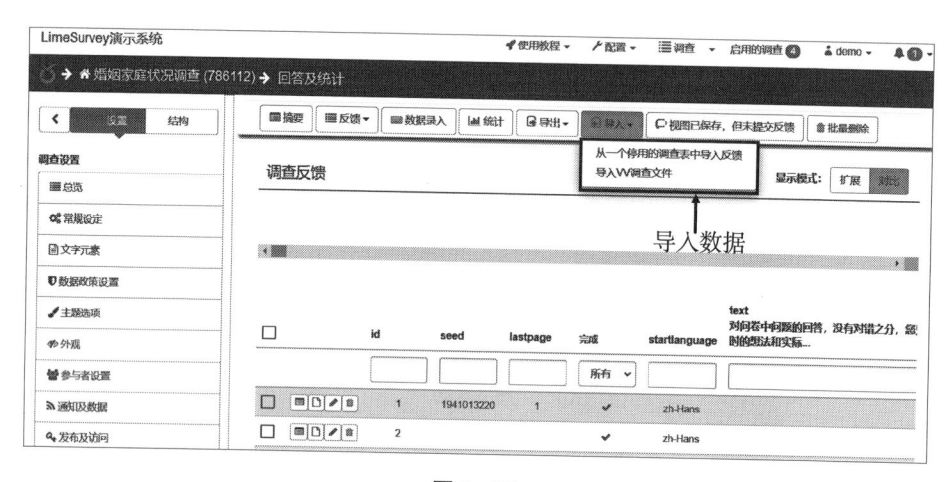

图 8-28

"从一个停用的调查表中导入反馈"的操作界面如图 8-29 所示。

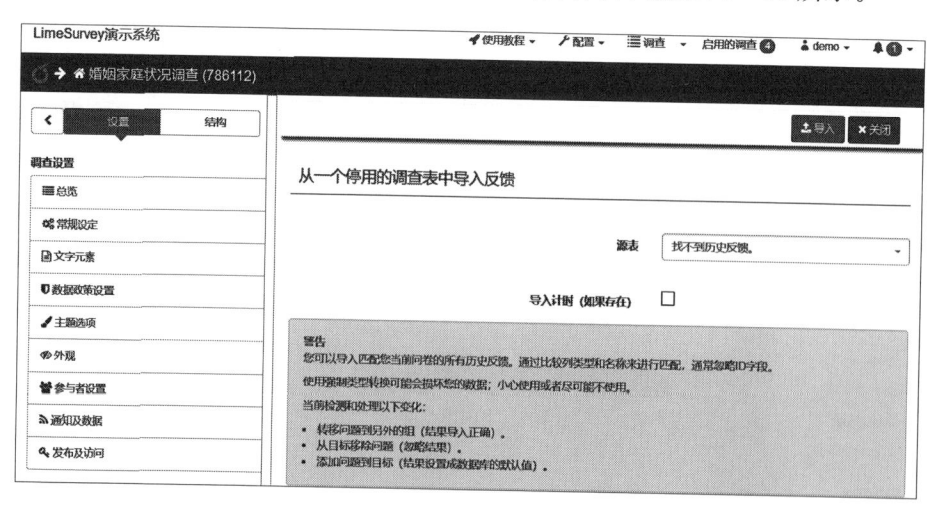

图 8-29

第8章 调查项目管理与数据管理

从"源表"下拉框中选择反馈表导入系统。这些源表中的文件都是以往启用当前调查时系统生成的反馈表单。也就是说，首次启用的调查没有停用的调查表可供导入。停用的调查表分为"兼容"型和"强制类型兼容"型，选择后一种反馈表可能存在损坏数据的风险。例如，转移问题到另外的组（结果导入正确）、从目标移除问题（忽略结果）、添加问题到目标（结果设置成数据库的默认值）等，在导入数据时系统将针对这些风险给予警告。

另外，调查的计时表独立于反馈表，因此若当前调查使用了时间统计，则可以选择导入反馈表对应的计时表。在导入调查表的同时勾选"导入计时（如果存在）"选项即可。

"导入 VV 调查文件"，则是从本地上传数据文件。使用的数据文件通常是从 LimeSurvey 中导出的 VV 调查文件。

首先从本地选择数据文件并上传，LimeSurvey 支持扩展名为 .csv/.vv/.txt 的数据文件，并且文件最大不超过 32 MB。然后设置数据相关内容（见图 8-30）。

图 8-30

- 排除的记录号：指是否排除数据文件中存在的变量"ID"。如果选择"否"，那么系统将为文件中的每一条数据添加新 ID。如果选择"是"，那么导入数据时系统将提示"导入的记录匹配已经存在记录号"，同时给出四种解决方案——"报告并跳过这条新记录"、"对这条新记录重新编号"、"替换存在的记录"和"在文件中已有记录替换答案"。

- 不作为最终的答案导入：如果选择"是"，则 submitDate 设置为空，数据的完成状态被标记为未完成。

- 文件的字符集：选择导入的调查文件使用的字符集，默认为 UTF-8。

- 第一行包含问题代码：默认情况下，VV 调查文件的第一行包含的是可读文字，比如变量标签（编号），真正的列名位于第二行，比如变量名（ID）。

- 强制导入：可用于从不同的 LimeSurvey 实例中导入 VV 文件，但调查必须完全相同。不推荐使用强制导入，除非明确地知道结果。因为强制导入很可能会导致数据出现在错误的列中。如果在数据库名称或 Qcode 变量命名中找不到问题代码，那么系统将根据顺序分配列。

实践表明，如果使用 Microsoft Excel 编辑 LimeSurvey 导出的 VV 调查文件，则很容易损坏文件的数据结构，因此调查者可能会遇到 LimeSurvey 无法导入编辑后的 VV 文件的困境。针对这一问题，LimeSurvey 提供了将受损文件正常导入的解决方法：

（1）在 Excel 中打开导出的 VV 调查文件并完成编辑；

（2）将文件另存为以制表符分隔的文本文件（新文件扩展名为 .txt）；

（3）从 LimeSurvey 中重新导出一份 VV 调查文件，不要编辑；

（4）使用文本编辑器（如记事本）打开这个新导出的 VV 文件；

（5）使用 Ctrl＋A 选中所有内容，再将其删除；

（6）用文本编辑器打开 Excel 编辑过的新文件（另存为以制表符分隔的 .txt 文件），然后选中所有内容，使用 Ctrl＋C 复制内容并将其粘贴到第（4）步打开的那个 VV 文件（原始内容已删除）中；

（7）使用 Ctrl＋S 将文件按原样保存（扩展名为 .csv）；

第 8 章　调查项目管理与数据管理

（8）立即尝试导入该文件。

3. 删除数据

在调查的反馈表中，针对每一条数据都可以单独执行编辑、删除等操作，通过列表中的复选框，也可以勾选多条数据同时删除。除了这两种方式，调查者还可以批量删除反馈表中的数据。

点击工具栏中的"批量删除"按钮，在弹出的窗口输入想要删除数据的 ID，多个 ID 之间用英文逗号隔开，这样即可同时删除反馈表中的多条数据（见图 8-31、图 8-32）。

图 8-31

图 8-32

需要强调的是，删除数据的功能要慎用，不到万不得已，不要删除数据，否则可能会造成追悔莫及的后果。

8.2.4 数据统计与可视化

LimeSurvey 也提供数据统计与可视化功能，但其并不是想要替代 STATA、SPSS、R 这些专业统计软件，而是出于调查项目管理的需要，帮助调查者对调查数据进行最基本的描述统计。在很多情况下，调查项目的执行人员需要对调查各变量的分布有一个基本的了解，及时发现存在的问题，以便采取进一步的行动，这时候基本的数据描述统计功能是必不可少的。

LimeSurvey 所提供的数据统计功能仅在调查中存在反馈表的情况下才能使用。调查过期之后仍然可以进行数据统计，但调查停用后，反馈表将被存储在数据库里，这时调查中就没有反馈表了，因此不能使用数据统计功能。

通过"反馈—反馈和统计—统计"或者"设置—问卷调查菜单—统计"进行数据统计（见图 8-33、图 8-34）。LimeSurvey 中有简单模式和专家模式两种数据统计方式，进入统计界面时默认采用专家模式，点击界面右上角的"简单模式"可切换统计方式（见图 8-35）。

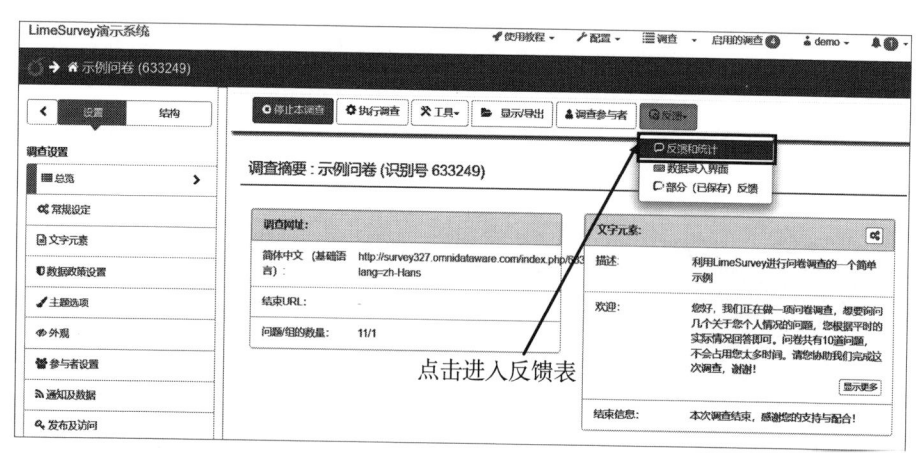

图 8-33

1. 简单模式

使用简单模式统计反馈数据，可以快速导出和保存简单的条形图。以示例问卷调查中的变量 A1（性别）、A3（民族）和 A4（宗教信仰）为

第8章 调查项目管理与数据管理

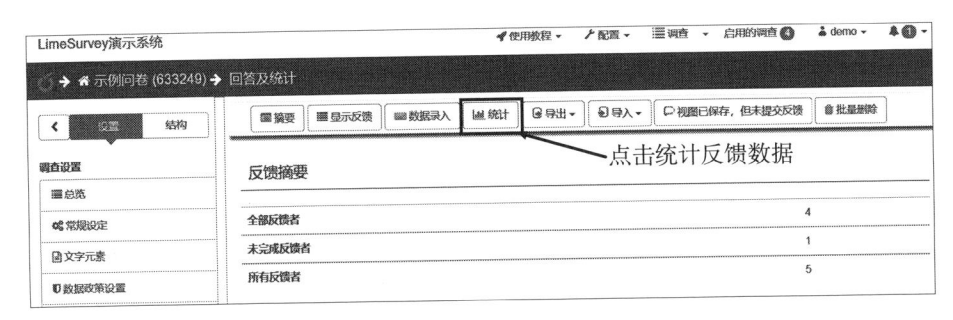

图 8-34

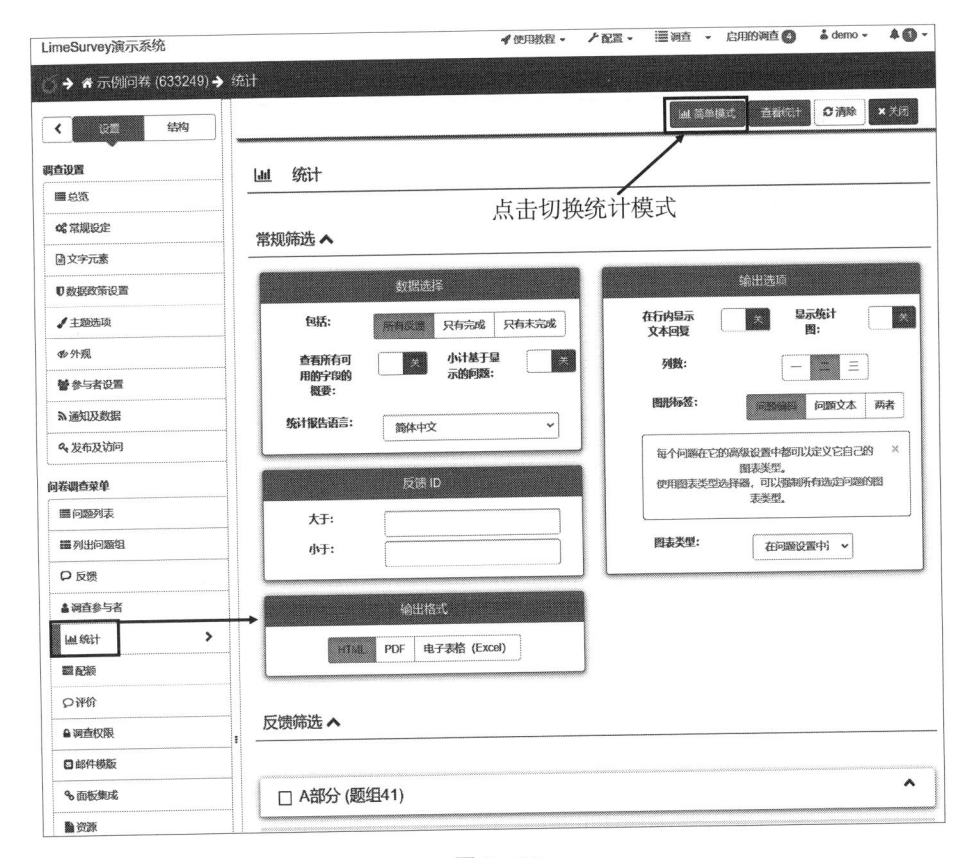

图 8-35

例,如图 8-36 所示,系统自动统计了答案的分布情况,并用条形图显示。

简单模式下数据统计的结果只显示统计图,没有结果摘要和表格。这种方式可对受访者提交的"可计数"的数据进行统计,例如单选题、多选

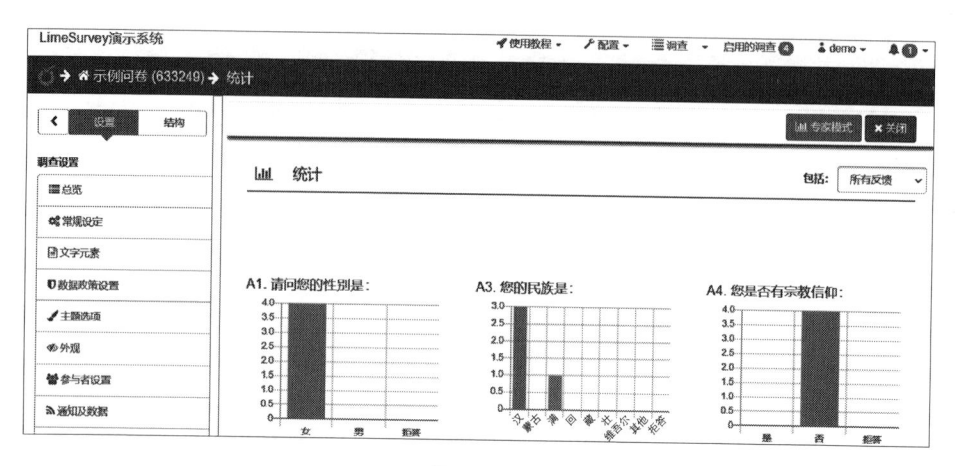

数字时代的问卷调查：LimeSurvey 的综合应用

图 8-36

题等，汇总问题中每个选项被选择的次数。简单模式统计的反馈数据可以是完整反馈、不完整反馈或所有反馈（前两个选项的总和），通过界面右上角的下拉框可选择数据范围。

2. 专家模式

专家模式可以"筛选"数据，可以定义选择哪些变量、变量的哪些取值，然后进行统计。专家模式中的筛选分为两部分：常规筛选和反馈筛选（见图 8-37）。

常规筛选，指的是常规（宏）级别的筛选设置，包括数据选择、反馈ID、输出格式、输出选项和提交日期五项内容。

● 数据选择：选择反馈表中完成的反馈、未完成的反馈或是全部反馈数据；选择是否查看所有可用的字段摘要，开启后，系统运行统计脚本时将考虑所有问题和题组；选择是否基于所显示问题的分类汇总，默认为关闭，仅根据反馈的数量统计每个问题的信息；根据调查语言选择统计报告使用的语言。

● 反馈 ID：使用 ID 号限定数据范围。

● 输出格式：统计结果采用 HTML/PDF/Excel 格式输出。

● 输出选项：设置统计结果输出内容及形式，如是否显示统计图、图形标签、图表类型、列数等；若使用"在行内显示文本回复"，那么系统将以内联方式显示文本反馈，无须单击浏览按钮（该功能对 HTML 格式的统计结果很有用）。

第 8 章　调查项目管理与数据管理

图 8 - 37

● 提交日期：针对使用计时功能的调查，设置反馈提交日期的范围选择反馈数据。

反馈筛选，则是通过复选框勾选需要统计哪些问题，也可以进一步选取各问题中需要分析哪些答案项（见图 8 - 38）。

设置好筛选条件后，点击右上角的"查看统计"，系统就会显示统计结果。

举个例子，对受访者的性别（A1）和宗教信仰（A4）统计已完成的反馈数据，并显示统计图，系统输出结果如图 8 - 39 所示。结果中报告了统计的样本量，每道题都有独立的汇总表格（包含答案、频次及百分比）以及对应的统计图，下方可选择不同的图表类型。每道问题的右上角都有一个将统计结果导出为 PDF 的功能图标，页面下方的"导出图片"按钮则可将当前结果中所有的统计图导出为图片。

图 8 - 38

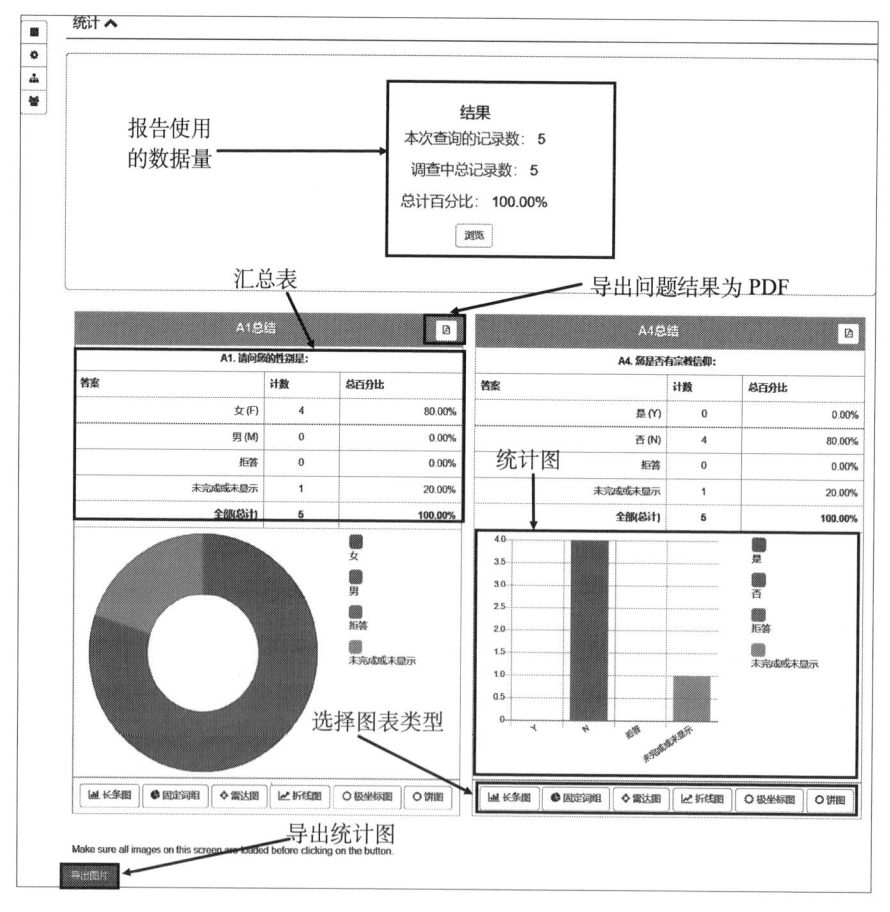

图 8 - 39

第 8 章　调查项目管理与数据管理

　　LimeSurvey 数据统计的筛选功能，对于调查项目的管理尤其重要。例如，项目的管理人员想要知道在某段时间之后，填答了问卷的女性受访者有多少；某几个少数民族的受访者一共有多少，是否达到了设定的数量要求等。这些数据统计需求都可以通过专家模式中的筛选功能来实现。

　　LimeSurvey 所提供的调查项目管理和数据管理方面的功能，尽管都是基础性的，却都是调查项目管理必不可少的。正是这些功能，使得 LimeSurvey 不只是一个调查问卷平台，更是一个调查项目的运行平台，具有企业级能力。并且，我们需要意识到，对于调查项目管理功能的需求，是因项目而异的。LimeSurvey 只提供最基本的项目管理功能，这是一种经济有效的策略。对于调查项目管理功能的各个方面，LimeSurvey 系统都顾及到了，也提供了最基本的功能，但又不过于深化，只在整体架构上充分地体现了各个具体的功能需求点，然后各个调查项目根据自身需求针对性地进行扩展性开发即可。本章所提到的中国综合社会调查和中国教育追踪调查的例子都是这一点的良好体现，而这也是 LimeSurvey 作为一个企业级的调查项目平台的优点和潜力所在。

第 9 章

LimeSurvey 的系统配置

按照绝大多数同类型图书的习惯，书的开始部分一般会介绍系统的配置。但是笔者考虑到，在读者对于 LimeSurvey 并无了解，还没有形成全体和局部概念的时候讲系统的配置，只能是作者但管说之，而读者姑妄听之，这样无法取得太好的效果。只有在对系统各方面的功能进行了全面而详细的介绍之后，读者对系统有了初步的了解，在系统的结构和运作上形成了具体概念的条件下，再来谈系统的配置，读者才能知其然并且知其所以然，从而达到事半功倍的效果。按照菜单分类，LimeSurvey 的系统配置包括基本设置、高级设置和用户三大块功能。在管理员界面右上角，点击"配置"便可进入管理菜单（见图 9-1）。

第 9 章　LimeSurvey 的系统配置

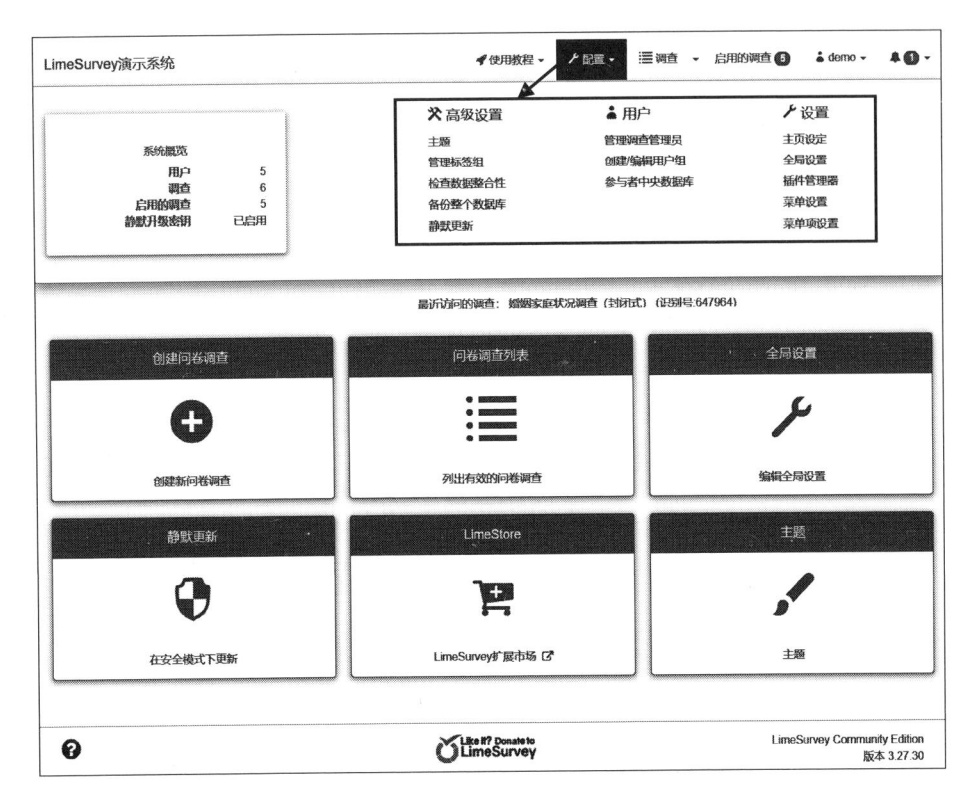

图 9-1

9.1　基本设置

基本设置是 LimeSurvey 系统配置的基础部分，这一部分用于定义用户所接触到用户界面的外观样式，以及系统的语言、邮件、人机对话形式等。LimeSurvey 的基本设置包括主页设定、全局设置、插件管理器、菜单设置、菜单项设置五部分。

9.1.1　主页设定

主页设定用于设置系统管理员界面的首页外观。一般情况下，管理员登录 LimeSurvey 后，看到的是默认的管理员界面。如图 9-2 所示，上方为菜单栏，中间为 LOGO 图标，主体部分为六个功能按钮，按钮右上方滚动显示最近访问内容，页尾则标识当前系统的版本号，居中的图标链接至 LimeSurvey 的捐赠网页。LimeSurvey 是一个持续更新的软件，不同版本支持的功能略有不同。菜单设置和菜单项设置这两项内容就是 LimeSurvey3.0 以上版本新增的功能。笔者在写这本书时，LimeSurvey 最新发布的版本号为 5.2.1，而长期支持的稳定版的版本号为 3.27.30。

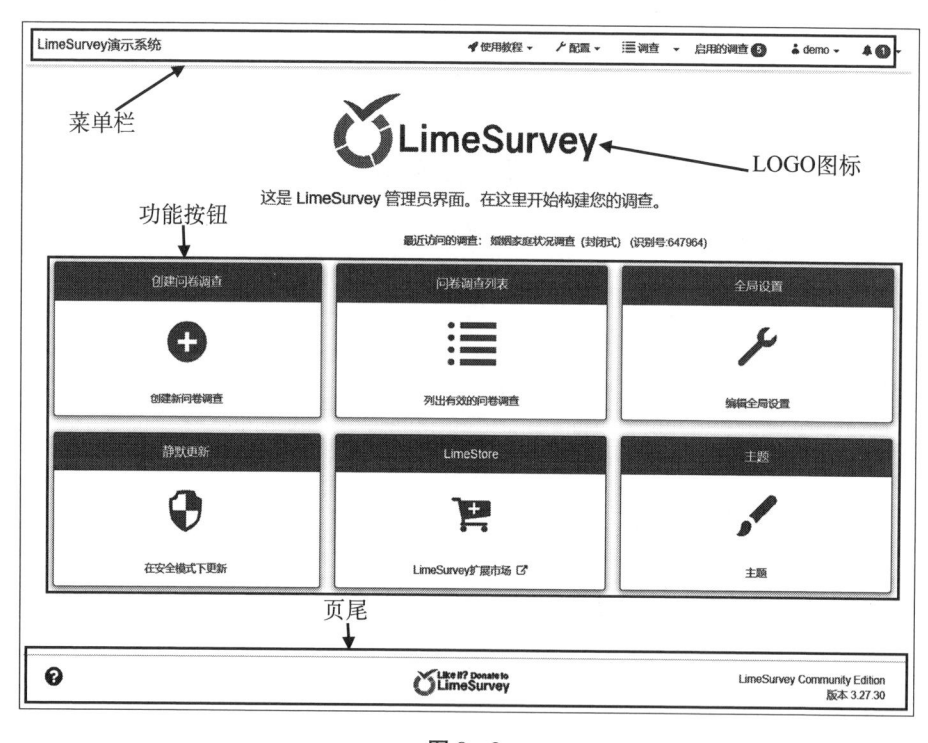

图 9-2

系统管理员完全可以按照个人习惯和喜好在主页设定中编辑一张个性化的首页。

如图 9-3 所示，主页设定可调控管理员界面首页上的各项内容。可选择显示或隐藏的部分有 LOGO、上次访问内容的文本信息、调查列表、调查列表的搜索框和功能按钮的外边框，另外，功能按钮的列数（默认为 3）、功能按钮的对齐方式（包括从左至右、从右至左、居中）也允许自定

第 9 章　LimeSurvey 的系统配置

义。其中，对调查列表的搜索框的设置只有在显示调查列表的情况下才会生效。

图 9-3

在主页上显示调查列表和搜索框的效果如图 9-4 所示，调查列表位于功能按钮的下方，搜索框位于调查列表右上方。输入关键词或通过调查的状态、所属题组等条件，调查者能够筛选出符合要求的调查项目。点击主页右上角菜单栏中的"调查"按钮同样可以查看调查列表。

管理员主界面功能按钮区域显示的方块就是主页设定中所说的"按钮"，系统默认的功能按钮有六个，包括创建问卷调查、问卷调查列表、全局设置、静默更新、标签集（LimeStore）和主题。在主页点击某一按钮，系统将自动跳转至相应的操作页面。例如"创建问卷调查"按钮对应的是创建新调查界面。

按钮组列表包含所有功能按钮的位置、标题、图标、描述、URL 和用户组信息。位置采用数字表示，决定新按钮在主页功能按钮区域显示在第几个；默认的六个按钮占据 1~6 号位。在目标 URL 中输入网址，点击

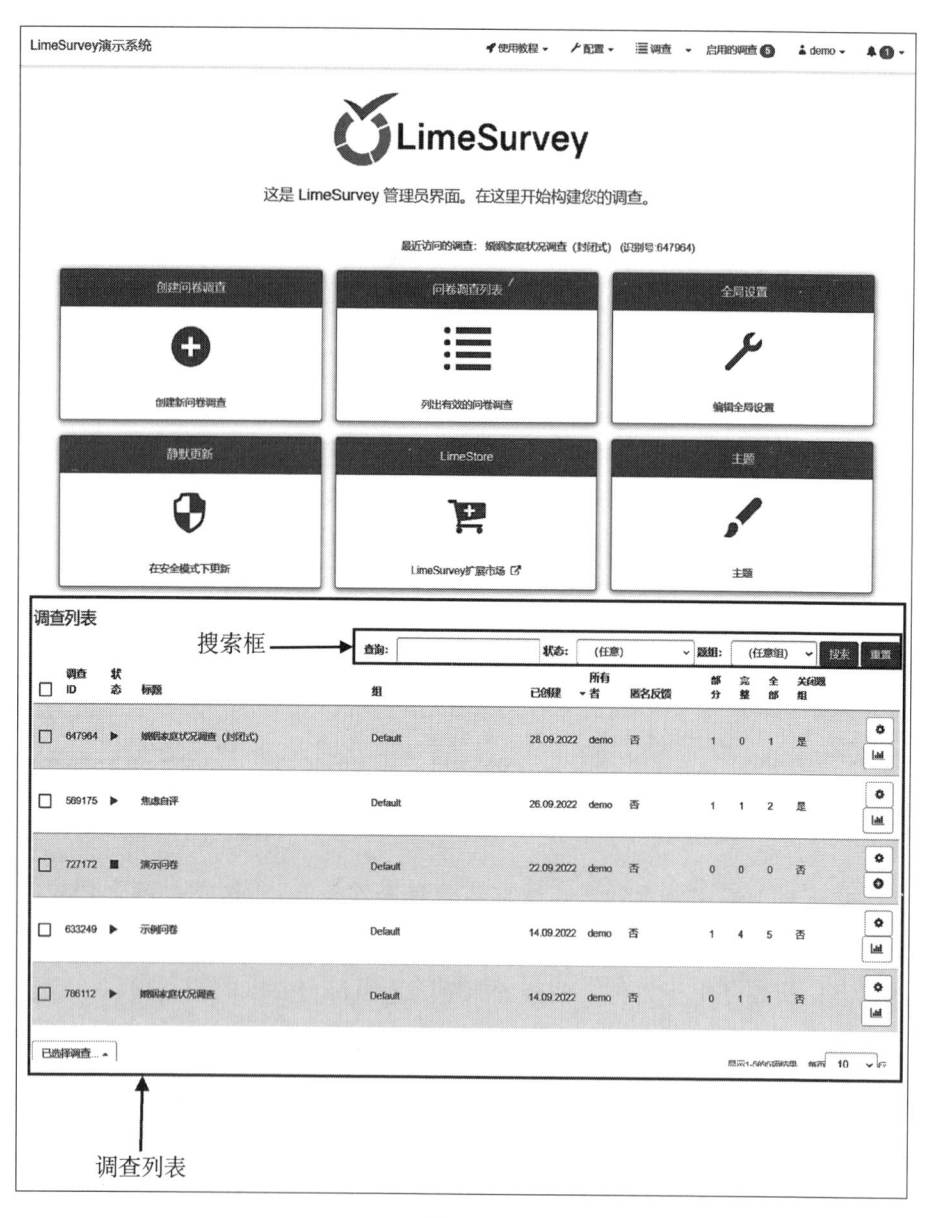

数字时代的问卷调查：LimeSurvey 的综合应用

图 9-4

按钮后进入对应页面。从系统中选择意义恰当的小图标作为按钮图标，标题、描述文本分别显示在按钮图标的上方、下方。根据按钮的使用需求，将图标设置为向所有人、某用户组或是超级管理员显示。管理员可以在按钮组中编辑或删除每一个功能按钮。即使多次调整按钮组的设置，也可以

第 9 章　LimeSurvey 的系统配置

点击右上角的"恢复成默认按钮组"一键还原（见图9-5）。

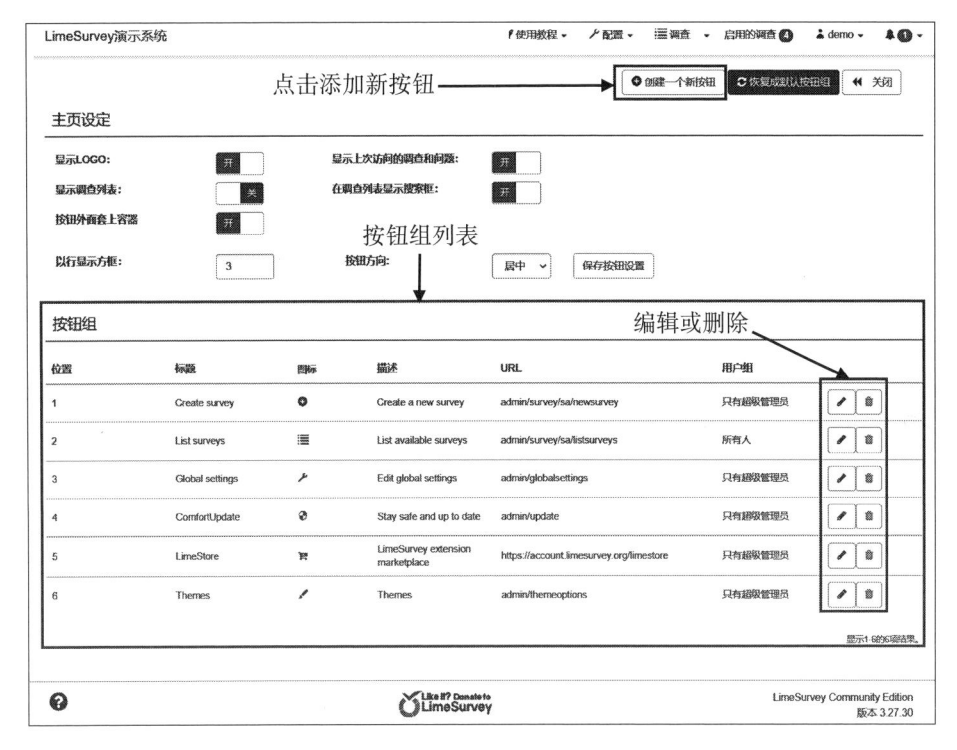

图 9-5

以"主页设定"为例创建一个新的功能按钮。点击"创建一个新按钮"，然后按照按钮设置示例编辑相关内容（见图9-6）。成功添加后，按钮组列表中会显示相关信息（见图9-7）。

按钮设置示例

位置：7

目标 URL：admin/homepagesettings

标题：主页设定

图标：【从系统选择图标】

描述：编辑主页设定

将这个方块显示给：所有人

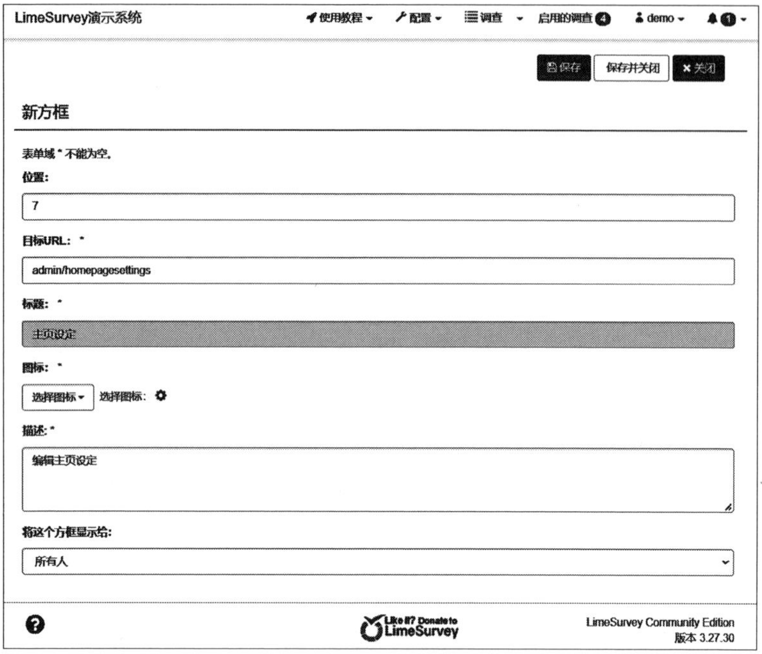
LimeSurvey演示系统
使用教程
配置
调查
启用的调查 4
demo
保存
保存并关闭
关闭
新方框
表单域 * 不能为空。
位置:
7
目标URL: *
admin/homepagesettings
标题: *
主页设定
图标: *
选择图标
选择图标:
描述: *
编辑主页设定
将这个方框显示给:
所有人
Like it? Donate to LimeSurvey
LimeSurvey Community Edition
版本 3.27.30

图 9-6

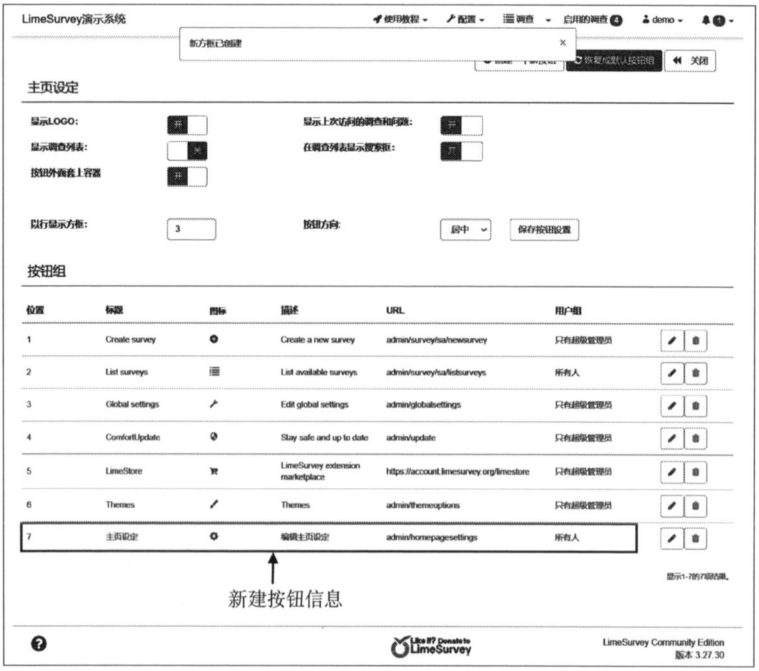
LimeSurvey演示系统
新方框已创建
恢复成默认按钮组
关闭
主页设定
显示LOGO:
显示上次访问的调查和问题:
显示调查列表:
在调查列表显示搜索框:
按钮外面套上容器
以行显示方框:
3
按钮方向:
居中
保存按钮设置
按钮组
位置 标题 图标 描述 URL 用户组
1 Create survey Create a new survey admin/survey/sa/newsurvey 只有超级管理员
2 List surveys List available surveys admin/survey/sa/listsurveys 所有人
3 Global settings Edit global settings admin/globalsettings 只有超级管理员
4 ComfortUpdate Stay safe and up to date admin/update 只有超级管理员
5 LimeStore LimeSurvey extension marketplace https://account.limesurvey.org/limestore 只有超级管理员
6 Themes Themes admin/themeoptions 只有超级管理员
7 主页设定 编辑主页设定 admin/homepagesettings 所有人
新建按钮信息
LimeSurvey Community Edition
版本 3.27.30

图 9-7

第 9 章　LimeSurvey 的系统配置

管理员界面上也会显示新增加的功能按钮，各按钮的位置值如图 9-8 所示，由于按钮方向默认设置为"居中"，因此位于 7 号位置的"主页设定"被放置在中间。点击"主页设定"按钮，跳转至相应的页面（见图 9-9）。

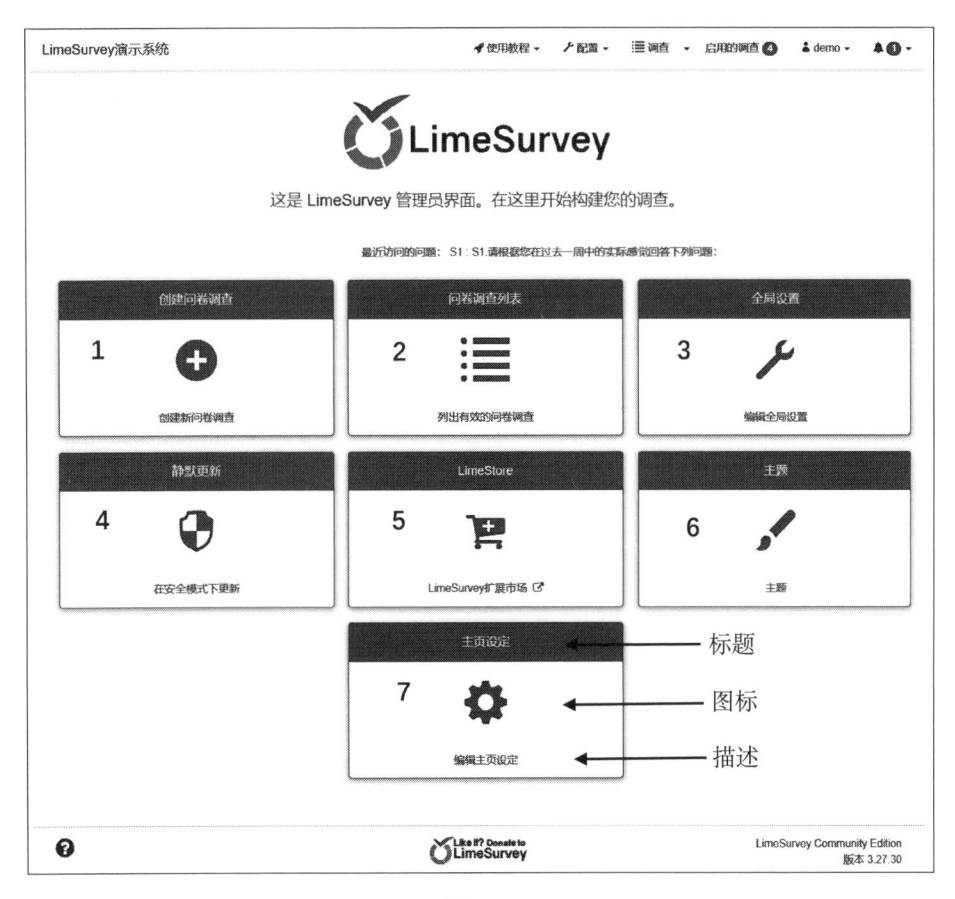

图 9-8

主页上通常会放置一些最常用的功能按钮，相当于快捷键，从系统的菜单栏里同样可以进入各项功能的页面。如果系统由多个管理员协同使用，那么主页设定应尽量避免过于个性化，常规布局更容易被大众接受。

9.1.2　全局设置

全局设置针对的是整个系统的安全、外观、语言、主题等内容，这些设置将作用于系统中的所有调查项目。全局设置分为总览、常规、邮件设

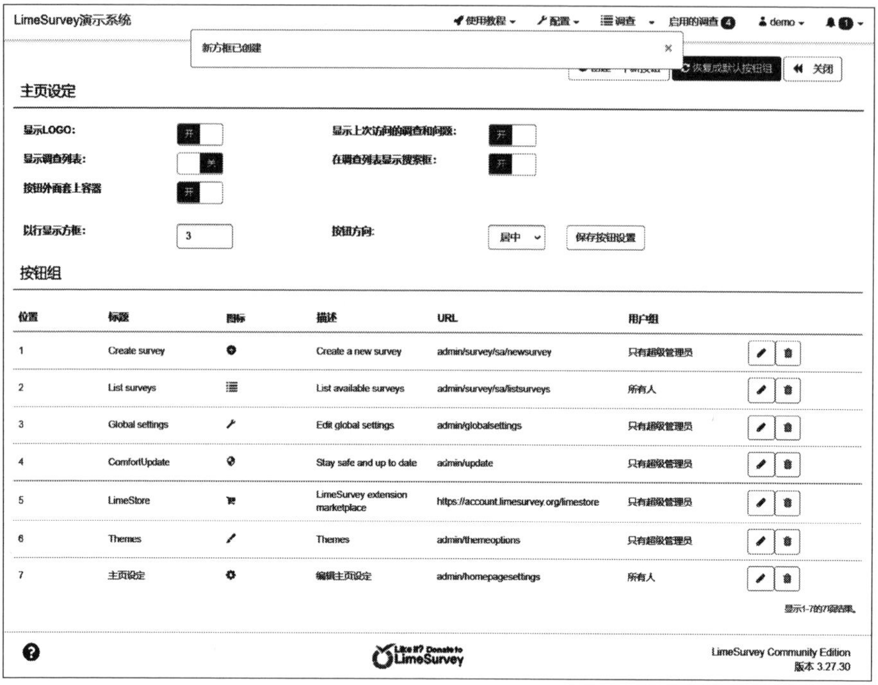

数字时代的问卷调查：LimeSurvey 的综合应用

图 9-9

置、退信设置、安全、外观、语言、接口和存储九个方面。

如图 9-10 所示，总览显示了系统中用户、调查、启用的调查、停用结

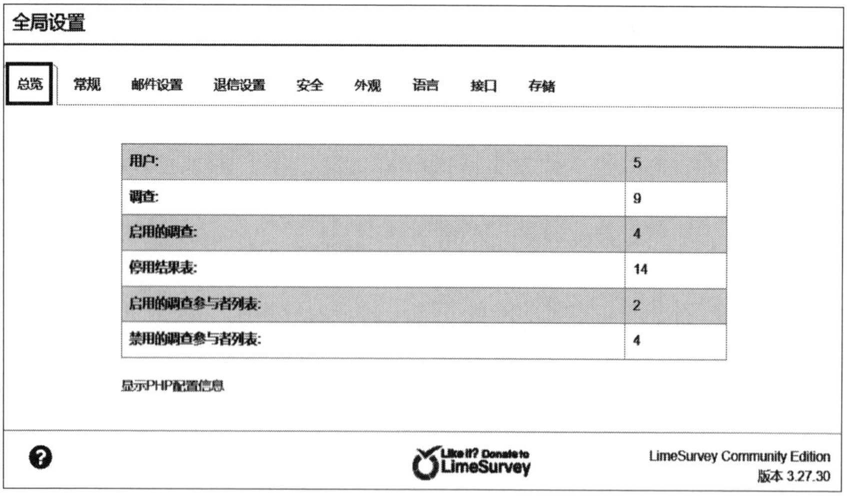

图 9-10

第 9 章　LimeSurvey 的系统配置

果表、启用的调查参与者列表、禁用的调查参与者列表的数量，点击列表下方的超链接文本"显示 PHP 配置信息"可以查看系统详细的配置信息。

　　常规中的设置项较多，主要包括设置站点名称、调查默认使用的主题、管理员界面的主题、使用简单版或完整版问题类型和模板编辑器等内容。系统一般自动使用服务器上的时间，如果本地与服务器所在地存在时差，管理员可以在常规中校正。若调查需要使用谷歌分析追踪更多关于调查网页的信息，那么管理员应该在常规中完善各项相关的配置，如 Google Maps API Key、Google 分析跟踪 ID 等。其他的常规设置还有文件使用的字符集、清理系统缓存、HTML 编辑器模式和 JS 调试模式等。本书大部分关于 LimeSurvey 界面的图上都显示的"LimeSurvey 演示系统"的字样，就是在常规设置中的站点名称中设定的（见图 9 - 11）。

图 9 - 11

邮件设置中提供了四种发送系统邮件的方法：（1）PHP，使用内部 PHP 邮件功能；（2）Sendmail，使用 Sendmail 邮件程序；（3）SMTP，使用 SMTP 服务器发送邮件，需要提供支持 SMTP 协议的电子邮箱作为"默认站点管理员电邮"，以及 SMTP 的主机名称和开放的端口、用户名称、邮箱密码；（4）Qmail，使用 Qmail 邮件服务。系统将通过邮件设置中的电子邮箱向外发送各类邮件，比如邀请邮件、确认邮件、管理员通知邮件等。关于电子邮件的设置比较复杂，牵涉到各个方面。为稳妥起见，建议选择 SMTP 发送邮件，这是较为可靠且不容易出错的发送邮件的方法。

退信设置用于管理接收被退回邮件的电子邮箱。为了确保安全性，建议该邮箱仅用于接收退信。系统提供了服务器类型 IMAP 和 POP，前者会在管理员阅读退信后将其保存在邮件服务器上，后者则不会保存；关闭服务器将不能使用退信功能。如果想要使用退信功能，则应该完善接收退信邮箱的服务器名称和端口、用户名、密码及加密类型（见图 9-12）。

图 9-12

有关系统的安全设置，共包含以下五项内容（见图 9-13）。

● 调查预览仅针对管理员：默认为开启，这时只有系统管理员可以预

第 9 章　LimeSurvey 的系统配置

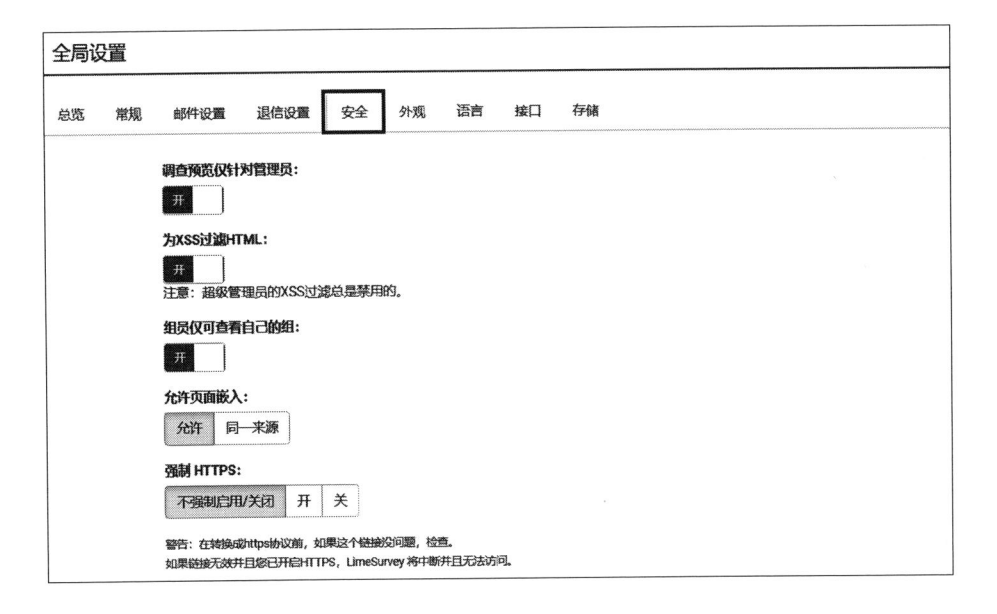

图 9-13

览调查；如果关闭该功能，那么任何人都能够通过调查网址进行预览。

● 为 XSS 过滤 HTML：默认为开启，此时管理员不能在调查/题组/问题/标签文本中使用危险的 HTML 标记，以防调查者添加恶意脚本从系统上获取额外的权限。关闭此功能后，则可以使用所有的脚本对象。

● 组员仅可查看自己的组：系统默认开启此功能，这时没有管理权限的人员只能查看同一组的用户。如果关闭这一功能，那么他们可以看到系统中所有的同组或不同组的用户。

● 允许页面嵌入：限制嵌入的页面来自相同的域和端口，或者不设限。

● 强制 HTTPS：系统提供了"不强制启用/关闭"、"强制启用"和"强制关闭"三个选项。另外，点击选项下方的超链接文本，"检查"此链接是否有效，如果链接不能使用并且开启了 HTTPS，那么 LimeSurvey 将中断且无法访问。

外观设置中是一些关于调查问卷显示和导出为 PDF 格式的文件样式的设定内容。关于调查问卷显示的设置有是否显示题组名称/描述、问题编号、调查问卷中有 X 个问题等。如果在全局设置的外观中，这些内容被设定为"可选择"，那么管理员可以针对每一项调查进行不同的设定，否则系统中所有的调查都将执行全局中的设定（显示或隐藏），且不能在特定的调查中进行更改。导出为 PDF 格式文件的样式设定则有字体、头部标题、添加灰色背景、加粗等内容，调查者可根据需要分别设置（见图 9-14）。

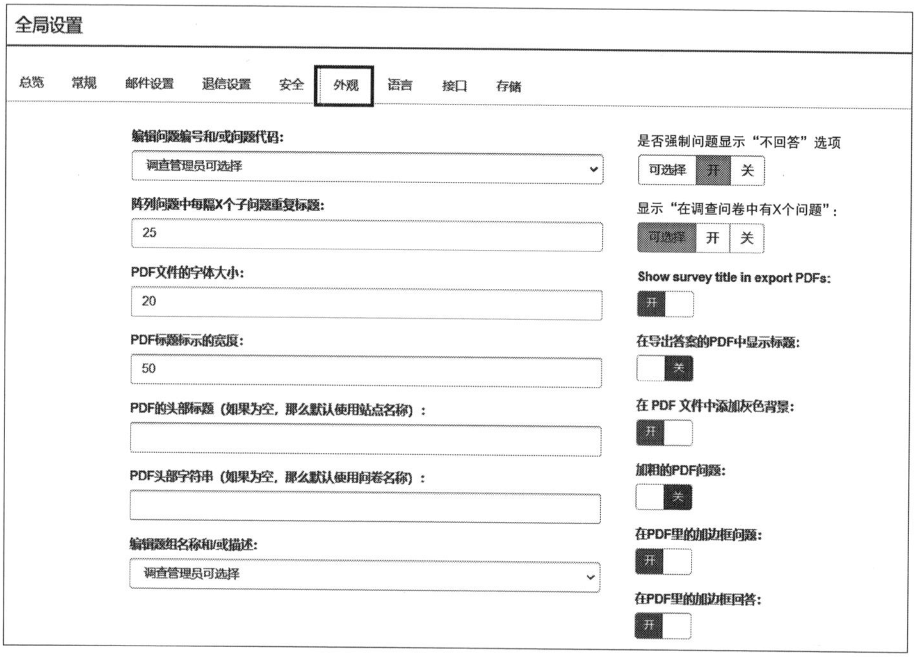

图 9-14

系统默认的语言在"全局设置—语言"中选择。此外，还可以显示或隐藏 LimeSurvey 支持的语言，被隐藏的语言系统将不能再使用（见图 9-15）。为调查添加附加语言时，不能再选择全局设置中被隐藏的语言。

在接口的设置中，可以选择使用 JSON-RPC（推荐）或 XML-RPC 激活 LimeSurvey 中的 RemoteControl2 接口，也可以禁用该接口。LimeSurvey 会自动显示接口网址，一般为 http://limeSurvey 访问网址/index.php/admin/remotecontrol。如果在接口设置中开启"在/admin/remotecontrol发布 API"选项，那么在指定的 URL 下将提供 API 功能的

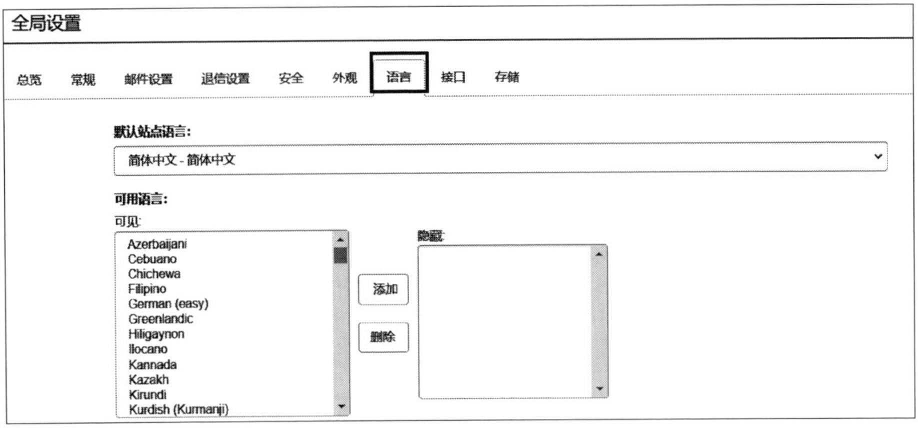

第 9 章　**LimeSurvey 的系统配置**

图 9-15

简短说明。一般来说，只有在调试的时候需要启用该选项（见图 9-16）。

图 9-16

点击存储界面上的"计算存储"按钮，系统会统计问卷、主题库、标签集的内存大小，以及各个问卷的大小（见图 9-17）。

9.1.3　插件管理器

LimeSurvey 通过插件的形式来实现对系统功能的扩展。在安装好 LimeSurvey 后，系统默认安装了八个插件，相对应，插件管理器中有八个插件可被激活使用（见图 9-18）。

这八个插件的功能如下。

图 9-17

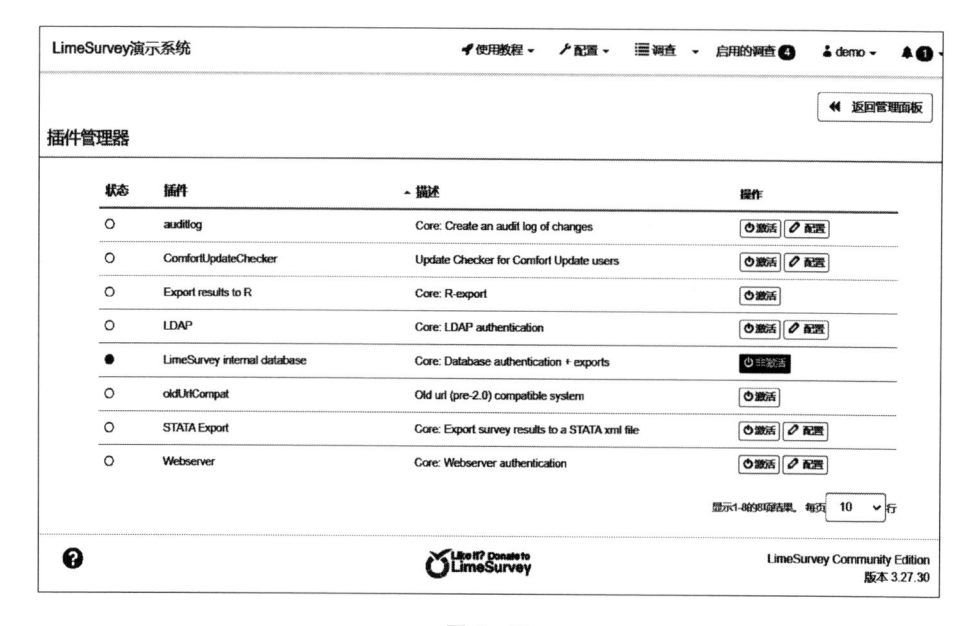

图 9-18

● auditlog：在名为<DB prefix>auditlog_log 的特定表单中创建管理日志。

● ComfortUpdateChecker：简单更新检测器。

● Export results to R：将调查结果导出为统计软件 R 的数据格式。

● LDAP：由 LDAP 服务器进行基本身份验证，可配置。

- LimeSurvey internal database：该插件默认已激活且不能禁用。LimeSurvey 内置的数据库可以随时恢复到安装状态。
- oldUrlCompat：兼容 2.0 版本之前网址的系统。
- STATA Export：将调查结果导出为统计软件 STATA 数据格式的文件。
- Webserver：由 Web 服务器执行身份验证，并从可配置的服务器中读取结果。

这八个系统默认自带的插件中，有两个是本书前面提到过的在将数据导出为 R 和 STATA 格式时会用到的插件。除了系统默认自带的插件外，在 LimeSurvey 的网站上还有大量第三方开发的插件，在 LimeSurvey 的开发者手册中还详细介绍了如何开发插件。通过插件，LimeSurvey 得以灵活自如地实现功能扩展。

9.1.4 菜单设置

LimeSurvey 系统中有三个默认菜单：调查设置、问卷调查菜单和快捷菜单（见图 9-19）。从菜单设置中可以编辑或删除上述三个菜单，列表中的内容包括名字、标题、层级、用户等均可编辑，也可以在系统中创建新的菜单（见图 9-20）。

菜单设置中的操作针对的是菜单中所有的菜单项，每一个菜单中包含哪些具体内容则是在菜单项设置中进行设定的。

9.1.5 菜单项设置

菜单项设置中列出了系统默认的三个菜单中所包含的全部内容，在此可单独编辑或删除这些菜单项，包括菜单项的标题、菜单标题、菜单图标、菜单链接、语言、权限、用户、所属菜单等所有相关内容。列表上方是搜索框，可根据标题、所属菜单等内容寻找符合条件的菜单项。除了默认的菜单项，还可以根据需要添加新的内容（见图 9-21）。

数字时代的问卷调查：LimeSurvey 的综合应用

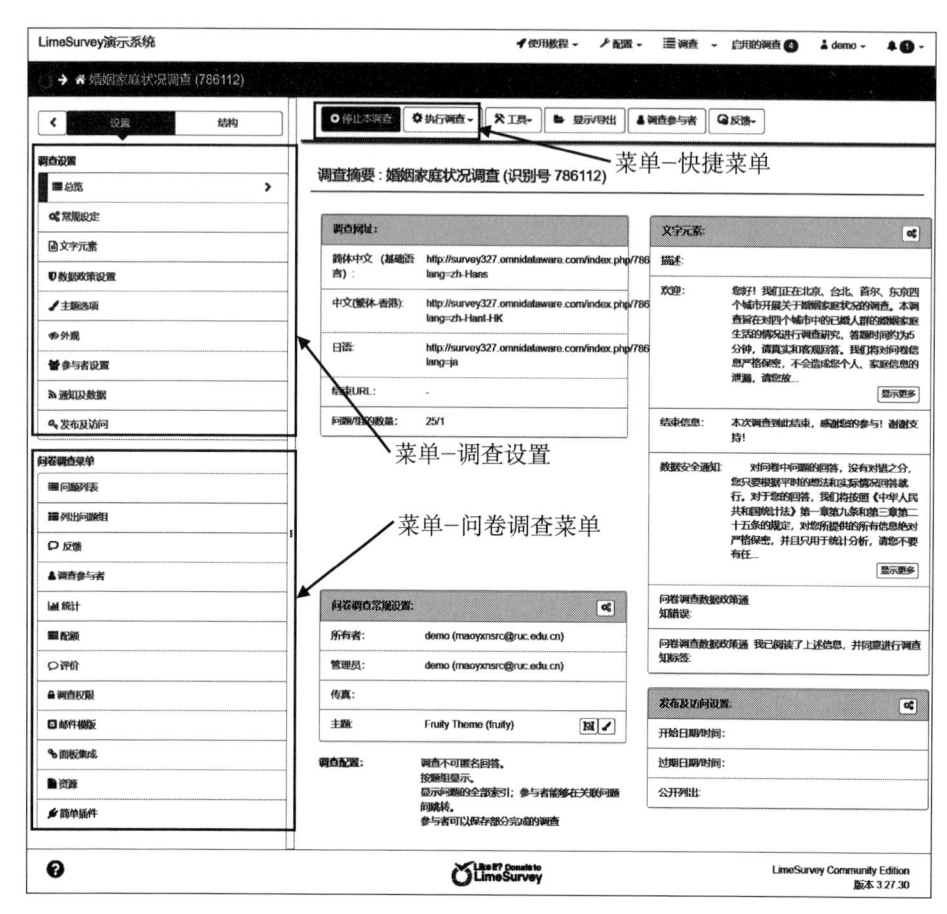

图 9-19

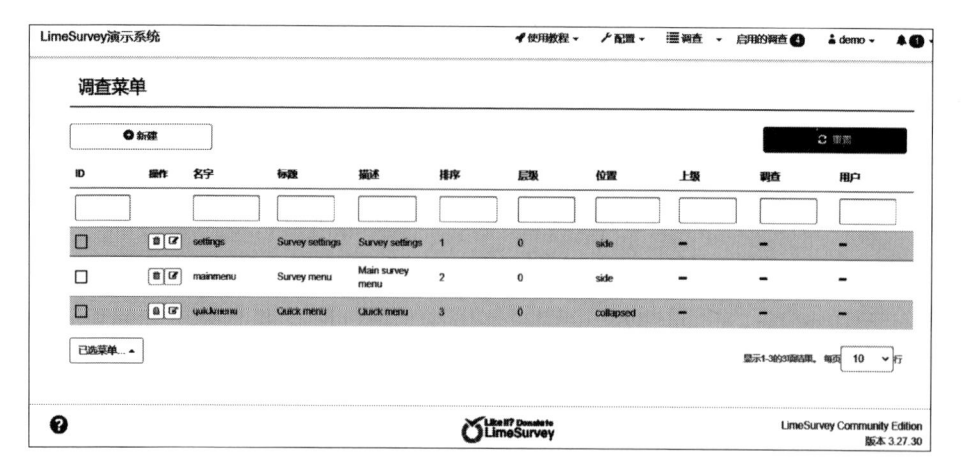

图 9-20

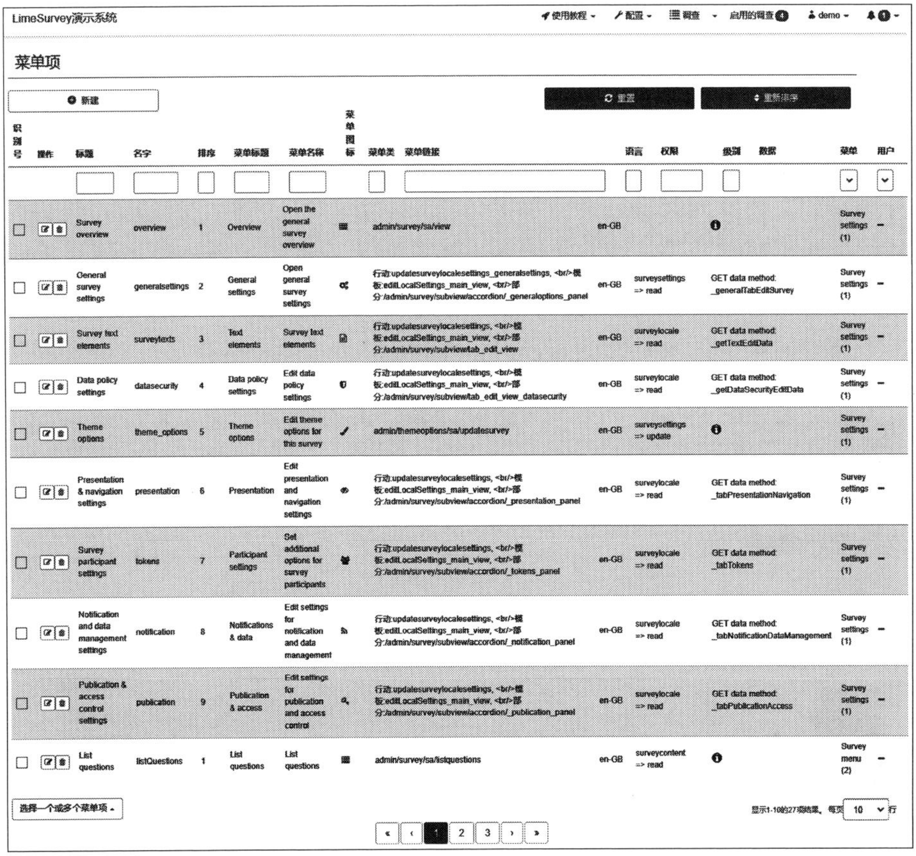

第 9 章　LimeSurvey 的系统配置

图 9-21

9.2　高级设置

　　LimeSurvey 的高级设置包括主题、管理标签组、检查数据整合性、备份整个数据库、静默更新共五项内容。

9.2.1　主题

　　LimeSurvey 的主题分为调查主题、管理员主题，分别用于控制调查问卷、管理员界面的外观，比如配色、图标、主体设计等显示样式。

调查主题决定了问卷呈现给受访者的样子，系统提供了若干内置主题模板，用户可以在此基础上进行改良，也可以从外部导入模板文件（见图 9-22）。主题模板的编辑界面如图 9-23 所示，上方是编辑区域，可以编写代码和上传所需文件；下方预览区域则会显示对应的问卷样式。特别提醒，内置主题需要先扩展一个副本，再在副本上进行编辑，以免破坏现有的内置主题。LimeSurvey 编辑主题是通过代码实现的，因此自行设计一个主题需要相关人员具备网页设计的 HTML 和 CSS 等知识。

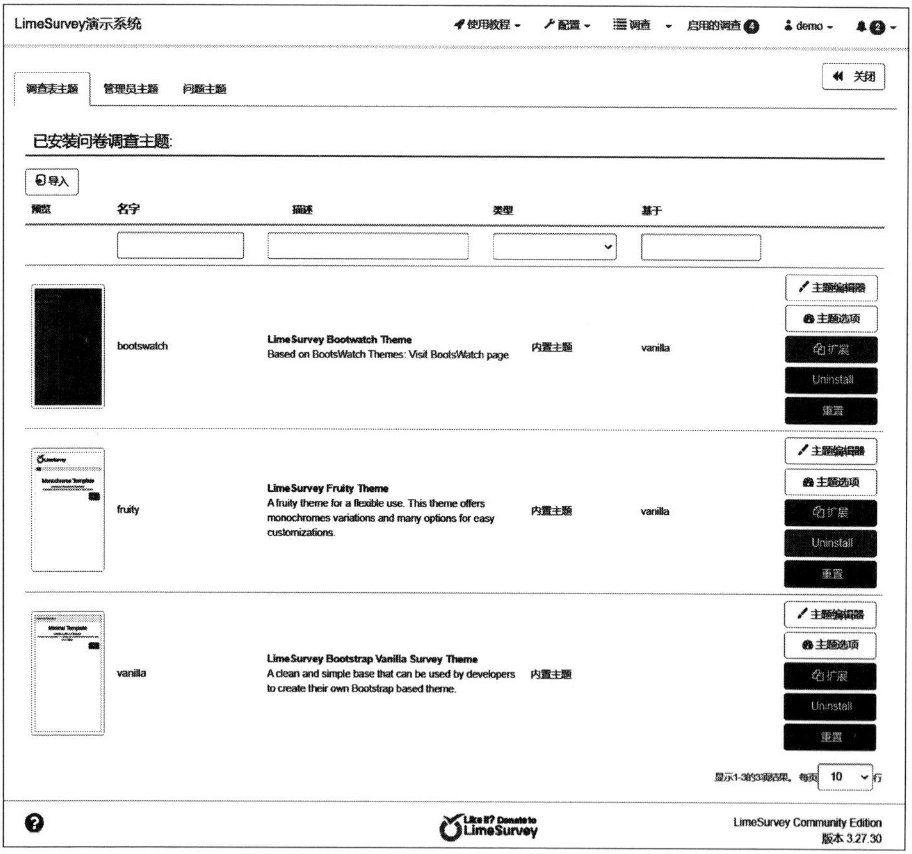

图 9-22

管理员主题主要用来选定管理员界面的配色，有红色、蓝色、深蓝色、黑色等，也可以做其他方面的配置（见图 9-24）。

第 9 章　LimeSurvey 的系统配置

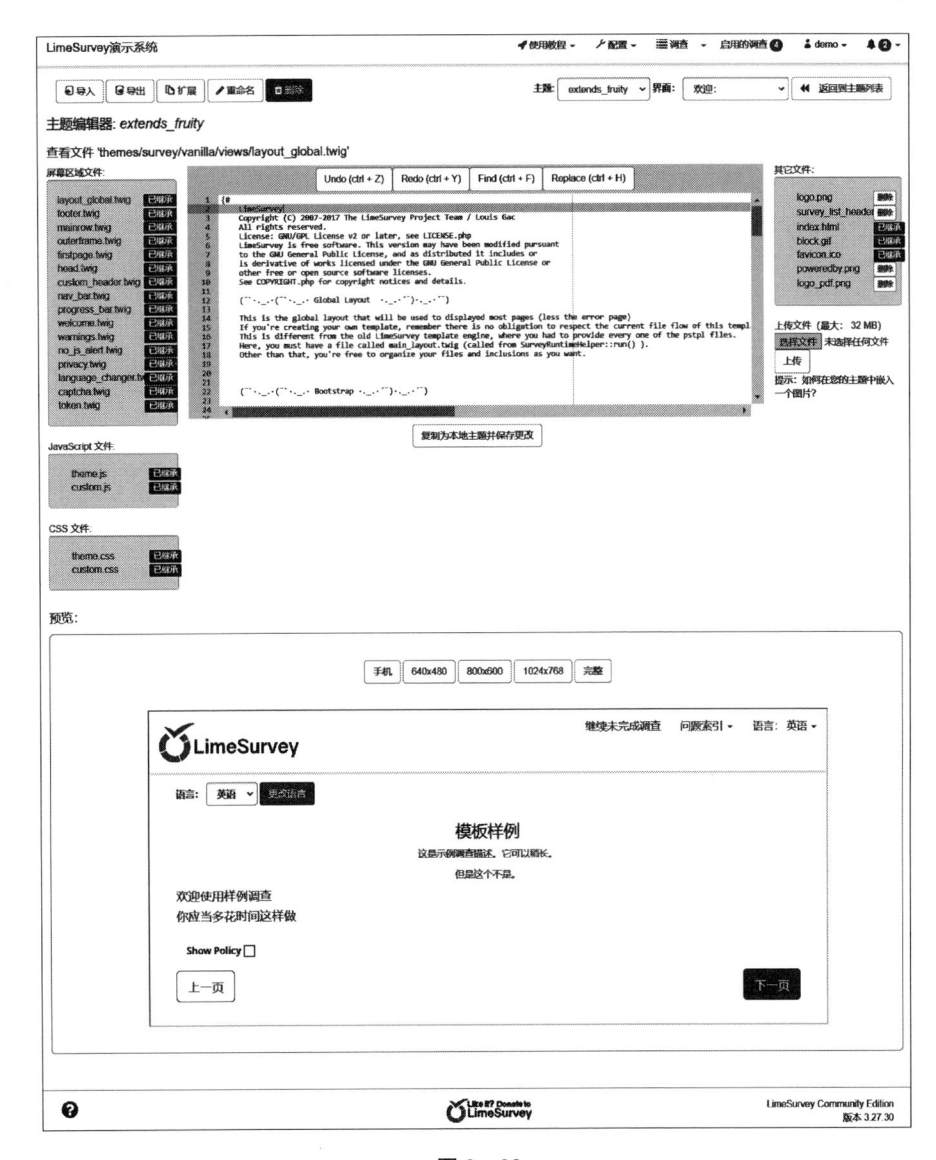

图 9-23

9.2.2　管理标签组

在调查问卷中，有些子问题或答案项的内容很常用，比如认同态度的评判选项"完全同意、有些同意、无所谓同意不同意、有些不同意、完全不同意"，再比如常见的民族问题的选项"汉族、蒙古族、满族、回族、

图 9-24

藏族、壮族、维吾尔族"等。每次都在答案项或子问题中输入这些选项，会造成大量重复性工作。如果将这些常用的内容编辑为标签，需要时直接从标签组中调用，则会节省很多时间和精力。

如图 9-25 所示，管理标签组中列出了系统中所有的标签集，每一个标签集都有四个功能按钮，从左至右分别为查看、编辑、导出和删除。点击功能按钮即可对标签集执行相应的操作。

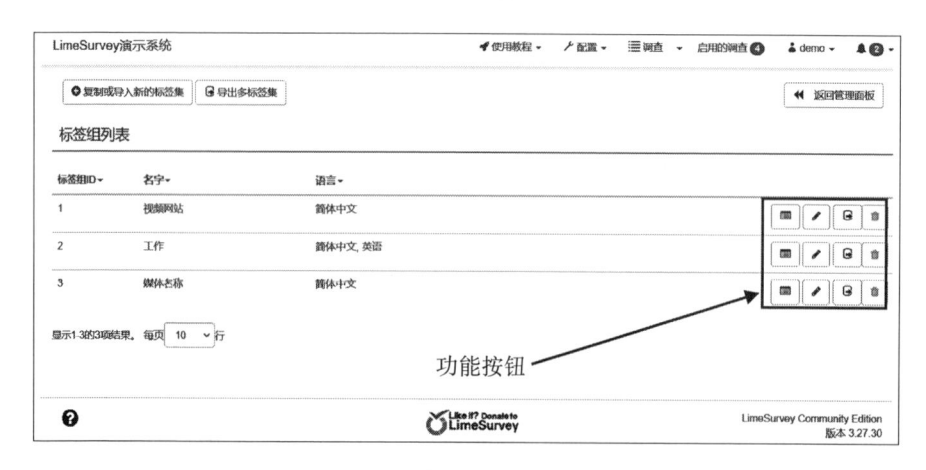

图 9-25

第 9 章　LimeSurvey 的系统配置

编辑问题的答案项或子问题时，可直接将选项内容保存为标签集（见图 9 - 26、图 9 - 27）。

图 9 - 26

图 9 - 27

除此之外，从管理标签组中也可以创建或导入标签集，两种方式生成的标签集功能完全一致。点击页面左上角的"复制或导入新的标签集"，

填入新标签集的名字并选择语言，点击"保存"；再编辑标签集的内容，最后点击"保存更改"即可在系统中添加一个新的标签集。以标签集"认同态度"为例，其添加方式及效果如图 9-28、图 9-29、图 9-30 所示。

图 9-28

图 9-29

LimeSurvey 中标签集的文件扩展名均为 .lsl，文件代码如图 9-31 所示。在使用 LimeSurvey 系统的结构文件（如 .lsl/.lsq/.lss）时有一个技巧：如果不知道文件的具体格式规定，可以先从系统中导出一个文件，然后在导出文件的基础上改动，这样会简便得多。

第 9 章 LimeSurvey 的系统配置

图 9 – 30

```xml
<?xml version="1.0" encoding="UTF-8"?>
<document>
  <LimeSurveyDocType>Label set</LimeSurveyDocType>
  <DBVersion>355</DBVersion>
  <labelsets>
    <fields>
      <fieldname>lid</fieldname>
      <fieldname>label_name</fieldname>
      <fieldname>languages</fieldname>
    </fields>
    <rows>
      <row>
        <lid><![CDATA[3]]></lid>
        <label_name><![CDATA[满意五分量表(1很不满意-5很满意)]]></label_name>
        <languages><![CDATA[zh-Hans]]></languages>
      </row>
    </rows>
  </labelsets>
  <labels>
    <fields>
      <fieldname>lid</fieldname>
      <fieldname>code</fieldname>
      <fieldname>title</fieldname>
      <fieldname>sortorder</fieldname>
      <fieldname>language</fieldname>
      <fieldname>assessment_value</fieldname>
    </fields>
    <rows>
      <row>
        <lid><![CDATA[3]]></lid>
        <code><![CDATA[1]]></code>
        <title><![CDATA[很不满意]]></title>
        <sortorder><![CDATA[0]]></sortorder>
        <language><![CDATA[zh-Hans]]></language>
        <assessment_value><![CDATA[0]]></assessment_value>
      </row>
      <row>
        <lid><![CDATA[3]]></lid>
        <code><![CDATA[2]]></code>
        <title><![CDATA[不太满意]]></title>
        <sortorder><![CDATA[1]]></sortorder>
        <language><![CDATA[zh-Hans]]></language>
        <assessment_value><![CDATA[0]]></assessment_value>
      </row>
      <row>
        <lid><![CDATA[3]]></lid>
        <code><![CDATA[3]]></code>
        <title><![CDATA[一般]]></title>
        <sortorder><![CDATA[2]]></sortorder>
        <language><![CDATA[zh-Hans]]></language>
        <assessment_value><![CDATA[0]]></assessment_value>
      </row>
      <row>
```

图 9 – 31

数字时代的问卷调查：LimeSurvey 的综合应用

在新建标签集的过程中选择"导入标签集"，然后上传要导入的结构文件，点击下方"导入标签集"按钮即可（见图 9-32）。如果顺利导入了标签集，系统会显示成功提示（见图 9-33），否则会提示错误原因。例如图 9-34 中的示例提示为"存在相同的标签集，故标签集未导入。现有 LID：2"，表明由于系统中已经存在导入文件中的标签集，故未导入；已有的相同标签集的 ID 是 2。

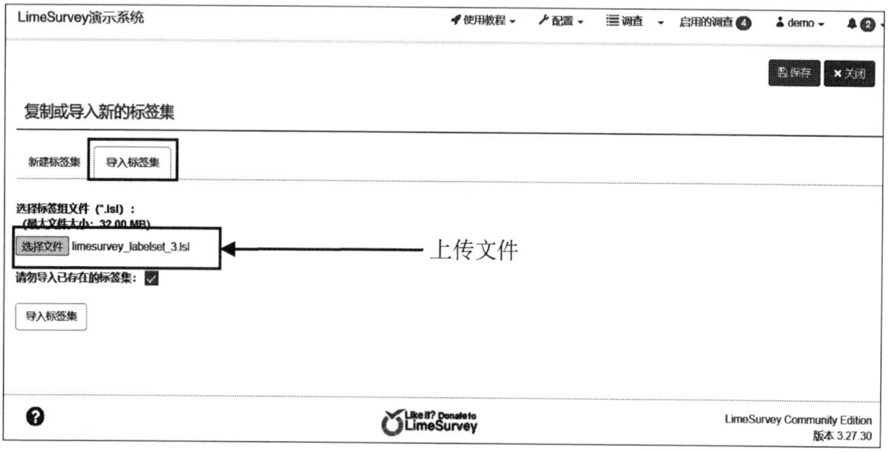

图 9-32

图 9-33

标签集不仅能从外部导入系统，还可以从系统中导出。调查者在操作

第 9 章　LimeSurvey 的系统配置

图 9－34

时既能从标签组列表中的功能按钮中逐一导出标签集，也能点击界面左上角的"导出多标签集"批量导出标签集（见图 9－35）。批量导出的标签集保存在一个扩展名为 .lsl 的文件中。

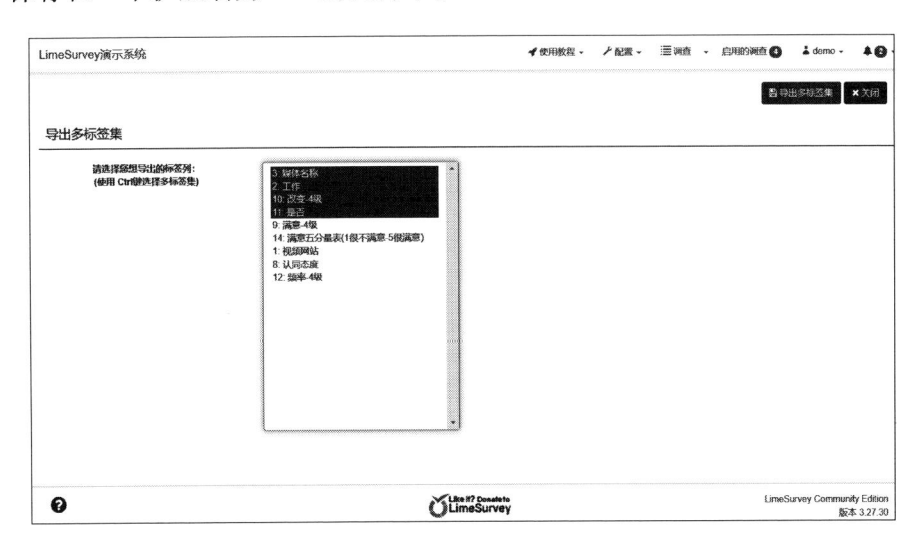

图 9－35

9.2.3　检查数据整合性

检查数据整合性功能用于检查系统中数据的一致性和冗余性。检查一致性是找出系统中有对应关系的数据之间可能存在的错误，例如反馈表和调查表之间、操作代码表和参与者中央数据库之间的错误等。检查冗余性则是查找停用调查后产生的多余的表格，管理员可以据此删除不需要的存档表。系统会自动进行检查，结果输出如图9-36所示。

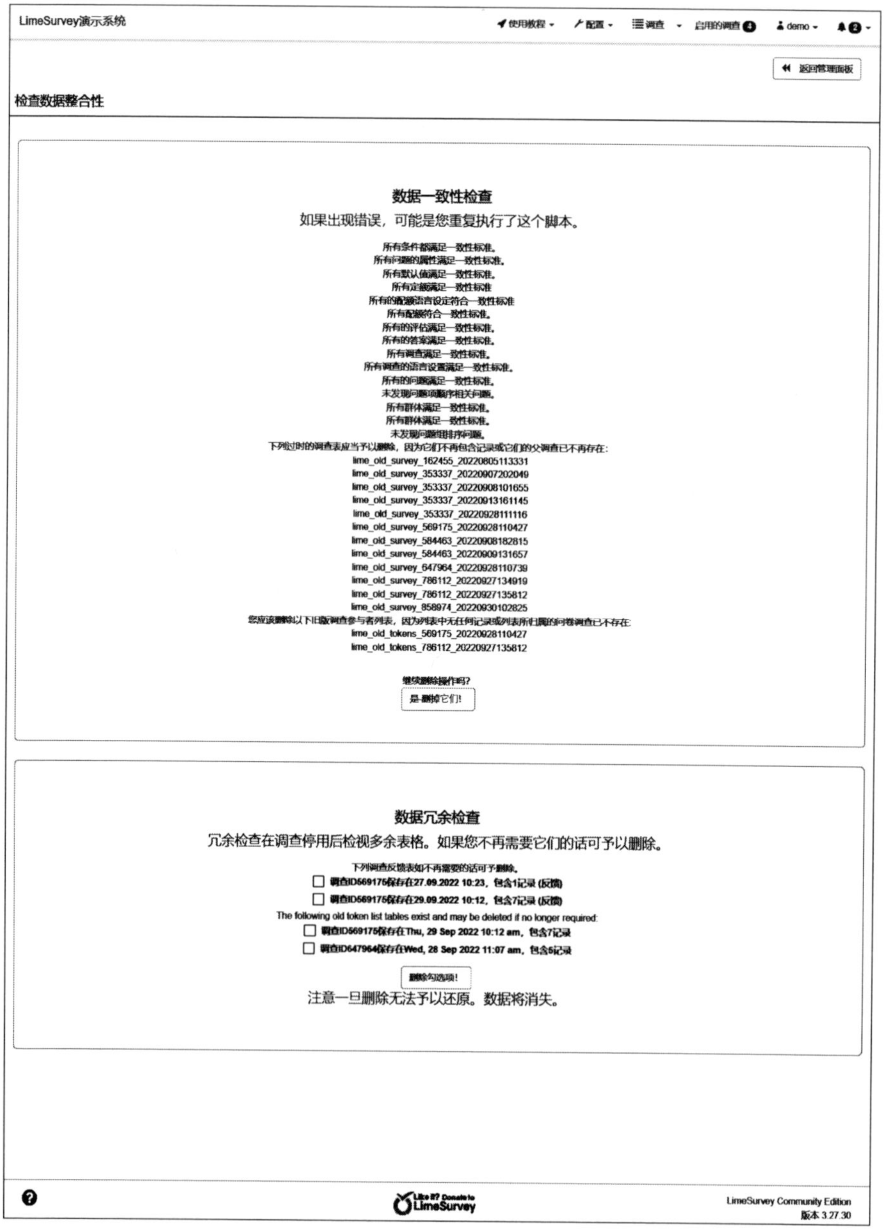

图 9-36

第9章　LimeSurvey 的系统配置

9.2.4　备份整个数据库

点击"高级配置—备份整个数据库",系统会打包下载系统中所有的数据,如问卷、参与者、反馈数据等。备份文件扩展名为 .sql。备份整个数据库,可以防止在升级系统或更换服务器等的过程中丢失系统数据。

9.2.5　静默更新

静默更新是 LimeSurvey 的一项专业服务,当有了更新包时,使用静默更新可以轻松完成系统升级任务。使用静默更新的功能,首先需要在 LimeSurvey 上注册,获取一个免费试用的密钥。若密钥过期,则需要购买 LimeSurvey 的服务。当然,也可以下载安装包手动更新系统。

9.3　用户管理

LimeSurvey 管理的"用户"有两类,一类是不同级别的调查管理员,另一类是调查参与者。后者的管理是在参与者中央数据库中进行的,这在前面章节中已做了介绍。系统配置里的用户管理指的是对不同级别的调查管理员的管理,这里所说的用户是可以登录系统管理调查项目的用户。

LimeSurvey 初始系统中有一个超级管理员,其拥有全部的系统权限。但在实际工作中,一项问卷调查往往需要多人合作完成,设计问卷、执行调查、处理反馈数据等工作通常并不是由同一个人完成的。更重要的是,LimeSurvey 可以同时执行多个调查项目,不同的项目一般由不同的人员负责。因此,LimeSurvey 系统中就需要有多个管理员共同协作。另外,对于负责同一个问卷调查项目或者处理同一调查环节工作的调查管理员,应将他们安排在系统的同一个用户组内,如此一来,系统总负责人就能够

数字时代的问卷调查：LimeSurvey 的综合应用

条理清晰地管理分工各异的调查管理员。

所以，对调查管理员的管理工作，既包括单独管理某一个调查管理员，也包括对调查管理员组成的用户组的管理。

9.3.1 调查管理员

通过"配置—用户—管理调查管理员"，可以在系统中创建调查管理员并进行管理工作，譬如删除、开通权限、分组等（见图 9-37）。在管理时要注意，并非所有的管理员都有管理用户的权限。在调查工作中，不同的人员在 LimeSurvey 中的权限必然有所不同，这既有助于提升调查的安全性，也能够有效避免因新用户误操作而使调查受到影响。

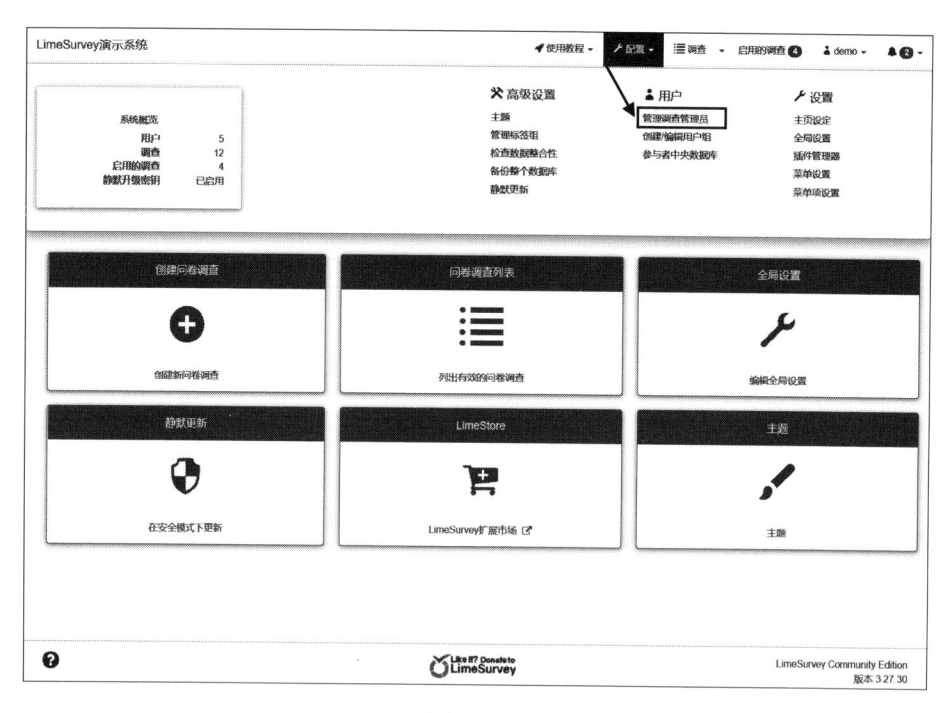

图 9-37

点击"添加用户"按钮，填入新管理员的用户名、电子邮箱和全名（见图 9-38、图 9-39）。保存后，新增的管理员会显示在列表中。LimeSurvey 提供了四个功能按钮来管理用户，功能按钮从左到右依次为编辑、删除、设置全局权限和设置主题权限（见图 9-40）。

第 9 章　LimeSurvey 的系统配置

图 9-38

图 9-39

图 9-40

数字时代的问卷调查：LimeSurvey 的综合应用

使用编辑功能，可以修改调查管理员的电子邮件、全名和密码，但用户名不可更改（见图 9-41）。新创建的用户需要设置一个密码才能使用用户名和密码登录 LimeSurvey。

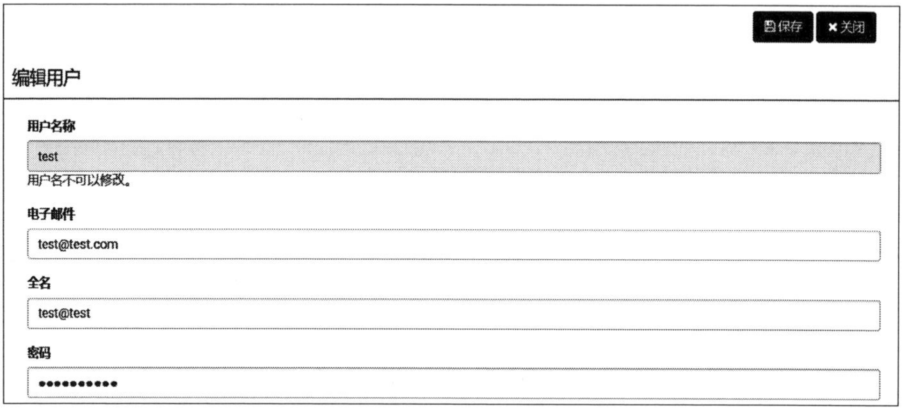

图 9-41

点击"设置全局权限"按钮，编辑调查管理员在 LimeSurvey 系统中拥有的权限。如图 9-42 所示，列表左侧描述了权限内容，中间为权限名称，全选复选框的右侧则是每种权限所包含的详细分类。系统权限一共分为参与者中央数据库、标签集、模板、用户、用户组、调查、配置和插件、超级管理员和使用内置数据库认证九类，每一类权限中又分别包含创建、查看/读取、更新、删除、导入和导出这几种具体的操作权限。举例来说，如果一位调查管理员的用户权限中只开通了查看/读取功能，那么他就不能在系统中创建、删除或更新其他的用户。超级管理员拥有系统的最高权限，可以在系统中不受限制地执行任意操作。在实际工作中，系统总负责人应该根据工作内容赋予各个调查管理员不同的权限。

"设置主题权限"功能用于规定管理员在系统中能够使用哪些主题模板，调查管理员只能访问被勾选的模板（见图 9-43）。

如图 9-44 所示，系统中的调查管理员都显示在"用户控制"的页面上，列表中包含调查管理员的用户 ID、用户名称、电子邮件、全名、调查编号、创建者和创建日期等信息。

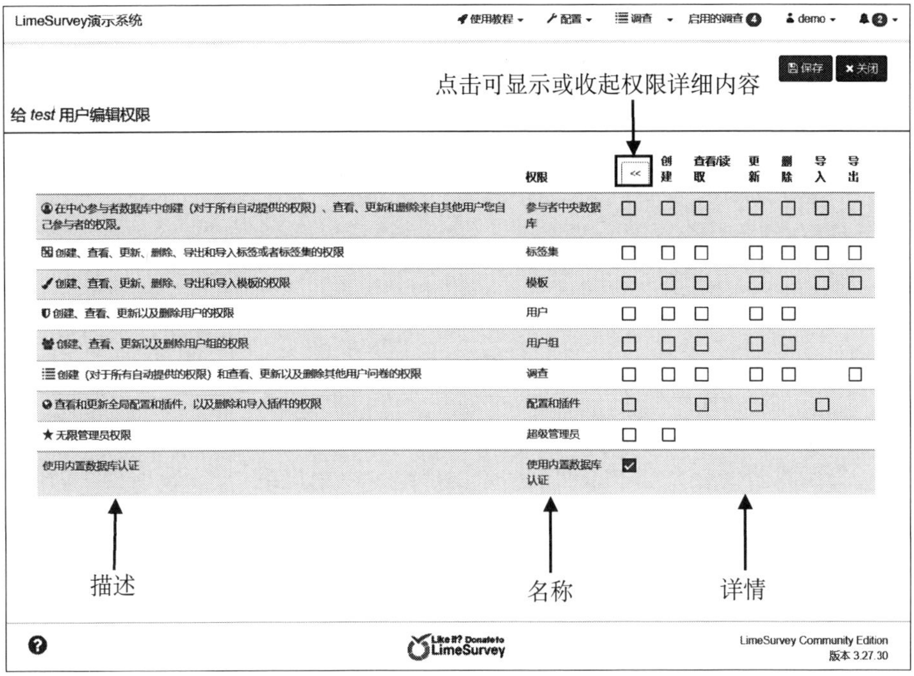

第 9 章 LimeSurvey 的系统配置

图 9-42

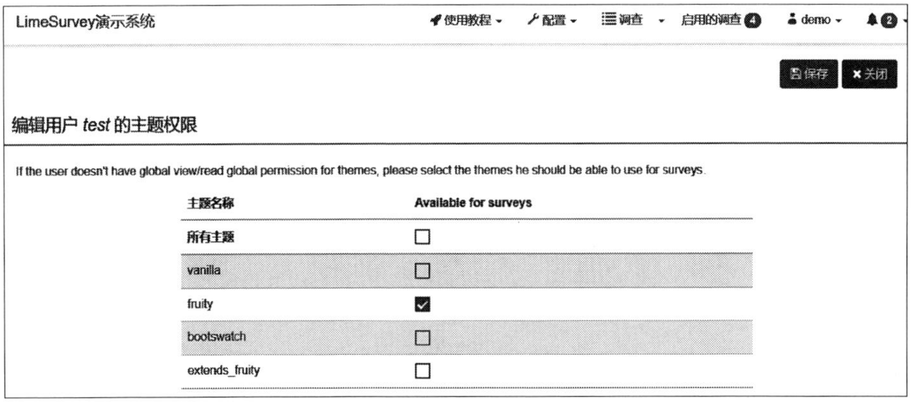

图 9-43

9.3.2 用户组

为方便管理不同分工或不同调查项目的调查管理员，在系统中添加用户组是一个不错的办法。从"配置—用户—创建/编辑用户组"进入用户组

数字时代的问卷调查：LimeSurvey 的综合应用

图 9-44

的管理界面，点击左上角的"新增用户组"按钮，填入用户组的名字和描述，点击"保存"，便在系统中添加了一个用户组。以用户组"CGSS 项目"为例，其添加方式及显示效果如图 9-45、图 9-46、图 9-47、图 9-48 所示。

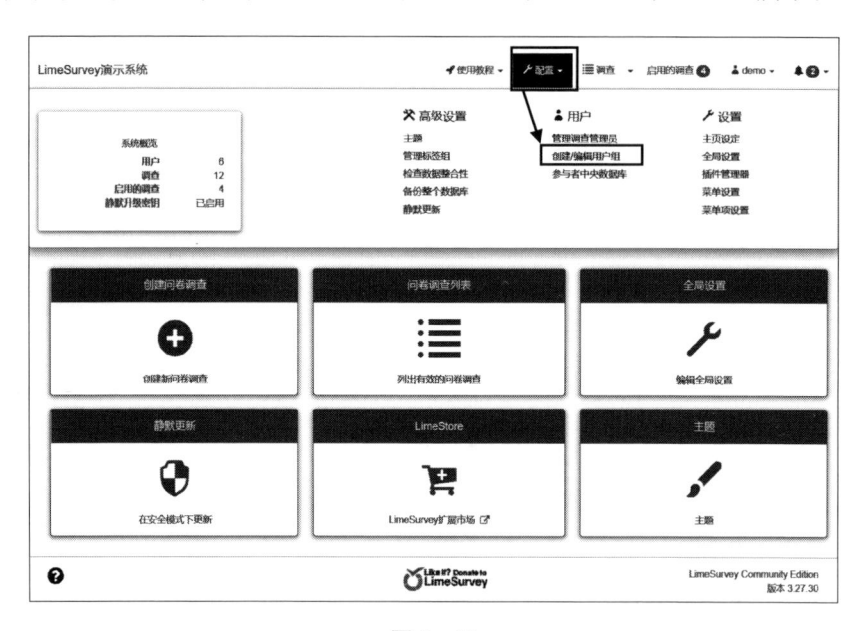

图 9-45

此时，新增的名为"CGSS 项目"的用户组中只有创建者一个成员。从组成员列表左下角的下拉框中选择一个调查管理员，点击"添加用户"按钮，将他添加为组成员（见图 9-49）。用户组成员列表中显示了成员的用户名和电子邮件信息，点击"删除"按钮可以将对应的成员从当前用户

第 9 章　LimeSurvey 的系统配置

图 9－46

图 9－47

图 9－48

数字时代的问卷调查：LimeSurvey 的综合应用

组中删除，不过他仍然是调查管理员，只是失去了当前用户组的权限而已（见图 9-50）。

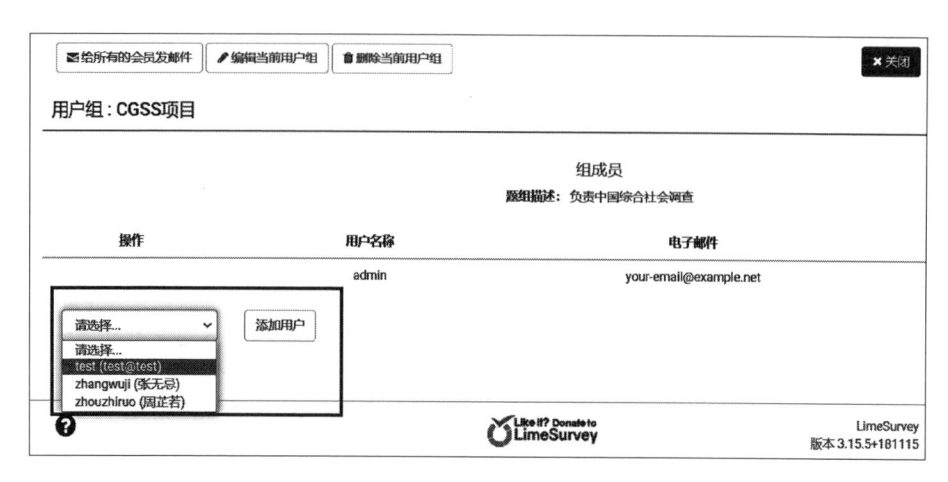

图 9-49

图 9-50

在用户组界面的左上角，还有三个功能按钮，分别是"给所有的会员发邮件"、"编辑当前用户组"和"删除当前用户组"。通过"给所有的会员发邮件"，编辑好邮件主题和信息，可以向组成员批量发送电子邮件；同时可以选择是否给当前管理员发送邮件副本（见图 9-51）。

创建的用户组同样以列表显示各组的序号、名字、描述、所属管理员和成员数量等信息，在列表中可以对用户组进行查看用户、编辑、给成员发送邮件和删除的操作（见图 9-52）。

第 9 章　LimeSurvey 的系统配置

图 9 - 51

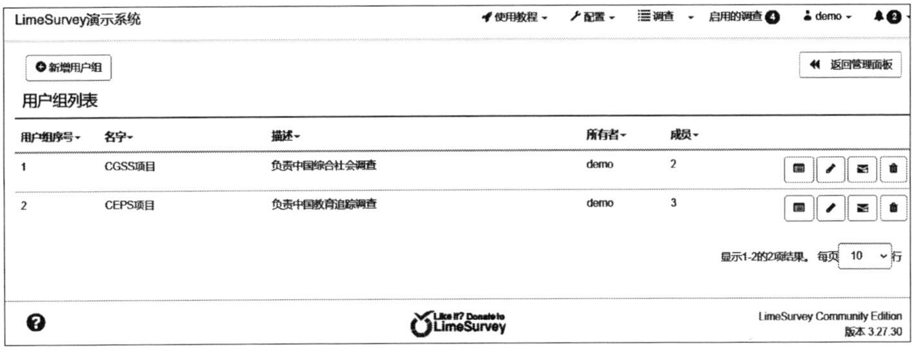

图 9 - 52

　　LimeSurvey 强大的功能意味着对系统的管理必然也是丰富而全面的。无论是对问题、调查还是对用户，LimeSurvey 都有完善的配置。基本设置和高级设置基本上涵盖了系统配置方面的所有可管理内容，比如语言、邮件、插件、菜单、主题、备份、更新等。用户管理主要针对调查管理员及用户组的创建、删除、权限设置等。

　　对于系统管理，一般的使用者不要望而生畏，因为如果没有特殊的需求，系统管理中的大部分内容可直接使用默认设置，没有必要熟练掌握所有的系统管理功能。就像 Word、Excel 之类的办公软件一样，能够精通固然更好，但用户的主要目的是解决问题，无须全面深入细致掌握这些工具的所有细节。

当然，"资深玩家"总是能深入发掘出 LimeSurvey 更多的潜力，将系统"魔改"成更为得心应手的调查工具，这也是 LimeSurvey 的魅力所在。

第10章

LimeSurvey 在问卷调查中的扩展应用

本书前面章节对 LimeSurvey 的功能和使用进行了全面的介绍，这些介绍基本上都是在将 LimeSurvey 作为一套网络调查系统的前提下进行的。随着 LimeSurvey 全世界范围内用户数量的持续增长，如同开源软件社区里经常发生的那样，广大用户和爱好者们为 LimeSurvey 扩展出了大量网络调查之外的应用。网络调查、面访调查、电话调查是按照受访者接触方式划分出的问卷调查的三种主要类型，在原初的网络调查功能之外，数据采集人员和调查者将 LimeSurvey 扩展到了面访调查和电话调查中，甚至进一步将它作为一个统一的调查工具，应用到混合模式的问卷调查中。

LimeSurvey 的应用范围之所以能如此广泛地被扩展开来，从其自身来说，有三个主要的原因。第一，LimeSurvey 拥有一个标准化且功能强大的电子问卷引擎，能满足用户对各种形式的问卷调查的需求。第二，LimeSurvey 发展出了一套尽管基础却覆盖全面的调查项目管理系统，适用于不同类型调查项目的管理。第三，LimeSurvey 系统的架构设计具有良好的可扩展性，在其基础上能通过二次开发满足各种具体的功能需求。而外部因素主要是来自互联网技术的发展与普及，一方面，人们已完全适应基于网页上的各种元素来进行人机对话；另一方面，面访调查和电话调

查等调查走向了联网化,各种调查服务开始云端化。所以,本章将介绍如何将 LimeSurvey 应用于面访调查、电话调查,以及更广泛的调查活动中。

10.1 LimeSurvey 在面访调查中的应用

笔者经常被问及一个问题:在面访调查中,我们可以直接使用诸如问卷星或 LimeSurvey 这类在线问卷调查系统的问卷记录访问结果吗?回答是:当然可以。这同传统的纸笔调查将调查结果记录在纸质问卷上本质是一样的,而且与纸笔问卷相比是一个进步。一方面,在线问卷调查系统的电子问卷能根据预先设定的逻辑自动进行逻辑检查,提高数据的质量;另一方面,以在线问卷调查系统作为问卷载体能实现数据的实时回收,调查完成后数据就基本可用了,相比纸笔调查大大节约了录入数据的时间和成本。从形式上来说,这已经可以算作计算机辅助面访调查了。

但是,我们很少见到在实际面访中使用在线调查问卷记录数据的情况,其主要原因有两方面。首先,我们很难确保在所有的情况下都能连上网,在农村或者一些偏远的地方很可能无法上网,断网的情况也可能会发生在城市,而一旦连不上网,这种调查模式就瘫痪了。其次,计算机辅助面访调查相比于在线调查,出于质量控制以及调查手段等原因,要求客户端拥有更高的硬件权限,例如录音、拍照、GPS 定位等,这就需要程序能驱动客户端电脑上的麦克风、摄像头、GPS 等硬件。但是在线问卷调查系统都是 B/S 架构的,它们的终端平台都是 Chrome、Firefox 这样的网页浏览器。出于安全的原因,基于网页浏览器的脚本语言程序的功能都受到了严格的限制,尤其是让一个远程的服务器端程序通过网页浏览器来控制上网电脑的硬件对于受访者来说更是不可接受的,所以直接通过在线调查问卷来实现计算机辅助面访调查时,很多必需的功能都难以实现。而传统的计算机辅助面访调查软件一般都是 C/S 架构的,其主要原因也是为了获得更高的硬件权限,突破网页浏览器平台的限制。

第 10 章 LimeSurvey 在问卷调查中的扩展应用

长期以来，计算机辅助面访调查软件的市场都是由欧洲和美国的企业控制的，到目前为止仍然是这种格局。这些计算机辅助面访调查软件一般都价格昂贵、定价体系复杂，并且系统封闭、可扩展性不够，在使用上对相关人员的编程能力也有较高的要求。这实际上从各方面提高了计算机辅助面访调查的进入门槛，造成了技术推进、推广的阻碍。笔者在 2010 年中国综合社会调查第二期开始时接手了该项目的具体组织和实施工作，当时工作计划中的重要内容之一就是将调查从纸笔调查升级到计算机辅助调查。但考察了当时主流的计算机辅助面访调查软件后，笔者发现它们的价格都超出了项目的承担能力，并且在功能上也并不能完全符合项目运行的需求，需要做二次开发。如果计算机辅助面访调查软件对中国综合社会调查这种级别的大型项目都是一个巨大负担，那么其他的中小型调查项目更是无力承担的，其最后结果一定是沦为少数几个经费充裕的调查项目的"富人俱乐部"，并且也无法实现太多的系统用户数。而软件厂商为了维持利润，只能坚持高价策略，这又进一步限制了其用户规模的扩大，从而形成恶性循环。计算机辅助面访调查相对于纸笔调查，除了能提升调查的质量以外，还能极大地节约人力、时间以及经费。在节约经费这一点上，如果购买计算机辅助面访调查软件支出的费用超出了相对于纸笔调查所节省的问卷印刷和数据录入等费用，就很难体现出技术进步的优势。

正是出于这些考虑，从 2010 年接手中国综合社会调查的组织和实施工作开始，笔者就着手组织自主研发计算机辅助面访调查系统。经过多重考虑和评估后，最后决定在 LimeSurvey 这个开源的调查工具的基础上进行开发，最终的目标是开发出一个开放性的、低成本高性能的计算机辅助面访调查系统，并进一步向学术界推广，从整体上提高调查领域的技术水平。由于这是一个探索性的研发项目，整个研发周期较长，从 2010 年启动，直到 2015 年，研发出来的计算机辅助面访调查系统才在中国综合社会调查的年度调查中投入使用。而这整个研发过程，也给 LimeSurvey 在面访调查中的应用提供了详尽的案例资料。

10.1.1 运用 LimeSurvey 开发计算机辅助面访系统的设计思路

中国综合社会调查是我国历史最长的全国性、连续性、学术性社会调查项目，项目开始于 2003 年。笔者在 2010 年接手项目的组织和实施工作时，该项目已经进入了第二期（2010—2021 年）。2010 年以来，项目组每年要对全国 31 个省、市、自治区通过分层随机抽样确定的 100 个县级单位（县、县级市、区）加上北京、上海、广州、深圳、天津五大城市的 480 个社区（村委会、居委会）中的共 12 000 户家庭进行入户问卷调查。各地的调查由中国社会调查网络（CSSN）各成员单位的大学和社会科学院分头负责，每年都要组织上千名大学生组成一支支访问员队伍奔赴全国各调查点进行入户访问。该项目的实地访问工作流程如图 10-1 所示。

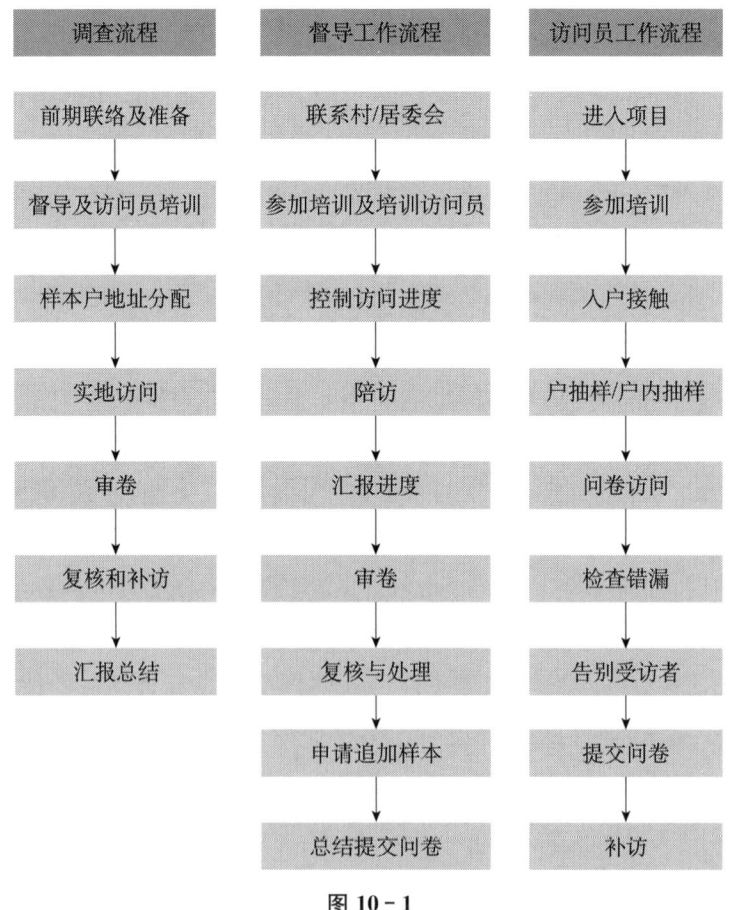

调查流程	督导工作流程	访问员工作流程
前期联络及准备	联系村/居委会	进入项目
督导及访问员培训	参加培训及培训访问员	参加培训
样本户地址分配	控制访问进度	入户接触
实地访问	陪访	户抽样/户内抽样
审卷	汇报进度	问卷访问
复核和补访	审卷	检查错漏
汇报总结	复核与处理	告别受访者
	申请追加样本	提交问卷
	总结提交问卷	补访

图 10-1

在中国综合社会调查的实地访问工作中，对家户的抽样和入户调查是两个不同的步骤。调查队伍进入一个社区后，首先通过地图法绘制出该社区的所有住宅建筑物,并进一步列举出住宅建筑物中的所有住宅,形成住户清单,以此作为抽样框来抽取调查家户,进一步形成调查样本清单。然后,访问员根据调查样本清单上的抽样地址,对照抽样地图,找到受访户进行入户访问。抽样地图和调查样本清单分别如图 10-2、图 10-3 所示。

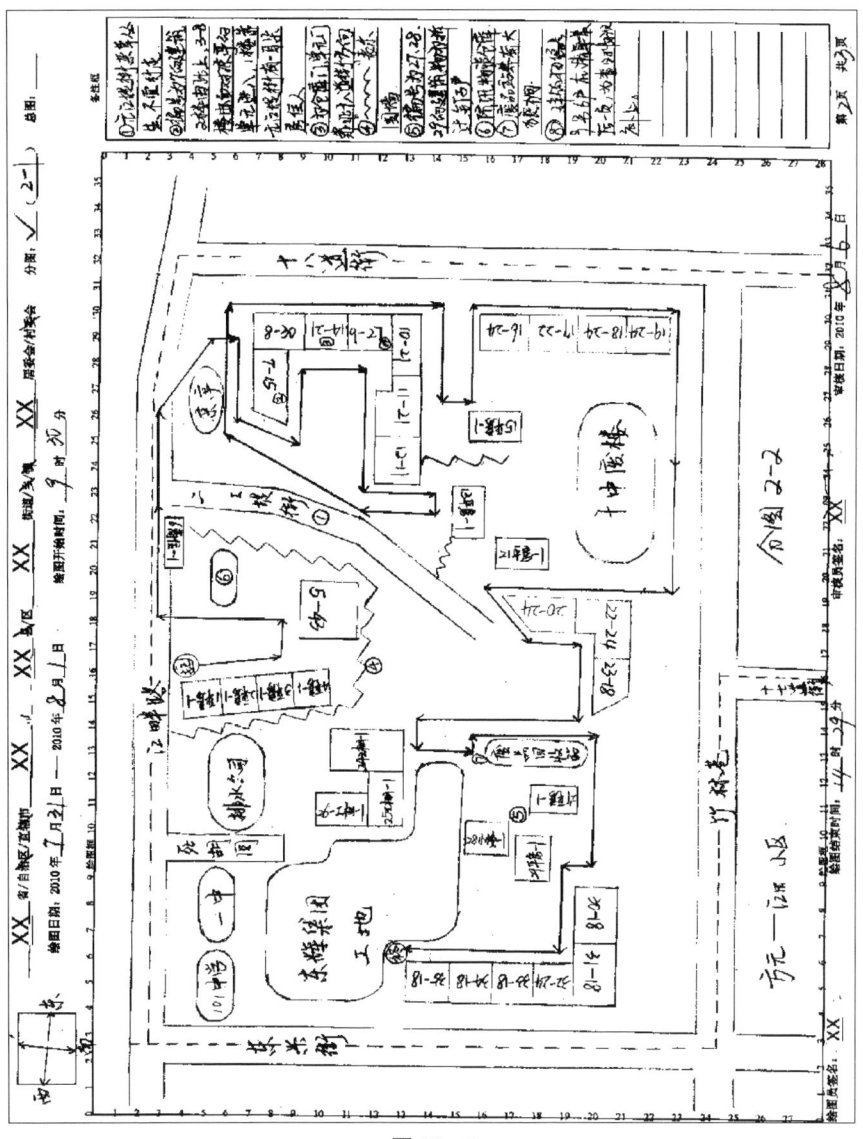

图 10-2

中国综合社会调查（CGSS）XX 省 XX 市 XX 区 XX 镇 XX 村调查样本清单（村/居编码 2131111）											
样本编号	住户清单列表序号	建筑物编号	房屋属性	所在楼层	楼层住宅数量	住户编号	分图编号	实际门牌号	户主姓名	住宅地址	备注	地址使用情况
11598760235821	121	34	1	1	1	1	9-1	无	兰天	编号为34的平房		1
11813207356026	122	35	1	1	2	1	9-1	无	白云	编号为35的大杂院右手第1户		5, 5, 1
11560333363944	133	35	1	1	2	2	9-1	无	达地	编号为35的大杂院右手第2户		3, 1
11488433935213	154	36	2	6	3	1	9-1	621	无	5号楼1单元621		1
11215438669081	195	36	2	6	3	2	9-1	622	吕草	5号楼1单元622		1
11851153673138	226	36	2	6	3	3	9-1	无	洪花	5号楼1单元6层右手第3户		9
11348905557999	327	36	2	5	2	1	9-1	521	无	5号楼1单元521		0

地址使用情况一列请按每次入户情况填写序号：0. 地址未使用　1. 访问成功　2. 该地址无法接触　3. 该地址无人在家　4. 该地址无人居住　5. 该地址住户拒访　6. 选定的调查对象不在家　7. 选定的调查对象拒绝访问　8. 选定的调查对象生病/受伤　9. 选定的调查对象无能力接受访问　10. 选定的调查对象不存在　11. 选定的调查对象中途拒访

图 10-3

对中国综合社会调查这样参与人员众多、环节复杂的大型调查项目来说，将调查的形式从纸笔调查升级到计算机辅助调查是一个重大的转换，尤其是不借助现成的计算机辅助面访调查系统而立足于自主研发，则更是一个挑战。在开发之前，需要确定的三个关键技术点是：第一，访问员采用什么样的终端设备进行计算机辅助面访；第二，采用什么方法实现调查系统的本地化或者说是离线化；第三，借助什么架构实现对调查项目的管理。

对于第一点，尽管当时大多数计算机辅助面访调查系统都采用了手持平板设备（Pad）作为访问员终端的方式，但经过综合考虑，中国综合社会调查最后采用了笔记本电脑作为访问员终端。这个选择基于三点考虑：（1）从成本上来说，中国综合社会调查每年要动用近千名访问员，如果全部统一配发手持平板设备，那么无论是租用还是购买，都将是一笔巨大的开销。仅在硬件设备这一点上，就完全违背了计算机辅助面访能节约调查成本的优势。而中国综合社会调查的访问员都是大学生，绝大部分都拥有

第 10 章　LimeSurvey 在问卷调查中的扩展应用

自己的笔记本电脑，以之作为计算机辅助调查的终端能最大限度地利用现有资源。(2) 从使用上说，中国综合社会调查一次成功访问的时长一般都超过了 1 个小时，如果采用手持平板设备进行触屏操作，那么时间一久访问员就容易因疲劳而做出误操作或者不规范的访问行为；而面对着笔记本电脑的更大屏幕用键盘进行操作，用户体验会相对舒适得多。(3) 从开发难度上说，基于手持平板设备的程序开发，可选择的编程语言、数据库较少，技术难度更高；而基于笔记本电脑的 Windows 桌面端操作系统进行程序开发，可供其选择的编程语言和数据库非常丰富，技术难度也低得多。

对于第二点，要想初步实现它并不困难。以 LimeSurvey 为例，只要事先创建好一份调查问卷，将其导出为调查结构文件 (.lss)，各位访问员把 LimeSurvey 系统安装在各自的笔记本电脑上并启动，导入调查结构文件，就可以通过本地的网页浏览器进入调查问卷的网页填答问卷了。在调查完成后，进入本地的 LimeSurvey 后台，导出调查数据，统一上交，便完成了一次调查。在前面章节介绍 LimeSurvey 的安装时，曾涉及如何将其安装在个人电脑上的问题。LimeSurvey 是基于 PHP 脚本语言开发的，支持的最主要数据库是 MySQL，所以只要找到一款集成了 PHP 和 MySQL 的 Web 服务软件，安装在本地电脑上，然后把 LimeSurvey 源程序复制到对应的 Web 目录下，打开网页浏览器，就可以运行 LimeSurvey 了。在互联网普及之前，计算机辅助面访调查系统都是通过这种方式实现的。但是这种非网络的架构会使得访问员不能实时提交数据，也无法有效地对项目进度进行控制和管理。所以，目前的计算机辅助面访系统采用的都是 C/S 架构，即客户端/服务器架构。其基本的运算和数据处理都在客户端的电脑上进行，只需要向服务器集中提交数据即可。笔者发现，在将 LimeSurvey 本地化安装到个人电脑的情况下，只要找到与远程的 LimeSurvey 服务器交换数据的方法，就可以实现网络化的计算机辅助面访调查。这种解决方案的优点在于客户端的自持能力很强，只需要在少数时间（与服务器交换数据的时候）联网，在没有网络的情况下也可以将数据暂存在本地，继续别的访问工作，等待有网络连接时再上传数据即可。而

LimeSurvey 也为此项功能的实现提供了接口——在 LimeSurvey 的全局设计中有一个接口设置，就是用于开启和关闭 RPC 接口的。RPC 接口即远端过程调用（remote procedure call），通过它，其他应用也能通过 XML 或 JSON 格式的数据远程控制 LimeSurvey 的众多功能，包括从远程导入一个调查、下载/上传调查参与者表、下载/上传调查结果数据等。RPC 接口和 LimeSurvey 的简捷本地化特色，让我们得以方便地实现可离线的网络化计算机辅助面访调查。

对于第三点，考虑到在中国综合社会调查的项目运行流程中，调查样本的管理是核心主线，所以可以利用 LimeSurvey 封闭式调查中的调查参与者表来实现对调查项目的管理。具体的思路是：将调查设置为封闭式调查，完成抽样后，将调查样本清单中的所有字段作为调查参与者表中的自定义字段录入 LimeSurvey 服务器的调查参与者表中。这样，调查样本清单中的一条调查样本就成了调查参与者表中的一条记录。另外，还可以在调查参与者表中添加其他的自定义字段，用来记录这条调查样本准备分配给哪个访问员、这条样本的使用情况、备注等。访问过程中，访问员可通过安装在自己电脑上的 LimeSurvey 客户端的 RPC 接口远程下载同步分配给自己的调查样本，然后完成访问。访问完成后，再通过 RPC 接口上传调查数据，同时更新服务器上的调查参与者表中对应的相关字段。通过以上方式，完全可以实现对调查过程的远程同步管理。

10.1.2 LimeSurvey 在面访调查中的桌面端应用

根据上一节所介绍的设计思路，结合中国综合社会调查的具体工作流程，经过数年的开发、测试、更新，基于 LimeSurvey 开发的计算机辅助面访系统在 2015 年度的中国综合社会调查中正式投入使用。笔者将这个面访系统命名为 OmniSurvey。最初推出时的 OmniSurvey 为桌面端版本，可运行于安装了 Windows、Linux 或 OS X 操作系统的笔记本电脑上。OmniSurvey 是一个形式上像 B/S 架构而实质上为 C/S 架构的软件，它需要运行在某个网页浏览器上。系统推荐使用谷歌的 Chrome 浏览器，以获得标准化且稳定的界面性能。

第 10 章　LimeSurvey 在问卷调查中的扩展应用

OmniSurvey 选择 XAMPP 软件包作为实现本地化安装的建站软件包。XAMPP 集成了 Apache＋MySQL＋PHP＋Perl，并且可以在 Windows、Linux、OS X、Solaris 等操作系统下安装使用，实现了跨操作系统。XAMPP 的安装和部署非常简便，只要从 XAMPP 的官方网站上下载压缩的程序文件包，将文件包解压到本地，双击就可以启动了。LimeSurvey 是用 PHP 语言编写的，OmniSurvey 同样是用 PHP 语言对 LimeSurvey 进行了扩展，只要将 LimeSurvey 和 OmniSurvey 的 PHP 源文件复制到 Web 程序目录 xampp\htdocs\下，就完成了对系统的部署。

打开 XAMPP 文件夹，找到名为 xampp-control.exe 的可执行程序文件，双击启动界面，Apache 与 MySQL 右侧 Actions 下的两个"Start"按钮会自动启动。正常启动之后，Apache 与 MySQL 会显示为绿色，两个 Start 按钮显示为"Stop"；如果没有正常启动的话，就点击两个"Start"按钮，启动 Apache 与 MySQL（见图 10－4）。

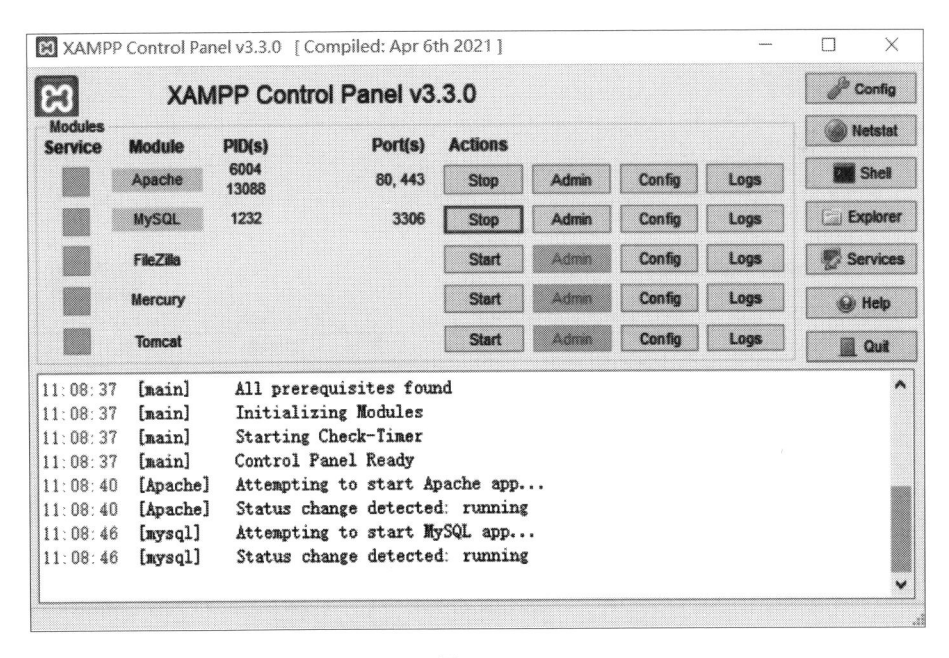

图 10－4

Apache 与 MySQL 启动成功后，访问员此时可以点击 Apache 后边的"Admin"按钮，或打开 Chrome 浏览器，在地址栏输入"localhost"或者直接输入"IP 127.0.0.1",进入访问员注册和登录页面。

访问员在首次进入系统时,需要在线填写个人信息进行注册,这是唯一一次要求访问员必须实时在线的情况。点击"注册"按钮后,系统会跳转到"中国综合社会调查(CGSS)实地访问工作人员基本情况登记"界面,访问员需填入相关的个人信息进行注册。确认无误后点击"提交"按钮,等待后台审核通过账号和密码后,访问员即可通过注册的手机号登录系统。

访问员在输入用户名和密码登录进 OmniSurvey 系统后,首页列出了系统正在执行的调查项目列表(见图 10-5)。OmniSurvey 是作为一个通用系统来设计的,可以通过从远程服务器导入的方式添加多个调查项目。目前系统只导入了一个调查项目"2021年中国综合社会调查(CGSS)(正式版)",点击"进入调查",就进入了该调查项目的首页(见图 10-6)。

图 10-5

访问员在进入调查项目页面后,首先要"同步样本",即把远程服务器分配给自己的调查样本数据同步到本地;然后点击"填写问卷"开始调查。访问员点击"填写问卷"后,系统会弹出录音开启确认窗口,对调查过程进行全程录音,以进行调查质量控制(见图 10-7)。为确保受访者知情,访问员在录音前要获得受访者同意,如受访者不同意录音,就要关闭录音选项。

第 10 章　LimeSurvey 在问卷调查中的扩展应用

图 10-6

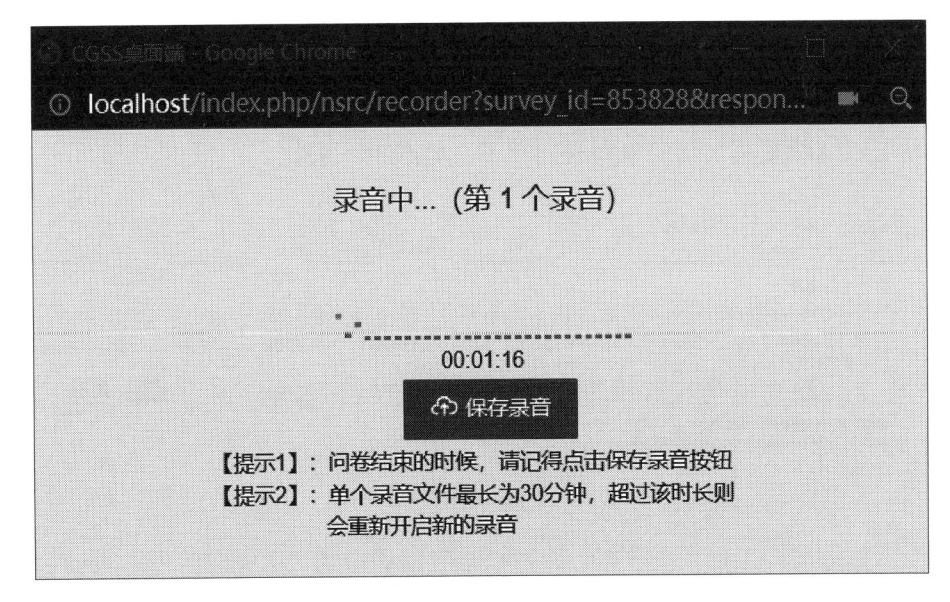

图 10-7

访问员在访问的过程中，如果由于某种原因需要暂时中止访问，可以点击访问页面右上角的"稍后继续"，然后点击"返回问卷首页"，进行下一份问卷的访问准备工作（见图 10-8）。

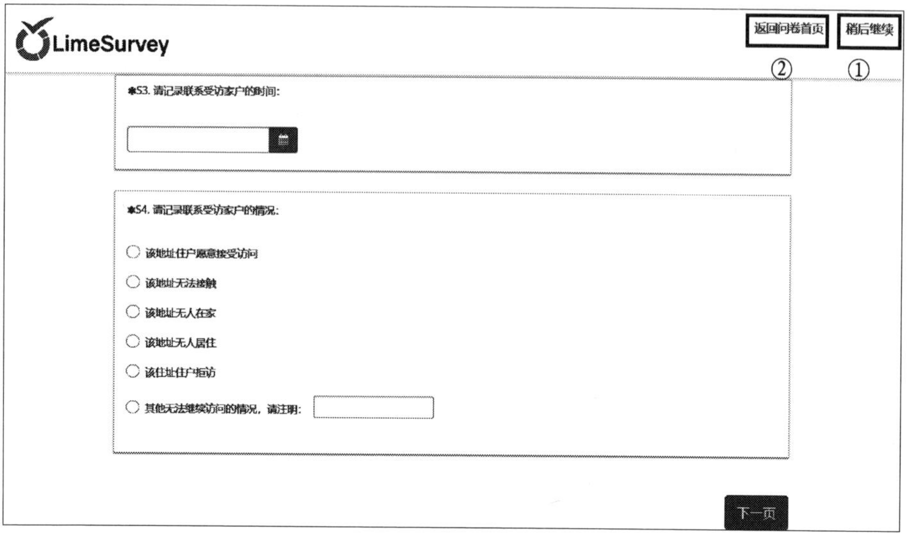

图 10-8

如需继续完成未完成问卷，则可点击导航栏中的"未完成问卷"页面标签，这时系统会跳转到未完成问卷页面，列出访问员未完成问卷的基本信息，包括样本编号、住宅地址、户主姓名等，点击操作中的"继续"，便可以继续填写之前的未完成问卷了（见图 10-9）。

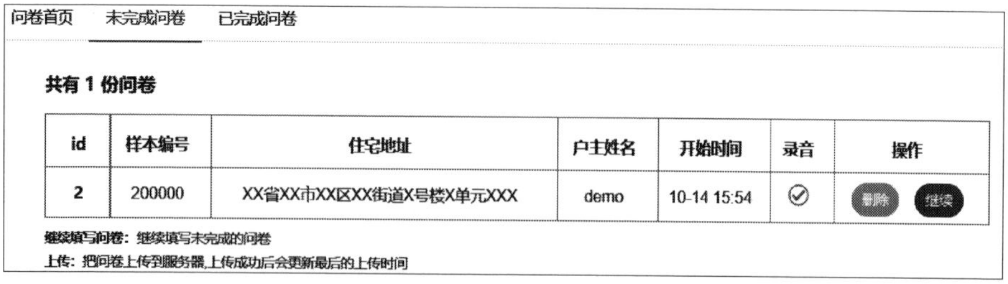

图 10-9

如果需要上传调查数据，则可点击导航栏中的"已完成问卷"页面标签，然后点击"上传"，只要这时能联网，就可以将调查数据、调查录音文件、对应的调查参与者表中的信息同步上传至远端的 LimeSurvey 服务器上了（见图 10-10）。

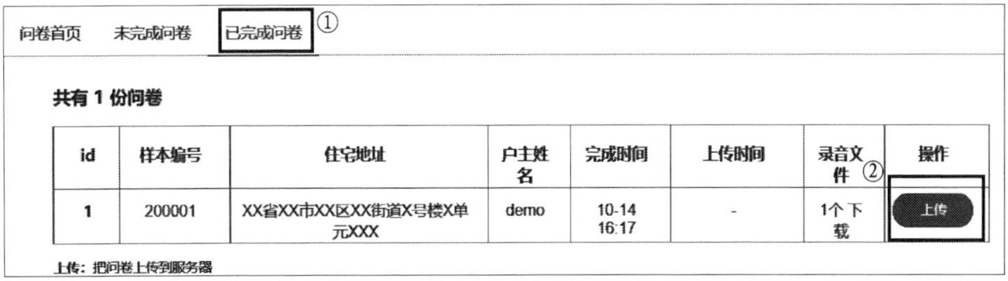

第 10 章　LimeSurvey 在问卷调查中的扩展应用

图 10-10

10.1.3　LimeSurvey 在面访调查中的移动端应用

虽然基于 LimeSurvey 开发的桌面端计算机辅助面访系统有充分利用现有终端资源和使用方便的优点，但笔记本电脑总的来说还是稍显笨重，并且麦克风、摄像头等多媒体设备的性能较弱，没有 GPS 及其他传感器。为了弥补这个缺憾，笔者进一步在移动端开发了基于 LimeSurvey 的计算机辅助面访系统 App，名字仍然是 OmniSurvey。OmniSurvey 移动端 App 不需要专门的设备，可以安装在任何使用安卓操作系统的手机/平板电脑上。移动端的 OmniSurvey 功能更加强大，除了常规功能外，还扩展了全程录音、GPS 定位、扫描二维码/条形码等高级功能。同桌面端一样，OmniSurvey 移动端的技术关键点也是对 LimeSurveyRPC 接口即远端过程调用功能的利用，这再一次体现了 LimeSurvey 为系统的可扩展性所做的努力。OmniSurvey 移动端 App 的安装非常简便。如图 10-11 所示，先下载并继续安装腾讯应用宝 App，然后在腾讯应用宝 App 中搜索"OmniSurvey"，最后下载并继续安装即可。安装成功后，手机/平板电脑的桌面上将出现 OmniSurvey 的应用程序图标。

1. 欢迎页

点击手机/平板电脑桌面上的 OmniSurvey 应用程序图标打开 App，进入 App 欢迎页，如图 10-12 所示。向右滑动查看 App 的三个欢迎页，之后进入 App 登录页。

数字时代的问卷调查：LimeSurvey 的综合应用

图 10 - 11

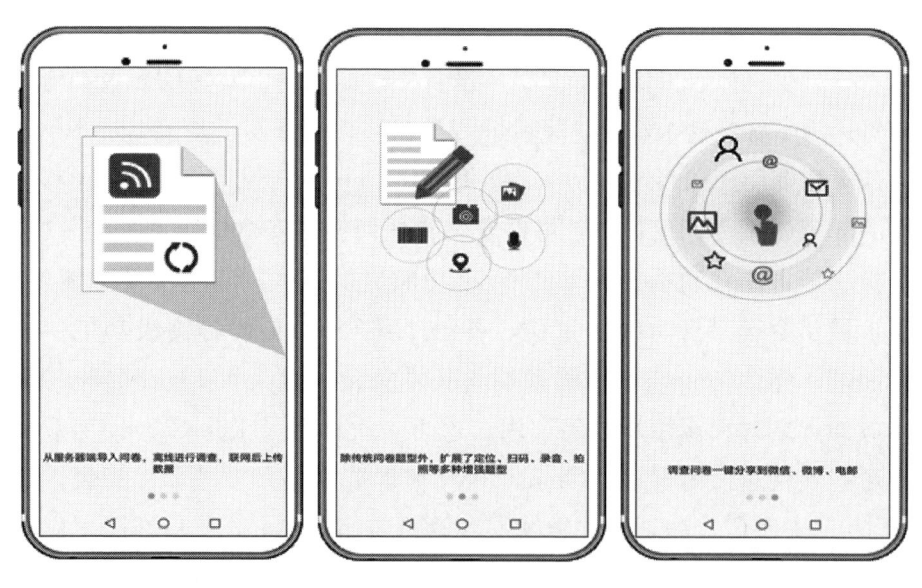

图 10 - 12

2. 注册与登录

（1）注册。

新用户需要先完成注册。点击"注册"进入注册界面（见图 10 - 13），在手机号输入框中填入手机号，点击"获取验证码"按钮，系统会通过短信将验证码发送到手机上。输入验证码、密码、姓名、工作单位、邮箱等信息并选择所属行业，最后点击"提交"按钮便可以完成注册。注册成功

第 10 章　LimeSurvey 在问卷调查中的扩展应用

后返回登录界面进行登录。

图 10 - 13

（2）登录。

在登录界面输入已注册的手机号和密码，点击"登录"。新用户首次登录 App 后，将进入"快速入门"指导界面；非首次登录用户，则直接进入调查列表界面。

3. 添加调查

登录成功后点击"添加调查"，添加调查的方法有两种：

方法一，通过扫描调查二维码添加调查，具体操作方法如图 10 - 14 所示；

方法二，通过输入调查密钥添加调查，具体操作方法如图 10 - 15 所示。

注意，调查二维码或调查密钥需要从 OmniSurvey 的服务端——LimeSurvey 获取。

数字时代的问卷调查：LimeSurvey 的综合应用

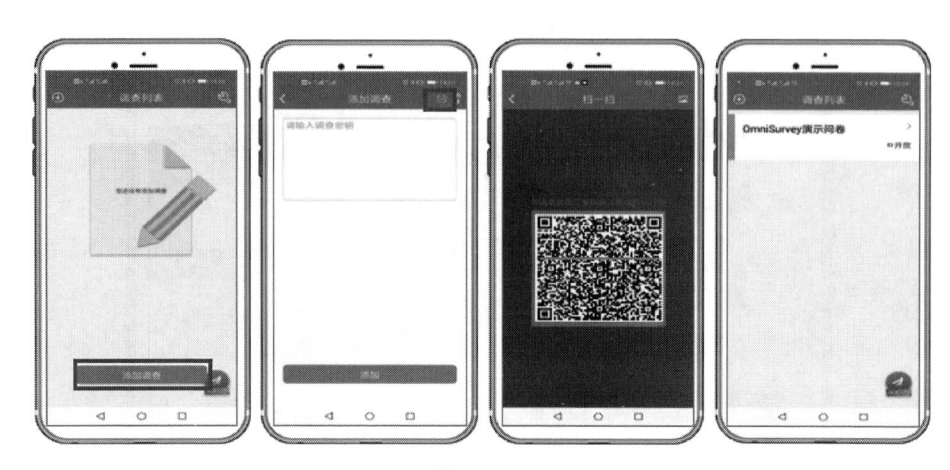

图 10 - 14

图 10 - 15

4. 加载调查

从调查列表中选中相应的调查，进入调查主页；然后点击"初始化"按钮，这样即可加载调查问卷（见图 10 - 16）。

5. 开始调查

点击"新建访问"，开始调查。（见图 10 - 17 左图）

开始调查后，逐一填答问题直至最后一题，然后点击"提交"（见图 10 - 17 中图）。中途如遇受访者有事，需要中途退出，则可点击一下屏幕左上角的返回标志"<"，以保存访问记录。之后可以从调查项目主界面

第 10 章 LimeSurvey 在问卷调查中的扩展应用

图 10 - 16

图 10 - 17

的"继续未完成访问"处进行访问（见图 10 - 17 右图）。有网络的条件下，提交问卷后，系统默认自动同步到服务端；无网络的条件下，提交问卷后，系统会将数据自动保存在客户端 App 上，直至有网络后，手动点击"同步访问"，将数据同步到服务端。

6. 进度统计

调查项目主界面页上显示了调查访问数量，包括已作答数量、已保存数量和已同步数量（见图 10-18）。访问员还可以点击"查看历史"，查看详细的访问记录。

图 10-18

7. 调查分享

在调查项目主界面上点击"分享"按钮，系统会弹出上拉菜单，点击菜单中的"微信好友""朋友圈""新浪微博""QQ 空间"，则可以把调查网址分享给微信好友或发布在对应的社交平台上。目前 OmniSurvey 支持分享的社交平台有微信、新浪微博、QQ 空间。如果想分享至其他平台，则可以借助电子邮件或直接复制链接（见图 10-19）。通过调查分享功能，可以实现面访和网络调查这两种调查模式结合的混合调查。

第 10 章　LimeSurvey 在问卷调查中的扩展应用

图 10 - 19

10.2　LimeSurvey 在电话调查中的应用

电话调查并不能算非常先进的调查技术。从技术路线的演进上来看，电话调查是在电话的覆盖率达到了一定程度后才有了出现的条件。实际上，只要能和受访者通过电话联系上，把受访者的回答记录在纸质问卷上，就算是电话调查了。所以，电话调查有两个基本要素：问卷和电话联系。电子问卷最早应是出现在电话调查中的。随着计算机的发展，人们发现可以用计算机程序来实现问卷调查，但那时计算机还太笨重，不利于移动携带，所以电子问卷最早的应用场景就是电话调查。按照这个逻辑，通过 LimeSurvey 提供的电子问卷加上手工拨号的电话就能实现电话调查，但这种最基本的架构还不能体现计算机辅助电话调查的优势。一个标准的计算机辅助电话调查系统，要能够实现样本管理、自动拨号、项目管理及质量控制。

从某种程度上来说，在学术性的调查项目中，电话调查的重要性被忽视了。以调查访问中与受访者接触的形式来划分，问卷调查主要可分为面访调查、电话调查、网络调查三种。尽管国外也常使用邮寄问卷的调查形式，但在我国目前已很少使用。如表 10-1 所示，电话调查的数据质量高，人口覆盖率广，尤其是随着移动电话普及率的增高，优势愈加明显。据工业和信息化部的数据，我国 2020 年平均每 100 人拥有 114 个有效的移动电话号码，而据中国综合社会调查 2018 年的数据，中国年满 18 周岁的成年人中，有 93.5% 拥有自己单独使用的移动电话。此外，电话调查的成本要远低于面访调查；应答率尽管比面访调查低，但也是可接受的，并且有很大的提高空间。所以，综合起来考虑，电话调查应该是目前最合适的调查数据采集方式。

表 10-1　不同问卷调查形式的特点比较

	成本	数据质量	人口覆盖率	应答率
面访调查	高	高	高（理论上）	高
电话调查	中	高	高（在年满 18 周岁的成年人中占 93.5%）	中
网络调查	低	低	高（75.6%*）	低
邮寄调查	低	低	低	低

* 该数据来源于《第 51 次中国互联网络发展状况统计报告》。

但实际上的情况是，在我国的调查数据采集尤其是学术性调查项目中，电话调查并没有被广泛应用。笔者认为主要原因有以下几点：第一，电话调查需要建设一个至少有数十个机位的呼叫中心，需要相当面积的场地，这一点对于大多数学术性研究机构来说是无法实现的；第二，电话调查呼叫中心有固定的运行成本，无论有无调查正在进行中，都需要支付固定的电话线路费，加上设备的折旧和使用损耗，电话调查尽管运行成本较低，但却有相当的沉没成本；第三，电话调查需要相当数量的、常年的、稳定的访问员队伍，一般高校和研究机构很难实现这一点。笔者在参与中

第 10 章　LimeSurvey 在问卷调查中的扩展应用

国人民大学中国调查与数据中心建设工作的过程中，就切实地体会到了这些限制条件，所以一直尝试创新和突破，并利用 LimeSurvey 研发出了一套全新的电话调查技术及模式。

从抽象的形式来看，电话调查项目与面访式问卷调查项目一样，都包括问卷电子化、样本管理、进度管理、质量控制、数据管理共五个环节。在如何利用 LimeSurvey 实现计算机辅助面访调查的介绍中可以看到，基于 LimeSurvey 开发的调查系统能高效地实现这五个基本方面。电话调查不同于面访调查的是需要在系统中扩展出一个电话自动拨号模块，并把它与样本管理耦合起来。由于大多数电话调查系统的技术发展路线都是从单机版到局域网的传统电话调查中心，因此从电话调查技术本身寻求突破，思路难免会受到限制。换一个角度来思考，我们的问题可以转化为如何对一个网络调查系统在功能上进行扩展，以实现电话调查的功能。LimeSurvey 本身就是一个网络调查系统，而随着技术的快速发展，语音通信技术由原来基于运营商线路的方式转向了基于互联网的方式，即所谓网络电话或基于互联网协议的语音服务（Voice over Internet Protocol，VoIP）。所以，在 LimeSurvey 系统上扩展一个 VoIP 的工具就可以实现电话调查。在具体实现上，笔者采用了另一个开源工具 WebRTC 来实现 VoIP。WebRTC 即网页即时通信（Web Real-Time Communication），它是一个支持通过网页浏览器进行实时语音对话或视频对话的 API，由谷歌公司开发并开源。WebRTC 可通过 JavaScript 生成标准的 API，在网页文件上传递参数。LimeSurvey 通过封闭式问卷的调查参与者表来进行样本管理，将需要呼叫的电话号码、呼叫的各种状态及相关信息作为调查参与者表的多个自定义字段。网页文件则将需要呼叫的电话号码调出，传递给 WebRTC 接口，启动通话任务请求，再把任务执行的返回码传回，将有关信息存到调查参与者表中，同时还具备实时监听和录音的功能。

基于以上思路，笔者以插件的形式为 LimeSurvey 扩展了电话调查的功能。只要在调查参与者表中将需要呼叫的电话号码放置到特定的自定义字段中，程序读取到该自定义字段后，就会将调查项目识别为电话调查项目，在网页的右上角显示出一个电话图标按钮。点击这个按钮，会弹出一个拨号框,拨号框会显示从调查参与者表中读取的需要呼叫的电话号码,中间四位以星号屏蔽,以保护受访者的隐私(见图10-20)。点击"呼叫",会自动拨通对应的电话号码,开始电话访问(见图10-21)。这时,网页右上角的电话图标会变成麦克风图标,表示正在通话中。访问结束后,点击"挂断",会将整个电话调查过程的录音及调查数据传回到LimeSurvey服务器上(见图10-22)。

图 10 - 20

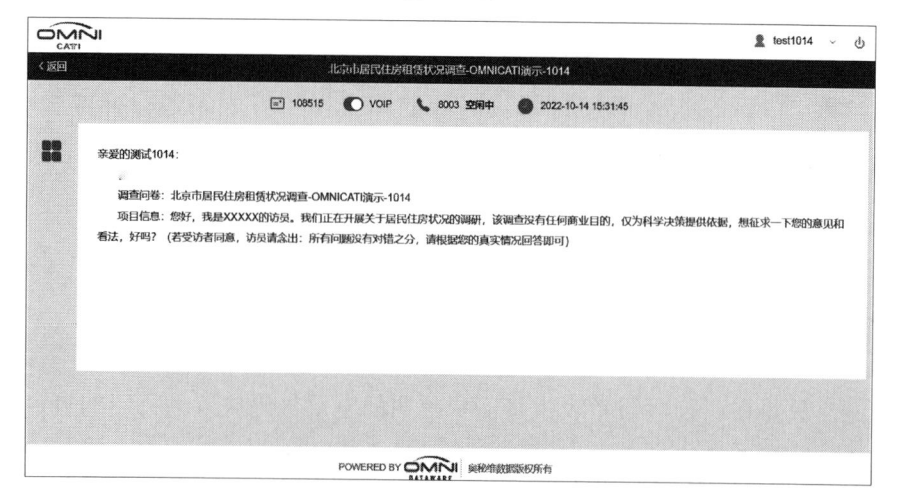

图 10 - 21

第 10 章　LimeSurvey 在问卷调查中的扩展应用

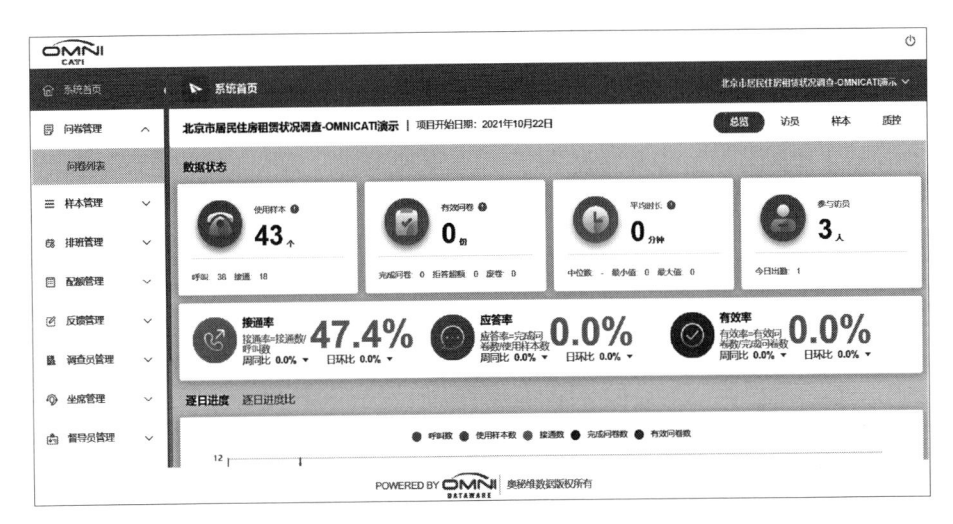

图 10 - 22

在电话调查功能插件的基础上，笔者进一步开发了一个独立的电话调查系统 OmniCATI。无论是从访问员端还是从管理端来看，OmniCATI 都是一个专业级的电话调查软件。访问员端界面简洁、易于操作，而管理端更是集成了一个电话调查系统的所有功能，具体包括：

（1）问卷管理：显示问卷调查项目状态及信息，进行修改问卷、设置访问结果、答案预设、新建问卷等操作。

（2）样本管理：显示系统内的样本状态及信息，进行导入样本、编辑样本、查看样本、分派样本、问卷样本排序等操作。

（3）排班管理：对问卷样本分派设置时间和次数；设置问卷的调查时段（项目排班时间）。

（4）配额管理：对问卷样本分派进行数量限制。

（5）反馈管理：包括样本呼叫记录、样本尝试呼叫记录、访问结果、预约列表和访问时段报告。

（6）调查员管理：用于进行管理调查员、管理分组、为调查员分派分机、分派问卷、分派职能和绩效管理等操作。

（7）督导员功能：用于进行分派样本、查看样本分派状态、分配录音核查和批量生成预约等操作。

（8）客户管理：用于为合作客户分派问卷，提供问卷结果的查看权限。

（9）质控管理：对核查指标进行管理，并根据项目进度情况分配核查任务及复核任务，形成质控统计。

（10）系统管理：进行系统默认设置，包括 RPC 服务、用户角色设置、默认结果设置、时区设置、时段设置、公告设置和 VoIP 监控设置等操作。

（11）权限管理：根据用户的不同类别进行系统功能的权限分配，设置用户角色。

相对于传统的基于集中式呼叫中心的电话调查系统，OmniCATI 是一种分布式云电话调查系统，不再需要传统的电话调查呼叫中心的工位和服务器机房，不再有固定的电话线路月租费，不再需要将访问员集中到拥挤嘈杂的机房中。OmniCATI 可方便快捷地部署在各类云平台上，在世界的任何地点，只要能连接互联网，就可接入云电话调查系统充当访问员；电话费按照 VoIP 网络电话的收费标准，使用才收费。尽管从外表上看，OmniCATI 是一个完全独立的电话调查系统，但其所有的项目都和 OmniSurvey 一样，是以 LimeSurvey 为基础的问卷引擎，指向 LimeSurvey 服务器端的某个项目，从而共同实现网络调查、电话调查、面访调查三者相结合的混合模式调查。

10.3 LimeSurvey 在混合模式调查中的应用

LimeSurvey 最初是被作为在线问卷调查系统来设计的，通过功能性的扩展，也可以进一步被用于面访调查和电话调查。无论将 LimeSurvey 用于哪一种调查形式，其都是基于 LimeSurvey 服务器上的某份电子问卷。正是这种统一性，使得我们可以利用 LimeSurvey 进行混合模式调查。混合模式调查是指在调查中综合运用多种调查方式的数据采集模式。除了最

第 10 章　LimeSurvey 在问卷调查中的扩展应用

常用的面访调查、电话调查、网络调查以外，还可以包括邮件调查、短信调查等其他的调查方式。混合模式调查会在一次调查中运用至少两种调查方式。相对于单一模式调查，混合模式调查具有三个方面的突出优点：(1) 增加样本对目标总体的覆盖率；(2) 提高调查的应答率；(3) 降低调查成本。所以，混合模式调查是近些年来调查数据采集的一个重要发展方向。

混合模式调查可以分成四种类型。类型一是以一种模式联系受访者，然后以另一种模式进行访问。例如，以手机短信的方式联系受访者，请他们上网填写问卷。类型二是以一种模式调查绝大多数问题，对某些特殊问题则采用另一种模式调查。例如，在调查中对大多数问题采用面访调查，但对于一些关于政治、性行为等敏感性问题，则给受访者一个信封，请他们自填里面的纸质问卷，并以邮寄的形式寄回。类型三是针对不同的受访者在调查期间采用不同的调查模式。例如，受访者可以选择上网自填、电话访问、邮寄问卷这三种方式中的任意一种接受调查。这是主流的混合模式调查方式。类型四是对于同一批受访者，在某个阶段的调查中采用某种调查方式，在后面阶段的调查中则采用别的调查方式。例如，在追踪调查中前几轮采用面访调查，从某一轮开始采用电话调查。

与单一模式调查相比，混合模式调查要复杂得多，对于问卷的自适应能力和样本管理的功能有很高的要求，而这两点都是 LimeSurvey 的强项。同时，LimeSurvey 能够通过功能扩展支持多种调查模式，所以其在混合模式调查中具有极高的适用性。笔者借助于 LimeSurvey，开展过多项混合模式调查项目，它们基本包括了上述四种基本的混合模式调查类型。比如，"全国高校毕业生就业情况调查"是一项针对全国高校毕业生的调查，我们从国家教育主管部门的全国高校毕业生信息库中抽取出受访者的联系信息，先用电话调查的方式联系一遍受访者，对于无法通过电话（手机）联系上的受访者，再以短信和电子邮件的方式联系，让他们上网自行填写问卷，最终通过电话调查实现了 13.75% 的应答率，通过网络调查实现了 4.78% 的应答率，总应答率为 17.87%。这项调查综合采用了类型一和类型三这两种混合模式调查类型。又如，在 2019 年度中国综合社会调查中，我们利用了基于 LimeSurvey 开发的 OmniSurvey 系统对受访者进行面访，但是调查中有一部分问题是需要受访者对调查过程本身进行评价的。调查系统为每一位面访成功的受访者生成了一个密码并由访问员提供给他们，在访问员离开后，受访者可上网进入指定的网络调查页面，输入密码，填写有关访问过程的一组问题。这次调查采用了面访调查和网络调查两种调查模式，属于类型二的混合模式调查。

在笔者所执行的基于 LimeSurvey 的混合模式调查中，最有特色的是中国教育追踪调查的初中队列的调查。中国教育追踪调查的初中队列的调查从 2013 年起以初中一年级为基线，从全国随机抽取了 10 279 名初中生进行追踪调查，计划从初中一年级开始，直到受访者大学毕业 20 年后，进行共 10 个轮次、时间跨度为 30 年的追踪调查。从第一轮基线调查到第三轮调查，受访者在读初中，可采用入校集中填答的方式进行调查。从第四轮调查起，受访者的人生轨迹发生了分岔，有的进入了高中，直到大学，有的则在不同的时间点进入了劳动力市场，分布在全国乃至世界各地。为了确保后期调查的追访率，在前三轮调查中，项目组搜集了受访者的大量联系信息，包括受访者的手机号、微信号、QQ 号，其父母的手机号，家庭的电话号码，受访者三个最好朋友的联系方式，等等。从第四轮调查起，主要是通过 LimeSurvey 进行网络调查。项目组的工作是通过各种联系方式尽可能联系上受访者，请他们在指定的网页上填写电子问卷。有超过 95% 的成功调查是以这种方式完成的，而有不到 5% 的访问，则是根据受访者的情况，以邮寄问卷、电话调查、面访调查的形式完成的。正是因为综合运用了多种调查方式进行混合模式调查，到 2019 年的第五轮调查，初始基线样本仍有 72.8% 保留在样本中。

LimeSurvey 作为一个开源系统，具有与生俱来的开放性，加上灵活的系统架构，从而具有良好的可扩展性。除了本章列举出的几种主要调查方式的扩展应用以外，从 LimeSurvey 的用户社区中可以发现，这些年来，在调查数据采集的各个不同环节和方面，爱好者们扩展出了多种形式的对LimeSurvey的应用。LimeSurvey给我们在调查数据采集领域里的探索提供了良好的框架和组件,只要研究者勇于打破既有的定式,积极进行思维创新、技术创新、模式创新,就一定能不断地发挥出LimeSurvey的巨大潜力。

后　　记

从来没想到会写一本关于 LimeSurvey 的书。作为老一代的 IT 人，总是执拗地遵循着一些来历不明的传统，其中有一条就是不写关于编程语言或者软件的书。被认可的学习编程语言或软件的方式是直接读官方的手册或者帮助文件。把官方手册或帮助文件中文化的行为也不被接受，因为"连英文也看不懂，还搞什么 IT"。一直到近几年来想把 LimeSurvey 推广到广大的问卷调查数据采集者之中，同时还想把 LimeSurvey 扩展成一个通用型调查平台时，才意识到固守这种古老的传统是不行的。一个开源系统，只有俯下身来做用户教育和推广，才能让更多的用户了解它并进一步使用它，让系统维持强大的生命力，并进一步形成良好的发展生态。正是这个原因才让我动了写这本书的念头。

这本书并不是想要告诉读者如何使用 LimeSurvey，而是想要启发读者思考我们可以拿 LimeSurvey 做什么。这些年来，在我参与的各种不同形式的大大小小的调查项目之中，绝大多数都不同形式地用到了 LimeSurvey，包括网络调查、电话调查、面访调查、混合模式调查、固定样本组等差不多所有形式的问卷调查。我组建了一支小小的团队，基于 LimeSurvey 进行程序开发、测试、应用及维护。在很长一段时间里，我们的工作模式是一种"发烧友攒机"模式。这种模式是老 IT 人的传统，电脑

后 记

不能买现成的品牌整机，必须得买散件自行组装，机箱盖要敞着，线缆要裸着。利用 LimeSurvey 开发的应用与此类似，也是基于具体的需求修修补补拼装起来的，一切细节我们都了然于心，实用但也容易出问题。直到最近两年我们基于 LimeSurvey 开发的各种应用已隐然成了体系，我们才意识到尽管 LimeSurvey 有着纯正的开源血统，然而基于 LimeSurvey 开发的各种应用必须走规范化和标准化的道路。要实现这一点，单靠一两个团队是不行的，必须尽可能地扩大 LimeSurvey 的用户社区，吸引更多的爱好者参与到 LimeSurvey 的扩展开发和应用中来。本书就是这个宏大计划的一部分。

所以，这本书是我们团队集体智慧的一个结晶。在这里我需要提到李宁和吴智辉，他俩是我们团队的主要程序开发者。吴晶，她负责搭建了本书的示例平台并完成了图形制作，她甚至还为推介 LimeSurvey 制作了一整套 Power Point 讲义，我希望能有机会将这套讲义用到 LimeSurvey 的宣传和教育上。韩佳妤，她负责了对本书配图的清理和校对。我们团队的成员还包括毛延新、孙丹阳、郑美莹、傅颖锋、姚瑶、冯琪媛、弭腾，他们都在工作中成了使用 LimeSurvey 的高手，且基于 LimeSurvey 创造性地提出了各种应用思路并加以实现。本书是对我们团队这些年来工作的一个小结。所有的成绩归于团队，而由我本人对书中出现的疏漏和错误负责。

王卫东

2022 年 2 月于北京

图书在版编目（CIP）数据

数字时代的问卷调查：LimeSurvey 的综合应用/王卫东著. --北京：中国人民大学出版社，2023.6
（社会科学研究方法系列丛书）
ISBN 978-7-300-31694-9

Ⅰ.①数… Ⅱ.①王… Ⅲ.①问卷调查-应用软件 Ⅳ.①C915-39

中国国家版本馆 CIP 数据核字（2023）第 080263 号

社会科学研究方法系列丛书
数字时代的问卷调查：LimeSurvey 的综合应用
王卫东　著
Shuzi Shidai de Wenjuan Diaocha：LimeSurvey de Zonghe Yingyong

出版发行	中国人民大学出版社			
社　　址	北京中关村大街 31 号	邮政编码	100080	
电　　话	010-62511242（总编室）	010-62511770（质管部）		
	010-82501766（邮购部）	010-62514148（门市部）		
	010-62515195（发行公司）	010-62515275（盗版举报）		
网　　址	http://www.crup.com.cn			
经　　销	新华书店			
印　　刷	北京昌联印刷有限公司			
开　　本	720 mm×1000 mm　1/16	版　次	2023 年 6 月第 1 版	
印　　张	25 插页 1	印　次	2024 年 1 月第 2 次印刷	
字　　数	366 000	定　价	89.00 元	

版权所有　侵权必究　印装差错　负责调换